suhrkamp taschenbuch
wissenschaft 32

Helmut F. Spinner, geboren 1937, studierte Ökonomie, Philosophie und Soziologie, war 1970/71 der erste Leverhulme European Research Fellow am (Popper-)Department of Philosophy der University of London (The London School of Economics and Political Science) und ist zur Zeit wissenschaftlicher Assistent am Lehrstuhl für Soziologie und Wissenschaftslehre der Universität Mannheim. Publikationen: *Theoretical Pluralism* (1968); *Wege und Irrwege der Wissenschaft* (1969); *Modelle und Experimente* (1969); *Vom Rechtfertigungsmodell der Erkenntnis zum fallibilistischen Kritizismus* (Diss. 1970); *Theoretischer Pluralismus* (1971); *Science without Reduction* (1973); als Herausgeber: *Ausgewählte Abhandlungen von Paul K. Feyerabend* in mehreren Bänden (Bd. I, 1974) sowie Feyerabends *Naturphilosophie* in drei Bänden (Bd. I, 1974).
Der vorliegende Band enthält drei selbständige Abhandlungen, in denen das pluralistische Erkenntnismodell aus der Popperschen Konzeption eines fallibilistischen Kritizismus systematisch entwickelt und in Rückanwendung auf Poppers eigenen Denkweg zur Kritik seiner Spätphilosophie des kritischen Rationalismus eingesetzt wird, deren konservative Tendenzen mit dem radikalkritischen Erkenntnisprogramm eines konsequent durchgehaltenen fallibilistischen Pluralismus kollidieren. Gegen Poppers eigene Philosophie des kritischen Rationalismus, aus deren Schule der Autor hervorgegangen ist und deren Ansatz eines rechtfertigungsfreien Kritizismus er weiterführt, wird in diesem Buch die These vertreten, daß der Feyerabendsche Pluralismus die konsequentere Weiterentwicklung des fallibilistischen Kritizismus verkörpert.

Helmut F. Spinner

Pluralismus als Erkenntnismodell

Suhrkamp

suhrkamp taschenbuch wissenschaft 32
Erste Auflage 1974

Satz: IBV Lichtsatz KG, Berlin. Druck: Nomos, Baden-Baden. Printed in Germany. Umschlag nach Entwürfen von Willy Fleckhaus und Rolf Staudt.

Inhalt

Fallibilismus und Pluralismus
I. Das allgemeine Erkenntnisproblem und die Idee der Wissenschaft (oder: Die Idee einer Erkenntnis, die als Wissenschaft wird auftreten können) 10
II. Die traditionelle Lösung des Erkenntnisproblems im Rahmen des Rechtfertigungsmodells: epistemologischer Fundamentalismus und theoretischer Monismus 24
III. Eine neue Lösung des Erkenntnisproblems: die fallibilistische Alternative 43
IV. Theorien des Erkenntnisfortschritts 57
V. Theoretischer Pluralismus – eine Revolutionstheorie des Erkenntnisfortschritts 74
VI. Epilog: Pluralismus als Lebensform 104

Theorien und Metatheorien
Erster Teil: Theorien – ihr historischer und systematischer Stellenwert im Erkenntnisprozeß 109
Zweiter Teil: Metatheorien 117

Fallibilismus, Pluralismus, kritischer Rationalismus
I. Zur jüngsten Problemgeschichte und gegenwärtigen Situation der Popperschen Philosophie 200
II. Die unvollendete Revolution: vom Popperschen methodologischen Falsifikationismus über den epistemologischen Fallibilismus zum kritischen Rationalismus 204
III. Die falsche Revolution: vom Erkenntnismodell zum Verhaltensmodell 224
IV. Die ausgebliebene Revolution: vom Erkenntnismodell zum Gesellschaftsmodell 230
V. Fallibilistischer Pluralismus versus Monopolpluralismus 237

Anmerkungen zu *Theorien und Metatheorien* 242
Anmerkungen zu *Fallibilismus, Pluralismus, kritischer Rationalismus* 270
Bibliographie 280
Nachwort 299

Für Imre Lakatos

Fallibilismus und Pluralismus

Vom Rechtfertigungsmodell zum fallibilistischen Erkenntnismodell und zur pluralistischen Revolutionstheorie des Erkenntnisfortschritts: ein wissenschaftstheoretisches und -historisches Forschungsprogramm

I. Das allgemeine Erkenntnisproblem und die Idee der Wissenschaft (oder: Die Idee einer Erkenntnis, die als Wissenschaft wird auftreten können)

(1) Die Erkenntnislehre hat die Aufgabe, die echte, objektive Erkenntnis von illegitimen Konkurrenzprodukten zu scheiden: wie lassen sich echte, rational akzeptable Erkenntnisse von Mythen, Märchen, bloßen Ausgeburten ungezügelter Phantasie, haltlosen Spekulationen, »Träumen eines Geistersehers« (Kant) und irrationalen Dogmen – kurz: objektive Erkenntnis von subjektivem Vorurteil – abgrenzen? Was macht Erkenntnis zur Erkenntnis, zur *wissenschaftlichen* Erkenntnis insbesondere, wodurch ist kritisch-rationale Erkenntnis gegenüber allen Arten von Scheinerkenntnis ausgezeichnet?

(2) Das so gestellte allgemeine Erkenntnisproblem ist ein *theoretisches Problem auf normativem Hintergrund* und als solches insgesamt von ethischer Relevanz. In seinem normativen Bezug stellt es sich als Problem der Wahl zwischen sicherer, absoluter, der Kritik und Revision prinzipiell entzogener Erkenntnis – die hier, um nichts zu präjudizieren, nicht durch eine definitorische Vorentscheidung von vornherein verbal zur bloßen Scheinerkenntnis abgewertet werden soll –, wie sie zum Beispiel irrationale Mythen, dogmatisierte Ideologien und unaufgeklärte Metaphysik versprechen, auf der einen Seite, und kritisch-fallibler, prinzipiell widerlegbarer und revidierbarer, somit gänzlich und permanent hypothetischer Erkenntnis, wie sie rationale Philosophie und Wissenschaft liefern können (oder doch zu liefern imstande sein *sollten*, wenn sie ihrem Erkenntnisanspruch gerecht werden wollen), auf der anderen Seite; kurz und in polemischer Verkürzung der Problemsituation: zwischen *Dogmatismus* und *Kritizismus* oder, auf die Ebene menschlicher Verhaltensweisen transponiert, zwischen dogmatisch-irrationaler und kritisch-rationaler Einstellung.

Ethische Entscheidungen grundsätzlicher Natur gehen also der Wissenschaft voraus und bilden deren »existentielle Basis« (Hans Albert) – allerdings nicht im certistisch-fundamentalistischen Sinne einer absoluten, unveränderlichen normativen oder fakti-

schen Grundlage, auf der die wissenschaftliche Erkenntnis *ruht*, sondern im fallibilistischen Sinne eines vorausgesetzten, zum Leitprinzip der Erkenntnis verdichteten regulativen Orientierungsrahmens, von dem die Wissenschaft *ausgeht* und zu dem sie in der philosophischen Reflexion immer wieder zurückkehrt, um ihn selbst der Kritik und Revision offenzuhalten und ihm den Charakter einer *absoluten* Voraussetzung kraft angeblich unhintergehbarer Dezisionen zu nehmen. Insofern ist keine Wissenschaft wertfrei, und in diesem spezifischen, nichtfundamentalistischen Sinne repräsentiert die *Ethik* (soweit sie überhaupt Wissenschaft ist, was sie durchaus sein könnte, sowenig sie es auch tatsächlich sein mag) die *Grund-Wissenschaft* für alle anderen Wissenschaften.
(3) Das Ergebnis dieser Entscheidungen sind zunächst *Forderungen*, die wir an alle Erkenntnis stellen, »die als Wissenschaft wird auftreten können« (Kant), und die sich in Form von allgemeinen philosophischen Zielkonzeptionen, epistemologischen Kriterien (Standards) und methodologischen Regeln niederschlagen. Diese epistemologisch-methodologischen Kriterien und Regeln, die unsere Erkenntnis normieren, indem sie Ziele setzen und methodische Anweisungen zum Handeln geben, werden nicht *ge*funden, sondern *er*funden; sie haben – erkenntnistheoretisch gesehen – den Charakter von *Festsetzungen*, durch die bestimmt wird, was als (wissenschaftliche) Erkenntnis auftreten darf.
Die Kriterien und Regeln der Erkenntnis werden uns nicht durch die »Natur« des Objektbereichs, durch die »Sache« (der Irrtum Hegels), durch die kategoriale Struktur unseres Erkenntnisapparates (der Irrtum Kants), durch die Erfahrung, durch Naturgesetze oder durch irgendeine andere Instanz aufgezwungen. Sie sind weder selbst in die »Welt« oder in uns Menschen irgendwie eingebaute kosmologische oder anthropologische Tatsachen physischer oder metaphysischer Art noch aus solchen Tatsachen abgeleitete unentrinnbare Gesetzlichkeiten – wie der *methodologische Naturalismus* behauptet, der erkenntnistheoretische Kriterien und Normen als Fakten deklariert –, die man sozusagen mit natürlicher Frömmigkeit hinnehmen müßte, sondern im Hinblick auf das Erkenntnisziel und die Bedingungen seiner Realisierbarkeit nach Zweckmäßigkeitsgesichtspunkten ausgewählte, durch Beschluß als Standards oder Regeln akzeptierte (oder verworfene) *Konventionen.*
Es scheint – worauf Feyerabend gelegentlich hingewiesen hat –

eine allgemeine Eigenschaft grundlegender erkenntnistheoretischer Probleme zu sein, daß sie nicht durch (Wahrheits-, Möglichkeits- oder Unmöglichkeits-)Beweise gelöst werden, sondern durch theoriegeleitete programmatische *Entscheidungen* grundsätzlicher Art und umfassender Relevanz, verbunden mit dem Nachweis, daß diese Beschlüsse *realisierbar* (der »technologische« Aspekt des Erkenntnisproblems) und die dadurch erreichbaren Ziele unter Berücksichtigung der in Kauf zu nehmenden Mittel *erstrebenswert* sind (der ethische Aspekt des Erkenntnisproblems).

Daß alle diese verschiedenartigen Probleme zu ihrer Lösung *Theorien* sowie Theorien über Theorien (*Metatheorien*) erfordern, macht das Erkenntnisproblem zu einem hochtheoretischen Problemkomplex, der in jeder der aufgezeigten Dimensionen so viele »Freiheitsgrade« und damit Möglichkeiten für alternative Lösungsansätze offenläßt, daß eine einzige und endgültige Lösung – die dann, der certistischen und monistischen Tendenz des traditionellen Rechtfertigungsdenkens entsprechend, als »*die* Wahrheit« oder, in transzendentalphilosophischer Interpretation, als *die* konstitutiven, exklusiv wahrheitserzeugenden oder zumindest wahrheitsermöglichenden »Bedingungen der Möglichkeit von Erkenntnis und Wissenschaft überhaupt« präsentiert werden könnte(n) – von vornherein ausgeschlossen ist. *Pluralismus* ist also auch im »protowissenschaftlichen« (*Lorenzen*) und metawissenschaftlichen Bereich der Erkenntnislehre *möglich* und, sofern diese ihrem kritischen Anspruch gerecht werden will, *notwendig*. Im Rahmen pluralistischer Ideenkonkurrenz sind auch die angeblich »letzten« Entscheidungen kritisierbar, bleiben permanent fallibel, sind deshalb grundsätzlich revidierbar und werden damit zu prinzipiell immer nur »vorletzten« Entscheidungen. Dadurch wird zwar nicht die Möglichkeit, aber immerhin die Notwendigkeit ausgeschlossen, die Ergebnisse dieser programmatischen Grundsatzentscheidungen zu unhintergehbaren *absoluten* Voraussetzungen der Wissenschaft zu machen und so ein für allemal festzuschreiben. Auch in diesem Bereich besteht die immer mögliche, zugleich radikalste und fruchtbarste Kritik in der Konfrontation mit widersprechenden Alternativen. Wo Alternativen möglich sind – und daß sie *überall und immer möglich* sind, ist die Botschaft des theoretischen Pluralismus – kann es kein »letztes Wort«, keine »letzten Entscheidungen« oder Einsichten, weder voraussetzungsloses noch endgültig gesichertes Wissen, keinen alternativenlosen Anfang und kein definitives, unüberholbares Ende im menschlichen Erkenntnisprozeß geben. Im Rahmen der im folgenden explizierten fallibilistisch-pluralistischen Wissenschaftskonzeption gibt es in keinem Bereich und auf keiner Ebene der Erkenntnis eine alternativenlose erkenntnistheoretische Problemsituation, aus der nach certistisch-monistischer Manier *eine* konkurrenzlos auftretende, geltungsmäßig gesicherte oder gar inhaltlich abgeschlossene »Wahrheit aller Wahrheiten« hervorgehen könnte.

Menschliches Erkennen – und auch menschliches Handeln, jedenfalls von der Erkenntnisseite her – hat immer einen Anfang und ein Ende, weil es unvermeidlich *endlich* ist. Aber weder der Anfang noch das Ende sind durch Alternativenunmöglichkeit ausgezeichnet. Die allgegenwärtige *Möglichkeit* von Alternativen macht erst aus den programmatischen erkenntnistheoretischen Beschlüssen *echte* Entscheidungen (im Sinne von Wahlhandlungen), und das *Bewußtsein* von diesem Alternativenpotential macht sie darüber hinaus zu *kritischen* Entscheidungen, die den »Preis« – in Form der ausgeschlossenen Alternativen, auf deren Realisierung verzichtet wird – einkalkulieren.

Fallibilismus und Pluralismus setzen damit an die Stelle des (von Albert und Habermas gleichermaßen kritisierten) »puren« Dezisionismus, der zur dogmatischen »Flucht ins Engagement« (Bartley) führt, einen *aufgeklärten Dezisionismus*, der den sogenannten »menschlichen Anteil« an der Erkenntnis – eine mißverständliche Metapher: als ob nicht alles an der Erkenntnis »menschlich«, d. h. *unser* durch und durch menschlich-allzumenschliches (aber glücklicherweise dennoch nicht *beliebig* manipulierbares und deshalb nicht *gänzlich* willkürliches) Produkt wäre! –, die Entscheidung *in* der Erkenntnis, offenlegt und anerkennt, ohne ihn zu verabsolutieren. Dieser aufgeklärte Dezisionismus inkorporiert einen *kritischen Dualismus*, der Fakten und Naturgesetze von auf Konvention beruhenden, *nur* kraft dieser Setzung geltenden normativen »Gesetzen« (Standards, Regeln) zu unterscheiden weiß. Daraus ergibt sich eine wesentliche Differenzierung innerhalb der komplexen erkenntnistheoretischen Problemsituation, ohne die, wie Popper mit Recht hervorgehoben hat, die Idee der kritisch-rationalen Erkenntnis sich nicht aus der diffusen kognitiven Gesamtproblematik hätte herauskristallisieren können.

(4) Durch dieses System epistemologisch-methodologischer Forderungen wird ein *Ideal* definiert – oder besser: konzeptualisiert und vorprogrammiert –, das es anzustreben gilt. Man kritisiert auch die Wissenschaft am schärfsten, indem man sie, einem klugen Wort Nietzsches zufolge, mit ihrem Ideal konfrontiert. Und dieses Ideal muß sich durchaus nicht in der Realität vorfinden lassen, denn die Wissenschaft ist ganz und gar nicht »in Ordnung, wie sie ist«, um eine vielzitierte, auf die Sprache gemünzte Formulierung Wittgensteins zu gebrauchen.
Die Idee, Erkenntnis und Wissenschaft durch unsere Forderungen zu »definieren« und so gleichzeitig zum Forschungsprogramm zu erheben, stammt von Hugo Dingler, der in diesem Zusammenhang etwas mißverständlich von einem »Definitionsapriori« spricht, und wurde von ihm in seinem Versuch einer operativ-methodischen Begründung der exakten Wissenschaften (vor allem der Mathematik und Physik) mit äußerster Konsequenz durchgehalten. Im Rahmen des Dinglerschen Operativismus, der eine aktivistische Variante des epistemologischen Fundamentalismus darstellt, wird dieses »Definitionsapriori« zum »Herstellungsapriori« und als solches, der »certistischen Tendenz« (Dingler) dieser Erkenntnislehre entsprechend, zum Fundament der Erkenntnis verabsolutiert. Dadurch wird jenen grundsätzlichen epistemologischen Konventionen, denen im fallibilistischen Erkenntnismodell lediglich eine wissenschafts*initiierende* Funktion zukommt, der konstitutive Status von absoluten Voraussetzungen, kantisch gesprochen: von Bedingungen der Möglichkeit von Erkenntnis, Wahrheit und Wissenschaft überhaupt, verliehen. Dieser gravierende Gegensatz im erkenntnistheoretischen Ansatz zieht weitere wesentliche Unterschiede nach sich, die alle zusammen den Dinglerschen epistemologischen Fundamentalismus und den Popperschen epistemologischen Fallibilismus zu konsequent durchgehaltenen wissenschaftstheoretischen Konzeptionen werden ließen, die, als idealtypisch ausgeprägte alternative Erkenntnismodelle, zu paradigmatischen *Kontrast*programmen für den wissenschaftlichen Erkenntnisfortschritt führen. (Die Kritiker des Popperschen Falsifikationismus – Kuhn, Lakatos, Juhos, mit Einschränkungen selbst Feyerabend – scheinen nicht zu wissen, in welchem Ausmaß sie in ihrer Popper-Kritik lediglich den Dinglerschen Exhaustionismus, in liberalisierter und »pluralisierter« Form, wiederbeleben.)

(5) Den tatsächlichen, durch institutionelle Verankerung verfestigten Wissenschaftsbetrieb kann nur ein Denken ändern, das noch in der Lage ist, das »Gegebene« zu transzendieren und das, was *ist*, im Namen dessen, was *sein soll*, infrage zu stellen. Dieses Denken beginnt als *Utopie*, wird für die Praxis zum *Ideal*, konkretisiert sich als Forschungsprogramm und endet – im günstigsten Fall – als *neue Praxis*, um in dieser institutionalisierten Form seinerseits zum Gegenstand kritischer Prüfung im Lichte eines neuen Ideals vom Charakter einer *Alternative* zu werden. Das Denken in Idealen und Programmen – die spekulative Antizipation »möglicher Welten« –, das der Praxis vorausdenkt, wie sie sein könnte und sein sollte, lebt von der schöpferischen Spannung, wie sie sich aus der zur *wechselseitigen Kritik* verschärften Diskrepanz zwischen »Theorie« und »Wirklichkeit«, hier also: zwischen Wissenschaftskonzeption und Wissenschaftspraxis, ergibt. Diese kritische Spannung sollte deshalb absichtlich erzeugt und immer wieder erneuert werden, vor allem durch die Erfindung von Alternativen. Daraus ergibt sich unter anderem, daß die vom Hegelianismus und Marxismus propagierte »Einheit von Theorie und Praxis« eine äußerst fragwürdige Maxime ist.
Die *kritisch-normative Funktion der Erkenntnistheorie* zeigt sich darin, daß sie *ein Erkennen anstrebt, das besser ist als das tatsächliche*. Um dieses Zieles willen darf sie sich nicht mit einer positivistischen oder, auf höherer philosophischer Ebene, transzendentalphilosophischen, hermeneutischen oder auch dialektischen *Deskription* der angeblich »gegebenen«, kurzschlüssig zu unhintergehbaren »Lebensformen« (Wittgenstein) mit eigener »Logik« und autonomer Rationalität (Winch im Gefolge des späten Wittgenstein; neuerdings auch Popper mit seiner hyperrealistischen Theorie der »dritten Welt«) erklärten Erkenntnisweisen und -bedingungen begnügen, sondern muß in kritischer Distanz zur Praxis, wie sie nur von einem transdeskriptiven, *theoretischen* Denken gewahrt werden kann, ein (zunächst vielleicht utopisches) Ideal entwerfen und zu einem konkreten Programm entwickeln, das die Argumente für die Kritik und den Impetus zur Reform des etablierten Wissenschaftsbetriebes liefert.
Wenn Ideal und empirische Realität sich nicht decken, so ist diese Differenz grundsätzlich zunächst einmal der Praxis anzulasten – »desto schlimmer für die Tatsachen«, würde Hegel sagen –, folglich als *Kritik an der Praxis* anzusehen und *deren* Reform zu for-

dern, denn die Philosophie sollte, entgegen Wittgenstein, gerade nicht alles lassen wie es ist.

(6) Gegen ein Ideal, zum Programm erhoben, gibt es nur zwei stichhaltige prinzipielle Einwände: erstens, daß die Realisierung des postulierten Zieles überhaupt nicht wünschenswert sei oder die dazu notwendigen Mittel nicht in Kauf genommen werden könnten, mit anderen Worten, daß also das angebliche Ideal in Wirklichkeit überhaupt *kein vernünftigerweise anzustrebendes Ideal* sei; und zweitens, daß das propagierte Ideal *reinem Wunschdenken* entspringe, d. h. in seinen wesentlichen Aspekten nicht einmal approximativ und auf lange Sicht realisierbar sei, weil seiner Verwirklichung unüberwindliche Hindernisse (zum Beispiel logische oder Naturgesetze) entgegenstehen. Der bloße Hinweis auf utopische Züge sowie auf die angebliche »Normativität des Faktischen« – ein gängiger Slogan der Juristen, der jedoch implizit auch in manchen philosophischen Standpunkt eingegangen ist – genügt jedenfalls nicht, um ein Ideal als programmatisches Handlungsziel völlig zu entwerten, es sei denn als *Nah*ziel.

Aber Ideale sind in der Regel keine Nahziele. Selbst angesichts von (ja immer nur hypothetisch erkennbaren) entgegenstehenden Naturgesetzlichkeiten ist es eine durchaus vernünftige Strategie, zunächst zu versuchen, »das Unmögliche wahr zu machen« und auf die Leitmaxime des epistemologischen Possibilismus (Naess) und Anarchismus (neuerdings Feyerabend) zu setzen: *Alles ist möglich!* Allerdings ist dabei zu beachten, daß sich das Programm aus psychologischen Gründen nicht allzuweit von der Wirklichkeit entfernen sollte, um Reformbestrebungen nicht zu entmutigen und aus diesem ganz praktischen Grund von vornherein um alle Chancen zu bringen. Aber alle über diese beiden kritischen Instanzen hinausgehenden Diskrepanzen zwischen Ideal und etabliertem Wissenschaftsbetrieb – Forschungs- einschließlich *Denk*praxis – sind *ausschließlich der Praxis anzulasten.* Das gilt insbesondere auch im Hinblick auf den hier versuchten Entwurf einer pluralistischen Wissenschaftskonzeption auf der Grundlage des Popperschen fallibilistischen Erkenntnismodells.

(7) Die Entscheidung zwischen alternativen Erkenntnismodellen und den daraus abgeleiteten Wissenschaftsprogrammen, hier polemisch auf die Entscheidung zwischen »Kritizismus« und »Dogmatismus« (Certismus) zugespitzt – unverkürzt ausgedrückt: zwischen dem fallibilistischen Erkenntnismodell einerseits und dem

Rechtfertigungsmodell in seinen vielfältigen, fundamentalistischen oder zirkulär-dialektischen, aber durchweg certistischen Spielarten andererseits –, ist, jedenfalls vom Epistemologisch-Methodologischen her, prinzipiell *offen* und folglich eine echte Wahlhandlung. Denn *beide* Standpunkte verkörpern mögliche, praktikable und insgesamt zumindest partiell realisierbare Konzeptionen, jedenfalls bis zu dem erkenntnistheoretisch wesentlichen Grade, der jene globalen Unmöglichkeitsbeweise der traditionellen Erkenntnislehre ausschließt, die darauf abzielen, durch Nachweis der Unmöglichkeit aller potentiellen Alternativen *ein* Erkenntnismodell zum einzig möglichen und deshalb notwendigen Standpunkt zu verabsolutieren.

Die Entscheidung zugunsten des fallibilistischen Kritizismus in seiner konsequentesten pluralistischen Form ist zwar meines Erachtens höchst *wünschenswert*, weil sie dem wissenschaftlichen Erkenntnisfortschritt und einer humanen, am Toleranzideal orientierten Lebensweise gleichermaßen günstig ist, aber durchaus nicht selbstverständlich! Um diese Wahl zu einer bewußten und wertvollen Entscheidung zu machen, ist es unbedingt erforderlich, auch die zweifellos vorhandenen relativen *Vorzüge des Rechtfertigungsmodells der Erkenntnis*, die den »Dogmatismus« zu einem beachtenswerten Konkurrenzprogramm für den Fallibilismus werden lassen, ins rechte Licht zu rücken. Nicht nur um der schlichten Gerechtigkeit willen, sondern weil auch für den Kritizismus selbst gilt, daß *Kritik* der wichtigste Anstoß zu seiner Verbesserung – und gegebenenfalls zu seiner Ersetzung durch eine Alternative – ist, bedarf das Plädoyer für den Kritizismus dringend seiner Ergänzung durch eine natürlich nicht hinterhältig auf dessen Widerlegung, sondern ernsthaft auf dessen Verbesserung gerichtete *Verteidigung des »Dogmatismus«*, einmal, um diesen »Probierstein« (Kant) für den Kritizismus möglichst scharf, d. h. die Alternativen *konkurrenzfähig* zu machen; ferner, um überhaupt erst *bewußt* werden zu lassen, worauf durch eine ernstgemeinte, konsequent durchgehaltene Entscheidung für den Kritizismus freiwillig verzichtet wird. (Daß mit der Entscheidung für den Kritizismus auf *vieles* und *worauf* damit im einzelnen verzichtet wird, läßt sich aus den eindrucksvollen wissenschaftstheoretischen und wissenschaftshistorischen Forschungsergebnissen von – um uns auf das 20. Jahrhundert zu beschränken – Dingler, Kuhn und Polanyi entnehmen.)

Wenn also der fallibilistische Kritizismus die progressive Weiterentwicklung des Rechtfertigungsmodells, des theoretischen Monismus und sogar des prima facie völlig irrationalen und erkenntnisfeindlichen Dogmatismus fordert, dann ist das weit mehr als die konsequente Praktizierung seiner eigenen pluralistischen Maxime: es ist ein Gebot der Klugheit, das seinem aufgeklärten Eigeninteresse entspricht. Je stärker die Konkurrenten, desto wertvoller ist der Sieg über sie. Ohne ernsthafte, konkurrenzfähige Alternativen würde die kritische Potenz des Kritizismus schnell versiegen und die »Entscheidung für den Kritizismus« zum Lippenbekenntnis entwertet werden. (Von der Berechtigung dieser Forderung – die ich großzügig zum Programm erhebe, aber inkonsequenterweise selbst nicht befolge, denn eine Verteidigung des Dogmatismus wird der Leser hier vergeblich suchen und darin mit Recht einen gravierenden Mangel dieses Plädoyers für Fallibilismus und Pluralismus sehen – habe ich mich von Feyerabend gegen erheblichen anfänglichen Widerstand überzeugen lassen.)

(8) Unwissenschaftlichen Mythen ziemlich obskurer Art kommen oft gerade jene Eigenschaften zu, die nach einer weit verbreiteten Wissenschaftsideologie – welche im Zeitalter des Rationalismus, Empirismus, Positivismus und der »wissenschaftlichen Philosophie« sogar zum fragwürdigen »Wissenschaftsideal« avancieren und bewirken konnte, daß es als wissenschaftlich vorbildlich galt, wissenschaftliche Theorien, die von Mythen dieser Art denkbar weit entfernt sind, *wie Mythen zu präsentieren* – wissenschaftliche Theorien auszeichnen: *Allgemeinheit* und *Erklärungskraft*, deren Totalitätsanspruch sich nichts entziehen kann, solange die Herrschaft des Mythos ungebrochen ist; *empirischer Charakter* im Sinne einer tiefen und festen Verankerung in der Erfahrung, die so weit gehen mag, daß Mythos und Erfahrung zu einer Einheit werden und sich gegenseitig »verifizieren«, wodurch der Mythos gegenüber wissenschaftlicher, insbesondere empirischer Kritik immun wird, was seinen Wahrheitsanspruch noch mehr zu stützen scheint; weiter die für die kognitive Interpretation, für die moralische und emotionale Bewältigung sowie für die handlungsmäßige Beherrschung der Umwelt außerordentlich wichtige Fähigkeit – die mit Recht als die zentrale Erkenntnisleistung angesprochen, aber mit Unrecht ausschließlich »echt wissenschaftlichen« Theorien zugeschrieben zu werden pflegt –, ein Chaos anscheinend unzusammenhängender Erfahrungsdaten (einschließlich vergange-

ner, erinnerter oder oft auch nur erdachter und zukünftiger, spekulativ antizipierter »Erfahrungsdaten«) zu einem systematischen, sinnvollen Kosmos zu organisieren und praktisches Handeln sinnvoll *und* erfolgreich zu leiten; schließlich ein auf alle diese bemerkenswerten Leistungen gestützter und deshalb anscheinend beeindruckend gut begründeter *Wahrheitsanspruch*.

(9) Der entscheidende Unterschied zwischen rationalen (erfahrungs-)wissenschaftlichen Theorien und irrationalen Mythen kann also kaum in ihrem Inhalt »an sich« liegen. Er liegt vielmehr in der *Zielsetzung* und in der *Methode* des ganzen Erkenntnisunternehmens, die zusammen natürlich auf den Inhalt zurückwirken, diesen indirekt mitbestimmen und praktisch eine ganz bestimmte Einstellung – im Sinne eines charakteristischen Problemlösungsverhaltens – bedingen.

Die Wissenschaft ist durch ihre *Zielsetzung*, Probleme durch erklärende Theorien zu lösen, sowie durch ihre *Methode* – nach der Auffassung des hier verteidigten fallibilistischen Pluralismus: durch die *kritische* Methode – charakterisiert und dadurch vor allen anderen Erkenntnisformen ausgezeichnet. Zwar findet sich auch in anderen Bereichen (vor allem in Kunst und Dichtung) Erkenntnis, die theoretisch, erklärend und kritisch zugleich ist, aber die Wissenschaft ist das einzige Unternehmen, das, zumindest asymptotisch, *auf kritische Erkenntnis in Form erklärender Theorien* hin programmiert, auch dementsprechend organisiert ist und diese *systematisch* anstrebt.

Die *Einheit der Wissenschaft* – soweit es sie gibt und überhaupt geben kann, wenn die Wissenschaft ihrem kritischen Anspruch gerecht werden will: also nur cum grano salis, sagen wir ruhig, mit einem großen Haufen (pluralistischen) Salzes – ist eine *Einheit der Zielsetzung und der Methode*. Die monistische Konzeption der *Einheitswissenschaft*, wie sie vor allem vom Neopositivismus des »Wiener Kreises« propagiert worden ist – die Einheit der Wissenschaft als Einheit der Gesetze oder Theorien im Sinne eines allumfassenden Systems miteinander konsistenter Aussagen –, wird dagegen durch das fallibilistische Erkenntnismodell mit seinem pluralistischen Wissenschaftsprogramm entschieden infrage gestellt.

(10) Wissenschaft, speziell Erfahrungswissenschaft, ist *erklärende, durch Erfahrung und innere Einheit, Metatheorien und alternative Theorien* – mit einem Wort: durch Kritik – *kontrollierte systema-*

tische Spekulation, deren kognitives Konzentrat der Form nach *allgemeine*, dem Inhalt nach *informative Theorien über die gesetzmäßige Beschaffenheit der Realität* bilden. Wissenschaft unterscheidet sich damit

a) durch das Element der Erklärung von der *Story*, die nur beschreibt, konstatiert (und eventuell auch prognostiziert, denn eine bloße Prognose ohne ein sie tragendes Gesetz ist lediglich eine Beschreibung zukünftiger Fälle), aber nicht erklärt. Modell einer Story von idealtypischer Reinheit ist die *Daten-Tabelle* anstelle von Gesetzen und Theorien. Es fehlt hier die erst von den vorsokratischen Naturphilosophen eingeführte Idee der hypothetischen *Generalisierung* und damit der eigentlichen *Theoretisierung*. Beispiele: die Geometrie der Ägypter; die Astronomie der Babylonier, die genaue und zuverlässige Beschreibungen und (nichtkausale, lediglich durch Extrapolation gewonnene) Prognosen lieferte, aber keine kausalen Erklärungen.

b) durch das Element der systematischen Kritik (der kritischen Prüfung, der prinzipiellen Widerlegbarkeit) vom *Mythos*, der rational nicht kontrollierte Spekulation darstellt. Beispiel: der Schöpfungsmythos der Bibel.

c) neben dem Element der Erklärung durch das der systematischen Kohärenz (der Theorien) und der gesetzmäßigen, insbesondere kausalen Verknüpfung (der Ereignisse selbst durch nomologische Hypothesen im Rahmen von Theorien) sowie durch die wesentliche, d. h. prinzipiell nichteliminierbare Inkorporation sogenannter theoretischer Begriffe und Beziehungen vom *rein technologisch-instrumentellen Prognosewissen* (das durchaus den Charakter von – empirischen – Generalisierungen haben kann, ohne jedoch die strengen Bedingungen für erklärende Theorien zu erfüllen).

Die *Idee der Erklärung* – oder, ganz allgemein ausgedrückt, der Problemlösung – *durch Theorien* und die *Idee der (rationalen) Kritik* stehen im Zentrum der Wissenschaft und fungieren in jeder vernünftigen Wissenschaftskonzeption als *regulative Ideen* durchaus im Sinne, aber gegen die erklärte Absicht Kants, der, mit ingeniösen neuen Methoden, aber sonst ganz im Banne des klassischen certistischen Wissenschaftsideals, die »metaphysischen Anfangsgründe« der Wissenschaft zu *konstitutiven Prinzipien*, zu exklusiv wissenschaftserzeugenden *absoluten* Voraussetzungen, verabsolutiert und dadurch praktisch dogmatisiert. In dieser Hinsicht ist der fallibilistische Kritizismus entschieden konsequenter und kritischer als der kantische Kritizismus, indem er an die Stelle des mit ihrer *konstitutiven* Interpretation zwangsläufig gekoppelten *restriktiven* Gebrauchs der erkenntnisleitenden Ideen deren durch eine durchgängig *regulative* Interpretation ermöglichten *progressiven* Gebrauch setzt und damit den fallibilistisch-pluralistischen Ansatz auf *alle* Bereiche und Ebenen der Erkenntnis überträgt (vgl. Spinner 1970).

(11) Ziel der wissenschaftlichen Forschung sind durch Kritik kontrollierte erklärende, möglichst wahre *Theorien*. Wissenschaftliche Theorien sind – nicht unbedingt ihrer tatsächlichen Genese nach, aber in idealtypischer »rationaler Nachkonstruktion« – das Ergebnis eines komplizierten Zusammenspiels von *antizipierender, transempirischer Spekulation, deduktiver Argumentation* und *rationaler Kontrolle*, die bei erfahrungswissenschaftlichen Theorien immer auch *empirische Prüfung* einschließt.

Damit ergeben sich (nach Einstein 1955) für die Beurteilung wissenschaftlicher Theorien zwei mögliche Strategien der Kritik: *Kritik »von innen«*, die sich auf die innere Vollkommenheit (insbesondere Konsistenz, systematische Kohärenz und »innere« Einfachheit), und *Kritik »von außen«*, die sich auf die äußere Bewährung – durch Konfrontation mit der Realität – bezieht. Die Möglichkeit der Kritik »von außen« im Einstein-Popperschen Sinne ist natürlich nur dann gegeben, wenn die Beziehungen zwischen Theorie und Erfahrung prinzipiell falsifikationistisch, als potentielles Widerlegungsverhältnis, gedeutet und nicht, wie im Dinglerschen Exhaustionismus, als eine vorwiegend innertheoretische, systeminterne Angelegenheit behandelt werden. Zur zweiten Strategie zählt insbesondere auch die pluralistische Kritik durch Konfrontation mit alternativen Theorien.

Theorien, die ja sowohl im Akt der Erklärung wie in dem der Kritik die entscheidende Rolle spielen, stehen also im Zentrum der Wissenschaft. Sie bilden den Kristallisationspunkt der wissenschaftlichen Erkenntnis. Der *Erkenntnisfortschritt* besteht primär in dem Prozeß der Ablösung alter durch neue, bessere, insbesondere informativere Theorien.

(12) Das allgemeine Erkenntnisproblem – der ganze Problemkomplex der Erkenntnis in »Statik« (als zeitloses *Geltungsproblem* der traditionellen, certistisch orientierten Sub-specie-aeternitatis-Erkenntnislehre) und »Dynamik« (als Problem ihrer progressiven oder degenerativen Veränderung, als *Fortschrittsproblem* im Sinne

einer »Naturgeschichte« und Theorie des Erkenntnisfortschritts) – läßt sich nun in *drei klassische Grundprobleme der Erkenntnistheorie* aufspalten:

a) Das *Humesche Problem* (wie Kant es nannte): das *Induktionsproblem* (ganz allgemein und grob formuliert: wie können wir aus der Erfahrung lernen?);

b) das *Kantsche Problem* (wie Popper es nennt): das *Abgrenzungsproblem* (für die Erfahrungswissenschaften formuliert: das Problem der erkenntnistheoretischen »Identifizierung« und Abgrenzung erfahrungswissenschaftlicher Theorien von Aussagensystemen der nichtempirischen Wissenschaften – Logik und Mathematik sowie Metaphysik – einerseits und vom außerwissenschaftlichen und pseudowissenschaftlichen Bereich andererseits);

c) das *Poppersche Problem* (wie ich es nennen will, weil es im Zentrum der Popperschen Philosophie steht und weil Poppers eigener Beitrag – das fallibilistische Erkenntnismodell – nicht nur zur Lösung, sondern, was zunächst viel wichtiger war, zur Entdeckung und Explikation dieses Problems so bedeutend ist, daß man in diesem Zusammenhang meines Erachtens von einer »kopernikanischen Wende« in der Wissenschaftstheorie sprechen kann): das *Problem des (wissenschaftlichen) Erkenntnisfortschritts.* Wiederum nur ganz grob skizziert: worin besteht und wie vollzieht sich der Erkenntnisfortschritt? – als wichtigstes wissenschaftstheoretisches Teilproblem: die Frage nach den erkenntnistheoretischen Kriterien für eine rationale Bewertung konkurrierender Theorien sowie nach den methodischen Richtlinien, um im Kampf ums Überleben den besten Theorien zum Sieg zu verhelfen; wann ist es vernünftig, Theorien aufzugeben und durch Alternativen zu ersetzen; wann ist Exhaustion, wann Falsifikation die vernünftigste Strategie?; gibt es »typisch wissenschaftliche« Fortschrittsmuster?; welches sind die tatsächlichen, welches die idealerweise erwünschten Fortschrittsmuster der Wissenschaft?; liegt die Wissenschaft damit auf der »Wahrheitslinie«?

Allgemein genommen (d. h. ohne die in der obigen Formulierung des Humeschen und Kantschen Problems liegende Restriktion auf das relativ spezielle Problem der *erfahrungs*wissenschaftlichen Erkenntnis) sind das die drei wichtigsten Problemkomplexe der Erkenntnis- und Wissenschaftstheorie, wobei das Poppersche Problem *das* zentrale und umfassendste Problem darstellt, das im

Grunde die beiden anderen Probleme in sich einschließt – jedenfalls im Rahmen des fallibilistisch-pluralistischen Erkenntnisprogramms.

II. Die traditionelle Lösung des Erkenntnisproblems im Rahmen des Rechtfertigungsmodells: epistemologischer Fundamentalismus und theoretischer Monismus

(13) An Ratschlägen zur Lösung des Erkenntnisproblems hat es die Philosophic nicht fehlen lassen. Aber die augenscheinliche Fülle der im Verlauf von zweieinhalb Jahrtausenden erdachten und oft mit allen Raffinessen philosophischer Denkartistik hochstilisierten Lösungsvorschläge verschleiert nur allzu leicht die Tatsache, daß es sich dabei im Grunde fast ausnahmslos um *ein* in seiner epistemologischen Zielsetzung und methodischen Tiefenstruktur identisches Erkenntnismodell handelt. Dessen prima facie so beeindruckende Flexibilität und Variabilität beschränkt sich auf die Oberflächenstruktur vielfältiger Spielarten eines in seiner certistisch-monistischen Ausrichtung durchaus »einfältigen« Grundmodells, das in der Aristotelischen Wissenschaftskonzeption, mit der Euklidischen Variante für die Formalwissenschaften, erstmals zum erkenntnistheoretischen Paradigma – zur vorgegebenen Musterlösung, die es lediglich zu verfeinern und den spezifischen Bedingungen der Problemsituation in den verschiedenen Erkenntnisbereichen anzupassen gilt – erhoben und seitdem für die weitere Entwicklung der Erkenntnislehre im wörtlichen Sinne Maß-gebend geworden ist.

Die Grundidee dieses am klassischen *Prinzip des zureichenden Grundes* orientierten *Rechtfertigungsmodells der Erkenntnis* läßt sich wie folgt skizzieren: Das Geltungsproblem der Erkenntnis wird, soweit es überhaupt als ein rational zu lösendes Problem konzipiert ist, als ein *Begründungs*- oder *Rechtfertigungsproblem* aufgefaßt »im allgemeinsten Sinn als ›letztes Rechtfertigen‹, als Beantwortung der quaestio quid iuris ...« (Dingler 1926, S. 15). Die Idee der Begründung liefert also das Abgrenzungskriterium, das echte Erkenntnis und Pseudoerkenntnis – und letztlich auch Wahrheit und Falschheit – streng voneinander scheidet. Echte Erkenntnis ist dadurch ausgezeichnet, daß sie in ihrem Wahrheitsanspruch *zureichend begründet* und dadurch geltungsmäßig *gerechtfertigt* ist. Und da der Beweis die strengste und sicherste Art der methodischen Begründung darstellt, setzt die *bewiesene*

Wahrheit das Gardemaß für das certistische Erkenntnisideal, an dem sich das Rechtfertigungsdenken in der insofern bemerkenswert kontinuierlichen Problemgeschichte der Erkenntnislehre von Aristoteles und Euklid über Kant und Hegel bis zu Dingler, Russell und Carnap orientierte.

(14) Die lange Geschichte des Rechtfertigungsdenkens ist eine Geschichte des beständigen Suchens nach einem geeigneten *Rechtfertigungsverfahren* (sowie, was in diesem Zusammenhang zunächst weniger interessiert, nach einem *Anfang der Erkenntnis,* nach einem systematischen Ausgangspunkt, an dem das Rechtfertigungsverfahren ansetzen kann, um von diesem archimedischen Punkt aus den Fortgang der Erkenntnis zu gewinnen und deren Geltung zu verbürgen). Vielversprechende, für revolutionär gehaltene Programme zur Neubegründung der Wissenschaft – die erste und meist auch die einzige von der traditionellen Erkenntnislehre vorgesehene und bewußt angesteuerte »wissenschaftliche Revolution«, weil es in der Sicht eines jeden strengen, konsequenten Rechtfertigungsdenkens nur *einer* Revolution des Denkens bedarf, nämlich derjenigen, die diesem Denken zum Sieg verhilft und damit den »endgültigen Neuaufbau« der Erkenntnis verwirklicht –, deren schließliches (meist baldiges) Scheitern nach oft spektakulären Anfangserfolgen die Suche nach neuen Rechtfertigungsverfahren nur noch mehr anspornte und die Entwicklung von Pseudo-Revolution zu Pseudo-Revolution in Gang hielt, haben die Marksteine dieser lehrreichen Problemgeschichte gesetzt und die Hauptrichtungen der weiteren Entwicklung des Grundmodells bestimmt. Eine nach erkenntnistheoretisch relevanten Merkmalen oder Bedingungen aufgebaute Typologie der möglichen Rechtfertigungsverfahren wäre deshalb die beste Basis für eine sozusagen natürliche Klassifikation der Typen und individuellen Spielarten des Rechtfertigungsmodells.

Ich begnüge mich hier mit der allgemeinsten, erkenntnistheoretisch grundsätzlichsten Differenzierung innerhalb des Spektrums möglicher Rechtfertigungsverfahren, aus der sich dann die beiden Hauptrichtungen für die weitere Entwicklung im Prozeß der variantenreichen Ausdifferenzierung, Verfeinerung und Vervollkommnung des Rechtfertigungsmodells ergeben. Während die *reduktionistischen* Begründungsverfahren mit ihrem »Schematismus der Leiter« (Dingler) zu einem *linearen Argumentationsmodell* führen, macht die zyklische Rechtfertigungsstrategie etwa à la He-

gel den Argumentationszusammenhang zu einem Kreis – in Hegels »totalem«, allesumfassend gedachten Erkenntnissystem sogar zu einem »Kreis von Kreisen« (Hegel) – und erzeugt damit ein *zirkuläres Argumentationsmodell*, in dessen Rahmen sich die rechtfertigenden Argumente nicht reduktionistisch-linear, sondern, jedenfalls in der Hegelschen Spielart, *dialektisch* entfalten und streng genommen erst »im Ganzen« (durch das Ganze – für das Ganze) der Erkenntnis die angestrebte Rechtfertigung leisten.
Auf das zirkuläre Rechtfertigungsmodell, dessen nichtdialektische Version in Cassirers Erkenntnislehre, vor allem auch im epistemologischen Holismus Duhems, Neuraths (der seinen holistischen »Enzyklopädismus« ausdrücklich als Alternative sowohl zum Carnapschen reduktionistischen als auch zum Popperschen deduktivistischen »Pyramidismus« präsentierte) und Quines in interessanter Weise weiterentwickelt worden ist, soll hier nicht näher eingegangen werden. Ich konzentriere mich im folgenden auf das reduktionistische Erkenntnismodell des *epistemologischen Fundamentalismus*, das nicht nur die wichtigste Variante des linearen Argumentationsmodells darstellt, sondern darüber hinaus den in der Erkenntnis- und Wissenschaftslehre einflußreichsten Prototyp des Rechtfertigungsmodells überhaupt verkörpert, aus dem auch das klassische certistisch-fundamentalistische Wissenschaftsideal (einschließlich dessen verwässerter, aber keineswegs verbesserter neoklassischer Degenerationsformen) abgeleitet ist.
(15) Die epistemologische Konstruktion des Rechtfertigungsmodells der Erkenntnis kann zu ihren Gunsten alle wesentlichen Merkmale jener seltenen genialen Entwürfe vorweisen, die paradigmatische Problemlösungen liefern und damit der weiteren Entwicklung ganzer Epochen der Ideengeschichte ihren Stempel aufdrücken. Im Rechtfertigungsmodell verbinden sich umfassende Allgemeinheit und äußerste Einfachheit des leitenden Lösungsprinzips – durch das eine Musterlösung von fast primitiver Einfachheit vorgegeben wird, die, mehr skizziert als präzisiert, einerseits bestimmt genug ist, um einen guten Leitfaden zu liefern, der die Forschung stimuliert und in Richtung auf vielversprechende konkrete Problemlösungen lenkt, andererseits aber gleichzeitig offen genug ist, um der Entwicklung differenzierter, situationsgerechter Speziallösungen größtmöglichen Spielraum zu lassen – mit außerordentlicher Anpassungsfähigkeit an die spezifischen Bedingungen der verschiedensten konkreten Problemsituationen und

flexibler Abwandlungsfähigkeit des Ausgangsmodells *unter Bewahrung des Grundprinzips*, so daß unbeschränkt viele Spielarten möglich werden, die trotz aller individuellen Abweichungen doch immer Varianten des einen vorgegebenen Grundmodells bleiben. Diese Kombination epistemologisch hochbewerteter Eigenschaften scheint dem Rechtfertigungsmodell universelle Anwendbarkeit bei maximaler Problemlösungskraft zu verleihen; eine erstrebenswerte, nichttriviale universelle Brauchbarkeit also, ganz im Gegensatz zu jener wertlosen unbeschränkten Anwendbarkeit vieler philosophischer Allerweltsprinzipien, die lediglich die Folge ihrer kognitiven Leerheit ist.

Doch nach diesen Vorschußlorbeeren für das Rechtfertigungsmodell (die durch die spätere Kritik zwar reduziert, insbesondere hinsichtlich der kreditierten Problemlösungskraft, aber keineswegs völlig hinweggefegt werden: das Rechtfertigungsmodell ist ein im Endeffekt gescheiterter, aber nichtsdestoweniger genialer Entwurf zur Lösung des Erkenntnisproblems) nun zu dessen konstruktivem Plan, wie er sich besonders deutlich aus der Verschärfung des Rechtfertigungsprinzips im epistemologischen Fundamentalismus ergibt:

Im certistisch-fundamentalistischen Rechtfertigungsmodell wird das Begründungsproblem zu einem Problem der erkenntnistheoretischen *Reduktion problematisierter Geltungsansprüche auf ein Fundament der Erkenntnis mit entproblematisiertem Geltungsanspruch*, also auf eine Basisinstanz, der aus irgendwelchen Gründen epistemologische Priorität und Autorität – im konsequenten Grenzfall Infallibilität kraft Wahrheitsgarantie – zugeschrieben werden. Das Lösungsprinzip des Rechtfertigungsmodells basiert auf der prinzipiellen Unterscheidung und Gegenüberstellung von zwei epistemologischen Instanzen (oder vielmehr von Klassen von Instanzen bzw. ganzen Erkenntnisbereichen): einer kognitiv *primären*, für unproblematisch gehaltenen Instanz, die das irrtumsfreie Fundament der Erkenntnis verkörpern und die gesuchte Rechtfertigungsbasis liefern soll – der feste Grund, auf dem wir mit unseren Theorien vor Anker gehen können, um ein instruktives Bild Carnaps zu gebrauchen –, einerseits, und einer kognitiv *sekundären*, problematischen, hypothetischen und deshalb rechtfertigungsbedürftigen Instanz, die insbesondere auch unsere (nichtfundamentalen) Theorien umfaßt, andererseits. Als echte Erkenntnis gerechtfertigt, d. h. in ihrem Geltungsanspruch *zu-*

reichend begründet erweist sich nun eine sekundäre Instanz dann und nur dann, wenn sie geltungsmäßig auf das Fundament der Erkenntnis, das ja als Rechtfertigungsbasis fungiert, reduziert ist. Das heißt ganz allgemein: wenn es gelingt, die epistemologische Kluft zwischen primären und sekundären Instanzen durch eine positiv wahrheitsrelevante, also *begründende* Verbindung so zu überbrücken, daß der Wahrheitsanspruch der sekundären Instanzen im Lichte der für verbürgt gehaltenen Wahrheit der Basisinstanz bewiesen, zumindest aber wesentlich gestützt erscheint. Jeder Rechtfertigungsprozeß umfaßt also drei Operationen oder Phasen: *Zweiteilung* aller epistemologischen Instanzen nach einem bestimmten erkenntnistheoretischen Prioritätsprinzip in primäre (rechtfertigende) und sekundäre (rechtfertigungsbedürftige) Instanzen – *Entproblematisierung*, Stabilisierung und Autonomisierung der primären, zum Fundament der Erkenntnis erhobenen Instanz – *Reduktion* (im wahrheitsbegründenden erkenntnistheoretischen Sinne) der problematischen sekundären Instanzen auf die angeblich unproblematische Basisinstanz.

Das Konstruktionsprinzip dieses Verfahrens der *erkenntnistheoretischen Zerlegung* (Carnap) – oder, in Wittenbergs Terminologie: der Methode der *erkenntnistheoretischen Schnitte* – ist das Grundprinzip des Rechtfertigungsmodells schlechthin. Nach einem wesentlich standpunktgebundenen, also insofern sehr relativen Prioritätsprinzip – zum Beispiel Carnaps positivistischer Doktrin der »erkenntnismäßigen Primarität« des sogenannten Erlebnisgegebenen (vgl. Carnap 1928) – wird der gesamte Erkenntnisbereich (d. h. die Klasse aller epistemologischen Instanzen) durch einen erkenntnistheoretischen Schnitt zweigeteilt. Ein *Teil* unserer Erkenntnis wird verabsolutiert, zum Richter (zur Legitimationsbasis) über den Rest und damit letztlich über das *Ganze* der Erkenntnis erhoben.

Daß dieses ebenso einfache wie bestechende Verfahren ein »Universalinstrument« der Vernunft ist, wie es Descartes vorschwebte; daß es insbesondere weder eine Erfindung des Positivismus noch überhaupt spezifisch positivistisch ist, sondern auch ganz anderen philosophischen Richtungen des Rechtfertigungsdenkens zur Verfügung steht, zeigt unter anderem die Kantsche Erkenntnis- und Wissenschaftslehre, die das instruktivste Studienobjekt für die Methode der erkenntnistheoretischen Schnitte liefert, weil diese – und mit ihr das Rechtfertigungsmodell schlechthin – bei Kant ihre reifste, schlechterdings vollendete Ausgestaltung gefunden hat. Kant hat das Verfahren der erkenntnistheoretischen Zerlegung zwar nicht selbst erfunden, aber als erster detailliert analysiert und ebenso bewußt wie systematisch zur Lösung der gesamten Erkenntnisproblematik im Sinne des Rechtfertigungsansatzes eingesetzt (vgl. Spinner 1970).

Der epistemologische Fundamentalismus macht es damit der Erkenntnislehre zur zentralen Aufgabe, »nach dem natürlichen Felsen zu suchen, welcher *vor* allem Bauen da ist und selber nicht wankt«, wie Schlick es in seinem für den epistemologischen Fundamentalismus passivistischer Prägung – der die Basisinstanz als »gegeben« ansieht – programmatischen Aufsatz »Über das Fundament der Erkenntnis« (1934) ausgedrückt hat (siehe Schlick 1938, S. 290; Hervorhebung im Original). Wir müssen also nach dem unerschütterlichen, invarianten, infalliblen, vom Wandel der Theorien unbeeinflußten *Fundament aller Erkenntnis* suchen oder, nach der aktivistischen Variante des epistemologischen Fundamentalismus, eine solche Basis erst *schaffen*. Dieses Fundament muß eine kognitiv privilegierte Instanz sein, der epistemologische Autorität, im Idealfall Infallibilität, zukommt und die den Charakter eines *Wahrheitskriteriums*, nach der strengen klassischen certistisch-fundamentalistischen Konzeption (bei Descartes zum Beispiel und später auch noch bei Schlick und Husserl) sogar den einer *Wahrheitsgarantie* hat.

Damit sind auch schon die beiden wichtigsten Richtungen angedeutet, in die sich der epistemologische Fundamentalismus entwickelt und dabei in zwei Hauptvarianten aufgespalten hat, die sich ihrerseits wieder in vielen Spielarten weiterverzweigten. Als richtungsweisend erwies sich dabei die – in den idealtypisch ausgeprägten Konzeptionen, von denen das Leitmotiv konsequent durchgehalten wird, genau entgegengesetzte – erkenntnistheoretische Bewertung des sogenannten *menschlichen Anteils* an unserer Erkenntnis, wie immer dieser auch abgegrenzt sein mag.

Die *passivistische* Variante des Fundamentalismus, der *Mythos vom Gegebenen*, sieht in der Basisinstanz etwas *Gegebenes* und folglich *Hinzunehmendes* – mit der Hintergrundmoral: was »gegeben« ist, ist uns *vorgegeben* und sozusagen mit natürlicher Frömmigkeit zu akzeptieren. Das Leitmotiv des passivistischen Fundamentalismus, wie es vor allem in das Erkenntnismodell des Positivismus und der Phänomenologie Eingang gefunden hat, ist:

das »Unberührte« ist das Vertrauenswürdigste und Sicherste und liefert reine, unverfälschte Wahrheitserkenntnis. *Wir* sind für die Unvollkommenheit und Fehlerhaftigkeit der Erkenntnis verantwortlich, *wir selbst erzeugen erst* den Irrtum und tragen ihn durch unsere Eingriffe in die Erkenntnis hinein, indem wir das »Gegebene«, diesen lauteren Quell der offenbar gewordenen Wahrheit, mit unseren unvollkommenen Mitteln angehen und dadurch mit Menschlich-Allzumenschlichem imprägnieren. *Unserem* Beitrag zur Erkenntnis ist also nach dieser Auffassung zu mißtrauen, nicht dem des Unberührten, des von der untrüglichen Natur »Gegebenen«. Nach dieser passivistischen Interpretation des fundamentalistischen Rechtfertigungsmodells ist das Fundament der Erkenntnis eine Instanz, die *nicht* unser Werk ist und deren epistemologische Autorität gerade auf diesem Tatbestand beruht. *Wir* irren, nicht die Natur! Deshalb *zurück zur Natur*, hin zur natürlichen Basis aller Erkenntnis, die es zu suchen, zu finden – nicht: zu *er*finden – und als Botschaft aus dem »Buch der Natur« lediglich richtig zu »lesen« gilt, die aber auf keinen Fall manipuliert werden darf. Denn jeder Eingriff wäre Vergewaltigung, jede Änderung Verfälschung des »Gegebenen«.
Im Gegensatz dazu setzt die *aktivistische* Variante des epistemologischen Fundamentalismus, der *Operativismus*, auf den »Herstellungsstandpunkt« (Dingler), auf das »menschliche Fundament« (Lorenzen) der Erkenntnis. Nach dieser aktivistischen Interpretation ist das Fundament der Erkenntnis sicher, weil wir es durch geeignete methodische Operationen und praktische Manipulationen, zum Beispiel mittels Dinglers Zusammenspiel von Realisation und Exhaustion, zur sicheren, unhintergehbaren, »letzten« epistemologischen Basis- und Berufungsinstanz *machen*. Das Leitmotiv des operativen Standpunktes ist also dem des passivistischen Fundamentalismus genau entgegengesetzt: das Fundament der Erkenntnis ist nicht etwas »Gegebenes« und Hinzunehmendes, sondern von uns selbst – nach idealen Schemata, nach *Ideen*, die als Realisierungsvorlage dienen – zu *fabrizieren*, ist eine von uns geschaffene und durch unsere methodisch kontrollierten Handlungen bewußt *fixierte* Basisinstanz. Was wir selbst gemacht haben, ist das Vertrauenswürdigste und Sicherste, weil es von uns in genau dieser Absicht hergestellt (»realisiert«) worden ist, weil es *unser* nach strengen methodischen Prinzipien mit dem Ziele maximaler Sicherheit hergestelltes Werk ist. *Denn der Geist erkennt nur, indem*

er schafft – ein epistemologisches Leitmotiv, das sich zumindest bis auf *Vicos* berühmtes *Verum-factum-Prinzip* zurückverfolgen läßt, im *Bacon*schen »Wissen ist Macht« seinen populären, versimpelten Ausdruck gefunden und in der Neuzeit vor allem im Kantianismus, im mathematischen Konstruktivismus sowie in der Dinglerschen operativen Philosophie dominant geworden ist.
Da sich im Rahmen dieses Rechtfertigungsschemas durch einfache Variation und Kombination seiner beiden Grundelemente – erstens der *epistemologischen Basisinstanz* und deren Eigenschaften, zweitens des *Rechtfertigungsverfahrens*, der Art der epistemologischen Reduktion – eine unbegrenzte Fülle von Varianten des einen Grundmodells erzeugen läßt, konnte die Erkenntnislehre im Verlauf ihrer langen Geschichte einen imponierenden Ideenreichtum vorspiegeln, obwohl sie tatsächlich im Grunde immer dieselbe Botschaft brachte, »nur mit ein wenig anderen Worten« (oder, um gerecht zu sein, in anderer *Interpretation*, was ja über lediglich verbale Änderungen hinausgeht), nämlich die des Rechtfertigungsdenkens. Die erstaunliche Mannigfaltigkeit der traditionellen Erkenntnislehre und der prima facie oft diametral entgegengesetzte Charakter der verschiedenen Standpunkte, der die gemeinsame autoritäre Grundstruktur aller Spielarten des Rechtfertigungsmodells verschleiert, beruhen in erster Linie darauf, *welche* – »gegebene« oder geschaffene – Instanz als epistemologische Autorität inthronisiert wird (und was komplementär dazu als rechtfertigungsbedürftiger »Rest« der Erkenntnis anzusehen ist): die Offenbarung, fixiert in »heiligen Schriften« (Theologie), die klaren und distinkten Ideen (klassischer Rationalismus: Descartes), die Erfahrung, die Beobachtung oder die Sinnesdaten (klassischer Empirismus: Bacon, Locke, Hume); die Protokollsätze (Neopositivismus des »Wiener Kreises«), die Alltagssprache (der späte Wittgenstein) oder die Beobachtungssprache (der späte Carnap), und so weiter. Weitere Differenzierungen ergeben sich daraus, *welche Art der erkenntnistheoretischen Reduktion* transzendentalphilosophische, logische oder kausale, deduktive oder induktive, kraft Isomorphierelation via Modelle etc.) gefordert wird; ferner daraus, daß vor allem in der modernen Erkenntnislehre das Fundamentalprinzip mehr oder weniger liberalisiert und statt absoluter Invarianz und Infallibilität nur noch relative Stabilität und Zuverlässigkeit der Basisinstanz postuliert wird (zum Beispiel im Zwei-Sprachen-Modell des späten Carnap) – eine Ent-

wicklung, die als degenerative Problemverschiebung (im Sinne Lakatos') anzusehen ist, weil sie das Rechtfertigungsmodell lediglich verwässert, ohne etwas an seinem strukturbedingten Grundfehler zu ändern.

(16) Zur *Kritik des Rechtfertigungsmodells* sollen hier lediglich zwei ganz allgemeine, erkenntnistheoretisch grundsätzliche Einwände vorgebracht werden, die auf *strukturelle*, erkenntnis*logische* Konstruktionsfehler dieses Erkenntnismodells hinweisen und aus denen sich die weiteren Argumente für eine Detailkritik fast von selbst ergeben.

Durch das Rechtfertigungsprinzip wird das Rechtfertigungsmodell von seinem Lösungsansatz her unausweichlich in eine ausweglose erkenntnistheoretische Problemsituation verstrickt, deren Trilemma-Charakter von Albert aufgezeigt worden ist. Albert spricht in diesem Zusammenhang von einem *Münchhausen-Trilemma* des Rechtfertigungsdenkens, weil alle Ansätze zur »Letztbegründung« (Dingler) – und mit weniger als einer Letztbegründung darf sich das Rechtfertigungsdenken nicht zufrieden geben, denn jede nur »vorletzte« Begründung würde das eigentliche Rechtfertigungsproblem nur verschieben, ohne es jemals lösen zu können – auf den Versuch hinauslaufen, sich am eigenen Schopf aus dem Sumpf zu ziehen. Wenn man von den vielfältigen Versuchen, das Geltungsproblem der Erkenntnis ungelöst zu eliminieren oder sonstwie zu umgehen anstatt zu lösen, einmal absieht, dann bleibt, *sofern nicht das Rechtfertigungsprinzip selbst vorbehaltlos aufgegeben wird*, nur das Albertsche Münchhausen-Trilemma:

1. Der *infinite Regreß*, der undurchführbar ist;

2. der *epistemologische Zirkel*, der zwar immer durchführbar, aber nicht effektiv im Sinne des angestrebten Rechtfertigungsziels ist, weil er bestenfalls eine zirkuläre *Scheinbegründung* der Erkenntnis liefern kann, aber gerade nicht, was man braucht: einen archimedischen Punkt der Erkenntnis, eine unabhängige und unparteiliche Rechtfertigungsbasis, ein autonomes Fundament der Erkenntnis;

3. der *Abbruch des Begründungsverfahrens* an einem bestimmten Punkt. Auch diese Strategie ist zwar immer durchführbar, aber ebensowenig effektiv im Sinne einer *rationalen* Begründung, denn der Abbruch des Rechtfertigungsprozesses ist, wo immer er auch erfolgen mag, willkürlich und deshalb letztlich dogmatisch.

Das Rechtfertigungsproblem ist dss Ärgernis der traditionellen

Erkenntnislehre. Solange überhaupt die Notwendigkeit der wahrheitsbegründenden Rechtfertigung unserer Erkenntnis als epistemologisches Problem anerkannt wird, bleiben jeder Philosophie, die – vor allem als Folge der traditionellen, von Platon und Aristoteles der Erkenntnislehre vererbten, nicht einmal vom radikalen Skeptizismus bezweifelten und erst vom Popperschen Fallibilismus systematisch kritisierten und radikal aufgekündigten Kopplung von Wahrheit und Sicherheit der Erkenntnis – am Begründungspostulat in irgendeiner Form festhält, im Prinzip nur die durch das Münchhausen-Trilemma explizierten drei Möglichkeiten. (Daß dem Rechtfertigungsdenken nur diese drei Entfaltungsmöglichkeiten via infiniter Regreß, epistemologischer Zirkel und Abbruch des Begründungsverfahrens bleiben, hat schon Dingler gesehen, ohne jedoch den *Trilemma*-Charakter dieser Situation zu erkennen, weshalb er auch keinen Anlaß sah, das Rechtfertigungsprinzip selbst infrage zu stellen. An die Möglichkeit einer fallibilistischen Alternative hat Dingler nie gedacht.) Die traditionelle Philosophie hat es auf jedem dieser Wege versucht – immer erfolglos, wie man heute, nach dem Scheitern *aller*, der linear-reduktionistischen wie der zirkulär-dialektisch-holistischen »Grundlegungen« der Erkenntnis, feststellen kann. Der Traum einer »strengen«, d. h. vollbegründeten Wissenschaft ist nicht nur bei Husserl, von dem dieses ernüchternde Eingeständnis des Scheiterns stammt, ausgeträumt.

(17) Der zweite Einwand gegen das Rechtfertigungsmodell, der sich vor allem gegen den epistemologischen Fundamentalismus, in nur wenig modifizierter Form aber auch gegen die zirkuläre Variante vorbringen läßt, betrifft jene Situation, die ich das *Paradox der Rechtfertigungsbasis* nennen möchte. Wie das Münchhausen-Trilemma, so verweist auch das Paradox der Rechtfertigungsbasis auf einen in das Rechtfertigungsmodell eingebauten Strukturfehler, also auf einen im Rahmen dieses Erkenntnismodells prinzipiell irreparablen, mit dem Rechtfertigungsprinzip selbst untrennbar verbundenen erkenntnislogischen Mangel, der in unabhängiger Weise zum Scheitern des Rechtfertigungsprogramms führt. Während sich jedoch das Münchhausen-Trilemma primär auf das formale oder methodische Rechtfertigungs*verfahren* bezieht, geht es beim Paradox der Rechtfertigungsbasis um die »materielle Grundlage« des ganzen Erkenntnisprogramms, genauer: um die im Postulat einer Rechtfertigungsbasis liegende Annahme eines Mini-

mums von entproblematisierter Primärerkenntnis, ohne die das Rechtfertigungsmodell nicht auskommen kann, weil jedes erkenntnislogisch einwandfreie Begründungsverfahren Wahrheit bestenfalls *übertragen*, aber nie nach Art einer creatio ex nihilo erzeugen kann. Im Paradox der Rechtfertigungsbasis kommt ein Dilemma der Primärerkenntnis zum Ausdruck, das geeignet ist, *jede* Erkenntnisprivilegierung erkenntnistheoretisch zu entwerten, gleichgültig, ob die Privilegierung sich auf einen ausgewählten *Teil* oder auf »*das Ganze*« der Erkenntnis erstrecken soll.

Beim Paradox der Rechtfertigungsbasis handelt es sich um folgenden Tatbestand: Während die Basisinstanz, als buchstäblich »letzte Instanz« im Rechtfertigungsprozeß, die mit autoritativem Verdikt Wahrheit und Falschheit voneinander scheidet, das in epistemologischer Hinsicht *Beste* verkörpern sollte – und das heißt nach dem strengen Erkenntniskodex des Rechtfertigungsprogramms: die gesichertste, bestbegründete, unangreifbarste, absolut unbezweifelbare und trotzdem gehaltvolle, hochinformative Erkenntnis, bei der die Sicherheit nicht durch Leerheit erkauft und dadurch völlig entwertet ist –, ist sie in Wirklichkeit das erkenntnistheoretisch Problematischste, dem so ziemlich alle epistemologischen Qualitäten abgehen, durch die *gemäß den eigenen Kriterien und Normen des Rechtfertigungsprogramms* diese entscheidende Instanz ausgezeichnet sein müßte. Das Paradox ist also keineswegs eine Folge des unzulässigen Anlegens *fremder* Maßstäbe an das Rechtfertigungsmodell, sondern Ausdruck eines eingebauten Strukturfehlers.

Während also das Rechtfertigungsprogramm verlangt (und verlangen *muß*, wenn es seine Konzeption einer »strengen Wissenschaft« nicht von vornherein desavouieren und mit einer philosophischen Inkonsistenz belasten will), daß die Rechtfertigungsbasis in ihrem Geltungsanspruch durch besonders starke und beweiskräftige Argumente gestützt ist, stehen hierzu, wenn überhaupt, so doch nur sehr viel schwächere Argumente zur Verfügung. Um als besonders gesicherte, ja absolut sichere Erkenntnis auftreten zu können, die über jeden vernünftigen Zweifel erhaben ist, muß die Basis aller Rechtfertigung vor dem Risiko des Scheiterns möglichst bewahrt werden; sie darf also nur ein *Minimum* an kritischen, d. h. potentiell widerlegenden Instanzen haben, im Idealfall gar keine. Um besonders gut durch rationale Argumente stützbar zu sein, müßte sie jedoch ein *Maximum* an kritischen Instanzen haben, weil auch

in diesem Zusammenhang nur die *geprüfte* Unschuld als wertvolle Tugend zählt. Das wiederum würde das Risiko des Scheiterns an kritischen Argumenten so erhöhen, daß von der angeblichen Sicherheit der Rechtfertigungsbasis nichts mehr übrigbliebe, denn die bloße *Möglichkeit* des Irrtums reicht schon völlig aus, um jeden Infallibilitätsanspruch zu unterminieren. Die Rechtfertigungsbasis müßte also, um den vom eigenen Erkenntniskodex an sie gestellten Anforderungen zu genügen, *gleichzeitig hochwiderlegbar* (aber natürlich unwiderlegt) *und absolut unwiderleglich* sein. Das ist jedoch gleichzeitig klarerweise unmöglich.
Hinter dem Paradox der Rechtfertigungsbasis steht letztlich die Poppersche Einsicht, derzufolge Informationsgehalt und Sicherheit – im Sinne objektiv verbürgter Geltung, wie sie das Rechtfertigungsprogramm anstrebt – konträre epistemologische Eigenschaften sind, die nur alternativ auftreten und sich letztlich wechselseitig ausschließen. Genau diese unmögliche Kombination von Eigenschaften müßte aber die Rechtfertigungsbasis vorweisen können, wenn sie die ihr vom Rechtfertigungsmodell zugedachte Funktion erfüllen soll. Auch an diesem grundsätzlichen Unvermögen scheitert dieses Erkenntnisprogramm.
(18) Das Geltungsproblem der Erkenntnis ist zwar ein erkenntnistheoretisches Problem, das deshalb auch in erster Linie von der Erkenntnislehre zu lösen ist, aber es ist trotzdem kein rein *internes* epistemologisches Problem im Sinne eines Binnenproblems, dessen theoretische Behandlung und deren praktische Konsequenzen sich auf den internalistisch abgegrenzten Erkenntnisbereich einer restriktiven »reinen Wissenschaftslogik« (Carnap), »dritten Welt« (Popper) oder überhaupt auf den philosophisch-wissenschaftstheoretischen Kontext lokalisieren ließen. Das Erkenntnisproblem ist vielmehr – wie schon aus dessen Charakterisierung in Teil I hervorgehen dürfte – ein universelles Problem, dessen Lösung für *alle* Erkenntnisbereiche relevant ist und zu dessen Lösung prinzipiell alle philosophischen sowie alle formal- und erfahrungswissenschaftlichen Disziplinen relevante Beiträge liefern können. Das schließt internalistische Binnenlösungen und darauf abgestellte Autonomieansprüche einer »reinen Erkenntnislogik« oder, etwas weitergefaßt, einer »reinen Wissenschaftstheorie« von vornherein aus.
Angesichts dieser geradezu krebsartig verzweigten, nicht isolierbaren Problemsituation ist es nicht überraschend, daß die rechtfer-

tigungsorientierte Lösung des Erkenntnisproblems – wie übrigens auch die fallibilistische Alternative – zu einer Reihe einschneidender Konsequenzen für die wissenschaftliche Erkenntnis führt, die bis in die Einzelheiten konkreter Forschungsprogramme hineinwirken können. Im folgenden beschränke ich mich auf diejenigen Konsequenzen des Rechtfertigungsmodells für die Wissenschaft, durch die der wissenschaftliche Erkenntnisfortschritt – oder vielmehr die rechtfertigungsorientierten *Theorien* des Erkenntnisfortschritts – sowie die wissenschaftliche Argumentationsweise im allgemeinen vom Erkenntnismodell her vorprogrammiert und auf diesem Wege von vornherein restriktiv normiert werden. Diese Konsequenzen sind zwar insofern ganz allgemeiner Natur, als sie sich prinzipiell aus *allen* Varianten des Rechtfertigungsmodells, wenn auch in unterschiedlicher Ausprägung, ergeben, aber da der epistemologische Fundamentalismus auch in dieser Hinsicht eine Verschärfung des Rechtfertigungsprogramms darstellt, soll im folgenden die Formulierung auf diesen exemplarischen Fall abgestellt werden.

1. Die in diesem Zusammenhang wichtigste Konsequenz des Rechtfertigungsansatzes ist der *theoretische Monismus*. Da es sicherlich eine notwendige Bedingung für jedes Rechtfertigungsargument ist, daß rechtfertigende und gerechtfertigte Instanzen sich nicht gegenseitig widersprechen, gehört ein strenges *Konsistenzpostulat* zur logischen Minimalausstattung jedes Rechtfertigungsmodells. Eine Inkonsistenzbeziehung wäre das absolute Gegenteil einer zureichenden Begründung. Da weiter eine Instanz, die gleichzeitig mehrere *logisch unvereinbare* Theorien als durch sie gerechtfertigt auszeichnet, keine solide Rechtfertigungsbasis sein kann, führt das Rechtfertigungsprogramm direkt zum theoretischen Monismus, sozusagen zu einer betont »katholischen« Deutung von Erkenntnis und Wissenschaft: *eine* Wahrheit – *ein* Fundament aller Erkenntnis – *eine* und nur eine Theorie, die, jedenfalls im anzustrebenden Idealfall vollendeter Wissenschaftlichkeit, als Erkenntnis wird auftreten können. Es kann also nach dieser monistischen Auffassung *de jure* immer jeweils nur *eine* Theorie oder bestenfalls eine Vielzahl von *miteinander konsistenten* Theorien geben. Die interne Konsistenzbedingung, die lediglich innere, d. h. *intratheoretische* Widerspruchsfreiheit der Theorien fordert, wird damit im Rahmen des Rechtfertigungsmodells der Erkenntnis zum Postulat der externen, d. h. *intertheoretischen* Konsistenz der wis-

senschaftlichen Erkenntnis als Ganzes erweitert.
Der theoretische Monismus schränkt das Theoretisieren grundsätzlich auf *einen* Standpunkt von intra- *und* intertheoretisch konsistenten Meinungen ein. Er verhindert damit die Einführung oder jedenfalls den erkenntnistheoretisch »legitimen« Gebrauch von Alternativen, die den durch die herrschende epistemologische Autorität anscheinend gerechtfertigten Theorien widersprechen. Dies führt zu einem *Prinzip der Parsimonie* (Feyerabend), das die Verwendung von Alternativen verbietet, sei es, in sozusagen prophylaktischer Anwendung, durch das Verbot der Einführung neuer, dem Status quo der Erkenntnis widersprechender Theorien, sei es durch das Gebot, die Akzeptierung einer neuen Theorie automatisch mit der Elimination der alten Standpunkte zu koppeln, oder sei es auch, in betont therapeutischer Absicht, durch die allgemeine Forderung, im Falle eines Theorienpluralismus alle Standpunkte bis auf einen zu eliminieren, der dann als *die* Wahrheit präsentiert werden kann.

2. Auf etwas zu bauen, das selbst nicht fest ist, hieße, auf Sand zu bauen. Eine Instanz, die wankt und weicht, taugt nicht als Fundament – jedenfalls nicht für die Zwecke des certistisch-fundamentalistischen Erkenntnis- und Wissenschaftsprogramms, dem es um den Aufbau eines »Ewigkeitswerkes« (Dingler) geht. Die Idee eines Fundaments der Erkenntnis führt somit direkt zur klassischen *Invarianzthese,* die von den modernen »revisionistischen« Spielarten des epistemologischen Fundamentalismus zu einer bloßen *Stabilitätsthese* abgemildert wird, was sie liberaler und elastischer, aber erkenntnistheoretisch kaum weniger problematisch macht. Nach dieser Doktrin ist Stabilität (und erst recht Invarianz) eine erkenntnistheoretisch wertvolle Eigenschaft, ein Charakteristikum aller wahren Erkenntnis: die stabilsten Instanzen sind, ceteris paribus, die besten, insbesondere im Zusammenhang mit dem Geltungsproblem der Erkenntnis. Stabilität wird damit, als notwendige Bedingung wahrer Erkenntnis, zum *Wahrheitsindiz*, bisweilen sogar, als unter bestimmten Umständen hinreichende Wahrheitsbedingung, zur *Wahrheitsgarantie* erhoben. Es sei in diesem Zusammenhang nur an die Konzeptionen Descartes', Dinglers und Schlicks erinnert. Die Stabilitätsthese spielt zum Beispiel in der Sinnesdaten-Theorie und auch in anderen phänomenologischen Doktrinen eine zentrale Rolle. Die angeblich absolute Stabilität der Sinnesdaten wird als Indiz dafür interpretiert, daß

reine Sinnesdaten-Berichte, sogenannte »Konstatierungen« (Schlick), nicht nur im Einzelfall faktisch wahr seien, sondern darüber hinaus überhaupt nicht falsch sein *könnten.* Auch in den empiristischen und positivistischen Argumentationen zur Verteidigung der absoluten oder relativen Glaubwürdigkeit von in angeblich theoriefreien »Protokollsätzen« formulierten Wahrnehmungen nimmt die Stabilitätsthese einen zentralen Platz ein.
Die Stabilitätsthese wiederum ist mit der *Konvergenzthese* eng verbunden, die zur weiteren erkenntnistheoretischen Absicherung des theoretischen Monismus dient, indem sie Stabilität (oder Invarianz) und Wahrheit in einen noch engeren Zusammenhang bringt, als ihn die Stabilitätsdoktrin allein herstellen könnte. Im Zusammenspiel von Stabilitäts- und Konvergenzthese erscheint *jene* Art von Stabilität, die der Erkenntnis im »Fluchtpunkt« einer konvergierenden Entwicklung zunächst divergierender Standpunkte zukommt, als natürliches Charakteristikum der Wahrheit, geradezu als *der* praktisch allein funktionierende *index veri* (so zum Beispiel bei Peirce, dem Klassiker der Konvergenztheorie; später auch bei Bavink, der in der schließlichen Konvergenz zunächst divergierender Theorien einen Ersatz für deren seiner Ansicht nach direkt nicht vollziehbare absolute Geltungsbegründung sieht). Der enge erkenntnistheoretische Zusammenhang zwischen Konvergenzthese und theoretischem Monismus liegt so deutlich auf der Hand, daß er hier nicht mehr besonders expliziert zu werden braucht.
3. Wenn man die verschiedenen Theorien des Erkenntnisfortschritts – je nachdem, ob sie gar keinen, nur rein additiven oder darüber hinaus nichtkumulativen, möglicherweise auch den akkumulierten »Schatz« der tradierten Erkenntnis umwälzenden Erkenntnisfortschritt vorsehen – in Stagnations-, Kumulations- und Revolutionstheorien des Erkenntnisfortschritts klassifiziert (vgl. unten Teil IV, § 32), dann läßt sich eine weitere Konsequenz der Rechtfertigungskonzeption eindeutig diagnostizieren, die sich aus ihrem theoretischen Monismus, eventuell noch verstärkt durch die Stabilitätsthese des epistemologischen Fundamentalismus und durch die Konvergenzdoktrin, unmittelbar ergibt: die Tendenz zu einer *Kumulationstheorie des Erkenntnisfortschritts,* d. h. zu einer Theorie, nach der sich der Erkenntnisfortschritt nicht revolutionsartig durch Widerlegung und Verdrängung der alten zugunsten neuer, mit ihnen unvereinbaren Theorien vollzieht, sondern mehr evolutionsartig durch Akkumulation neuer Erkenntnisse auf der

Basis des tradierten Erkenntnisstandes, der ergänzt und erweitert, vielleicht sogar »am Rande« modifiziert, aber in seinem »harten Kern« (Lakatos) unangetastet bleibt. In speziellen Problemsituationen – im Rahmen des certistisch-fundamentalistischen Erkenntnismodells bezüglich der Basisinstanz – ist sogar eine *Stagnationstheorie* des Erkenntnisfortschritts die Folge, durch die *jegliche* Veränderung des für fundamental erklärten Teils der Erkenntnis ausgeschlossen wird.

Ob Stagnationstheorie (die sogar nach den konservativen Maßstäben des fundamentalistischen Rechtfertigungsdenkens für eine allgemeine, über den relativ kleinen Teil der Primärerkenntnis hinausgehende Anwendung zu restriktiv ist) oder Kumulationstheorie, das in diesem Zusammenhang entscheidende Ergebnis ist das gleiche: jener »außerordentliche« (um Kuhns Terminologie zu gebrauchen) Erkenntnisfortschritt, der, im Gefolge wissenschaftlicher Revolutionen, so tiefgreifende Veränderungen auch der zentralen Teile des tradierten Erkenntnisstandes bewirkt, daß buchstäblich »kein Stein auf dem anderen bleibt« und selbst die »Fundamente« erschüttert werden, ist in keinem Fall eingeplant, streng genommen nicht einmal zugelassen. Wenn überhaupt, dann ist von diesem Erkenntnismodell nur *eine* Revolution vorgesehen, und diese Revolution ist eigentlich gar keine *wissenschaftliche* Revolution, keine Revolution *innerhalb* der wissenschaftlichen Erkenntnis, sondern jener *wissenschaftskonstituierende* einmalige revolutionäre Gründungsakt, durch den das »wahre« epistemologische Fundament ein für allemal inthronisiert und damit die endgültige Grundlegung der wissenschaftlichen Erkenntnis vollzogen werden soll. Das sind die einzigen Revolutionen, die vom Rechtfertigungsmodell vorgesehen sind und die, einmal erfolgt, alle weiteren Revolutionen unnötig oder gar unmöglich machen sollen, indem sie ein für allemal die epistemologische Grundlage schaffen, auf der die Erkenntnis in sicherer Verankerung *ruhen* und von der aus sie durch kumulativen »Anbau« neuer Erkenntnisse weiterwachsen kann.

4. Die allgemeinste, über den Bereich der wissenschaftlichen Erkenntnis weit hinausgehende Konsequenz des Rechtfertigungsansatzes ergibt sich jedoch im Hinblick auf die Möglichkeit rationaler Argumentation überhaupt. Im Rahmen des Rechtfertigungsmodells hat alle rationale Argumentation den Charakter einer positiven Rechtfertigung durch Reduktion auf eine »letzte« Rechtferti-

gungsbasis, einer – im Erfolgsfalle – zureichenden Geltungsbegründung durch Rekurs auf buchstäblich voraus*gesetzte* Primärerkenntnis. Dieser wird wahrheitsbegründende Rechtfertigungspotenz zugesprochen, obwohl sich diese erkenntnistheoretische Auszeichnung selbst nicht mehr rational rechtfertigen läßt, weil nach dem Münchhausen-Trilemma jeder Versuch einer Letztbegründung unvermeidlich zu einem infiniten Regreß, zu einem Zirkel oder zum dogmatischen Abbruch des Begründungsverfahrens führt und darüber hinaus in das Paradox der Rechtfertigungsbasis verstrickt ist. Das Scheitern eines solchen Reduktionsversuches wird vom Rechtfertigungsdenken als Indiz für die Falschheit oder gar Sinnlosigkeit des betreffenden Standpunktes angesehen. In diesem erkenntnistheoretischen Begründungsrekurs auf selbst unbegründbare kognitive Letztinstanzen sowie in dem auch praktisch folgenreichen Tatbestand, daß die Idee der Kritik, kraft derer das erkenntnistheoretische Zielpostulat der *kritischen* Erkenntnis durch systematische Überprüfung aller Geltungsansprüche eingelöst werden soll, hier untrennbar mit der Idee der Rechtfertigung (in dem bereits explizierten erkenntnistheoretischen Sinne) verbunden ist, liegt die *autoritäre Struktur* des Rechtfertigungsmodells. Aus dieser autoritären Struktur des rechtfertigungsorientierten Lösungsansatzes ergibt sich von vornherein und ganz prinzipiell eine *notwendige, logisch* – von der Logik *dieser* Problemsituation – *erzwungene Grenze für die Möglichkeit rationaler Argumentation.* Damit wird dem Dogmatismus Tür und Tor geöffnet und gleichzeitig ein anscheinend *rationales* Alibi für letztlich irrational-autoritäres Denken geliefert. Wenn nämlich der dogmatische Rekurs auf vorausgesetzte epistemologische Autoritäten mit privilegiertem Geltungsanspruch in den sogenannten »letzten« Fragen logisch erzwungen und damit absolut unvermeidbar ist, dann wäre es unsinnig, daraus gegen die unter diesen Umständen nur konsequente irrationale »Flucht ins Engagement« (Bartley) einen Vorwurf zu konstruieren.

Die autoritäre Grundstruktur des Rechtfertigungsprinzips ist auch für das typische Schema verantwortlich, dem alle »Revolutionen« *innerhalb* des Rechtfertigungsansatzes folgen. An diesen Scheinrevolutionen, die bestenfalls zu »lokalen« – d. h. lediglich partiell modifizierten Varianten desselben Grundmodells –, aber nie zu strengen, »globalen« Alternativen führen können, herrscht in der traditionellen Erkenntnislehre kein Mangel. Nach der »Revolution« mag die inthronisierte epistemologische Autorität zwar durchaus neu sein (oft ist sie nicht einmal das), aber die autoritäre Struktur ist geblieben. Das Ergebnis dieser *Zirkulation der epistemologischen Autoritäten im Rahmen des Rechtfertigungsmodells* ist ein eher noch verstärkter, durch Revolutionsgerede verschleierter Dogmatismus im Grundsätzlichen, also bezüglich des Rechtfertigungsprinzips selbst.

(19) Das Münchhausen-Trilemma des Rechtfertigungsdenkens und das Paradox der Rechtfertigungsbasis führen zum Scheitern des Rechtfertigungsmodells der Erkenntnis in *allen* seinen Varianten. Die Rechtfertigungskonzeption beschränkt einschneidend die Möglichkeit von Kritik und rationaler Argumentation; sie ist deshalb gemäß unserer Grundentscheidung für *kritische* Erkenntnis zu verwerfen.

Damit ist der kritische, der rechtfertigungsfreie Weg allein noch offen – wie schon Kant gesehen hat, dessen Kritizismus allerdings nicht rechtfertigungsfrei ist. Diesen Weg hat Popper mit seiner Konzeption des *kritischen Rationalismus* gebahnt, die, obwohl darin der fallibilistische Lösungsansatz von Popper selbst noch nicht völlig konsequent durchgehalten und auf *alle* Erkenntnisbereiche – einschließlich des Meta-Bereichs der Kriterien, Standards und Regeln der Erkenntnis sowie der »Instrumente« der Kritik – übertragen wird, den Grundgedanken einer fallibilistischen Lösung des Erkenntnisproblems liefert, aus der sich in konsequenter Weiterentwicklung eine *globale* Alternative zum Rechtfertigungsmodell ergibt.

(20) Mit dem Rechtfertigungsmodell ist zugleich auch die Konzeption des theoretischen Monismus gescheitert, *soweit sie auf dem Rechtfertigungsprinzip basiert.* Da jedoch der theoretische Monismus auch unabhängig vom Rechtfertigungsmodell verteidigt werden und insofern auf eigenen Füßen stehen kann, ist mit dem Rechtfertigungsmodell noch nicht *jede* Version des theoretischen Monismus widerlegt. Das gilt zum Beispiel für die Kuhnsche Konzeption einer betont monistischen »normalen Wissenschaft«, die eine vom Rechtfertigungsmodell und von erkenntnistheoretischen Überlegungen überhaupt unabhängige Verteidigung eines allerdings auf bestimmte, jedoch typische Problemsituationen der wissenschaftlichen Forschungspraxis begrenzten Monismus darstellt. Kuhns Theorie des Erkenntnisfortschritts zeichnet ein allgemeines Entwicklungsschema für die »reife« Wissenschaft, in dem auf in

der Regel relativ kurze pluralistische Phasen »außerordentlicher« Forschung, die durch Krisen eingeleitet und durch wissenschaftliche,Revolutionen abgeschlossen werden, relativ lange monistische Phasen – der Zustand der »Normalwissenschaft« – folgen. Pluralismus ist bei Kuhn lediglich die (allerdings unentbehrliche) Überleitungsphase zur nächsten monistischen Periode, zum angeblichen Normalzustand der reifen Wissenschaft.

Ich werde deshalb die Doktrin des theoretischen Monismus schlechthin noch nicht als völlig widerlegt betrachten und sie im folgenden als eigenständige, vom Rechtfertigungsmodell unabhängige (wenn auch davon nicht völlig unbelastete) Konzeption einer kritischen Prüfung unterziehen. Nach dem Scheitern des Rechtfertigungsmodells sind allerdings nur noch *erkenntnistheoretisch schwächere* Versionen des theoretischen Monismus möglich, denn aus dem Rechtfertigungsmodell, insbesondere aus dessen fundamentalistischer Verschärfung, ergibt sich die bei weitem stärkste aller möglichen *erkenntnistheoretischen* Argumentationen zugunsten des theoretischen Monismus, läßt es diesen doch als direkte Konsequenz der Wahrheitsidee selbst erscheinen.

III. Eine neue Lösung des Erkenntnisproblems: die fallibilistische Alternative

(21) Die kritische Analyse des Rechtfertigungsmodells hat mit dem Nachweis der prinzipiellen Unlösbarkeit des Erkenntnisproblems auf dem Rechtfertigungswege zu einem Ergebnis geführt, das für die Erkenntnislehre von größter Tragweite ist. Da das Rechtfertigungsdenken nicht nur *lokal* – d. h. in seinen tatsächlich probierten und im einzelnen durchgespielten Varianten –, sondern ganz *global*, als solches und schlechthin, gescheitert ist und damit also nicht nur eine Schlacht, sondern den ganzen Krieg verloren hat, gibt es nur einen Ausweg aus der Sackgasse, in die die traditionelle Erkenntnislehre durch das Rechtfertigungsprogramm geführt worden ist: den der Umkehr durch eine *Wende zum rechtfertigungsfreien Denken*, zum fallibilistischen Kritizismus, der sich als strenge, globale Alternative zum Rechtfertigungsmodell anbietet.

Karl R. Popper hat in seiner Philosophie des *kritischen Rationalismus* mit der certistisch-fundamentalistischen Tendenz der klassischen (und neoklassischen: Hilbert, Russell, Husserl, Dingler, Carnap u. a.) Erkenntnis- und Wissenschaftslehre radikal gebrochen und mit seinem originellen Entwurf eines neuen, rechtfertigungsfreien Kritizismus den Weg zur fallibilistischen Alternative gebahnt: zu einer Theorie der Erkenntnis und ihres Fortschritts, die nicht nur frei ist von allen hier angedeuteten unheilbaren Defekten des Rechtfertigungsmodells, sondern auch den schlichten, von der Erkenntnislehre meist sehr vernachlässigten Tatbestand berücksichtigt, *daß alle unsere Erkenntnis Menschenwerk, durch und durch menschlich-allzumenschlich ist, imprägniert mit unseren Wünschen, Hoffnungen und Ängsten, mit unseren Vorurteilen, Irrtümern und fixen Ideen, vor allem aber voll von menschlichen Fehlern aller Art, wodurch die Wahrheit* – entgegen der *Manifestationstheorie der Wahrheit* des klassischen Rationalismus (Descartes, Spinoza) und des klassischen Empirismus (Hume, Bacon), die im Rahmen eines säkularisierten theologischen Offenbarungsmodells die regulative Idee der objektiven oder absoluten Wahrheit zur certistisch-fundamentalistischen Doktrin absoluter Wahrheits*erkenntnis* dogmatisiert – zu einer höchst *verborgenen, nie* *mit Sicherheit erkennbaren Angelegenheit* wird.

Das Leitmotiv der Popperschen »*kopernikanischen Wende« vom epistemologischen Certismus und Fundamentalismus zum Fallibilismus* liegt in der radikalen Eliminierung des Rechtfertigungspostulats zugunsten der Idee der (rechtfertigungsfreien, fallibilistischen) Kritik. Das philosophische Ergebnis dieser revolutionären Umstrukturierung der Erkenntnislehre ist das fallibilistische Erkenntnismodell: die Konzeption einer *kritisch-rationalen Erkenntnis ohne Fundament* – einer Erkenntnis also, die, obgleich unbegründet und ungesichert, doch weder dogmatische Setzung noch willkürlich manipulierbare Erfindung und zugleich in maximaler Weise fortschrittsfähig ist.

(22) Auch Ideen haben Väter – in der Regel sogar viele. Die Originalität Poppers – die vor allem darin besteht, daß er das fallibilistische Kontrastprogramm *systematisch* sowie in wesentlichen Aspekten *detailliert* entwickelt und es damit überhaupt erst zu einer konkurrenzfähigen Alternative für das Rechtfertigungsmodell gemacht hat – wird nicht geschmälert, wenn en passant daran erinnert wird, daß es einen anderen Denker gibt, der sowohl in der Kritik des epistemologischen Fundamentalismus wie in der Suche nach einer antifundamentalistischen Alternative die Konzeption des fallibilistischen Kritizismus zwar nicht im Detail, aber doch in der Tendenz so weit »vorprogrammiert« hat, daß er es verdient, aus der Reihe der Vorläufer und Vorbereiter herausgehoben und als Mitschöpfer des fallibilistischen Erkenntnismodells herausgestellt zu werden. Ich meine natürlich Albert Einstein.

Was Einstein zum Mitschöpfer des fallibilistischen Programms macht, sind vor allem vier Thesen Einsteins, die, komprimiert und zugleich vereinfacht formuliert, im einzelnen besagen,

erstens, daß es nur *eine* Art inhaltlicher Erkenntnis gibt, nämlich *hypothetische* Erkenntnis;

zweitens, daß wissenschaftliche Theorien »freie Erfindungen des menschlichen Geistes (sind), die sich weder durch die Natur des menschlichen Geistes noch sonst in irgendeiner Weise a priori rechtfertigen lassen« und die als solche »durch Erfahrung wohl nahegelegt, aber keinesfalls aus ihr abgeleitet werden« können (Einstein 1960, S. 115 und 117);

drittens, daß die sogenannten Grundlagen wissenschaftlicher Theorien »rein fiktiven Charakter« (Einstein 1960, S. 115) haben, von einem Fundament der Erkenntnis, das als Rechtfertigungsba-

sis für unsere Theorien dienen könnte, also nicht die Rede sein kann;
und *viertens*, daß *Realgeltung* und *Sicherheit* der Erkenntnis sich gegenseitig ausschließen, so daß wir wählen und uns *entweder* für Sicherheit *oder* für Realgeltung *entscheiden müssen*, denn nach Einstein gilt: »Insofern sich die Sätze der Mathematik auf die Wirklichkeit beziehen, sind sie nicht sicher, und insofern sie sicher sind, beziehen sie sich nicht auf die Wirklichkeit.« Diese berühmte Einsteinsche These, die, im Kontext von »Geometrie und Erfahrung« (1921), in der Formulierung auf die Problemsituation der mathematisch-physikalischen Erkenntnis abgestellt, aber durchaus ganz allgemein gemeint ist, bedarf nur einer kleinen, mehr verbalen als inhaltlichen Modifikation, um zum heutzutage nicht weniger berühmten *Popper-Kriterium* für die Abgrenzung der (Erfahrungs-)Wissenschaft – der empirisch-theoretischen Wirklichkeitserkenntnis – zu führen: »*Insofern sich die Sätze einer Wissenschaft auf die Wirklichkeit beziehen, müssen sie falsifizierbar sein, und insofern sie nicht falsifizierbar sind, beziehen sie sich nicht auf die Wirklichkeit*« (Popper 1969, S. 256; Hervorhebung im Original).
Der antifundamentalistische, anticertistische und profallibilistische Charakter dieser Einsteinschen Thesen ist offensichtlich. Mit der ersten These entzieht Einstein dem Verfahren der erkenntnistheoretischen Zerlegung, mit der zweiten These dem Rechtfertigungspostulat und mit beiden zusammen dem ganzen Rechtfertigungsmodell den Boden, während die dritte und vierte These speziell gegen den epistemologischen Fundamentalismus und Certismus gerichtet sind. Mit diesen Thesen bringt Einstein die Grundpfeiler der Rechtfertigungskonzeption zum Einsturz.
(23) Da es mir hier weniger um das fallibilistische Erkenntnismodell selbst als um das daraus hervorgehende pluralistische Wissenschaftsprogramm geht, soll hier die neue Lösung des Erkenntnisproblems im Rahmen der fallibilistischen Alternative lediglich in ihrem Ansatz sowie im allgemeinen Resultat skizziert werden.
Sowohl das Rechtfertigungsmodell als auch die fallibilistische Alternative greifen in ihren Lösungsansätzen für das Erkenntnisproblem auf klassische Prinzipien zurück: das Rechtfertigungsmodell mit seinem Begründungspostulat auf den *Satz vom zureichenden Grunde*, das fallibilistische Erkenntnismodell mit seiner Idee der Kritik auf eine epistemologisch-methodologische Version des *Sat-*

zes vom ausgeschlossenen Widerspruch. Obwohl der Satz vom zureichenden Grunde in der fallibilistischen Konzeption nichts mehr zu suchen hat, scheint die Orientierung am Satz vom ausgeschlossenen Widerspruch beide Erkenntnismodelle in einem zentralen Aspekt zu vereinigen, denn dieses klassische Prinzip nimmt selbstverständlich auch im Rechtfertigungsmodell einen wichtigen Platz ein. Daß selbst in diesem sicherlich nicht unwesentlichen Punkt anscheinender struktureller Konvergenz die erkenntnistheoretische Differenz zwischen beiden Konzeptionen so groß ist, daß von einem auch hier nicht durchbrochenen kritischen Verhältnis strenger, globaler Alternativen gesprochen werden muß, liegt daran, daß im Rechtfertigungsmodell der Satz vom ausgeschlossenen Widerspruch vom Rechtfertigungspostulat überlagert und vom Satz des zureichenden Grundes so sehr dominiert wird, daß er hier zu wesentlich anderen Konsequenzen als im fallibilistischen Kontext führt.

Während der Satz vom ausgeschlossenen Widerspruch im Zusammenspiel mit dem Rechtfertigungsprinzip zur *Katastrophentheorie des Widerspruchs* – derzufolge jegliche Inkonsistenz ausreicht, um den Erkenntniswert eines wenn auch noch so komplexen Aussagensystems sozusagen automatisch auf Null sinken zu lassen und deshalb für jedes Erkenntnissystem eine epistemologische Katastrophe darstellt (eine Doktrin, die, obwohl sie zu den wesentlichen Bestandteilen des Rechtfertigungsmodells zählt, inkonsequenterweise auch von Popper und anderen Fallibilisten vertreten wird) – und als Folge davon zu einem totalen und undifferenzierten *Kontradiktionsverbot* sowohl für alle Einzelbereiche (Theorien und Theoriensysteme) als auch für das Ganze der Erkenntnis (»the body of knowledge«) führt, erhält der Satz vom ausgeschlossenen Widerspruch im fallibilistischen Erkenntnismodell eine ganz andere Funktion, ja sogar eine andere erkenntnistheoretische Interpretation, durch die aus einer »statischen« *absoluten* und deshalb unkritisierbaren Voraussetzung aller Erkenntnis ein »dynamisches«, selbst fallibles regulatives Prinzip wird. Diese fallibilistische Umstrukturierung und Neuinterpretation des Satzes vom ausgeschlossenen Widerspruch (die den »nackten«, rein logischen Tatbestand, demzufolge Inkonsistenz Wahrheit ausschließt, natürlich unberührt läßt, um ihn jedoch in ganz anderer Weise »auszubeuten«) eröffnet die Möglichkeit für eine im Vergleich zur Katastrophentheorie weit differenziertere Behandlung der ganzen

Konsistenzproblematik, die vor allem auch der *positiven* Bedeutung von Widersprüchen als Motor des Erkenntnisfortschritts gerecht wird (vgl. Spinner 1970, Kap. III).

Im fallibilistischen Erkenntnismodell geht die Eliminierung von Widersprüchen mit ihrer bewußten permanenten *Erzeugung* – insbesondere durch Einführung von widersprechenden Alternativen – Hand in Hand, so daß von einer Vermeidung von Widersprüchen *um jeden Preis*, wie sie von der Katastrophentheorie gefordert wird, keine Rede sein kann. Indem das fallibilistische Erkenntnismodell auf die Idee der Kritik setzt und damit der *Entdeckung und Erzeugung von relevanten Widersprüchen* – von *Widerlegungsmöglichkeiten* also, die als Ansatzpunkte für Falschheitsnachweise dienen – zur zentralen Erkenntnisaktivität macht, zieht es lediglich die epistemologischen und methodologischen Konsequenzen aus einem ganz elementaren logischen Tatbestand. Vom degenerierten Fall der analytischen Sätze abgesehen, deren Wahrheit mit Leerheit gekoppelt ist, so daß sie zur Wirklichkeitserkenntnis direkt nichts beitragen, gibt es *keine selbstbegründende*, wohl aber *selbstwiderlegende Aussagen und Aussagenkomplexe*. Wenn auch keine synthetischen Sätze erkenntnistheoretisch »stark« genug sind, um sich selbst begründen zu können – und das gilt nicht nur für einzelne Aussagen und Aussagenkomplexe, sondern auch für umfassende Erkenntnissysteme wie die Wissenschaft als Ganzes –, so gibt es doch für die Widerlegung keine gleichermaßen absolute erkenntnislogische Schranke. Mit anderen Worten: *Ist zwar Konsistenz kein Wahrheitskriterium, so ist doch Inkonsistenz ein Falschheitskriterium.*

Mit dieser *logischen Asymmetrie zwischen Wahrheits- und Falschheitserkenntnis* ist der einzige erkenntnislogisch haltbare und zugleich praktisch brauchbare Ansatzpunkt zur Lösung des Erkenntnisproblems gewonnen, der einen Ausweg aus der vom radikalen Skeptizismus behaupteten und vom Rechtfertigungsdenken vergeblich attackierten grundsätzlichen Patt-Situation zwischen Wahrheits- und Falschheitserkenntnis eröffnet, und zwar *zugunsten der Falschheitserkenntnis*. Von diesem Ansatzpunkt her ist eine konsequent fallibilistische Lösung des Erkenntnisproblems in allen seinen Dimensionen möglich, die den *Indifferentismus* des totalen Skeptizismus ebenso wie den certistisch-fundamentalistischen *Dogmatismus* und den dialektischen oder undialektischen *Holismus* des Rechtfertigungsmodells überwindet. Jenseits des epistemologischen Defaitismus, der in totaler Skepsis objektive Erkenntnis pauschal verunmöglicht, und jenseits auch des epistemologischen Brutalismus, der den gordischen Knoten der erkenntnistheoretischen Patt-Situation rein dezisionistisch durch *Setzung* von Primärerkenntnis zugunsten der Wahrheitserkenntnis zu durchhauen hofft, mit dieser operativistischen Strategie der »direkten Aktion« aber bestenfalls leere »truth by convention« (Quine) erreicht, eröffnet sich damit die Möglichkeit objektiver, kritisch-rationaler Erkenntnis im Rahmen eines konsequenten Fallibilismus, der den skeptizistischen Impossibilismus hinter sich läßt und auf die Zuflucht zu rationalerweise sowieso nie einlösbaren certistischen Erfolgsgarantien verzichten kann.

(24) Was das Paradox der Rechtfertigungsbasis auf abstrakt-allgemeine Weise zeigt, ist für exemplarische wissenschaftliche Problemsituationen von Einstein, Popper und in besonders instruktiver Weise von Feyerabend konkret nachgewiesen worden: Das angeblich autonome, invariante, vom Wandel der Theorien unberührte und infallible »Fundament der Erkenntnis« ist nicht nur unsolide und unzuverlässig, sondern existiert streng genommen überhaupt nicht – ein philosophischer Mythos, der legitimieren soll, was nicht zu legitimieren ist, nämlich absolute, infallible Wahrheits*erkenntnis*, den für sicher gehaltenen *Besitz* wenigstens eines Minimums von Wahrheit, der dem Rechtfertigungsprogramm das notwendige kognitive Startkapital an Primärerkenntnis liefert.

Der epistemologische Fundamentalismus ist mehr als eine gescheiterte, bloß falsche Erkenntnis*theorie*. In der praktischen Anwendung im wissenschaftlichen oder außerwissenschaftlichen Bereich wird er zur Erkenntnis*ideologie*, die Rationalisierung (im schlechten, im Freudschen Sinne) bringt, wo die Rationalität der kritischen Vernunft gefragt ist.

Es gibt kein Fundament der Erkenntnis. Die fallibilistische Alternative trägt diesem Tatbestand voll Rechnung, indem sie die kritisch-rationale Erkenntnis als »Knowledge Without Foundations« (Feyerabend 1961) konzipiert. Ohne Rechtfertigungsbasis, ohne Fundament der Erkenntnis kann es aber – weil sich jede Begründungsargumentation zwangsläufig im infiniten Regreß verliert oder im epistemologischen Zirkel totläuft – zumindest für synthetische Aussagen nicht nur *keine Wahrheitsgarantie* geben, sondern nicht einmal ein *Wahrheitskriterium*, kraft dessen ein positiver

Wahrheitsentscheid für erfahrungswissenschaftliche Theorien jemals in den Bereich des Möglichen rücken könnte.

(25) Die (inhaltliche) *Wahrheit* wird damit zu einer »verborgenen« aber deswegen keinesfalls »okkulten« epistemologischen Qualität, die immer *nur vermutet und* – durch korrektes logisches Schließen – *übertragen*, aber nie im Sinne des Rechtfertigungsdenkens positiv begründet werden kann. Das mindert weder ihre Attraktivität als Erkenntnisziel – informative, möglichst wahre Theorien bilden nach wie vor die wertvollsten Erkenntnisfrüchte, auf deren Produktion die wissenschaftliche Forschung ausgerichtet ist – noch die objektiven Chancen, sie tatsächlich zu erreichen. Was dadurch allerdings ziemlich drastisch vermindert wird, sind nicht die objektiven Chancen der Wahrheitserkenntnis – diese werden dank der kritischen Einstellung und Methode im fallibilistischen Erkenntnismodell eher erhöht –, sondern die subjektive Einschätzung dieser Chancen, indem unsere durch das Rechtfertigungsdenken allzu hochgeschraubten certistischen Erwartungen auf ein realistisches Maß reduziert werden. Unterminiert wird also nur unser Glaube, die Wahrheit jemals definitiv erkannt und damit »im Besitz« zu haben. Die radikale Zerstörung des illusionären Glaubens an die Möglichkeit absoluter Wahrheits*erkenntnis* kann der kritischen Erkenntnis und damit letztlich der Sache der Wahrheit nur gut tun.

Das Streben nach der (objektiven, absoluten) Wahrheit – die hier als regulative Idee fungiert und im Sinne der Aristotelisch-Tarskischen Korrespondenztheorie der Wahrheit zu verstehen ist – und nach hohem Informationsgehalt für unsere Theorien wird damit unvereinbar mit der »certistischen Tendenz« (Dingler), mit dem Streben nach Sicherheit oder, ersatzweise, hoher Wahrscheinlichkeit. (Kurz und bündig, ohne hier auf technische Einzelheiten der Wahrscheinlichkeitstheorie und der erkenntnistheoretischen Auswertung ihrer Ergebnisse in der metatheoretischen Theorie der Aussagen- oder Hypothesenwahrscheinlichkeit – die von der statistischen Theorie der Ereigniswahrscheinlichkeit streng zu unterscheiden ist – einzugehen: Eine Aussage ist geltungsmäßig von vornherein umso wahrscheinlicher, je geringer ihr Informationsgehalt, also je leerer und trivialer sie ist. Streben nach interessanten, hochinformativen Theorien wird damit, wie Popper nachgewiesen hat, zum Streben nach möglichst *un*wahrscheinlichen Theorien, streng genommen nach Theorien mit Nullwahrscheinlichkeit. Das

ist ein katastrophales Ergebnis für den Induktivismus und das ursprüngliche Carnapsche Programm einer induktiven Logik im Sinne einer Konfirmationstheorie für erfahrungswissenschaftliche Theorien.)
Sicherheit und Stabilität der Erkenntnis erweisen sich im Lichte dieser Zusammenhänge als höchst fragwürdige epistemologische Eigenschaften, obwohl sie vom klassischen Wissenschaftsprogramm zu wesentlichen Komponenten des wissenschaftlichen Erkenntnisziels erhoben worden sind. *Safety first* ist eine schlechte methodologische Maxime, wenn es gilt, hochinformative, erklärungskräftige und möglichst streng prüfbare Theorien zu erfinden (oder aus dem Dschungel der bereits vorhandenen Ideen zu selektieren), die sich in strengen Tests bewähren sollen. Sicherheitsstrategien fördern bestenfalls informationsarme Trivialitäten zutage, nichtssagende Allerweltsformeln, die durchaus wahr sein mögen, aber mangels Problemlösungskraft – die ja direkt vom Informationsgehalt abhängig ist – für die Wissenschaft uninteressant sind, weil sie zur Erkenntnis der Wirklichkeit ja doch nichts oder nur wenig beitragen können.
(26) Da absolute Wahrheitserkenntnis unerreichbar ist, wird *Irrtum* zu einer essentiellen Komponente aller menschlichen Erkenntnis, die nie völlig – und vor allem nicht pauschal – ausgerottet werden kann. Die pauschale, restlose Eliminierung aller »Vorurteile« und sonstigen »Irrtümer« im Sinne der *Tabula-rasa-Doktrinen* (Bacon, Descartes, Husserl u. a.) ist, wenn sie überhaupt möglich wäre (was sie glücklicherweise nicht ist), nicht einmal wünschenswert. Diese scheinrevolutionären Konzeptionen, die den Teufel mit Beelzebub auszutreiben versuchen, indem sie Vorurteile durch schlimmere Vorurteile ersetzen, würden, konsequent realisiert, kritische Erkenntnis und Erkenntnisfortschritt unmöglich machen. Alle diese Radikalkuren verkennen die *positive, progressive Funktion des Irrtums* im Prozeß des Erkenntnisfortschritts, die erst vom Fallibilismus voll gewürdigt wird, der Vorurteile und Irrtümer in Form *falscher* Antizipationen (Annahmen, Hypothesen, Theorien) und damit das Falsche überhaupt, insbesondere die zur Inkonsistenz verschärfte Falschheit, in den Erkenntnisprozeß einbaut und für den Erkenntnisfortschritt nutzbar macht. Im Gegensatz zum Rechtfertigungsmodell wird im Rahmen des fallibilistischen Erkenntnismodells grundsätzlich *jeder* Stand oder Teil der Erkenntnis, auch wenn er *nur Falsches* ent-

halten sollte, zum möglichen Anfang eines Erkenntnisprozesses im Sinne eines Ausgangspunktes, von dem es *fortzuschreiten* gilt; *keiner* aber, selbst wenn er *nur Wahres* enthalten sollte, zum Anfang im fundamentalistischen Sinne eines Ankergrundes, auf dem die weitere Erkenntnis gesichert *ruhen* könnte und zu dem sie immer wieder zurückkehren müßte, um sich ihres Geltungsgrundes zu versichern.

Für eine Wissenschaftskonzeption, der es nicht um das statische Ziel der Begründung – durch Beweis oder auch auf eine weniger definitive Art – geht, sondern um das dynamische Ziel der permanenten *Verbesserung* unserer Erkenntnis durch *Kritik* aller Art, ergibt sich damit eine ebenso einfache wie bestechende Lösung des sogenannten *Anfangsproblems* der Erkenntnis, das ja dem Rechtfertigungsdenken fundamentalistischer wie dialektischer Prägung so große Schwierigkeiten macht und dessen originellste Vertreter zur Erfindung äußerst subtiler Problemlösungen gezwungen hat: Kant zum Aufbau der Transzendentalphilosophie, Hegel zur Entwicklung seiner (von Popper so mißverstandenen und malträtierten) Dialektik, Hilbert zur Erfindung der Metamathematik, Husserl zur Evidenzphilosophie der reinen, transzendentalen Phänomenologie, Carnap zum Zwei-Sprachen-Modell der Erkenntnis auf der Grundlage seiner Theorie der »external linguistic frameworks« und des Toleranzprinzips, Dingler zum reinen Operativismus des »aktiven Willens«, Habermas zur Wiederbelebung der Konsenstheorie der Wahrheit.

Da es keine voraussetzungslose Erkenntnis gibt, kommt auch das fallibilistische Erkenntnismodell nicht ohne einen Anfang der Erkenntnis aus – in Form von in jedem Erkenntnisprozeß vorausgesetzten formalen und inhaltlichen, allgemeinen oder besonderen Annahmen, wobei es hier insbesondere um die inhaltlichen Voraussetzungen der Erkenntnis geht –, den es ohne Suspendierung des postulierten Lösungsprinzips oder gar Verstoß dagegen in seine Lösung des Erkenntnisproblems einzubeziehen gilt. Die erkenntnistheoretische Pointe des fallibilistischen Kritizismus Popperscher Provenienz liegt nun darin, daß dieser im Gegensatz zum Rechtfertigungsmodell, das ja qualifizierte Primärerkenntnis mit Rechtfertigungspotenz annehmen (oder setzen) muß, um einen Anfang für den Begründungsprozeß zu gewinnen, nicht auf einen erkenntnismäßig privilegierten, geltungsmäßig gesicherten oder auch nur schlicht richtigen, kurz: nicht auf einen »wahren Anfang«

angewiesen ist. Jeder beliebige Anfang – etwa in Form von möglicherweise sogar völlig *falschen*, unter Umständen gerade wegen ihrer Falschheit bewußt gewählten Voraussetzungen, Annahmen, Theorien oder Metatheorien – ist grundsätzlich gut genug, um im fallibilistischen Erkenntnismodell als Ausgangspunkt für Verbesserungen, als Startpunkt für Erkenntnisfortschritt zu dienen. Mehr braucht der epistemologische Fallibilismus von seinem Anfang der Erkenntnis nicht zu verlangen. Er muß kein Startkapital von gesicherten oder auch nur schlicht gegebenen Wahrheiten voraussetzen, um zu Erkenntnisfortschritt kommen zu können. Geltungsansprüche durch Begründung rechtfertigen kann man nur von einer Rechtfertigungsbasis aus, die selbst schon gerechtfertigt oder keiner Rechtfertigung bedürftig, als vorausgesetzte Primärerkenntnis also geltungsmäßig ausgezeichnet ist. Durch Kritik verbessern – im fallibilistischen Sinne von Erkenntnis und Erkenntnisfortschritt – kann man dagegen grundsätzlich jede Art und jede Form von Erkenntnis, weil einerseits keine Erkenntnis vollkommen ist und andererseits fallibilistische Kritik keine der Begründungsbasis des Rechtfertigungsmodells vergleichbare, geltungsmäßig ausgezeichnete Primärerkenntnis braucht. (Eine detaillierte Analyse des Anfangsproblems der Erkenntnis und seiner fallibilistischen Lösung findet sich in Spinner 1970.)

Obwohl also Irrtum und Falschheit im Erkenntnisprozeß allgegenwärtig sind, ist die Suche nach der objektiven Wahrheit – praktisch also nach informativen Theorien mit möglichst streng geprüftem Geltungsanspruch – nicht ganz hoffnungslos. Der Grund dieser Hoffnung liegt in der bereits erwähnten Asymmetrie zwischen Wahrheits- und Falschheitserkenntnis, hier speziell in bezug auf erfahrungswissenschaftliche Theorien gesehen. Können wir unsere Theorien auch nie als definitiv wahr oder ersatzweise wenigstens als hochwahrscheinlich begründen, so können wir sie doch strengen kritischen Prüfungen unterwerfen, sie auf diesem »negativen« Wege unter Umständen – wenn wir unsere Sache gut machen und Glück haben! – *widerlegen* und uns durch Elimination des Falschen dem selbstgesetzten Ziel der Wahrheitserkenntnis nähern.

Die fallibilistische Theorie des Erkenntnisfortschritts, die bei Popper zu einer *Approximationstheorie der Wahrheit* wird, zieht damit lediglich die Konsequenzen aus der heute allgemein anerkannten Popperschen These, derzufolge erfahrungswissenschaftliche

Theorien aufgrund von Logik und Erfahrung (genauer: durch deduktive Argumentation und empirische Befunde) immer *nur falsifizierbar*, aber nie verifizierbar sind. Prinzipielle Falsifizierbarkeit – das heißt für empirische Theorien, verkürzt ausgedrückt, konkret: das Risiko, an entgegenstehenden Tatsachen zu scheitern – wird damit zum entscheidenden Kriterium für den Wissenschaftscharakter aller als Realitätserkenntnis intendierten Aussagen. Dieses *Popper-Kriterium* der prinzipiellen Falsifizierbarkeit (dessen Formulierung hier schon in § 22 zitiert ist) stellt den *Popperschen Lösungsvorschlag für das Kantsche Problem* dar. Was schon Nietzsche gesehen hat, wird damit vom Fallibilismus voll bestätigt: es ist an einer Theorie »wahrhaftig nicht ihr geringster Reiz, daß sie widerlegbar ist...« (Nietzsche II, S. 581).

(27) In fallibilistischer Sicht ist also die wissenschaftliche Methode keine Methode der Begründung des Wahren, sondern eine *Methode der Widerlegung und Elimination des Falschen.* Damit wird es, sofern es uns um die maximale Förderung des Erkenntnisfortschritts zu tun ist, zu einem zentralen methodologischen Problem: Wie können wir unsere Irrtümer entdecken und eliminieren? Wie können wir unsere zu nomologischen Hypothesen verdichteten Vermutungen über die gesetzmäßige Beschaffenheit der Realität widerlegen und damit unsere Theorien als *falsch* nachweisen? Wie können wir jenen Ideenkomplex aus Meinungen und Hypothesen, den wir für Erkenntnis, Wissenschaft und Wahrheit halten, einem *Maximum an Kritik* aussetzen? Die Antwort darauf hat Popper zunächst mit seinem methodologischen Falsifikationismus (in Popper 1935) gegeben, der, konsequent weiterentwickelt und verallgemeinert, zum epistemologischen Fallibilismus (vgl. Popper 1963, Albert 1968 und Spinner 1970) und schließlich zum Feyerabendschen theoretischen Pluralismus (vgl. Spinner 1968 und 1971 sowie Feyerabend 1970) führt.

Indem wir durch permanente strenge Falsifikationsversuche Irrtümer entdecken und eliminieren, können wir uns nach Popper der Wahrheit nähern, ohne sie allerdings je definitiv zu erreichen (*Poppers Approximationstheorie der Wahrheit*, die jedoch von Feyerabend, Kuhn u. a. abgelehnt wird; vgl. dazu Teil V, § 39). Die Idee der objektiven, absoluten Wahrheit im Sinne der Korrespondenztheorie bleibt damit regulatives Prinzip aller Erkenntnisbemühungen, ohne jedoch zum Certismus der Doktrin absoluter Wahrheits*erkenntnis* zu führen.

Wir *lernen* also – und das ist *Poppers Lösungsvorschlag für das Humesche Problem* in seiner allgemeinsten Fassung – nicht durch positive Begründung der Wahrheit, durch Verifikation wahrer Theorien an Hand der Erfahrung oder einer anderen Rechtfertigungsinstanz, sondern ausschließlich via negationis *durch Falsifikation und Elimination falscher Hypothesen,* die wir durch bessere, noch nicht falsifizierte, aber gleichermaßen unbeweisbare Hypothesen zu ersetzen versuchen. Nicht die sowieso unmöglichen Verifikationen von Theorien und auch nicht ihre zwar möglichen, aber für einen (positiven oder negativen) Wahrheitsentscheid grundsätzlich zu »schwachen« Konfirmationen, sondern die möglichen *und* erkenntnislogisch »starken« Falsifikationen bilden die dramatischen Episoden in unserem Lernprozeß, auf die es letztlich ankommt. »Refutation makes us learn; corroboration makes us forget« (Lakatos 1962, S. 161).

Diese Einsicht in den wesentlich »negativen« Charakter empirischer Lernprozesse ist zwar als solche weder so neu noch so revolutionär, wie Popper und seine in diesem Punkt in seltener Einmütigkeit linientreuen Schüler anzunehmen scheinen. Tatsächlich findet sie sich, bis in die Einzelheiten der Formulierung den uns mittlerweile vertrauten Popperschen Jargon mit seinen fallibilistischen Sprachregelungen (»never say ›proven‹ even if you mean it; a true Popperian does only guess!«; deutschsprachige Popperianer haben es leichter: mit »nachgewiesen« statt »bewiesen« lassen sich auch feste Überzeugungen ausdrücken, ohne gegen das Verbot des Rechtfertigungsvokabulars zu verstoßen) treffend, bereits in Bram Stokers Horror-Klassiker »Dracula« von 1897, der den Vampirjäger Dr. Van Helsing (»M. D., D. Ph., D. Litt., etc., etc.«) auf gut Popperisch sagen läßt: »I counsel you, put down in record even your doubts and surmises. Hereafter it may be of interest to you *to see how true you guess. We learn from failure, not from success!«* (Stoker 1954, S. 111; Hervorhebung nicht im Original). Aber Popper kommt das Verdienst zu, aus dieser zwar glänzenden, aber isolierten und deshalb folgenlosen Einsicht eine systematische Erkenntnis, einen wissenschaftlichen Standpunkt in Gestalt einer *Theorie* des Lernens gemacht zu haben, die sich bruchlos in das fallibilistische Erkenntnismodell einordnet und damit eine erkenntnistheoretische Grundlage (im nichtfundamentalistischen Sinne) erhält.

(28) Zusammenfassend kann man die fallibilistische Konzeption

einer kritischen und fortschrittsfähigen Erkenntnis ohne Fundament wie folgt charakterisieren:
Alle unsere (inhaltlichen) Erkenntnisse sind geltungsmäßig nicht gerechtfertigte und durch nichts positiv zu rechtfertigende hypothetische Vermutungen vorwiegend theoretischen Charakters. Der Erkenntnisfortschritt vollzieht sich im systematischen Zusammenspiel von *»Conjectures and Refutations«* (Popper), von Spekulationen und Kritik dieser Spekulationen im Lichte von neuen Spekulationen, insbesondere durch Konfrontation mit Erfahrung (empirischen Befunden) und theoretischen Alternativen. Die »kopernikanische Wende« in der Erkenntnis- und Wissenschaftslehre, die wir vor allem Popper verdanken, ist eine Wende vom rechtfertigungsorientierten epistemologischen Certismus und Fundamentalismus zum Fallibilismus. Sie besteht im Kern darin, daß wir das Rechtfertigungsprinzip durch die Idee der (fallibilistischen, rechtfertigungsfreien) Kritik ersetzen. Der konsequente Fallibilismus ist ein rechtfertigungsfreier Kritizismus.
Können wir uns auch der Wahrheit unserer theoretischen Spekulationen – zu denen auch jene angelernten, durch Tradition und Sozialisation weit überdurchschnittlich standardisierten und stabilisierten hypothetischen Annahmen über die Beschaffenheit der Realität zu rechnen sind, die wir »Erfahrung« nennen – nie sicher sein, so sind wir doch auf Grund der allgemeinen erkenntnistheoretischen Problemsituation grundsätzlich in der Lage, durch strenge Kritik in Form theoretischer und praktischer Tests falsche Theorien zu entlarven, zu eliminieren und durch bessere Theorien zu ersetzen, deren Wahrheit aber genauso wenig »zureichend begründet« ist und deshalb immer nur vermutet werden kann. Dieser Prozeß von Spekulation und Kritik hat kein erkenntnislogisches Ende; seine einschneidendste natürliche Grenze liegt in den faktischen Gegebenheiten der objektiven Problemsituation sowie in unseren intellektuellen Fähigkeiten. Der Erkenntnisfortschritt vollzieht sich im Rahmen eines komplizierten Zusammenspiels von Spekulation, Kritik, Elimination von Irrtümern und Einführung neuer, möglichst verbesserter Spekulationen, und sein Ergebnis ist immer *fallible Erkenntnis ohne Fundament.* Keine Instanz hat epistemologische Autorität: alles ist hypothetisch, fallibel und *deshalb* auch prinzipiell fortschrittsfähig. Die Geschichte der Wissenschaft ist ein einzigartiges Beispiel dafür, wie erfolgreich diese fallibilistische Methode des »dialektischen« Zusammenspiels von

Spekulation und Kritik sein kann.
Es ist dieser *kritische und progressive Charakter des Erkenntnisprozesses* – die Tatsache, daß wir durch kritisch-rationale Argumentation zu bestimmen vermögen, welche Theorien unsere Probleme, relativ natürlich, am besten lösen, und daß wir dadurch *aus unseren Fehlern lernen können* –, der die Rationalität der Wissenschaft ausmacht und die wissenschaftliche Erkenntnis von Ideologie, Dogmatismus, Obskurantismus und sonstigem Aberglauben aller Art unterscheidet. Darin liegt die spezifische Leistung der *kritischen Vernunft.* Kritik im fallibilistischen Sinne ist es, die bewirkt, daß unsere Erkenntnisse, obwohl nicht gerechtfertigte und durch nichts positiv zu rechtfertigende Vermutungen, keine *völlig* willkürlichen, keine *beliebig* manipulierbaren Erfindungen sind. Sobald wir es aufgeben, unsere Theorien kritisch infrage zu stellen, sind sie von einem Dogmensystem ununterscheidbar geworden. Sie sind damit auch invariant geworden, aber diese Invarianz ist kein Signum der Wahrheit, sondern die Folge unserer irrationalen *Entscheidung*, diese Theorien nicht weiter zu verbessern und damit den Erkenntnisfortschritt zumindest partiell zu stoppen. Was Infallibilitätsansprüche explizit kundmachen, ist implizit jeder Verzicht auf Kritik: *ein Indiz dafür, daß wir die Suche nach der Wahrheit aufgegeben haben.*
Die Poppersche Konzeption eines fallibilistischen Kritizismus zeigt, daß eine Philosophie ohne Dogmen möglich und praktizierbar ist, und daß kritisch-rationale Erkenntnis nicht nur eine mögliche, sondern die beste, die fortschrittsfähigste Art von Erkenntnis verkörpert. Es kann nun, wie Bartley erstmals ausführlich nachgewiesen hat, keine *rationale* Entschuldigung mehr für erkenntnistheoretischen Dogmatismus und Irrationalismus geben.

IV. Theorien des Erkenntnisfortschritts

(29) *Fortschritt durch Veränderung*, die – zumindest der Intention nach – den Charakter einer Verbesserung hat, ist ein wesentliches Merkmal aller kritisch-rationalen Erkenntnis.

Veränderung durch Kritik ist ein Indiz dafür, »daß lebendige treibende Kräfte in uns da sind, welche eine Rinde abstoßen« (Nietzsche II, S. 181). Zwar ist nicht jede Veränderung eine Verbesserung, aber doch eine notwendige Voraussetzung dafür. Invarianz (absolute Stabilität und Immobilität) der Erkenntnis schließt Erkenntnisfortschritt aus. Wenn einmal der Prozeß der Ablösung alter Theorien durch neue, mehr oder weniger revolutionäre Ideen zum Stillstand kommen sollte, dann zeigt das, daß den Wissenschaftlern nichts Neues mehr einfällt, daß sie es aufgegeben haben, zu kritisieren und zu spekulieren, um alte Problemlösungen zu verbessern und neue zu erfinden. Dann wäre die Wissenschaft – vielmehr: das, was davon übriggeblieben ist – von einer dogmatisierten Ideologie ununterscheidbar geworden. Unter diesen Umständen hätten wir zwar sicheres, stabiles, absolutes Wissen, ein unerschütterliches, autonomes und invariantes »Fundament der Erkenntnis« – aber um welchen Preis! Die Idee der kritischen Erkenntnis wäre tot, der Erkenntnisfortschritt stagnierte, die Wissenschaft wäre in Konkurs gegangen.

Es ist deshalb berechtigt, *Erkenntnisfortschritt* – im Sinne einer auf Grund der allgemeinen erkenntnistheoretischen Problemsituation prinzipiell immer gegebenen, unter günstigen Bedingungen auch praktisch realisierbaren und wenigstens ab und zu, in nicht allzu großen zeitlichen Abständen, tatsächlich realisierten Möglichkeit – als ein *wesentliches Merkmal aller wissenschaftlichen Erkenntnis* anzusehen, das infolgedessen der Wissenschaft fast per definitionem zukommt. Insofern ist die Wissenschaft *immer in Fluß*. (Es ist bezeichnend, daß der Wissenschaftscharakter neuer Disziplinen nicht mehr angezweifelt zu werden pflegt, sobald sie eindeutige Erkenntnisfortschritte vorweisen können. Demgegenüber ist der »abstrakte« epistemologisch-methodologische Nachweis des »Wissenschaftscharakters« einer Disziplin ein philosophisches Scheingefecht ohne praktische Relevanz für die Wissenschaft.)

Je länger der Erkenntnisfortschritt stagniert, desto mehr verliert die Wissenschaft unvermeidlich ihren kritischen, rationalen *und* empirischen Charakter, um einem gehaltlosen System impliziter Definitionen immer ähnlicher zu werden. Die Theorien sind nun, als Folge ihrer Immunisierung gegen Kritik und ihrer Isolierung von allen Stimuli, die auf Veränderung und Überholung drängen, unfalsifizierbar und damit stabil geworden, aber diese Stabilität hat mit Wahrheit nichts zu tun. Sie ist kein Indiz für einen hohen Erkenntniswert, sondern ganz im Gegenteil jene Art von Unerschütterlichkeit, die dogmatisierte Mythen und Ideologien *als Pseudowissenschaft*, als degenerierte Formen der Erkenntnis ausweist. Wenn unsere Erkenntnis stabil und invariant geworden ist, dann ist sie nicht mehr Wissenschaft, weil sie alles verloren hat, was den Wert der wissenschaftlichen Erkenntnis – ihren kritischen, rationalen und progressiven Charakter – ausmacht, der Erkenntnisfortschritt zwar nicht garantiert, aber immerhin ermöglicht.

(30) Veränderung allein genügt aber nicht, um den geforderten Progressionseffekt zu verwirklichen. Es muß im Prinzip am Erkenntnisziel orientierter *Erkenntnisfortschritt* in Richtung auf eine (quantitative oder qualitative) *Verbesserung* der Ausgangserkenntnis sein. Wie überall sonst, so ist auch im Erkenntnisbereich Veränderung *per se*, als solche und für sich allein genommen, noch kein Fortschritt. Aber sie limitiert den unter den gegebenen Umständen möglichen Erkenntnisfortschritt in bestimmter Weise, allerdings nicht »mechanisch« in dem Sinne, daß relativ kleine Veränderungswerte (bezogen auf den Ausgangsstand oder den Gesamtbestand der Erkenntnis) notwendigerweise entsprechend kleine Fortschrittswerte implizierten.

Einen vorläufigen, sehr verbesserungsbedürftigen Orientierungsrahmen für den hier angesprochenen, bislang kaum erforschten Zusammenhang zwischen (kognitivem) *Wandel* und (Erkenntnis-) *Fortschritt* liefert das folgende, noch ganz primitive Schema (s. Abb. S. 60/61).

Ich beschränke mich hier auf einen Kommentar zu den beiden interessantesten Fällen III und IV. Was das Ausmaß und die Häufigkeit revolutionären Wandels angeht, so ist die moderne Kunst (mit einigen Abstrichen auch die Literatur) der Wissenschaft klar überlegen. Im Bereich der Kunst kann man deshalb – allerdings auch hier erst seit der Französischen Revolution, während dagegen die mittelalterliche Malerei ein Paradebeispiel für kumulative Entwicklungsprozesse (Fall I oder Fall II) ist – mit viel mehr Berechtigung von *Revolution in Permanenz* (Feyerabends anarchistisch-pluralistischer Slogan, mit dem er seine Feinde reizt und seine Freunde verwirrt) sprechen als in der Wissenschaft (vgl. Gombrich 1966, S. 377ff.). Aber da in der Kunst objektive, allgemein anerkannte Erfolgskriterien fehlen, kann man hier kaum *Fortschritt* diagnostizieren – es sei denn in dem wörtlichen, trivialen Sinne des bloßen *Fort*schreitens von einem gegebenen Ausgangspunkt *weg*, der zwar verlassen, aber nicht verbessert und deshalb, streng genommen, auch nicht auf einer durchgehenden Progressionslinie *hinter* sich gelassen wird.

Mit dem Fehlen von Erfolgskriterien hängt eine weitere, ebenfalls keineswegs wesensnotwendige, aber in der Neuzeit faktisch gegebene spezifische Eigenart der Kunst zusammen. Ich meine jenes ziemlich einmalige Phänomen, das man *Adamismus* nennen könnte. Damit ist die Bereitschaft gemeint, nach jeder Revolution wieder ganz von vorn zu beginnen, »am Anfang anzufangen« – sozusagen bei Adam, mit dem voraussehbaren Ergebnis, daß man mit dieser Einstellung auch nicht über Adam hinauskommt und infolgedessen »primitiv« bleibt –, anstatt sich nach dem Vorbild der Wissenschaft »auf die Schultern der Vorgänger«, insbesondere auf die der wirklich gigantischen Gestalten der Vergangenheit (zu dieser alten Fortschrittsmetapher vgl. Merton 1965), zu stellen. Der Adamismus in der Kunst zeigt sich zum Beispiel in der sogenannten naiven Malerei (Henri Rousseau, Grandma Moses u. a.), die – mit bemerkenswertem Erfolg! – Primitivismus gegen »technisches« Expertentum ausspielt und für die es in der Wissenschaft kein vergleichbares Phänomen gibt. In der Wissenschaft gibt es zwar auch Außenseiter, aber diese pflegen alles andere als Dilettanten zu sein. In der Regel sind sie ebenso qualifizierte, ja oft noch ausgefuchstere Experten als die von ihnen angefeindete herrschende Mehrheit – oder Minderheit – der Wissenschaftler. Wirkliche »Naive«, die das wissenschaftliche Hand- und Mundwerk nicht meistern und die gängigen Expertentricks nicht beherrschen – Figuren wie zum Beispiel Immanuel Velikovsky oder, auf tieferem Niveau, Erich von Däniken – stehen *außerhalb* der Wissenschaft, nicht selten zum Schaden der Wissenschaft, wenn man an originelle Köpfe wie Wilhelm Reich denkt.

Aus diesen zwei Hauptgründen (*erstens* kein nachweisbarer Erkenntnisfortschritt mangels Erfolgskriterien; *zweitens* fragmentierte Progressionslinie, die durch jede Revolution unterbrochen

(Erkenntnis-) Fortschritt / Wandel (Veränderung; Innovation)	klein
klein (in der Regel zugleich: partiell, graduell, marginal, peripher, etc.)	FALL I: keine oder nur wenig Veränderung – kein oder wenig Fortschritt *Fortschrittsmuster:* Stagnation oder Akkumulation »der kleinen Schritte« (kontinuierliche Kumulation; Akkumulation unter der Vorherrschaft des Permanenzprinzips) *Beispiele:* bäuerliche und handwerkliche Technologie; Theologie etablierter Großkirchen; sozial fest verankerte Ideologien; soziale Evolution in traditionellen Gesellschaften
groß (in der Regel auch: vergleichsweise globaler, abrupter, fundamentaler, folgenreicher)	FALL III: viel Veränderung bei wenig durchgehendem, tradierbarem Fortschritt *Fortschrittsmuster:* »Revolution in Permanenz« auf fragmentierter Progressionslinie – ohne Tradierungseffekt *Beispiele:* moderne Kunst (seit der Französischen Revolution); bestimmte revolutionäre politische oder sozioökonomische Entwicklungsprozesse regressiver oder anomischer Ausrichtung (anarchistische Revolutionen; reaktionäre Gegenrevolutionen)

groß

FALL II: relativ geringe Veränderung bei vergleichsweise großem Fortschritt

Fortschrittmuster:
Akkumulation der »großen Schritte« (diskontinuierliche Kumulation; Akkumulation unter der Vorherrschaft des Mutationsprinzips)

Beispiele: naturgeschichtliche Evolution bei Mutationen; bestimmte Formen oder Episoden des kumulativen (nichtrevolutionären) Erkenntnisfortschritts in der Wissenschaft, die den Ausgangsstand der Erkenntnis nicht infrage stellen oder nur wenig verändern, auch den Gesamt-Informationsstand (»the body of knowledge«) quantitativ nur wenig vermehren, nichtsdestoweniger aber einen »qualitativen Sprung« im Erkenntnisfortschritt bedeuten (wie die Entdeckung universeller Naturkonstanten: Lichtgeschwindigkeit als die höchstmögliche Signalgeschwindigkeit; Planksches elementares Wirkungsquantum, u. dgl.)

FALL IV: viel Veränderung bei großem, tradierbarem Fortschritt

Fortschrittsmuster:
Epochale Revolutionen (*Kuhn*) oder Permanente Revolution (*Feyerabend*) auf durchgehender Progressionslinie – mit Tradierungseffekt

Beispiele: wissenschaftliche Revolutionen; bestimmte revolutionäre politische oder sozio-ökonomische Entwicklungsprozesse

wird, so daß die Tradierung des vor der Revolution schon Erreichten nach der Revolution abbricht) pflegt die Kunst mit Recht nicht dem wissenschaftlichen Bereich zugerechnet zu werden, obwohl auch sie die kritische Einstellung praktiziert und kritische Erkenntnis anstrebt, in der Regel sogar konsequenter als in der Wissenschaft. (In Sachen Kritik, kritischer Einstellung, Suche nach Alternativen, Nonkonformismus etc. läßt ein durchschnittlicher Künstler oder Literat jeden kritischen Rationalisten weit hinter sich.)

Diese vergleichende Gegenüberstellung von Wissenschaft und Kunst ist allerdings mehr im Sinne einer graduellen Unterscheidung mit fließenden Grenzen als im Sinne einer prinzipiellen, absoluten Dichotomie zu verstehen. Auch in der Kunst gibt es für Teilaspekte Beurteilungsmaßstäbe und in ihrem Lichte identifizierbaren Fortschritt (der dann allerdings von den »Naiven« einfach ignoriert oder konterkariert zu werden pflegt), zum Beispiel in der Theorie und Technik der perspektivischen Darstellung sowie der künstlerischen Repräsentation überhaupt. (In diesem Zusammenhang kann auf die hochinteressanten Arbeiten von E. H. Gombrich verwiesen werden, der Poppers epistemologisch-methodologische Konzeption des Zusammenspiels von *Conjectures and Refutations* in origineller Weise auf den künstlerischen Bereich überträgt, *diese* bemerkenswerte methodische Parallele zwischen Kunst und Wissenschaft in sehr instruktiver Weise analysiert und dabei auch auf die bereichsspezifischen Unterschiede in der Fortschrittsproblematik hinweist.)

Im Gegensatz zu vielleicht allen anderen Bereichen, in denen es auch irgendwie um Erkenntnis geht (zum Beispiel Kunst und Literatur), gibt es in der Wissenschaft *Erfolgskriterien*, die Urteile über die relative Problemlösungskraft von Theorien ermöglichen und deren wichtigste Bestimmungen sich zu einem *Kriterium für Erkenntnisfortschritt* zusammenfassen lassen, in dessen Lichte Veränderungen des Erkenntnisstandes als Fortschritt oder Rückschritt identifizierbar werden. Dadurch eröffnet sich die Möglichkeit einer *rationalen Wahl zwischen konkurrierenden Theorien.* Da wir wissen, was wir von unseren Theorien verlangen wollen, folglich auch in Metatheorien präzisieren können, worin die geforderte Problemlösungskraft wissenschaftlicher Theorien besteht und wovon sie im einzelnen abhängt; da also die gewünschten Eigenschaften der Theorien (Informationsgehalt, Prüfbarkeit, Erklärungs- und Prognosekraft, Einfachheit, *Un*wahrscheinlichkeit – alles Eigenschaften, die glücklicherweise im wesentlichen parallel laufen) hinreichend bekannt sind, können wir alle Kandidaten auf diese Eigenschaften hin untersuchen und im Hinblick auf ihre relative Problemlösungskraft beurteilen. (Das setzt allerdings prinzipielle *Vergleichbarkeit* der Theorien voraus – eine gerade für den praktisch erfolgreichsten Theorientyp, Kuhns »Paradigmata«, ziemlich problematische Voraussetzung, deren Vorliegen von Kuhn selbst und Feyerabend mit gewichtigen Argumenten infrage gestellt wird; vgl. dazu auch Teil V, § 39.)

(31) *Erfindung neuer Theorien* und – mit Hilfe dieser Theorien – *Entdeckung neuer Tatsachen* sind die beiden wichtigsten Formen des wissenschaftlichen Erkenntnisfortschritts. Sie nehmen in der Wissenschaft jedoch nicht den gleichen Rang ein. Da Tatsachen nur in Verbindung mit Theorien, die ihnen ihren Stellenwert zuweisen, eine Rolle im Erkenntnisprozeß spielen können – Tatsachen ohne jeden theoretischen Hintergrund, außerhalb des Kontextes interpretativer und explanatorischer Theorien, sind wissenschaftlich irrelevant –, folgt daraus auch für die »Dynamik« der Wissenschaftsentwicklung, was nach dem Scheitern des positivistisch-induktivistischen Wissenschaftsprogramms für die »Statik« der Theorienkonstruktion kaum noch bestritten wird: die prinzipielle *epistemologisch-methodologische Priorität der Theorien* im Prozeß der Erkenntnis und ihres Fortschritts. Neue Theorien bilden die Vorhut, Tatsachenentdeckungen eher die Nachhut des Erkenntnisfortschritts, selbst wenn einmal – was wissenschaftshistorisch durchaus nicht die Regel darstellt – die neuen Tatsachen chronologisch vor den neuen Theorien auftauchen sollten.

Diese erkenntnistheoretische Hypothese mindert keineswegs den – richtig, im Sinne einer kritischen Instanz zur Prüfung der Theorien, verstandenen – Erkenntniswert von neuen Tatsachenentdekkungen. Sie streicht ihn im Gegenteil erst gebührend heraus, indem sie diesem wesentlichen Aspekt oder Teil des Erkenntnisfortschritts einen vernünftigen, auch historisch zutreffenden epistemologisch-methodologischen Stellenwert zuweist. Zum »Ganzen« einer erfolgreichen Operation gehört eben auch die Nachhut – im Krieg der Heere wie im Wettstreit der Ideen. Aus diesen Überlegungen ergibt sich eine *allgemeine Bedingung für Theorien des Erkenntnisfortschritts:* eine Konzeption, die nicht dem Fortschritt der *Theorien* die entscheidende Rolle zuerkennt, *kann* keine erkenntnistheoretisch befriedigende und wissenschaftshistorisch adäquate Theorie des wissenschaftlichen Erkenntnisfortschritts sein. Damit sind alle *Fakten-Kumulationstheorien* – der *Baconsche Mythos* (Popper) – bereits widerlegt.

(32) Um – das Ergebnis dieser Ausführungen, die ein Plädoyer für theoretischen Pluralismus auf *allen* Ebenen und in *allen* Bereichen der Erkenntnis sein sollen, vorwegnehmend – auch in der Erkenntnislehre eine echte Ideenkonkurrenz zu ermöglichen, sollen zunächst die meines Erachtens wichtigsten *Theorien des Erkenntnisfortschritts* aufgeführt werden:

1. Als *Stagnationstheorien* sollen zusammenfassend alle jene vielfältigen Konzeptionen bezeichnet werden, die wissenschaftlichen Erkenntnisfortschritt in dem spezifischen, meines Erachtens zentralen Sinne der Zunahme des Informationsgehalts (und damit der Erklärungs- und Prognosekraft, Prüfbarkeit etc.) für total oder partiell *unmöglich* erklären, weil sie die Möglichkeit *informativer* theoretischer Erkenntnis schlechthin oder auch nur »regional« bestreiten. Das macht der *Konventionalismus* (Duhem, Poincaré), für den auch die erfahrungswissenschaftlichen Theorien keinen Informationsgehalt haben, sondern lediglich leere Ordnungsschemata – Systeme impliziter Definitionen – sind, ebenso wie der *Instrumentalismus* (Schlick; neuerdings auch Dray, Ryle, Toulmin), der Theorien rein instrumental, als selbst nicht informative Anweisungen zur Formation oder Regeln zur Transformation von Aussagen interpretiert.

Natürlich sind auch im Rahmen dieser Konzeptionen progressive Entwicklungen von Theorien durchaus möglich und werden auch angestrebt, aber die Verbesserung durch Veränderung kann sich nur auf *andere* erkenntnistheoretisch relevante Eigenschaften der Theorien – Einfachheit, mathematische Eleganz u. a. – erstrecken, die vom Informationsgehalt unabhängig sind. Erkenntnisfortschritt im Sinne wachsenden Informationsgehalts der die Theorien letztlich tragenden nomologischen Komponenten (Gesetzesaussagen) ist im konventionalistischen und instrumentalistischen Wissenschaftsprogramm nicht vorgesehen. Da Informationsgehalt ein notwendiges Merkmal aller Realitätserkenntnis ist, erscheint es berechtigt, diesen erkenntnistheoretisch mehr sekundären Verbesserungen *innerhalb des konventionalistischen und instrumentalistischen Kontextes*, in denen ihnen jeglicher Bezug zum Informa-

tionsgehalt der Theorien genommen ist, für sich genommen nicht den Charakter echten Erkenntnisfortschritts zuzubilligen, wie er jedenfalls in den Erfahrungswissenschaften angestrebt wird.
Wegen der eindeutig dominierenden Stellung der theoretischen Erkenntnis, verkörpert durch informative Theorien, im Rahmen der Wissenschaft scheint es mir erkenntnistheoretisch vertretbar zu sein, alle Wissenschaftskonzeptionen, die *diesem* zentralen Teil der wissenschaftlichen Erkenntnis Informationsgehalt grundsätzlich absprechen, zu den Stagnationstheorien zu zählen, obwohl Konventionalismus und Instrumentalismus sicherlich keine programmatisch reinen, konsequent durchgehaltenen und global angewendeten Stagnationsdoktrinen sind. Sie sind Stagnationstheorien nur in einem doppelt eingeschränkten Sinn: Die Unmöglichkeitsthese bezüglich des Erkenntnisfortschritts ist zunächst bereichsmäßig begrenzt auf die theoretische Erkenntnis und außerdem selbst in dieser Beziehung nicht streng durchgehalten, weil vielfältige Verbesserungen auch dieser Art von Erkenntnis möglich bleiben – ausgenommen eben die Zunahme des Informationsgehalts der Theorien selbst.
Strenge, konsequent durchgehaltene und den gesamten Erkenntnisbereich umfassende Stagnationstheorien werden heutzutage in der Wissenschaftstheorie kaum noch vertreten, obwohl sie in der Geschichte der Erkenntnislehre eine große Rolle spielen. In diesem Zusammenhang ist nicht nur der radikale *Skeptizismus* zu erwähnen, der eine offene Stagnationstheorie darstellt, sondern auch dessen scheinbare Gegenposition, der radikale *Dogmatismus*, der, insofern er für seine Erkenntnis Infallibilität *und* Vollständigkeit beansprucht, als eine kaschierte Stagnationstheorie anzusehen ist. Ein sehr instruktives Beispiel dafür ist die Infallibilitäts- und Vollständigkeits-Dogmatik der katholischen Kirche bezüglich der sogenannten »Offenbarung«, die gleichzeitig für infallibel und abgeschlossen erklärt wird, so daß substantiver Erkenntnisfortschritt für alle Zukunft ausgeschlossen ist. Auch hier zeigt es sich wieder, daß »überkritische« radikalskeptizistische Impossibilitätsdoktrinen und »unterkritische« certistische Infallibilitätsdoktrinen trotz aller scheinbaren Gegensätzlichkeit in ihrem wesentlichen Ergebnis bezüglich des Erkenntnisfortschritts zusammenlaufen: sie sind Stagnationstheorien und als solche gleichermaßen erkenntnisfeindlich.
2. *Kumulationstheorien* sind alle jene Standpunkte, die den Er-

kenntnisfortschritt im wesentlichen rein *additiv*, als Akkumulation kognitiver Elemente, programmieren, wobei die neuen Erkenntnisse den bereits akkumulierten Erkenntnisschatz zwar durch Ergänzung und Erweiterung *bereichern* und unter Umständen peripher *korrigieren*, aber die alten, bewährten Erkenntnisse nicht radikal infrage stellen und deshalb auch prinzipiell *nicht eliminieren*. Da durch dieses *Permanenzprinzip* zur Bewahrung des Bewährten die Einführung von dem kognitiven Status quo der »bewährten Erkenntnis« widersprechenden Theorien unbedingt – also auch für die Zukunft – ausgeschlossen wird, fungiert es als eine *absolute intertheoretische Konsistenzbedingung* für den Erkenntnisfortschritt.

Wie die Stagnationstheorien (und, wie sich noch zeigen wird, ebenso die Revolutionstheorien), so hat die Wissenschaftslehre auch die Kumulationstheorien vielfältig weiterentwickelt. Die beiden wichtigsten Kumulationstheorien sind:

a) Die naive Version der Kumulationstheorie – der *Fakten-Induktivismus* – interpretiert und normiert den wissenschaftlichen Erkenntnisfortschritt primär als eine Akkumulation von *Fakten* (oder Beobachtungsaussagen über Fakten: sogenannte Protokollsätze), wobei Theorien lediglich als eine Art ideologischer Überbau von derivativer, fakten-induzierter Bedeutung zu einem methodologisch vorgelagerten und epistemologisch übergeordneten Bereich autonomer Fakten-Erkenntnis angesehen werden. Dieser »*Baconsche Mythos*« (Popper) ist von wissenschaftstheoretischer und wissenschaftshistorischer Seite oft genug überzeugend widerlegt worden (angefangen von Kant und Hegel sowie den Konventionalisten – hier vor allem Duhem – bis zu Einstein, Popper, Koyré, Kuhn, Feyerabend u. a.), so daß ich mir hier jede weitere Kritik ersparen kann.

b) Die aufgeklärte Version der Kumulationstheorie – der *Reduktionismus* – interpretiert und normiert den Erkenntnisfortschritt als eine Kumulation von *Theorien*, als einen Übergang zu immer allgemeineren, informativeren und erklärungskräftigeren Theorien von solcher Beschaffenheit, daß die Bedingungen für eine logische Reduzierbarkeit der alten (des Spezialfalls) auf die neuen Theorien (den allgemeineren Fall) erfüllt sind. Eine solche intertheoretische Reduktion und damit Erkenntnisfortschritt im Sinne des Reduktionismus ist jedoch nur möglich, wenn für die tatsächliche Entwicklung der wissenschaftlichen Erkenntnis eine zumindest approximative *Konsistenzbedingung* gilt: die neuen Theorien sollen zwar ihre Vorgänger transzendieren, indem sie den Übergang zum allgemeineren Fall herstellen, dürfen ihnen aber nicht wesentlich (d. h. in wichtigen Punkten, in ihrem »harten Kern«, wie Lakatos es neuerdings umschreibt) widersprechen. Der Reduktionismus ersetzt damit das *induktivistische Modell der Fakten-Akkumulation* durch das *quasi-induktivistische Modell der Theorien-Akkumulation.* (Der führende Vertreter dieser reduktionistischen Kumulationstheorie ist Nagel, dem sich Hempel, Kemeny, Oppenheim, Putnam u. a. angeschlossen haben; zur Kritik des Reduktionismus vgl. Spinner 1973).

Die in diesem Zusammenhang wichtigste Konsequenz der reduktionistischen Kumulationstheorie liegt darin, daß im Rahmen dieser Konzeption des Erkenntnisfortschritts neue Theorien ihre etablierten, bewährten Vorgänger zwar »am Rande« korrigieren mögen, ihren »harten Kern« aber unangetastet lassen. Der Fall frontaler Widerlegung mit anschließender totaler Elimination der alten, hochbewährten Ideen auf Grund völliger Unvereinbarkeit oder gar Unvergleichbarkeit der aufeinanderfolgenden Theorien ist hier nicht vorgesehen. »A new theory ... does not, however, invalidate the older theories. Rather, by permitting the treatment of a broader domain of phenomena, it corrects the older theories in the domain in which they are inadequate and, in so doing, it helps define the conditions under which they are valid ...« (Bohm 1961, S. 31). Intertheoretische Inkonsistenzen zwischen konkurrierenden Standpunkten im Prozeß des Erkenntnisfortschritts führen also nicht zur Falsifikation und Elimination der alten, inadäquaten Theorien, sondern lediglich zur sukzessiven Einschränkung ihres Anwendungsbereichs. In der erklärten Absicht, die Theorien schließlich nur noch auf jene Fälle anzuwenden, in denen ihre nomologischen Hypothesen gelten, werden sie durch Gleichsetzung ihres Anwendungs- und Geltungsbereichs von vornherein gegen jedes Risiko des globalen Scheiterns an entgegenstehenden Tatbeständen (Tatsachen oder Theorien) abgesichert. *Exhaustion* statt Falsifikation – die nur »lokal« zugelassen wird und deren Folgen so eng wie möglich lokalisiert werden, um sie unter Kontrolle halten und den »harten Kern« der Theorien dagegen abschirmen zu können – ist das methodische Leitmotiv dieses Wissenschaftsprogramms. Nicht die alten, streng genommen falsifizierten Hypothesen werden im Prozeß des Erkenntnisfortschritts eliminiert, sondern – in Übereinstimmung mit der Konsistenzbedingung – die *Inkonsistenz* zwischen den alten und den neuen Theorien.

Der Reduktionismus ist ein durch eine absolute, auf die Resultate zukünftigen Theoretisierens ausgedehnte intertheoretische Konsistenzbedingung *verschärfter theoretischer Monismus,* in dessen Konzeption des Erkenntnisfortschritts die fruchtbarste Phase der Wissenschaftsentwicklung – wissenschaftliche Revolutionen, die zur völligen Eliminierung der alten, möglicherweise hochkonfirmierten Theorien und deren Ersetzung durch strenge Alternativen führen können – nicht eingeplant ist. Die Kritik des theoretischen Monismus trifft in besonderem Maße den Reduktionismus, der in seiner konsequent durchgehaltenen Form die restriktivste monistische Wissenschaftskonzeption verkörpert.

3. Zu den *Revolutionstheorien* sind im Rahmen der hier vorgeschlagenen Klassifikation der Theorien des Erkenntnisfortschritts alle jene Standpunkte zu zählen, die den Erkenntnisfortschritt als einen revolutionären Prozeß auffassen, der im Idealfall zur totalen Substitution der alten Theorien durch neue, mit den bislang herrschenden, bewährten Ideen unvereinbare theoretische Konzeptionen – durch strenge, globale Alternativen im Sinne des theoretischen Pluralismus – führt. Während die reduktionistische Kumulationstheorie intertheoretische Inkonsistenzen zwischen alten und neuen Standpunkten lediglich als Grund für die Einschränkung des Anwendungsbereichs, unter Umständen auch verbunden mit peripheren Korrekturen, der alten Theorien ansieht, interpretiert die Revolutionstheorie denselben Ausgangstatbestand als *Falsifikation,* die zur Eliminierung des einen – im Interesse des Erkenntnisfortschritts möglichst des alten – Standpunktes führen sollte. An die Stelle des additiven Erkenntnisfortschritts »durch Anbau« der Kumulationstheorien setzen die Revolutionstheorien den revolutionären Erkenntnisfortschritt »durch Umbau«, durch radikalen Umbruch des Bestehenden. Dabei ist die Möglichkeit nicht ausgeschlossen, daß auch der »harte Kern« hochbewährter Forschungsprogramme aufgeweicht und nichts vom revolutionären Umbruch verschont bleibt. Revolutionstheorien des Erkenntnisfortschritts stellen, jedenfalls in der Revolutionsphase, *alles* zur Disposition.

a) Die *monistische Revolutionstheorie* übernimmt dieses Revolutionsmodell und kombiniert es mit einer *relativen Konsistenzbedingung,* die dafür sorgt, daß zu jeder Zeit nur *eine* Theorie oder

ein konsistentes System von Theorien zugelassen und legitimerweise akzeptierbar ist. Neue Theorien dürfen zwar, sofern sie sich in der Problemlösungskraft den alten Ideen als überlegen erweisen, dem Status quo der Erkenntnis widersprechen, aber ihre Akzeptierung ist mit der Eliminierung der alten, nun für *endgültig überholt* gehaltenen Ideen zu koppeln, so daß das monistische Postulat, demzufolge immer nur einem Standpunkt sozusagen »offizielle Existenz« gestattet ist, schließlich doch gewahrt ist – diesmal allerdings weniger auf Kosten der neuen Ideen, d. h. durch Verbot oder wenigstens Behinderung ihrer Entstehung und Verbreitung, sondern primär auf Kosten des alten Standpunktes, für den der Sieg einer neuen, anscheinend überlegenen Konzeption die endgültige Niederlage bedeutet.
Friedliche oder unfriedliche Koexistenz – und damit die vom theoretischen Pluralismus angestrebte permanente Ideenkonkurrenz zwischen strengen, globalen Alternativen – sind in der monistischen Revolutionstheorie des Erkenntnisfortschritts ebensowenig vorgesehen wie die Wiederauferstehung einer einmal unterlegenen Theorie. Für Theorien vom Charakter Kuhnscher Paradigmata sind Niederlagen endgültig. Nach der monistischen Revolutionstheorie gilt für sie, was, jedenfalls bis vor kurzem, für Weltmeister im Schwergewichtsboxen gegolten hat: *they never come back!*
Die monistische Revolutionstheorie in der einen oder anderen Form dürfte, dank Kuhns »Structure of Scientific Revolutions« (1962), die heute in der Wissenschaftstheorie zwar nicht alleinherrschende, aber doch deutlich führende Theorie des Erkenntnisfortschritts sein. Mehr progressiv eingestellte Wissenschaftstheoretiker und -historiker pflegen dabei die Rolle der wissenschaftlichen Revolutionen und damit die der »außerordentlichen« Wissenschaftsentwicklung, mehr konservativ gesinnte dagegen die konsolidierende, stabilisierende Funktion der »Normalphase« zwischen den Krisen und Revolutionen, der Kuhnschen »normalen Wissenschaft« also, zu akzentuieren und Revolutionen zu einem gelegentlich notwendigen, aber doch seltenen Spektakel zeitlich und bedeutungsmäßig streng begrenzter anarchistischer Theorienkonkurrenz abzuwerten. Im Lichte dieses Kuhnschen Entwicklungsschemas für die »reife Wissenschaft« – einer Theorie wissenschaftlicher »Paradigmata« (Kuhn), die inzwischen selbst fast schon zu einem Paradigma der Wissenschaftstheorie und -historie geworden ist – ist der wissenschaftliche Erkenntnisfort-

schritt das Ergebnis eines geregelten Zusammenspiels von revolutionären und kumulativen Tendenzen, deren gesetzmäßige chronologische Abfolge das Entwicklungsschema aller reifen Wissenschaften prägt.

Kuhns Theorie über die Struktur wissenschaftlicher Revolutionen und die Entwicklung des wissenschaftlichen Denkens zur »reifen Wissenschaft« ist die bislang überzeugendste, vor allem auch in wissenschaftshistorischer und -soziologischer Richtung detailliert ausgearbeitete, in der Tendenz mehr konservative – mit starker Akzentuierung der kumulativen Phasen als dem angeblichen Normalzustand der reifen Wissenschaft – Konzeption einer monistischen Revolutionstheorie. Das Kuhnsche Wissenschaftsprogramm ist in den entscheidenden Punkten ein Kontrastprogramm zum Popperschen Falsifikationismus und zum Feyerabendschen theoretischen Pluralismus. Neben dem Dinglerschen operativistischen Exhaustionismus ist die Kuhnsche Wissenschaftskonzeption meines Erachtens die einzige konkurrenzfähige Alternative zum fallibilistischen Pluralismus, insbesondere als Theorie des wissenschaftlichen Erkenntnisfortschritts.

Für Kuhn ist die »normale Forschung« – eine monistische, durch die fast absolute Herrschaft *einer* Supertheorie (»Paradigma«) gekennzeichnete Entwicklungsphase der Wissenschaft – der Normalzustand der reifen Wissenschaft. Die auch in rein zeitlicher Hinsicht dominierende Hauptaktivität der Wissenschaftler besteht nicht in der kritischen, falsifikationsorientierten Prüfung, sondern in der *Artikulation, Präzisierung und Komplettierung des durch normale Forschung angeblich nicht korrigierbaren Paradigmas,* wobei es vor allem darum geht, schwierige Fälle der durch das Paradigma vorgegebenen Mustererklärung anzupassen. Die von Kuhn (in Kuhn 1963) applaudierte »dogmatische« Tendenz der »normalen Forschung«, dem Paradigma hartnäckig entgegenstehende, trotz größter Anstrengungen nicht integrierbare Fälle nicht als Falsifikationsinstanzen anzuerkennen, sondern als »Anomalien« zu behandeln, die, solange das herrschende Paradigma ansonsten befriedigend funktioniert, schlicht ignoriert oder durch Ad-hoc-Hypothesen entschärft werden dürfen, verstärkt den monistischen und *nur deshalb* dogmatischen Charakter der Kuhnschen Normalwissenschaft. Daß dieser »dogmatischen« Einstellung gegenüber Anomalien eine an sich vernünftige methodische Maxime zugrunde liegt – nachhaltigen Erfolg kann es in der

Wissenschaft nicht geben ohne die Bereitschaft, ein vielversprechendes Forschungsprogramm notfalls mit zäher Ausdauer zu verfolgen und auch angesichts zunächst unüberwindlicher Schwierigkeiten nicht kampflos aufzugeben –, die im *pluralistischen* Kontext nicht nur ihren »dogmatischen« Charakter verliert, für den in Wirklichkeit der Kuhnsche Monismus alleinverantwortlich ist, sondern sogar ausgesprochen antidogmatisch wirkt und eine eminent kritische Funktion ausübt, hat Feyerabend nachgewiesen und in seinem als Balance zum Profilerationsprinzip gedachten *Beharrlichkeitsprinzip* (»principle of tenacity«) festgehalten (vgl. dazu Feyerabend 1965 und 1967, Spinner 1968 sowie unten Teil V, § 37).
Krisen und Revolutionen, die echte Theorienkonkurrenz einführen und vorübergehend theoretischen Pluralismus herstellen, sind für Kuhn um des »außerordentlichen«, revolutionären Erkenntnisfortschritts willen notwendige, aber möglichst schnell zu überwindende Überleitungsphasen zur nächsten Periode monistischer Normalforschung. Monismus wird damit zum Normalzustand der »reifen« Wissenschaft, während Pluralismus in den Ruch wissenschaftlicher Anarchie gerät – aus Kuhnscher Perspektive eine problematische, in der realistischen Sicht des nüchternen Praktikers (im Gegensatz zum Revolutionsgerede von naiven Wissenschaftsideologen Popperscher Denkrichtung) eher beklagenswerte Episode der Störung von Gesetz und Ordnung in der Wissenschaft, die jedoch, als einziger Weg zu einer neuen Plattform für die normale Forschung, ab und zu in Kauf genommen werden muß. Im Unterschied zum Reduktionismus betont jedoch Kuhn mit allem Nachdruck die *Notwendigkeit wissenschaftlicher Revolutionen* und damit den in seinen fruchtbarsten Entwicklungsphasen *nichtkumulativen* Charakter des wissenschaftlichen Erkenntnisfortschritts.
So originell die Kuhnsche Version der monistischen Revolutionstheorie auch ist, so ist sie im Prinzip doch nicht Kuhns eigene Erfindung oder Entdeckung. Schon Newtons berühmte *Regel 4* – »In experimental philosophy we are to look upon propositions inferred by general induction from phenomena as accurately or very nearly true, notwithstanding any contrary hypotheses that may be imagined, till such time as other phenomena occur by which they may either be made more accurate or liable to exceptions.« (Principia, Buch III) – bringt die Idee einer *gebremsten* und mit ausge-

prägten induktivistischen Tendenzen durchsetzten *monistischen Revolutionstheorie* klar zum Ausdruck.

b) Die *pluralistische Revolutionstheorie* – die vor allem Feyerabends Werk ist, wobei Popper mit seinem fallibilistischen Erkenntnisprogramm die wichtigste Vorarbeit geleistet und selbst eine sozusagen gebremste, in ihrem revolutionären Elan merklich gezügelte Version entwickelt hat – kombiniert das Revolutionsmodell des Erkenntnisfortschritts mit der Konzeption des theoretischen Pluralismus. Sie wird im folgenden Teil V in ihren Grundzügen dargestellt und diskutiert, wobei es mir vor allem auch darum geht, den von Feyerabend neuerdings vernachlässigten, von Naess in dessen rein pragmatischer, von erkenntnistheoretischen Überlegungen abgeschnittenen Konzeption eines pluralistischen »Possibilismus« völlig ignorierten Zusammenhang mit dem fallibilistischen Erkenntnismodell herauszustellen. *Gegen Popper* selbst, der diesen Zusammenhang zwischen seinem Fallibilismus und dem Feyerabendschen Pluralismus erst neuerdings und in pauschaler Unverbindlichkeit für seine Wissenschaftskonzeption reklamiert (in einem verspäteten und wohl auch vergeblichen Versuch, auf eine Theorie des Erkenntnisfortschritts Anspruch zu erheben, die ihm, obwohl er dazu die entscheidende Vorarbeit geleistet hat, zu entgleiten droht, und das nicht erst seit Feyerabends überzogener Absage an den »Popperianismus«); *gegen Feyerabend,* der diese philosophische Blutsverwandtschaft neuerdings verleugnet, und *gegen Naess,* der sie nie gesehen oder jedenfalls nicht für wesentlich gehalten hat, behaupte ich und versuche im folgenden in aller Kürze nachzuweisen, *daß die pluralistische Revolutionstheorie des Erkenntnisfortschritts eine direkte Konsequenz des fallibilistischen Erkenntnisprogramms ist.*

Die reduktionistische Kumulationstheorie und die monistische Revolutionstheorie kritisiert man am effektivsten, indem man den theoretischen Monismus kritisiert, der wesentlicher Bestandteil beider Konzeptionen ist. Die beste Kritik des theoretischen Monismus besteht in dessen Konfrontation mit einer strengen, globalen Alternative – mit dem pluralistischen Kontrastprogramm also, das die entscheidenden Einwände gegen die monistische Konzeption liefert, indem es deren epistemologische und methodologische Grenzen sichtbar macht. Jedes Argument zugunsten des Pluralismus ist ein Argument gegen den Monismus.

Die monistische Revolutionstheorie ist das Progressivste, was als

Theorie des Erkenntnisfortschritts im Rahmen eines prinzipiell monistisch orientierten Erkenntnismodells überhaupt möglich ist. Aber im Vergleich zum konsequent durchgehaltenen Alternativprogramm des fallibilistischen Pluralismus erweist sich selbst die progressivste monistische Konzeption als eine konservative Wissenschaftsideologie, aus der sich einschneidende Restriktionen für den wissenschaftlichen Erkenntnisfortschritt und die Möglichkeit von kritischer Erkenntnis überhaupt ergeben.

V. Theoretischer Pluralismus – eine Revolutionstheorie des Erkenntnisfortschritts

(33) Die im folgenden zusammengefaßten *Argumente gegen den theoretischen Monismus* – gegen seine Erkenntnislehre, Methodologie, Wissenschaftskonzeption und Theorie des Erkenntnisfortschritts – zeigen, indem sie die Hauptmängel des monistischen Erkenntnisprogramms aufdecken, indirekt zugleich auch die im Interesse der kritischen Vernunft, des wissenschaftlichen Erkenntnisfortschritts und nicht zuletzt der Humanität zur praktischen Notwendigkeit verstärkte Wünschbarkeit einer Alternative und, sozusagen im Negativbild, einige Vorzüge des pluralistischen Kontrastprogramms.

1. Der theoretische Monismus *schließt alternative Theorien oder Erkenntnissysteme zum jeweils privilegierten Standpunkt und damit echte, pluralistische Theorienkonkurrenz* – das fruchtbarste Stimulans für den Erkenntnisfortschritt – *aus:* sei es, je nach der Strenge der monistischen Konzeption, unbedingt und immer, »jetzt und in alle Ewigkeit«, oder eingeschränkt auf bestimmte Erkenntnissituationen oder Phasen der Wissenschaftsentwicklung, zum Beispiel (wie bei Kuhn) nur für die »normale Forschung« oder nur »auf lange Sicht«, für einen angestrebten Idealzustand vollendeter Wissenschaftlichkeit; sei es von vornherein, sozusagen durch Geburtenregelung, indem schon das Aufkommen von Alternativen verhindert wird, oder erst im nachhinein, durch Erwachsenenmord, indem bereits existente Alternativen eliminiert werden, was im Ergebnis auf dasselbe hinausläuft, da wiederum nur einem Standpunkt Lebensrecht eingeräumt wird. Er macht damit die *strengste und effektivste Art der Kritik* unmöglich, nämlich die Kritik durch Konfrontation mit widersprechenden, möglichst strengen und globalen Alternativtheorien. Die Folge davon ist eine zunehmende Dogmatisierung und Entleerung der jeweils konkurrenzlos herrschenden Theorie – ihre *Exhaustion*, aber mehr im Sinne der kognitiven *Er*schöpfung als in dem vom (extrem monistischen) Dinglerschen Exhaustionismus anvisierten Sinne der vollen *Aus*schöpfung ihrer zunächst verborgenen Problemlösungskraft.

Monismus erzeugt wesentliche *Lücken der Kritik* und schneidet

von vornherein möglicherweise fruchtbare Entwicklungslinien des Theoretisierens ab, indem er die Entdeckung und Korrektur aller jener Mängel des unter monistischer Protektion etablierten Standpunktes unmöglich macht, *die erst im Lichte von Alternativen sichtbar werden und nur mit ihrer Hilfe korrigiert werden können*, was unter Umständen eine wissenschaftliche Revolution erforderlich machen oder zur Folge haben kann. Die Falschheit ist eine grundsätzlich nicht weniger *verborgene* Eigenschaft unserer Erkenntnis als die Wahrheit. Sie muß »im (geistigen und zuweilen auch grobsinnlichen) Schweiße unseres Angesichtes« erst erkennbar und damit der Kritik und progressiven Veränderung zugänglich *gemacht* werden. Erkennen *ist* Arbeit (im Marxschen Sinne), und das gilt auch für die fallibilistische Erkenntnis des Falschen. Die *Manifestationstheorie der Falschheit* ist erkenntnistheoretisch nicht weniger dubios als die (von Popper so treffend kritisierte) Manifestationstheorie der Wahrheit.
Unsere Theorien *strenger kritisierbar* – und als Folge davon die wissenschaftliche Erkenntnis *fortschrittsfähiger* – zu machen, als es ihre bloße Konfrontation mit den Fakten ermöglicht (die ohnehin nicht selten erst mit nachhaltiger Hilfe von Alternativtheorien entdeckt oder produziert sowie adäquat gedeutet und erklärt werden können), ist die wichtigste kritische Leistung von Alternativen im Rahmen des fallibilistisch-pluralistischen Erkenntnismodells.
2. Der Monismus selektiert aus dem Spektrum möglicher oder auch vorhandener Theorien jeweils *eine* Theorie heraus – wobei keine Gewähr dafür besteht, daß es sich um die beste handelt –, verstärkt sie, indem er sie als den einzig möglichen, sinnvollen, plausiblen, mit der Erfahrung oder mit irgendeiner anderen entscheidenden Instanz vereinbaren und aus allen diesen Gründen erkenntnistheoretisch legitimierten Standpunkt auszeichnet. Diese monistische Strategie erschwert nicht nur die Ablösung der so protegierten Erkenntnissysteme durch Alternativen, sondern behindert von vornherein schon deren Entstehung und Entwicklung. Auf diese Weise wird die konkurrenzlose Herrschaft des unter den spezifischen Bedingungen dieser willkürlichen Restriktionen nun tatsächlich einzig lebensfähigen Standpunktes gesichert. Indem der Monismus durch gezielte methodische Eingriffe in den wissenschaftlichen Erkenntnisprozeß – zum Beispiel durch schrankenlos praktizierte Exhaustion *einer* Theorie – die theoretische Mobilität

nachhaltig verringert oder gar völlig zum Erliegen bringt, erzeugt er, in Form manipulativ fixierter Teile der Erkenntnis, trügerische, erkenntnistheoretisch völlig wertlose »Fundamente« der Erkenntnis, die lediglich das Produkt eines künstlich erzeugten und abgesicherten *Immobilismus* sind. Diese Stabilität unserer Erkenntnis ist durch und durch Menschenwerk; sie hat mit Wahrheit im objektiven Sinne nichts zu tun. Es ist im Grunde dieselbe Art von Stabilität, die den Lehren einer dogmatisierten Theologie, den Mythen einer geschlossenen Stammesgesellschaft und den Ideologien eines totalitären Staates anhaftet.

3. Die monistische Fixierung des Status quo unserer Erkenntnis durch Ausschluß jeglicher Opposition in Form von Alternativtheorien – und damit praktisch *jeder wirklich effektiven* Opposition, denn entgegenstehende Fakten allein genügen nicht zur Falsifikation anspruchsvoller, fest etablierter und möglicherweise hochbewährter Theorien – *beraubt die Erfahrung ihrer kritischen Funktion,* die latent oder zumindest schwach bleiben muß, solange sie nicht durch theoretische Verstärkung aktiviert wird. Durch die im Rahmen der Monopolstellung *einer* Theorie kaum vermeidbare Tendenz, die Erfahrung *im Sinne* (und nicht nur, was erkenntnistheoretisch einwandfrei wäre, *im Lichte*) der herrschenden Theorie zu interpretieren, wird die Erfahrung in eine Akklamationsmaschine verwandelt, die nur zugunsten des Status quo sprechen kann. Der theoretische Monismus führt auf gar nicht so lange Sicht unvermeidlich zur *Korruption der kritischen Vernunft,* zur *Stagnation des Erkenntnisfortschritts* sowie zum *Verlust des kritisch-rationalen und informativen Charakters unserer Erkenntnis.*

Kommt es dennoch zu einem Konflikt zwischen Theorie und Erfahrung, dann verstärkt der Monismus »our natural tendency to disturb the total system as little as possible« (Quine 1961, S. 44). Diese veranlaßt die Wissenschaftler, sich angesichts solcher Schwierigkeiten – die dann als »Anomalien« (Kuhn) bagatellisiert zu werden pflegen – mit einem Minimum von Änderungen der favorisierten Theorie zu begnügen, nämlich mit gerade soviel Modifikation, als notwendig ist, um die akute Inkonsistenz zwischen Theorie und Erfahrung zu beseitigen. Die monistische Strategie *verhindert dadurch umfassende und tiefgehende theoretische Reformen von der radikalen Art wissenschaftlicher Revolutionen,* die »keinen Stein auf dem anderen lassen«, auch vor den angeblichen »Fundamenten« der Erkenntnis nicht haltmachen und den wissen-

schaftlichen Erkenntnisfortschritt besonders nachhaltig vorantreiben können.
4. Der Monismus verhindert jedoch nicht nur die Problematisierung der herrschenden Theorie selbst, sondern auch die des jeweils in einer bestimmten Problemsituation als vorläufig unproblematisch akzeptierten *Hintergrundwissens* (Poppers »background knowledge«). Ein großer Teil unseres Bestandes an Theorien – gerade jener Teil, der für mehr oder weniger selbstverständlich gehalten wird, deshalb auch als besonders degenerationsanfällig und kritikbedürftig anzusehen ist – wird dadurch jeder ernsthaften kritischen Überprüfung entzogen.
5. *Neue Theorien,* die naturgemäß zunächst unterentwickelte, unreife Ideen von relativ geringer Erklärungskraft und Prüfbarkeit zu sein pflegen, noch keinerlei Erfolge vorweisen und einen Vergleich mit den bewährten, fest etablierten Theorien noch nicht aushalten können, müssen sich gegen die herrschenden Theorien und die (in derem Sinne interpretierte und voreingenommene) Erfahrung durchsetzen. Und das zu einer Zeit, während sie sozusagen nur »auf Kredit« leben und in der Erfolgsbilanz nur Hoffnung und Versprechen, Verheißung von und Propaganda für Problemlösungs-Taten statt dieser Taten selbst offerieren können. Das ist ohne monistische Protektion des herrschenden Standpunktes schon schwer genug, denn »Augenschein, Anschauung, heilige und profane Überlieferung« (Born 1964, S. 9 – hier speziell in bezug auf Kopernikus' heliozentrische Kosmologie gemeint) pflegen gegen anspruchsvolle, revolutionär neue Theorien zu sprechen, die den sozial verankerten kognitiven Status quo radikal infrage stellen. Der monistische Protektionismus macht es neuen Ideen jedoch fast unmöglich, sich angesichts dieser Ungleichheit der Chancen durchzusetzen.
Der theoretische Monismus liefert für den Status quo das, was die Theologen *Apologetik* und *Dogmatik* nennen. Deshalb wird, ja muß eine wissenschaftliche Revolution in der Regel *zugleich eine epistemologisch-methodologische Revolution* sein. Um sich durchzusetzen, müssen neue Theorien nicht nur ihre direkten Gegner, die alten Theorien, besiegen, sondern auch noch die zu deren Gunsten monistisch präformierten erkenntnistheoretischen Anschauungen überwinden oder sonstwie unterlaufen. Dem Zauber des Erfolges kann sich gerade die rechtfertigungsorientierte Erkenntnislehre nur schwer entziehen, weshalb sie nur allzuoft

zum »Hofprediger« wissenschaftlicher Traditionen geworden ist, die eine beeindruckende, anscheinend dauerhafte Erfolgsbilanz vorweisen können (was bei jahrhundertelanger konkurrenzloser Herrschaft eines Standpunktes gar nicht so schwer ist). Deshalb wird die Wissenschaft in der Krisen- und Revolutionsphase fast zwangsläufig *pluralistisch* – allerdings meist nicht für lange. Auch wissenschaftliche Revolutionen fressen ihre eigenen Kinder, nämlich die kritisch-pluralistische Ideologie, in deren Namen sie angetreten sind und unter deren Banner sie den neuen Ideen Lebensrecht erkämpft haben. Nach ihrem Sieg pflegen die neu etablierten Standpunkte die kritische, pluralistische Erkenntnislehre, der sie ihren Sieg verdanken, zu verleugnen oder jedenfalls – oft kaschiert durch ein unverändertes Lippenbekenntnis zu Kritik und Pluralismus – nicht mehr zu praktizieren. Eine neue Phase monistischer »normaler« Forschung beginnt. Das gilt übrigens auch für den proto- und metatheoretischen Erkenntnisbereich, in diesem Problemzusammenhang also für die Wissenschaftstheorie selbst. (Der kritische Rationalismus zum Beispiel war auch schon kritischer und rationaler, als er sich heute – in verdächtiger Nähe zum allerorts aufsprießenden Neokonservativismus – präsentiert.)

6. Auch die beste Theorie hat *schwache Seiten*, d. h. sie wird mit Problemen konfrontiert, die sie eigentlich, an ihrem eigenen Anspruch gemessen, lösen müßte, aber nicht oder nur sehr unbefriedigend lösen kann. Diese Probleme sind nur mit Hilfe von Alternativtheorien zu lösen. Indem er Alternativen nicht aufkommen läßt (oder nachträglich beseitigt), verhindert der Monismus die Lösung dieser Probleme und macht sie deshalb *innerhalb des monistischen Kontextes absolut unlösbar*. Da Wissenschaftler – wie zum Beispiel auch Künstler: » . . . the greater the artist the more surely will he instinctively avoid a task where his mastery would fail to serve him« (Gombrich 1961, S. 86) – dazu tendieren, Probleme, die sie mit ihrem theoretischen »Werkzeug« nicht mit Aussicht auf Erfolg angehen können, zu ignorieren, führt der theoretische Monismus dazu, daß ganze Problemkreise in den bereits erwähnten monistischen Lücken der Kritik verschwinden. So bleiben sie unbearbeitet, meist mit der Begründung oder vielmehr Ausrede, daß diese Probleme sinnlos (es sei nur an das neopositivistische Sinnkriterium erinnert), irrelevant, praktisch bedeutungslos oder durch die herrschende Theorie längst gelöst, zumindest »implizit mitgelöst«, seien.

7. Wenn wir in Anlehnung an Carnap (vgl. Carnap 1950) *interne Probleme* »within the framework« eines akzeptierten Erkenntnis- oder Theoriensystems (bei Carnap: eines Sprachsystems) unterscheiden von den *externen Problemen,* die den theoretischen Bezugsrahmen selbst betreffen und problematisieren, dann läßt sich ein wichtiger Einwand gegen die monistische Konzeption so formulieren: Der theoretische Monismus tendiert *zur Konzentration des Erkenntnisinteresses auf die interne Problematik des herrschenden (oder zur Herrschaft vorgesehenen) Standpunktes* – eben auf das, was Kuhn »normale Forschung« nennt – zulasten der externen Problematik. Im Rahmen dieser einseitigen, auf Konsolidierung und Kontinuität statt revolutionären Wandel ausgerichteten Verlagerung der Forschungsaktivität wird die herrschende Theorie, das Kuhnsche »Paradigma«, artikuliert, präzisiert, intern komplettiert, angewandt, alles in allem sozusagen »angespitzt« (durchweg Aktivitäten, die die grundsätzliche Geltung der Theorie *voraussetzen* anstatt sie ernsthaft zu prüfen), aber nicht radikal kritisiert. Kuhns Charakterisierung der normalwissenschaftlichen Forschungstätigkeit als *Lösen von »Rätseln«,* d. h. von internen Problemen des Paradigmas, die mit der Vervollkommnung der Theorie viel, aber mit ihrer Geltung nur wenig zu tun haben – »Paradigmata können durch normale Wissenschaft überhaupt nicht korrigiert werden«, betont Kuhn (in Kuhn 1967, S. 165) –, weil für deren »bloße Existenz die Gültigkeit des Paradigmas vorausgesetzt werden muß« (Kuhn 1967, S. 114), liefert eine sehr treffende und erhellende Diagnose menschlichen, keineswegs nur des auf wissenschaftliche Erkenntnis gerichteten (wie Feyerabend mit seinem Hinweis auf die typische Aktivität von Verbrechergangs gezeigt hat, vgl. Feyerabend 1970a) Handelns unter der institutionell verankerten Herrschaft einer monistischen Ideologie.
Auch hier ist um der Kritik und des Erkenntnisfortschritts willen theoretischer Pluralismus notwendig, weil allein alternative Theorien – in der Kuhnschen Terminologie: das *gleichzeitige* Vorhandensein mehrerer Paradigmata, aber nicht in gegenseitiger Isolierung, sondern in aktiver Konkurrenz – der für die *Wahrheitsfrage* der Theorien wichtigeren externen Problematik die ihrer Bedeutung entsprechende Aufmerksamkeit sichern können.
8. Zusammenfassend läßt sich das Ergebnis dieser Kritik auf folgende These verdichten: Was der theoretische Monismus tatsächlich liefern kann, ist *Stabilität* statt Wahrheit; *Sicherheit* statt kriti-

scher Erkenntnis; die jedem Immobilismus eigene *degenerierte Form von Kontinuität und Permanenz* statt der Mobilität revolutionären Erkenntnisfortschritts. Monismus ist letztlich eine *Methode der Selbstbestätigung und Selbsttäuschung* mit höchst bedenklichen, für die Sache der kritischen Erkenntnis ebenso wie für unsere Humanität unerwünschten wissenschaftlichen, pädagogischen, sozialen und politischen Folgen – gleichgültig, ob er von Scharlatanen oder Nobelpreisträgern praktiziert wird (vgl. Feyerabend 1970, insbesondere Abschnitt 6).

(34) Der theoretische Pluralismus läßt sich jedoch auch auf eine direktere, noch schlüssigere Weise verteidigen als durch Hinweis auf die ziemlich gravierenden Mängel des theoretischen Monismus, zu dem er – wie das fallibilistische Erkenntnismodell zum Rechtfertigungsmodell der Erkenntnis – im Verhältnis einer globalen Alternative steht. *Der theoretische Pluralismus ist eine direkte Konsequenz des fallibilistischen Kritizismus.* Als die in der fallibilistischen Erkenntnislehre angelegte (Revolutions-)Theorie des Erkenntnisfortschritts ist der theoretische Pluralismus integraler Bestandteil des fallibilistischen Erkenntnismodells (auch wenn das von Popper selbst nur zurückhaltend und unter erheblicher Abbremsung des revolutionären Impetus herausgestellt wird, der in der Popperschen Erkenntnis- und Wissenschaftslehre insbesondere durch die *Approximationstheorie der Wahrheit* und ein auf Sicherung einer angenäherten Kontinuität der Theorienfolge abgestelltes *Korrespondenzprinzip* deutlich gezügelt, in der Popperschen Sozialphilosophie der gradualistischen Sozialtechnologie sogar gänzlich verleugnet wird).

Der fallibilistische Kritizismus Popperscher Provenienz führt, konsequent zuende gedacht, zu radikalen Umwertungen im traditionellen epistemologisch-methodologischen Wertsystem. Der Anstoß und die Richtlinien für diese Umwertung kommen vom Fallibilismus. Ihr Ergebnis in Gestalt einer Theorie des Erkenntnisfortschritts ist der theoretische Pluralismus, dessen konkrete Ausarbeitung vor allem Feyerabends Werk ist.

1. Die fallibilistische Umwertung des epistemologisch-methodologischen Wertsystems setzt an der *Idee der Kritik* an, um von diesem neuen erkenntnistheoretischen Zentralwert aus schließlich alle Teile der Erkenntnis- und Wissenschaftslehre zu erfassen. Die rechtfertigungsfreie Neuinterpretation der Idee der Kritik führt zu einem Erkenntnismodell, in dem Kritik *positiv* – im engeren Er-

kenntnisbereich der Wissenschaft insbesondere wegen der vergrößerten Chancen für Erkenntnisfortschritt – und Rechtfertigung (Begründung) wie überhaupt alle Sicherheitsstrategien *negativ* prämiert werden.

Die fallibilistisch interpretierte Idee der Kritik greift, wie bereits bei der Exposition des fallibilistischen Erkenntnismodells ausgeführt (siehe Teil III, § 23), auf den Satz vom ausgeschlossenen Widerspruch zurück. Rechtfertigungsfreie Kritik ist der Versuch, eine Inkonsistenz zwischen zwei epistemologischen Instanzen aufzuzeigen, die *beide* epistemologisch *problematisch* sind, wenn auch vielleicht in unterschiedlichem Ausmaß. »Wir verzichten nicht auf den Richter, aber er ist absetzbar«, sagt Neurath (in Neurath 1934, S. 354) treffend.

Auf das für die Erfahrungswissenschaften zentrale Problem des (verkürzt ausgedrückt, da alle Erfahrung »theoretisiert« ist oder jedenfalls werden muß, um für den wissenschaftlichen Erkenntnisprozeß relevant zu werden) komplexen Verhältnisses von *Theorie und Erfahrung* angewandt: Da es keine erkenntnistheoretisch prinzipiell privilegierten Instanzen gibt, *steht a priori nicht fest, welche Instanz im Falle eines Konflikts* (vom Charakter einer logischen Inkonsistenz) *zwischen Theorie und Erfahrung zu verwerfen ist.* Der Widerspruch kann sowohl durch Verwerfung der Theorie als auch durch Verwerfung der Erfahrung (etwa in der von Popper ausdrücklich zugelassenen Form der Nichtanerkennung von Beobachtungssätzen als Basissätze, d. h. als kritische Instanzen vom Charakter potentieller Falsifikatoren) aufgelöst, also sowohl durch *Falsifikation* zulasten der Theorie als auch durch *Exhaustion* zulasten der Erfahrung ausgetragen werden. Die Wissenschaft hat im Verlauf ihrer langen und erfolgreichen Geschichte immer, einer vernünftigen, undogmatischen Situationsethik folgend und der fundamentalistischen Doktrin zuwider, *beide Strategien praktiziert.* Sie ist dabei gut gefahren, und jede wirklich kritische Erkenntnislehre – zum Beispiel die des Fallibilismus – wird ihr dabei recht geben.

2. Da Rechtfertigung die Suche nach konformen, Kritik dagegen die Suche nach konträren epistemologischen Instanzen ist, wird durch die Wende der Erkenntnis- und Wissenschaftslehre »vom Fundamentalismus zum Fallibilismus« (vgl. Spinner 1969a) auch die *Rolle der Erfahrung* radikal umgewertet. *Positive* (d. h. theoriekonforme, die Theorie bestätigende, aber doch nie wirklich

verifizierende) Erfahrung ist für das Entscheidungsproblem – für den Wahrheits- oder Falschheitsnachweis von Theorien – *erkenntnistheoretisch irrelevant. Negative* (potentiell – und mit Hilfe von Theorien! – falsifizierende) *Erfahrung ist die erkenntnistheoretisch entscheidende, wissenschaftlich fruchtbarste Art der Erfahrung.* Denn während die erkenntnislogische Kompatibilität zweier Instanzen über die Verteilung ihrer Wahrheitswerte im allgemeinen gar nichts sagt, folgt aus ihrer Inkompatibilität nach dem logischen Prinzip vom ausgeschlossenen Widerspruch die Falschheit einer der beiden gegenseitig unvereinbaren Instanzen. Zwar ist auch in diesem Fall die Verteilung der Wahrheitswerte nicht eindeutig determiniert, aber doch so weit eingeschränkt, daß dadurch unter Berücksichtigung der Asymmetrie zwischen Wahrheits- und Falschheitserkenntnis (vgl. Teil II, §§ 23 und 26) die praktische Lösung des Entscheidungsproblems *in einer Richtung* – in Richtung Falsifikation – wesentlich erleichtert wird. Jede gelungene Falsifikation ist ein Indiz dafür, daß unsere Theorien mit der Realität zusammengestoßen sind, daß wir den »Zirkel des Erkennens«, das Gespinst der eigenen Ideen, irgendwo durchbrochen und Kontakt zu einer von uns unabhängigen Instanz gefunden haben, daß also eine echte Konfrontation von Theorie und Realität tatsächlich gelungen ist. (Hier kommt die umstrittene *realistische Komponente* des Fallibilismus ins Blickfeld, auf die jedoch an dieser Stelle nicht weiter eingegangen werden kann.) Eine andere Möglichkeit, *erkenntnistheoretisch relevanten Kontakt zur Realität* herzustellen, gibt es nicht. Von ihren methodologischen Schwächen abgesehen, scheitern Induktivismus, Positivismus, Instrumentalismus, Konventionalismus und Exhaustionismus auf der erkenntnistheoretischen Ebene daran, daß sie diesen für alle Wirklichkeitswissenschaften unentbehrlichen Kontakt zur Realität systematisch verfehlen.

Die Erfahrung ist kein Fundament der Erkenntnis. Sie liefert auch kein Wahrheitskriterium, das imstande wäre, die *eine wahre* Theorie zu identifizieren und aus der Fülle der möglichen Theorien zu selektieren. Die *epistemologisch-methodologische Funktion der Erfahrung* besteht ausschließlich darin, *kritische*, d. h. potentiell widerlegende Instanz für unsere zu wissenschaftlichen Theorien verdichteten Spekulationen zu sein. Als »Probierstein« (Kant), der bei der Elimination von Irrtümern via Falsifikation hilft, spielt sie eine wichtige Rolle im Prozeß der kritischen Prüfung unserer

Theorien und kann in dieser kritisch-progressiven Funktion den Erkenntnisfortschritt nachhaltig fördern. Als »Fundament« genommen, ist sie dagegen ein Bremsklotz, von dem der Erkenntnisfortschritt nichts profitieren kann.

Mit der positiven Erfahrung in der Wissenschaft verhält es sich wie mit den guten Werken in der Sicht der theologischen (Augustinus-orientierten) Heilslehre. Sie sichern nicht das ewige Heil, ja können die objektiven Chancen darauf um kein Jota vergrößern, aber sie sollten nichtsdestoweniger um des Heiles willen zuweilen getan werden. Und sie haben unabhängig von ihrer objektiven Nutzlosigkeit immerhin eine angenehme subjektive Wirkung. Sie beruhigen, indem sie die subjektive Heilserwartung verstärken, und ermutigen uns, den einmal eingeschlagenen Weg fortzusetzen. Auch wenn unsere Experimente und sonstigen strengen Testarrangements ausschließlich positive Ergebnisse zeitigen, können wir daraus nie schließen, daß wir auf dem richtigen Weg sind. Aber solange sie das tun, besteht immerhin kein Grund zur Annahme, daß wir uns auf einem *falschen* Weg befinden (vgl. dazu Agassi 1961).

3. Theorien sind durch die Erfahrung – insbesondere, wenn diese als kritische Instanz und nicht als »Fundament der Erkenntnis« interpretiert wird – extrem *unterdeterminiert*. Die Erfahrung läßt also in ihrem fallibilistischen Gebrauch immer prinzipiell eine *Pluralität von Theorien* zu, darunter auch solche, die miteinander inkompatibel sind und zueinander im intertheoretischen Verhältnis von Alternativen stehen.

Dieses Ergebnis über den Zusammenhang von Theorie und Erfahrung im Rahmen des fallibilistischen Erkenntnismodells ist kein möglicherweise atypischer Sonderfall, sondern vielmehr ein wichtiger Spezialfall der allgemeinen, strukturbedingten Erkenntnisproblematik, die sich immer ergibt, wenn zwei epistemologische Instanzen zueinander *im Verhältnis der Kritik* stehen. Es darf deshalb zu einer generellen, im strengen Sinne erkenntnis*logischen* These verallgemeinert werden, die den direkten Zusammenhang zwischen Fallibilismus und Pluralismus zum Ausdruck bringt: Während ein Akt der Begründung – besonders bei der strengsten Form der Begründung, dem logischen Beweis – von seiner epistemologischen Zielsetzung her die Selektion *eines* Standpunktes unter Ausschluß widersprechender Alternativen anstreben *muß*, läßt ein *Akt der Kritik* immer *prinzipiell unbeschränkt viele Möglich-*

keiten offen. In der Wissenschaft geschieht dies vor allem in Form von alternativen Theorien, die im Spielraum der Kritik verbleiben, d. h. durch sie nicht »verboten« sind, und deren mögliche intertheoretische Beziehungen das ganze logische Spektrum zwischen Äquivalenz und strenger Inkompatibilität umfassen. Kritik soll (falsche) Hypothesen eliminieren und kann andere (möglicherweise wahre) Theorien vorläufig überleben lassen, darf aber nie – und, was für die Möglichkeit des Pluralismus entscheidend ist, *kann* auch gar nicht auf Grund der »Logik der (fallibilistischen) Erkenntnissituation« – das Feld der verbleibenden Möglichkeiten unter pauschalem Ausschluß von Alternativen auf den monistischen Fall *eines* Standpunktes einengen. (Praktisch kann natürlich unter dem Einfluß *zusätzlicher*, sehr restriktiver Bedingungen oder schlicht mangels Angebots von Alternativen im Einzelfall auch Kritik zur Selektion *einer* Theorie führen. Aber selbst in diesem degenerierten, für die hier angesprochene grundsätzliche erkenntnistheoretische Problemsituation irrelevanten Fall bleibt immerhin die permanente *Möglichkeit* von Alternativen fortbestehen – im Gegensatz zum Rechtfertigungsfall, der schon die bloße Möglichkeit von gleichermaßen gerechtfertigten widersprechenden Alternativen ausschließt.)

Unabhängig von allen anderen Argumenten zeigen diese ganz abstrakten logisch-epistemologischen Überlegungen: Während, wie bereits nachgewiesen (vgl. Teil II, § 18), in das Rechtfertigungsmodell von seinem Ansatz zur Lösung des Erkenntnisproblems her die Tendenz zum theoretischen Monismus strukturell verankert ist – eine Tendenz, die zwar latent bleiben kann, es aber umso weniger sein wird, je konsequenter das Rechtfertigungsprinzip verfolgt wird (anders ausgedrückt: Pluralismus im Rahmen des Rechtfertigungsmodells kann nur das Ergebnis erkenntnistheoretischer Inkonsequenz sein) –, führt der fallibilistische Kritizismus direkt zum theoretischen Pluralismus, der damit jedenfalls seiner *Möglichkeit* nach zu einem integralen, wenn auch nicht immer genügend explizit gemachten Teil des fallibilistischen Erkenntnismodells wird. So eingebettet in das fallibilistische Erkenntnisprogramm erhält der theoretische Pluralismus eine *erkenntnistheoretische Dimension*, entwickelt sich aus einer falsifikationistischen Methodologie schließlich in letzter Konsequenz eine *Gesamt-Konzeption der menschlichen, wissenschaftlichen wie außerwissenschaftlichen Erkenntnis.* In diesem erkenntnistheoretischen

Kontext des fallibilistischen Kritizismus Popperscher Provenienz verliert die pluralistische Maxime den Ad-hoc-Charakter einer rein methodologischen, in epistemologischer Sicht bloß opportunistischen Forderung – aufgestellt von einer Methodologie, der jedes Mittel recht ist, wenn es nur den Erkenntnisfortschritt zu fördern scheint –, den sie nicht abstreifen kann, solange sie (wie zum Beispiel in Arne Naess' pluralistischem »Possibilismus« und in Feyerabends neuerlichem pluralistischen Anarchismus; vgl. Naess 1972 und Feyerabend 1970c) von jeder Erkenntnistheorie abgeschnitten bleibt, in der die epistemologischen Voraussetzungen und Bedingungen des fallibilistisch-pluralistischen Erkenntnismodells problematisiert werden und seine (zweifellos vorhandene; vgl. Spinner 1970) »Grundlagenproblematik«, hier im nichtfundamentalistischen Sinne verstanden, einer erkenntnistheoretischen Lösung zugeführt wird.

Der analysierte Tatbestand legt ein *Kriterium für die Beurteilung von Methodologien* nahe, ein epistemologisches Kriterium für Systeme methodologischer Regeln, das man auch als eine Regel höherer Ordnung formulieren und interpretieren kann: Jede Methodologie, die in systematischer, überzufälliger Weise – in diesem Sinne »notwendig«, d. h. nicht nur auf Grund bestimmter faktischer Zufälligkeiten – zur Selektion *eines* Standpunktes führt, ist als *epistemologisch zu restriktiv* zu verwerfen. Diesem Kriterium liegt die *Hypothese* zugrunde, daß jede Methodologie, die von allen logisch möglichen Lösungsvorschlägen notwendigerweise alle bis auf einen ausschließt, immer *zuviel* ausschließt; in dem Sinne, daß sich unter den »verbotenen« Lösungsvorschlägen immer auch »legitime« (d. h. relevante, möglicherweise wahre) Problemlösungen befinden können und in der Regel auch tatsächlich befinden werden. Es wird immer wieder den erwähnten degenerierten Fall geben, in dem es auf Grund von faktischen Zufälligkeiten in einer gegebenen Problemsituation tatsächlich nur eine Lösung gibt. Aber bestimmte Methodologien, zum Beispiel der Dinglersche monistische Exhaustionismus, sind darauf abgestellt, diesen Fall systematisch zu *erzeugen.* Diese Methodologien sind deshalb gemäß dem hier vorgeschlagenen epistemologischen Kriterium zu verwerfen.

4. Da Kritik nur möglich ist, wo logische Inkonsistenz oder Inkompatibilität, wo ein echter *Zusammenstoß* von Ideen (Aussagen, Theorien etc.) möglich ist – bloße Verschiedenheit genügt also

nicht –, zählt die Möglichkeit intra- und intertheoretischer Widersprüche zu den Bedingungen der Möglichkeit rationaler Kritik. Und da ein Widerspruch nur zwischen vergleichbaren Instanzen möglich ist, die ein Minimum gemeinsamer Begriffe enthalten, so daß die eine Aussage *dasselbe* verneinen kann, was die andere behauptet, wird prinzipielle, wenn auch nicht unbedingt direkte *Vergleichbarkeit* zu einer allgemeinen Bedingung für Aussagenmengen, speziell Theorienfolgen, um im Verhältnis der Kritik zueinander stehen und nach objektiven Kriterien im Hinblick auf den Erkenntnisfortschritt beurteilt werden zu können. Mit *allen* Konkurrenten, Vorgängern und Nachfolgern prinzipiell unvergleichbare Theorien entziehen sich einer rationalen Bewertung und stehen damit *außerhalb* der pluralistischen Ideenkonkurrenz; wenn diese den ganzen Raum der wissenschaftlichen Erkenntnis ausfüllt, sogar außerhalb der Wissenschaft. Sie können im Rahmen *dieser* Wissenschaft keinen objektiv identifizierbaren Erkenntnisfortschritt verkörpern. Prinzipiell unvergleichbare Theorien sind autonome Erkenntnissysteme, die »von außen« nicht kritisierbar sind, solange die Unvergleichbarkeit fortbesteht. Sie sind zwar immanent kritisierbar, aber rein immanente Kritik ist sozusagen *halbierte Kritik*, die weit hinter dem Maximum möglicher Kritik zurückbleibt, das der Fallibilismus gerade mit seinem theoretischen Pluralismus anstrebt (vgl. dazu die Explikation und Kritik des *Adorno-Kriteriums* in Spinner 1969, S. 340ff.). Daraus ergibt sich für den fallibilistischen Kritizismus ein entscheidender Einwand gegen die *geschlossenen* holistischen Konzeptionen »totaler« Erkenntnissysteme im Sinne Hegels oder Dinglers.

Unvergleichbare Theorien sind deswegen jedoch keineswegs bedeutungslos für die wissenschaftliche Erkenntnis. Sie verkörpern keineswegs notwendigerweise tote, vom Hauptstrom des Erkenntnisfortschritts abgeschnittene Seitenarme. Ganz abgesehen davon, daß zunächst unvergleichbare Theorien durch Aufstellung von *Brücken-Theorien* vergleichbar *gemacht* werden können – so daß es fraglich ist, ob es *absolut* unvergleichbare Theorien überhaupt geben kann –, besteht immer die Möglichkeit, daß sie zum Anfang einer *neuen* Theorienfolge werden oder gar eine *neue* Wissenschaft initiieren. Unvergleichbare Theorien zu verbieten und neue Hypothesen nur zuzulassen, wenn sie sich – wie es das Poppersche Korrespondenzprinzip, das mathematische Permanenzprinzip und andere kontinuitätserzeugende Prinzipien verlangen – an die *existierenden* Theorien in bestimmter Weise anschließen lassen, würde den Erkenntnisfortschritt durch ein *Wilhelm-Busch-Prinzip*, das die *vorhandenen* Theorien zulasten der noch ungeborenen zukünftigen Alternativen systematisch begünstigt (vgl. Spinner 1968, Teil IV), in unangebracht restriktiver Weise reglementieren und auf die bisherige Entwicklungslinie festlegen. Wie Feyerabend immer wieder mit ausgezeichneten Argumenten betont hat (nun zusammengefaßt in Feyerabend 1970c, 1974 und 1974a),' verdienen auch unvergleichbare Theorien eine Chance – insbesondere die Chance, ganz neue, diskontinuierliche Entwicklungslinien zu starten und den Erkenntnisfortschritt durch *qualitative Sprünge* (im Sinne des dialektischen Materialismus) im Zuge wissenschaftlicher Revolutionen voranzutreiben (vgl. dazu auch unten § 39).

(35) Wenn die bestmögliche Förderung des wissenschaftlichen Erkenntnisfortschritts unser Ziel ist, dann ist theoretischer Pluralismus notwendig – in diesem zielrelativen Sinne *bedingt* notwendig also, was von den »Notwendigkeitsbeweisen« der traditionellen Erkenntnislehre (etwa des Kantschen Transzendentalismus) streng zu unterscheiden ist –, weil nur im Rahmen pluralistischer Ideenkonkurrenz unsere Theorien einem Maximum an Kritik ausgesetzt sind und im Zuge permanenter, fehlerorientierter Verbesserung größtmögliche Problemlösungskraft (Informationsgehalt, Erklärungs- und Prognosekraft, Prüfbarkeit *und tatsächliche* Prüfung) erwerben können; im einzelnen,

1. weil eine Mehrzahl gleichzeitig existierender Theorien die Minimalbedingung für echte Theorien*konkurrenz* ist;
2. weil nur durch möglichst strenge und globale Alternativen ein Maximum an Kritik gesichert werden kann, denn die strengste und effektivste Form der Kritik ist die *Kritik im Lichte von und durch Theorien* – durch Alternativtheorien also, die notfalls imstande sind, selbst an die Stelle der kritisierten Theorien zu treten;
3. weil Tatsachen allein eine Theorie (zumal eine erfolgreiche Theorie, die sich lange bewährt hat) nicht falsifizieren können: nur in ihrer kritischen Funktion *durch (Alternativ-)Theorien verstärkte Tatsachen* sind genügend starke kritische Instanzen mit potentieller Falsifikationswirkung gegenüber anspruchsvollen Theorien. (Deshalb verlangt Popper zur Falsifikation von Theorien immer eine falsifizierende *Hypothese*, eine nomologische Hypothese von in der Regel allerdings niedrigerer Ordnung, die

die falsifizierte Theorie *nicht* ersetzen kann und deshalb noch keine strenge Alternative im Sinne des theoretischen Pluralismus ist; vgl. Spinner 1971, Teil V);

4. weil jede Theorie »blinde Flecken« hat – wozu insbesondere auch das im jeweiligen Kontext als unproblematisch vorausgesetzte und sozusagen auf Kredit benützte »Hintergrundwissen« gehört –, die der kritischen Prüfung erst zugänglich werden, wenn sie im Lichte von Alternativen problematisiert worden sind;

5. weil der »metaphysische« Teil von Theorien – definiert als das Insgesamt jener transempirischen hypothetischen Komponenten einer wissenschaftlichen Theorie, die, vielleicht nur vorläufig, außerhalb der Reichweite empirischer Falsifizierbarkeit liegen – nur durch alternative *Theorien* kritisierbar (und möglicherweise sogar empirisch falsifizierbar) gemacht werden kann;

6. weil der wirkungsvollste Typus experimenteller Prüfung – das sogenannte *entscheidende Experiment* (experimentum crucis) – ohne Alternativen, zwischen denen es ja entscheiden soll, unmöglich ist;

7. weil Theorien, die nicht *direkt* empirisch falsifizierbar sind (zum Beispiel wegen Grenzen der Meßgenauigkeit), unter Umständen durch Alternativen falsifizierbar gemacht werden können;

8. weil Alternativen zur *Entdeckung neuer Tatsachen* führen können, die – weil sie im »blinden Fleck« der herrschenden Theorien liegen oder von diesen sogar »verboten« sind – ohne aktive Beteiligung von Alternativtheorien vermutlich nie entdeckt werden würden, unter Umständen sogar überhaupt nicht entdeckt werden *könnten* (Feyerabends historischer Paradefall: Perpetuum mobile – Brownsche Bewegung);

9. weil ohne Alternativen *wissenschaftliche Revolutionen* – die fruchtbarsten Phasen der Forschung mit dem spektakulärsten Erkenntnisfortschritt – ausgeschlossen sind;

10. weil theoretische Alternativen das beste Mittel sind, um jene *Krisen* des herrschenden Paradigmas, die wissenschaftlichen Revolutionen vorangehen und die Revolutionsphase »außerordentlicher Forschung« (Kuhn) einleiten, zu *erzeugen*, zu *verschärfen* und den Konflikt dadurch auf die Spitze treiben, so daß die *Lösung durch Revolution* eine reale und vernünftige Möglichkeit des Erkenntnisfortschritts wird;

11. weil ohne Theorien, insbesondere ohne Alternativtheorien, der »Probierstein der Erfahrung« (Kant) stumpf wird und seine kri-

tisch-korrigierende Funktion gegenüber anspruchsvollen theoretischen Spekulationen nicht mehr erfüllen kann. *Theorien erst machen die Erfahrung zur kritischen Instanz für Theorien.* Und *Alternativ*theorien sind notwendig, um zu verhindern, daß aus der Interpretation der Erfahrung *im Lichte* einer Theorie mit möglicherweise theoriekonträrem Ergebnis von vornherein eine theoriekonforme Interpretation *im Sinne* der jeweils herrschenden Theorie wird.

Um es auf eine handliche Formel zu bringen: *Theoretischer Pluralismus erhöht die Intensität und die Reichweite kritisch-rationaler Argumentation sowie die Chancen für »außerordentlichen«, revolutionären Erkenntnisfortschritt.* Das fallibilistisch-pluralistische Erkenntnismodell macht es möglich, *alle* Teile unseres falliblen Wissens im Interesse der kritischen Erkenntnis und ihres Fortschritts in Bewegung zu setzen. Mehr *können* wir nicht tun, um den Erkenntnisfortschritt zu fördern.

(36) Der theoretische Pluralismus ersetzt das monistische *Prinzip der Parsimonie* durch das pluralistische »principle of proliferation« (Feyerabend), das *Prinzip des theoretischen Pluralismus: »Invent, and elaborate theories which are inconsistent with the accepted point of view, even if the latter should happen to be highly confirmed and generally accepted«* (Feyerabend 1965, S. 223/4; Hervorhebung im Original).

Das fallibilistisch-pluralistische Erkenntnisprogramm empfiehlt, ja *verlangt* die Einführung neuer Theorien, die den herrschenden Standpunkten *widersprechen* – und zwar (entgegen *Newtons Regel IV;* vgl. oben Teil IV, § 32) selbst dann, wenn die alten Theorien noch nicht versagt haben oder sonstwie in Schwierigkeiten gekommen sind. (Daß sie noch nicht versagt haben, kann nämlich auf die Abwesenheit von Alternativen zurückgehen, denn wer keine ernsthaften Gegner hat, ist gegen Niederlagen ziemlich gefeit; siehe dazu oben § 35.) In diesem Fall ist es die Aufgabe von Alternativen, die alten Theorien *herauszufordern* und ihnen möglichst viele Schwierigkeiten erst zu *bereiten*, d. h. Krisen der alten Theorien zu *erzeugen.*

Krisenhafte Erschütterungen *dieser* Art – im Gegensatz zu jenen schwächlichen Krisen, die einen Erschöpfungszustand als Folge von akuter Ideenarmut signalisieren und eher durch greisenhafte Erstarrung als eruptive Erschütterungen gekennzeichnet sind – sind keine Degenerationserscheinungen, kein Indiz für den »Zusammenbruch der Wissenschaft« (Dingler 1926), sondern eine notwendige Voraussetzung für deren fruchtbarste Entwicklungsphasen: *wissenschaftliche Revolutionen.* Krisen im Gefolge pluralistischer Ideenfülle und entsprechend scharfer Theorienkonkurrenz, insbesondere die vielbeklagten »Grundlagenkrisen«, in deren Verlauf auch die »fundamentalsten« Teile unserer Erkenntnis in Bewegung geraten, sind nicht Katastrophen, sondern Geburtswehen der Wissenschaft.

Der Schlachtruf der fallibilistisch-pluralistischen Wissenschaft mit ihrer Revolutionstheorie des Erkenntnisfortschritts heißt also: »*Revolution in Permanenz!*« (Feyerabend 1963, S. 289).

(37) Die Wissenschaft braucht vor allem zwei Dinge: *Ideen,* zu wissenschaftlichen *Theorien* verdichtete Ideen, die einen bestimmten Erkenntnisstand repräsentieren können, und *Methoden,* die es erlauben und uns dabei leiten, diesen Erkenntnisstand im Hinblick auf eine immer bessere Übereinstimmung mit den Zeugen der (realen oder, wie in den Formalwissenschaften, konstruierten) Welt so zu verbessern, daß das Resultat im Vergleich zum Ausgangsstand als *Erkenntnisfortschritt* gedeutet werden darf (vgl. Feyerabend 1967, S. 174).

Prinzipiell gilt deshalb: *Je mehr Ideen, desto besser!* Je *mehr* Ideen ins Spiel kommen und je *besser* sie sind, desto lebhafter und fruchtbarer kann die pluralistische Theorienkonkurrenz sein. Eine progressive Erkenntnislehre darf also neuen Ideen gegenüber keinerlei Schranken aufrichten, sondern soll vielmehr durch eine pluralistische Methodologie das Aufkommen neuer Ideen erleichtern und ihre Entwicklung zur Reife systematisch fördern.

Mehr (und als Folge schließlich auch *bessere*) Theorien sind auf zwei zunächst ganz verschiedene Weisen zu bekommen, deren »dialektisches« Zusammenspiel für das praktische Funktionieren des fallibilistisch-pluralistischen Erkenntnismodells wichtiger und für dessen Beschreibung charakteristischer ist als gewisse spektakuläre Slogans (»Revolution in Permanenz!« und dergleichen Propagandaformeln): durch *Vermehrung der Geburten* einerseits und *Verminderung der Sterblichkeit,* d. h. Vergrößerung der Lebenserwartung infolge Verhinderung des vorzeitigen Todes der Theorien, andererseits.

Das pluralistische Proliferationsprinzip, das für die vermehrte Einführung neuer Ideen verantwortlich ist, bedarf also der Ergänzung durch ein *in diesem Kontext nicht weniger pluralistisch* wirkendes *Erhaltungs- oder Bewahrungsprinzip* – Feyerabends »principle of tenacity« –, das die *vorzeitige* Eliminierung von Ideen verhindert, um auch den bereits einmal unterlegenen Rivalen die Chance der Entwicklung zu reifen, »ausgewachsenen« Theorien zu geben und durch diese kluge Strategie des »langen Atems« erst die maximale Ausbeutung *aller* Ideen zu ermöglichen. Das betrifft insbesondere junge Ideen, die entwicklungsfähig, aber noch nicht weit genug entwickelt sind, um in der Konkurrenz mit ausgereiften, bewährten Standpunkten bestehen zu können, und die aus diesem Grunde vorläufig unterlegen sind. Es gilt zu verhindern, daß aus jeder vorläufigen Niederlage eine endgültige wird – also gerade das, was Kuhn für einen Wesenszug des von ihm entworfenen »Entwicklungsschemas für die reife Wissenschaft« hält: daß wissenschaftliche Revolutionen immer »mit einem vollkommenen Sieg eines der beiden gegnerischen Lager« enden (Kuhn 1967, S. 218), daß für »Paradigmata« jede Niederlage zur praktisch *endgültigen* »Falsifikation« wird (wie sogar Popper 1969, S. 214, behauptet oder vielmehr postuliert), die zur *endgültigen*, möglicherweise *verfrühten* Elimination der Theorie führt.

Durch das pluralistische Bewahrungsprinzip soll der »Mord« an vielversprechenden neugeborenen Ideen verhindert werden, um den vorläufig unterlegenen Standpunkten die Chance zu erhalten, den Wettbewerb schließlich doch noch zu gewinnen. Um sich *bewähren* zu können, müssen Theorien zunächst *bewahrt* werden. In diesem Sinne »konservative« Strategien sind also im Lichte einer kritisch-progressiven Erkenntnislehre differenziert zu beurteilen: *positiv*, wenn sie pluralistisch, und *negativ*, wenn sie monistisch wirken.

Es ist deshalb auch unangebracht, *Falsifikation* (sofern sie automatisch die Eliminierung des falsifizierten Standpunktes bewirken soll) pauschal als »progressive« und *Exhaustion* ebenso pauschal als »degenerative«, in diesem abwertenden Sinne »konservative« oder gar »dogmatische« Strategie zu qualifizieren. Zu einer fortschrittshemmenden, ja dogmatischen Strategie wird der Exhaustionismus *erst im monistischen Kontext* – in den ihn allerdings gerade Dingler bewußt gestellt hat –, in dem Exhaustion *um jeden Preis* und ganz einseitig zugunsten *eines* bedingungslos protegierten Standpunktes praktiziert wird. Deshalb, wegen *monistischer* Exhaustion, ist die Dinglersche Wissenschaftskonzeption insgesamt und der »normalwissenschaftliche« Teil der Kuhnschen

Konzeption aus fallibilistisch-pluralistischer Sicht zu kritisieren. Im Gegensatz zu diesem »eindimensionalen« monistischen Exhaustionismus wirkt der »mehrdimensionale«, *pluralistische Exhaustionismus*, im Zusammenspiel mit dem Proliferationsprinzip, in den *beiden* angegebenen Richtungen, um mehr und bessere Theorien zu erhalten.

(38) Nicht jede Theorie ist geeignet, jene Art von Ideenkonkurrenz herzustellen, wie sie vom theoretischen Pluralismus gefordert wird, um ein Maximum an *gegenseitiger* intertheoretischer Kritik zu ermöglichen: *symmetrische* Kritik zwischen prinzipiell *gleichrangigen* epistemologischen Instanzen also, im Gegensatz zur asymmetrischen Konzeption der Kritik im Rahmen des Rechtfertigungsmodells und auch des »naiven«, dogmatischen Falsifikationismus, derzufolge eine von vornherein epistemologisch privilegierte Instanz, zum Beispiel die Erfahrung, sich im Konfliktfall immer durchsetzt und über Theorien richten darf, ohne jemals selbst gerichtet zu werden. Um einen wesentlichen potentiellen Erkenntnisfortschritt darzustellen und einen ernstzunehmenden Kandidaten für die Ablösung bewährter, erfolgreicher Rivalen abzugeben, muß eine neue Theorie folgenden Bedingungen genügen (vgl. Popper 1963, Kap. X, Abschnitt XVIII; ferner Feyerabends verschärfte Bedingungen für »*strenge Alternativen*«, in Feyerabend 1965, S. 226):

1. Die neue Theorie muß der etablierten Theorie in wichtigen Aspekten und auf möglichst breiter Front *widersprechen*.

2. Sie muß die alte Theorie an Problemlösungskraft übertreffen: dazu muß sie außer den bereits befriedigend gelösten Problemen wichtige *neue Probleme* – oder *alte Probleme auf neuartige, eindeutig bessere Weise* – *lösen* können, denen gegenüber die alte Theorie versagt hat. Die neue Theorie muß also sowohl den *Erfolg* wie auch das *Versagen* der alten Theorien erklären können. (Indem sie zeigt, *daß* ein bislang ungelöstes Problem gelöst werden kann, und detailliert angibt, *wie* es gelöst werden kann, zeigt sie gleichzeitig, warum es die alte Theorie nicht lösen konnte.)

3. Sie muß *strenger* und *unabhängig prüfbar* sowie – möglichst durch ein entscheidendes Experiment (experimentum crucis) – in einigen wichtigen Fällen, vorzugsweise in Situationen, die zur Falsifikation der alten Theorie geführt oder diese jedenfalls in ernste Schwierigkeiten gebracht haben, auch *tatsächlich geprüft* sein.

Theorien, die diesen Anforderungen genügen, sind *Alternativen* im Sinne des theoretischen Pluralismus (wenn auch nicht ganz die »*strengen* Alternativen« Feyerabends). Feyerabends theoretische Alternativen sind also weit mehr als Poppers »falsifizierende Hypothesen« (vgl. Popper 1969, Kapitel IV, Abschnitt 22), die wegen ihres wesentlich geringeren Abstraktions- und Generalisierungsniveaus den kritisierten Theorien erkenntnistheoretisch *nicht gleichrangig* sind, diese deshalb bestenfalls widerlegen, aber *nicht ersetzen* können. Poppers falsifizierende Hypothesen können durch Falsifikation der alten Theorien zwar Platz für Alternativtheorien schaffen, aber diesen Platz *nicht selbst einnehmen.* Sie liefern deshalb nicht die strengste und effektivste Art der Kritik, denn »*the best criticism is provided by those theories which can replace the rivals they have removed*« (Feyerabend 1965, S. 227; Hervorhebung im Original) – durch möglichst strenge und globale Alternativtheorien im Sinne des theoretischen Pluralismus also.

Drei erkenntnistheoretische Qualifikationen, auf die sich alle anderen wichtigen, im Namen der kritischen Erkenntnis und des Erkenntnisfortschritts fairerweise verlangbaren Eigenschaften guter Theorien zurückführen lassen, bestimmen also letztlich die *Problemlösungskraft wissenschaftlicher Theorien: Erklärungskraft, Prüfbarkeit* und *Prüfungserfolg* (d. h. tatsächliche Bewährung in strengen Prüfungen).

(39) Nach *Poppers Approximationstheorie der Wahrheit* (vgl. Popper 1963, Kapitel 10; ferner Bohm 1961, S. 164 ff., wo sich ähnliche Gedanken finden) stellt eine Folge von Theorien, die diese Eigenschaften in zunehmendem – und das setzt voraus: *vollständig vergleichbarem* – Ausmaß aufweisen, eine *Annäherung an die Wahrheit* dar.

Da wir, wie bereits ausführlich erläutert, die Wahrheit unserer Theorien immer nur vermuten, aber nie objektiv begründen oder gar definitiv beweisen können, scheint es gänzlich unmöglich zu sein, den »Abstand« zur Wahrheit – die *absolute Wahrheitsnähe* einer Theorie – zu bestimmen (vgl. dazu auch Naess 1960). Das *ist* allerdings unmöglich, aber für die Poppersche Approximationstheorie auch unnötig, denn die Vergleichbarkeit der benachbarten Theorien einer Theorienfolge im Hinblick auf ihre *relative Wahrheitsnähe* genügt vollkommen. Ich stelle deshalb folgende Hypothese auf: *Wenn Theorien überhaupt* in bezug auf jene Eigenschaften, deretwegen wir sie ins Zentrum der Wissenschaft stellen und alle Erkenntnisinteressen und Forschungsaktivitäten auf sie konzentrieren – Informationsgehalt, Erklärungskraft, Prüfbarkeit, tatsächlicher Prüfungserfolg u. a. (siehe oben § 38) – *im Lichte objektiver Kriterien vergleichbar und damit intertheoretisch rational bewertbar sind, dann sind sie auch bezüglich ihrer (relativen) Wahrheitsnähe vergleichbar.*

Der Grund dafür kann hier nur angedeutet werden: Obwohl wir die einzig wahre Theorie, die die volle, objektive Wahrheit verkörpert, nicht kennen – und in dem unwahrscheinlichen Fall, daß sie uns zufällig in die Hände fallen sollte, nicht als solche identifizieren könnten –, *so kennen wir doch die Bedingungen, die sie erfüllen muß*. Dazu gehört vor allem, daß ihre Folgerungsmenge nur wahre Sätze enthalten darf. Da wir die Wahrheit spezieller Folgerungssätze von Theorien oft relativ leicht und genügend zuverlässig überprüfen können, haben wir damit ein *Erfolgskriterium* für wissenschaftliche Theorien, das auch praktisch anwendbar ist, *sofern die Theorien überhaupt vergleichbar sind.* (Auf Einzelheiten kann hier nicht eingegangen werden; vgl. Popper 1963, Kapitel X.)

Hier sind jedoch zwei erhebliche *Vorbehalte* zu machen, die durchaus geeignet sind, nicht nur den Anwendungsbereich und damit die praktische Bedeutung der Popperschen Approximationstheorie wesentlich zu verringern, sondern darüber hinaus die Theorie selbst als ziemlich problematisch erscheinen zu lassen:

1. *Vergleichbarkeit überhaupt* in irgendeinem Ausmaß bezüglich der genannten Eigenschaften von Theorien ist, wie Popper selbst hervorgehoben hat, nur gegeben, »as long as there are no revolutionary changes in our background knowledge« (Popper 1963, S. 235) – eine Bedingung, deren einschneidender Charakter von Popper ziemlich unterschätzt und erst von Feyerabend ihrer Bedeutung insbesondere für die Kuhnschen »außerordentlichen« Phasen der Wissenschaftsentwicklung entsprechend ins rechte Licht gestellt worden ist.

2. Aber Vergleichbarkeit der Theorien überhaupt, *irgendwelche* Vergleichbarkeit beliebigen, möglicherweise ganz minimalen Ausmaßes, genügt für die Approximationstheorie der Wahrheit leider nicht. Es muß zwar nur *relative*, aber *vollständige* Vergleichbarkeit des Wahrheitsgehalts (definiert als die Menge der wahren Folgerungssätze) der Theorien sein. Das setzt aber, wie Popper wiederum selbst, wenn auch in etwas anderem Zusammenhang, gezeigt hat (vgl. Popper 1969, Kapitel VI), die Existenz einer Teilklassenbeziehung zwischen den Folgerungsmengen der Theorien

voraus – eine noch weit restriktivere Bedingung als die der Stabilität des Hintergrundwissens, durch die der Anwendungsbereich der Approximationstheorie noch weiter eingeschränkt und ihre Relevanz sogar für die »normalwissenschaftlichen« Phasen (im Sinne Kuhns) der Wissenschaftsentwicklung infrage gestellt wird. Hier wäre eine detaillierte kritische Analyse der Feyerabendschen *Inkommensurabilitätsthese* (vgl. Feyerabend 1962, 1965, 1965a, insbesondere auch 1970c und 1974a) am Platze, der, wie übrigens auch Kuhn (vgl. Kuhn 1967, insbesondere Kapitel XII), die Vergleichbarkeitsbedingung gerade in den interessantesten Fällen von Theorienkonkurrenz – im Falle der Konkurrenz zwischen anspruchsvollen, komplexen und relativ umfassenden Theorien, etwa von der Art der Kuhnschen Paradigmata – für nicht erfüllt hält. Weil, wie aus den beiden abgestuften Vergleichbarkeitsbedingungen klar hervorgeht, die totale Inkommensurabilitätsdoktrin Feyerabends und Kuhns weit mehr ist als lediglich die Negation der vollständigen Vergleichbarkeitsbedingung im Sinne der Approximationstheorie, bleibt zwischen beiden Konzeptionen eine erhebliche *Lücke* offen, die es ermöglicht, die Approximationstheorie zu verwerfen, ohne deswegen gezwungen zu sein, die totale Inkommensurabilitätsthese zu akzeptieren. Und weil ich Feyerabends diesbezügliche Kritik der Popperschen Wissenschaftskonzeption zwar in der Hauptsache für stichhaltig, in einigen Schlußfolgerungen in Richtung auf eine totale oder doch nahezu totale Inkommensurabilitätsdoktrin jedoch für überzogen halte, sehe ich auch angesichts der unbestreitbaren Problematik der Approximationstheorie der Wahrheit keinen vernünftigen oder gar zwingenden Grund, von der bereits aufgestellten (siehe oben § 34, Punkt 4) minimalen Vergleichbarkeitsforderung abzugehen.
Die Möglichkeit einer vergleichenden rationalen Bewertung der Theorien in bezug auf ihre Problemlösungskraft erweitert die Möglichkeiten der Konfrontation und *verschärft damit den pluralistischen Kritizismus.* Vergleichbarkeit in dem minimalen Sinne, daß konkurrierende wissenschaftliche Theorien wenigstens in einem wesentlichen Aspekt, und zumindest indirekt (über Brükken-Theorien), vergleichbar sind – wie sollte es auch sonst zu einem echten *Zusammenstoß* kommen, wie sollte man sonst von einer auf wechselseitige Verdrängung gerichteten *Konkurrenz* der Theorien sprechen können? –, ist deshalb *für den theoretischen Pluralismus wesentlich:* nicht im Sinne einer transzendentalphilo-

sophisch hochstilisierten, dogmatisch fixierten absoluten Voraussetzung vom »fundamentalistischen« Charakter einer notwendigen »Bedingung der Möglichkeit von ... überhaupt«, sondern im fallibilistischen Sinne eines erwünschten, angestrebten und erst zu realisierenden regulativen Ideals für möglichst strenge pluralistische Ideenkonkurrenz. Denn totale Unvergleichbarkeit in schlechthin *jeder* Hinsicht (die übrigens auch von Feyerabend und Kuhn nicht behauptet oder verlangt wird) würde unsere Theorien zu *fensterlosen Monaden* machen, die niemals zueinander ins Konfliktverhältnis der Kritik treten könnten. Sie würden den theoretischen Pluralismus zu einem *irrationalen Pluralismus* machen. (Es ist bezeichnend, daß für Kuhn, der wie Feyerabend Paradigmata als Theorien von unvergleichbarer Verschiedenheit ansieht, der Paradigmawechsel – die spektakulärste Phase des Erkenntnisfortschritts, die eigentliche wissenschaftliche Revolution – mehr ein Akt der Konversion als das Ergebnis einer rationalen Entscheidung im Lichte objektiver Kriterien ist.)
Diese minimale Vergleichbarkeit genügt allerdings für die Approximationstheorie der Wahrheit bei weitem nicht. Ich bin deshalb entgegen Poppers eigener Sicht geneigt, die Approximationstheorie eher als eine diskussionswürdige, aber hochproblematische *zusätzliche* Doktrin des Popperschen Fallibilismus denn als einen wesentlichen Bestandteil des fallibilistisch-pluralistischen Erkenntnismodells, speziell seiner Theorie des Erkenntnisfortschritts, anzusehen. Sie gehört zu jenem Teil der Popperschen Philosophie des »kritischen Rationalismus«, den ich für fragwürdig halte (nämlich die ganze Rationalitätskonzeption), während sie zum Fallibilismus und Pluralismus (dem mir akzeptablen und hier verteidigten Teil des Popperschen Programms) in einem gewissen Gegensatz zu stehen scheint.

(40) Aber auch die Poppersche Approximationstheorie der Wahrheit macht den Erkenntnisfortschritt nicht zu einer Bewegung auf ein zwar unbekanntes, aber vorbestimmtes Ziel; zu einer »teleologischen«, auf ein definitives Endstadium oder Endprodukt hin programmierten Entwicklung – etwa im Sinne einer asymptotischen Annäherung an die eine und absolute Wahrheit, wobei die »Ausschläge«, die Abweichungen von der »Wahrheitslinie« (May 1942, passim), mit zunehmender Annäherung an das Ziel immer kleiner würden. Dem Erkenntnisfortschritt ist weder ein Ziel in Form eines fixierten Endpunktes der Entwicklung gesetzt noch

eine bestimmte Entwicklungslinie vorgegeben, dem er zu folgen hätte. Dafür sorgen verschiedene Umstände unserer Erkenntnissituation: »negativ« der Tatbestand, daß es *kein Fortschrittsgesetz* gibt, »positiv« die Bedingungen und Prinzipien des fallibilistisch-pluralistischen Erkenntnismodells, durch die Erkenntnis und Wissenschaft immer in Fluß gehalten werden (vgl. Agassi 1967); von der Seite der »Natur« her die Komplexität und Mannigfaltigkeit der Realität (vgl. dazu vor allem Bohm 1961), von der Fallibilität und den sonstigen Grenzen unseres Erkenntnisvermögens ganz zu schweigen. Der Erkenntnisfortschritt ist zwar eine Entwicklung ohne vorbestimmtes Ende – mit der Chance potentiell unendlichen Progresses als der Kehrseite dieser Medaille –, aber gerade deswegen auch kein Baum, der in den Himmel wächst. Unsere Erkenntnis ist ein Prozeß der *Spekulation und Kritik ad infinitum inmitten eines Ozeans von Alternativen.* Für diese nüchterne, eminent kritische und zugleich realistische Sicht der Erkenntnis hat uns der Fallibilismus und Pluralismus wieder den Blick geöffnet.

Der Erkenntnisfortschritt ist insgesamt *kein Prozeß der Erklärung oder Reduktion* und damit auch *kein Prozeß der »linearen« Verallgemeinerung* im Sinne der induktivistischen und reduktionistischen Theorien des Erkenntnisfortschritts. Nur in drastisch verengter Sicht, die willkürliche Ausschnitte der Wissenschaftsentwicklung für das »Ganze« – oder vielmehr, da wir das »Ganze« sowieso nie ins Blickfeld bekommen: *sehr* kleine Ausschnitte für große Ausschnitte – hält, zeigt die Wissenschaft zuweilen dieses Entwicklungsmuster.

Die erklärende Reduktion ihrer Vorgänger ist keine Hauptaufgabe neuer Theorien, und es wäre ganz unvernünftig – weil restriktiv für den Erkenntnisfortschritt –, das von ihnen zu erwarten oder gar zu verlangen. Wenn die neuen Theorien die alten Problemlösungen zu ihren eigenen Spezialfällen reduzieren und sich selbst damit als deren »lineare« Verallgemeinerungen erweisen, ist das zwar ein durchaus willkommener Erkenntnisfortschritt einer bestimmten, meist nicht besonders aufregenden Art. Wenn sie es aber nicht können, ist es auch gut – oft sogar besser! Neue Theorien sollen in erster Linie die Problemlösungen ihrer Vorgänger *übertreffen* und, indem sie diese möglichst auch in »qualitativer« Hinsicht überholen, die alten Theorien primär *ersetzen*, nicht aber unbedingt erklären im Sinne des Reduktionismus und damit als Spezialfall in den neuen Stand des Erkenntnisfortschritts aufnehmen (vgl.

Spinner 1973). Der tatsächliche Erkenntnisfortschritt ist ein Theorienwandel von viel radikalerer Art, als ihn die restriktiven Konsistenz- und Subsumptionsbedingungen des deduktiven Erklärungs- und Reduktionsmodells zulassen. Erklärung ist nur *eine* mögliche Anwendung von Theorien. Im Prozeß des Erkenntnisfortschritts wird *Kritik* zum wichtigsten Anwendungsfall wissenschaftlicher Theorien. *Kritik unserer Theorien ist erkenntnistheoretisch wichtiger und dem Erkenntnisfortschritt förderlicher als ihre Erklärung durch intertheoretische Reduktion.*

(41) Theoretischer Pluralismus ist auch nicht ein zuweilen vielleicht nützliches und notwendiges, aber *vorübergehendes* Stadium der Wissenschaft, dessen Zweck darin besteht, den Weg für den theoretischen Monismus frei zu machen – mit Wittgenstein (Tractatus, 6.54) zu sprechen: die Leiter, die man wegwirft, nachdem man auf ihr hinaufgestiegen ist. Kuhn zum Beispiel betont zwar die Fruchtbarkeit und Notwendigkeit revolutionärer, d. h. pluralistischer Phasen, aber seine Darstellung erweckt in manchen Zügen den Eindruck, daß der Pluralismus eine Erscheinung ähnlich der des Scharfrichters ist – zuweilen zwar notwendig, als Überleitung zur nächsten Phase monistischer Normalwissenschaft, aber insgesamt doch unerfreulich und möglichst schnell zu überwinden. Im Kuhnschen »übliche(n) Entwicklungsschema einer reifen Wissenschaft« (Kuhn 1967, S. 31) ist Pluralismus nur als Interregnum vorgesehen. Lediglich als Wittgensteinsche Leiter fungiert der Pluralismus auch in den Konvergenzdoktrinen von Peirce und Bavink. Mit diesem *Krücken-Pluralismus* hat der hier verteidigte theoretische Pluralismus in der Sache nichts gemein, denn er ist nicht die Krücke, an der schließlich doch der theoretische Monismus heranhinkt. Er ist auch kein Produktionsumweg zur alleinseligmachenden *einen* wahren Theorie als dem monistischen Konvergenzpunkt einer zunächst pluralistischen Entwicklung, in dem die »reife« Wissenschaft ihre Vollendung findet. Der fallibilistische Pluralismus ist nicht das lediglich einleitende und stimulierende hors d'œuvre des Erkenntnisprozesses, sondern ein erwünschter *Dauerzustand der Wissenschaft*, ein *essentielles Merkmal aller objektiven, kritisch-rationalen Erkenntnis.*

Philosophie und Wissenschaft sind, wie alle unsere Erkenntnis, durch und durch Menschenwerk, und das bedeutet: wir können mit ihnen – innerhalb gewisser Grenzen natürlich – machen, was wir wollen und sie nach unseren Wünschen gestalten. Zwar sind wir, nach einem treffenden Gleichnis Neuraths, »wie Schiffer ..., die ihr Schiff auf offener See umbauen müssen, ohne es jemals in einem Dock zerlegen und aus besten Bestandteilen neu errichten zu können« (Neurath 1932/33, S. 206). Aber wir können doch versuchen, dem fallibilistisch-pluralistischen Ideal möglichst nahe zu kommen – einer Erkenntnis- und Wissenschaftslehre, »die an die Stelle der alten *Begriffs*orientierung die *Problem*orientierung setzt, die die Akzentuierung von *Definitionen* zugunsten der Betonung von *Hypothesen* und *Theorien* fallen läßt, die vom *konservativen* Gebrauch methodologischer Überlegungen zur *Dogmatisierung* traditioneller Denkformen, Verfahrensweisen und Perspektiven zu ihrem *kritischen* Gebrauch übergeht und an die Stelle des *statischen* Gesichtspunktes einer Rechtfertigung des Bestehenden den *dynamischen* einer Förderung der Entwicklung durch kritische Diskussion setzt« (Albert 1964, S. 14; alle Hervorhebungen im Original).

(42) Die Konzeption des theoretischen Pluralismus ist ein *Programm*, ein Modell für *mögliches* Handeln, keine durchgehende Beschreibung eines bereits existierenden Zustandes, etwa des tatsächlichen Wissenschaftsbetriebs irgendeiner historischen Periode, obwohl sie dergleichen »realistische« Komponenten durchaus und in keineswegs unerheblichem Ausmaß aufzuweisen hat. Aber das ist für dieses Erkenntnismodell von seiner ganzen philosophischen Anlage her nicht entscheidend, nicht einmal besonders wichtig (vgl. oben Teil I, §§ 5 und 6).

Entscheidend für den Geltungs- und Realisierungsanspruch des fallibilistisch-pluralistischen Erkenntnis- und Wissenschaftsprogramms ist nicht, ob es in der Geschichte der menschlichen, insbesondere wissenschaftlichen Erkenntnis jemals voll verwirklicht war, sondern lediglich, ob es überhaupt *realisierbar* ist – wenn nicht gestern und heute, dann eben erst morgen! Und daß es realisierbar *ist*, geht aus dem deswegen für die Lösung des »technologischen« Aspekts der Erkenntnisproblematik (vgl. oben Teil I, § 3) sehr relevanten historischen Tatbestand hervor, daß dieses Erkenntnismodell in ferner und naher Vergangenheit oft genug in genügender Annäherung verwirklicht gewesen ist, um die Realisierbarkeitsthese als »von der Geschichte« wenigstens partiell eingelöst betrachten zu können.

Seit der Geburt der Wissenschaft im heroischen griechischen Zeitalter der Vorsokratiker ist der theoretische Pluralismus die tatsächliche Denk- und Forschungspraxis der Wissenschaft in ihren fruchtbarsten Perioden, den revolutionären Phasen mit ihrem »außerordentlichen« Erkenntnisfortschritt, so daß der Poppersche Slogan »Back to the Presocratics« als eine vernünftige, eminent *progressive* Maxime verstanden werden kann (vgl. Popper 1963, Kapitel 5, sowie Feyerabend 1961). *Wissenschaftliche Revolutionen sind praktizierter epistemologischer Fallibilismus und theoretischer Pluralismus.* Insofern kann man – mit gewissen Abstrichen natürlich, die sich daraus ergeben, daß die Wirklichkeit immer hinter dem Ideal zurückbleibt (und andererseits aber auch die philosophischen Entwürfe und »Kodifizierungen« den tatsächlichen Lauf der Dinge nie völlig einzuholen vermögen) – sagen, daß das fallibilistisch-pluralistische Erkenntnismodell Popperscher Provenienz »actually dominates the progress of science« (Popper 1963, S. 220). Die historische Tatsache (wenn sie eine Tatsache ist, wofür Kuhn selbst eine Fülle beeindruckender, allerdings nicht unbestrittener Belege erbracht hat), daß die Wissenschaft seltener pluralistisch als »normal« in Kuhns monistisch pervertiertem Sinne ist, daß »die Erfindung von Alternativen ... gerade das (ist), was Wissenschaftler selten unternehmen« (Kuhn 1967, S. 108), spricht mehr gegen die »normale Forschung« und die Wissenschaftler selbst als gegen das fallibilistische Erkenntnismodell und die daraus hervorgehende pluralistische Revolutionstheorie des Erkenntnisfortschritts.

(43) Daß es kein Fortschritts*gesetz* gibt, das Erkenntnisfortschritt, die Einhaltung der »Wahrheitslinie« oder überhaupt einer bestimmten Entwicklungsrichtung – gleichgültig, ob linear oder »dialektisch« – *garantiert*, braucht nach dieser fallibilistisch-pluralistischen Predigt wohl kaum noch besonders betont zu werden. Das Vertrauen auf die Hegelsche *Selbst*bewegung der »Idee« ist genauso unangebracht wie die tatenlose Hoffnung auf den »eingebauten Mechanismus« der »normalen Wissenschaft« (Kuhn 1967, S. 46) oder einfach darauf, daß sich die Wissenschaft, repräsentiert durch die »scientific élite«, der Lakatos neuerdings in unfallibilistischer Autoritätsgläubigkeit das letzte Wort in allen Erkenntnisfragen gibt (vgl. Lakatos 1971 und 1971a), in ihrem dunklen Drange des rechten Weges immer wohl bewußt ist.

In der Wissenschaft wirkt weder die *offene Rationalität* einer autonomen »reinen Vernunft« noch die *verborgene Rationalität* einer Smithschen »hidden hand«, sondern lediglich die durchaus

»unreine« Vernunft, gesteigert zuweilen bis zur reinen Unvernunft, irdisch-menschlicher Erkenntnissubjekte und Institutionen. Alles hängt von uns selbst ab, von unseren Erkenntnisinteressen, Möglichkeiten und Fähigkeiten, letztlich also von unserer (in wesentlichem Ausmaß selbst geschaffenen) Problemsituation und unserem Problemlösungsverhalten, in dem Vernunft und Unvernunft in unreiner Synthese zusammenwirken.

(44) Eine schöne Geschichte endet mit einer guten Moral. Hier ist die »Moral« der fallibilistisch-pluralistischen Erkenntnis- und Wissenschaftslehre: *Wer ist also ein guter Empirist?*, fragt Feyerabend, und seine Antwort liefert »die Moral von der Geschicht'« (vgl. im folgenden Feyerabend 1970). Wie, wenn man der Bibel glauben darf, nicht in den Himmel kommt, wer immer nur »Herr! Herr!« sagt, so kommt auch nicht zu kritischer Erkenntnis und Erkenntnisfortschritt, wer auf die Erfahrung schwört und sie – oder irgendeine andere Instanz – zum »Fundament der Erkenntnis« erhebt. Ein guter Empirist ist vielmehr, wer auch bei dem ältesten und vertrautesten Teil unserer Erkenntnis, dessen Wurzeln ontogenetisch bis ins vorkritische Kindesalter und phylogenetisch noch viel weiter zurückreichen und den wir »Erfahrung« zu nennen pflegen, nicht stehenbleibt; wer diese zu »Erfahrungen« verfestigten rudimentären Theorien *hinterdenkt* und sie mit Hilfe von Alternativtheorien durch pluralistisches Theoretisieren *gegen* die »Erfahrung« wieder problematisiert, um auch diesen Teil der Erkenntnis in Bewegung zu bringen und dadurch für *alle* Teile der Erkenntnis die Möglichkeit von Erkenntnisfortschritt zu schaffen. Denn auch die Erfahrung ist verbesserungsfähig und verbesserungsbedürftig.

Die Erfahrung ist um so dringender prüfungsbedürftig, je mehr es dank einer positivistisch-empiristischen Wissenschaftsideologie orthodoxer Prägung gewissen »archaiischen« (was nicht unbedingt heißt: *alten* im physikalischen Zeitsinne) Teilen unserer Erkenntnis gelingt, sich durch Firmierung als »Erfahrung« der Kritik und Korrektur zu entziehen. Ein guter Empirist ist, wer mit dem herrschenden Standpunkt, mag er sich auch noch so gut bewährt haben und noch so tief in der Erfahrung verankert sein, nicht zufrieden ist; wer in jeder Situation nach Alternativen sucht, auch wenn diese zunächst den bewährten Theorien hoffnungslos unterlegen erscheinen und vorläufig keine Chance haben, sich gegen den Status quo der Erkenntnis durchzusetzen. Und da die öffentliche Erfahrung – die im trivialen Sinne des Wortes »intersubjektive«, durch gemeinsam durchlaufene Lernprozesse sozialisierte und »objektivierte« Erfahrung der Lakatosschen »scientific élite« keineswegs ausgenommen – natürlich im Lichte der *bekannten*, der *alten* Theorien interpretiert zu sein pflegt; da sie, etwas überspitzt gesagt, oft zugunsten des herrschenden Standpunktes sozusagen bestochen ist, ist die Entwicklung radikal neuer Theorien vom Charakter strenger und globaler Alternativen nur durch *Spekulation gegen die Erfahrung* möglich. »Galilei tat seinen großen Schritt, indem er wagte, die Welt so zu beschreiben, wie wir sie nicht erfahren« (Weizsäcker 1966, S. 107; vgl. dazu insbesondere die sehr instruktive Detailanalyse in Feyerabend 1967; ferner Blumenberg 1965, Dijksterhuis 1956, Koyré 1956 und Kuhn 1959; zum allgemeinen philosophischen Hintergrund: Feyerabend 1961). Der Erkenntnisfortschritt bewegt sich also in seinen revolutionären Phasen, in denen er besonders hohe Hürden zu überwinden hat – nämlich die in vielleicht jahrhundertelangem Zusammenspiel entstandene »verschworene Gemeinschaft« von *alter-Theorie-und-Erfahrung*, wie sie in den sogenannten »natürlichen Interpretationen« zum Ausdruck kommt (vgl. dazu Feyerabend 1967) –, in betont *anti-induktiver* und *anti-reduktiver Richtung*. Und sein erster Schritt in dieser Richtung ist die *Erfindung einer neuen Metaphysik*.

Das ist angesichts einer Erfahrung, die hinter der Entwicklung der neuen Theorien zurückgeblieben ist, weil sie es versäumt hat, sich von den Bindungen an die tradierten Theorien rechtzeitig zu befreien, auch gar nicht anders zu erwarten. Der gute Empirist weiß, wie wichtig es ist, daß die Verbesserung der Erfahrung mit dem Fortschritt der Theorien Schritt hält, und daß die *alte* Erfahrung für die Entwicklung von strengen, globalen Alternativen zum herrschenden Paradigma keine andere Relevanz hat als die eines *Hindernisses*, das dabei überwunden werden muß. Erst die *neue*, verbesserte Erfahrung, die mit dem Erkenntnisfortschritt der Theorien *up to date* ist, kann gegenüber den neuen Theorien die *progressive Funktion einer kritischen Instanz* ausüben.

Der gute Empirist begnügt sich jedoch nicht mit der Erfindung einer neuen Metaphysik, d. h. mit der Entwicklung einer verhältnismäßig *abstrakten* Alternative. Er wird vielmehr versuchen, seine zunächst vagen, vieldeutigen, unreifen und unverbindlichen Ideen *detailliert* auszuarbeiten, in jeder Hinsicht zu *präzisieren*, zu *kon-*

kretisieren und bis in die entferntesten Konsequenzen zu verfolgen, sie mit anderen Erkenntnisbereichen und Theorien sowie mit der Erfahrung – die dadurch auch die Chance erhält, am Erkenntnisfortschritt der Theorien zu partizipieren und umgekehrt deren weitere Verbesserung anzuregen – zu verbinden, kurz: *sie prüfbar und anwendbar zu machen, um sie einem Maximum an Kritik auszusetzen.* Der gute Empirist ist also ein *kritischer Metaphysiker*.

VI. Epilog: Pluralismus als Lebensform

(45) »Das Erkennen ist ein kleiner *Teil* des Lebens, der aber das *Ganze* mächtig beeinflußt« (Mach 1910, S. 491; Hervorhebungen im Original). Damit bekommt auch die *Theorie* der Erkenntnis eine auf Grund der sie vielfach umgebenden Aura lebensferner Abstraktheit unerwartete praktische Bedeutung. Bertrand Russell hat immer wieder betont, daß jede anspruchsvolle Philosophie praktische Konsequenzen haben kann und haben sollte, die über den philosophisch-wissenschaftlichen Bereich weit hinausgehen, und Popper hat ihm hier nachdrücklich zugestimmt (vgl. Popper 1963, S. 4). Das gilt auch für die fallibilistisch-pluralistische Erkenntnislehre. Der fallibilistische Kritizismus ist – wie auch sein Konkurrent, der Dogmatismus – die Konzeption einer *Lebensform*, die für alle Sektoren des menschlichen Lebens relevant ist, in denen kritische Erkenntnis und rationale Argumentation eine Rolle spielt (oder doch spielen könnte). Diese Pluralismuskonzeption umfaßt also potentiell und prinzipiell *alle* Lebensbereiche.

Theoretischer Pluralismus ist eine Schocktherapie für Theorien (und Theoretiker). Er würde, konsequent praktiziert, in Religion, Politik und Erziehung, in Kunst und Literatur, vor allem aber in der Ethik und allen davon abhängigen Bereichen – mit Ausnahme der Kunst (es sei nur an Brechts Theorie des epischen und Ionescos Theorie des absurden Theaters erinnert) und vielleicht auch der Literatur alles Bereiche, in denen dogmatische Denkformen immer noch vorherrschen – zu einer ziemlich radikalen *Umwertung vieler Werte*, einschließlich der sogenannten »Grundwerte«, führen.

(46) Der *theoretische Monismus* ist die eher »natürliche« Einstellung in Problemlösungssituationen, die uns aus der eigenen alltäglichen Praxis des Denkens und Handelns vertraut ist. Die monistische Einstellung ist ein Charakteristikum des Problemlösungsverhaltens von Kindern und Primitiven, die von geschlossenen Stammesgesellschaften und totalitären Staaten mit gutem Grund besonders gefördert wird. Sie kommt uns nur deshalb so selbstverständlich und »natürlich« vor, weil sie uns sozusagen bereits mit der Muttermilch eingeflößt wird und durch die institutionalisierten Erziehungsformen im Sozialsystem verankert ist. Hauptver-

antwortlich dafür sind die frühkindliche Erziehung und später die tradierte Ethik. In kognitiver Hinsicht besteht die vorherrschende Form der Kindererziehung darin, *einen* Standpunkt als »die Wahrheit« zu lehren und alle Alternativen einfach zu ignorieren oder, wenn das nicht möglich ist, als nicht ernst zu nehmende Kuriosität oder gar als finsteren Aberglauben abzuwerten. Die übliche Art der Unterweisung von Kindern *und* Erwachsenen vor allem in religiösen und politischen Dingen ist ein besonders drastisches Beispiel für diese monistische »Erziehung«. Ihr erklärtes Ziel ist es, durch Verankerung des »wahren Glaubens« im Denken, Fühlen und Handeln des Einzelnen und der sozialen Gemeinschaft – noch dazu weitgehend im vorkritischen Alter (aus dem dank dieser »Erziehung« auch viele Erwachsene nie herauswachsen) – Standpunkt-Wechsel möglichst zu erschweren. Da kann man nur noch mit Schopenhauer fragen: Glaubt man, daß bei solchem Streben so nebenbei auch die Wahrheit herauskommt?

Die wichtigste praktische Konsequenz des theoretischen Monismus ist seine *konformistische Ethik*, die den Glauben an Autoritäten, Konformismus, Zustimmung und Gewißheit sowie Gehorsam als das dieser Einstellung entsprechende Verhalten positiv, Unglauben, Skepsis, kritische Einstellung, Häresie und Auflehnung gegen Traditionen oder Autoritäten negativ bewertet und sanktioniert.

Theoretischer Monismus und theoretischer Pluralismus sind, auf die Ebene der menschlichen Verhaltensweisen transponiert, miteinander unvereinbare Einstellungen gegenüber Problemen. Sie sind mögliche *Lebensformen* mit weitreichenden ethischen und politischen Konsequenzen. Während der Monismus – vor allem in seiner zum Dogmatismus degenerierten Form – eine autoritäre Einstellung begünstigt, enthält das fallibilistisch-pluralistische Erkenntnis- und Handlungsmodell den Keim einer *humanitären Ethik* sowie einer *Philosophie der Demokratie*.

Der theoretische Monismus lebt von der von ihm selbst kaum je explizit gemachten und noch weniger in kritischer Analyse problematisierten Doktrin, *daß ein Zuviel an Ideen der Erkenntnis schädlich sei und notwendigerweise von der Wahrheit wegführe*, jedenfalls aber als ein klares Indiz dafür angesehen werden könne, daß wir die Wahrheit noch nicht erreicht haben. (Das letztere trifft zwar durchaus zu – weil wir *nie* sicher sein können, die Wahrheit jemals erreicht zu haben –, läßt sich aber mit mindestens demselben

Recht auch dann sagen, wenn *ein* Standpunkt konkurrenzlos herrscht.)

Theoretischer Pluralismus ist in monistischer Sicht ein »Chaos der Meinungen« (Dingler 1926, S. 75 ff.), ein Stadium der *Unreife*, das es zu überwinden gelte. Während der Pluralist eine Fülle von rivalisierenden Ideen als Zeichen geistiger Produktivität begrüßt, sieht der Monist darin ein Symptom des Verfalls, ein Indiz dafür, daß wir von der Wahrheit noch weit entfernt sind: »der Zustand, wo nichts mehr wirklich sicher, alles möglich ist und zugleich auch alles behauptet wird, wo es keine Basis und keine Richtlinien mehr gibt, nichts, nichts, was sicher wäre – mit einem Wort, das Chaos, der Zusammenbruch« (Dingler 1926, S. 10).

(47) Die Wissenschaft ist bislang der einzige Bereich, in dem unsere Irrtümer in *systematischer* Weise kritisiert werden, wenn auch leider nicht *alle* Irrtümer. (In der *Radikalität* der Kritik wird sie jedoch vielfach von Kunst und Literatur klar übertroffen.) Der fallibilistische Kritizismus ist eine Theorie der *systematischen* Kritik *aller* Teile unserer Erkenntnis. Es ist wünschenswert, daß diese Idee der Kritik *auf alle Lebensbereiche übertragen wird* – um der kritischen Erkenntnis und letztlich um unserer Menschlichkeit willen. *Denn nichts ist so gut, als daß es nicht noch verbessert werden könnte und sollte.*

Dieser radikale fallibilistisch-pluralistische Kritizismus wäre vor allem geeignet, auch jene Lebensbereiche zu revolutionieren und zu humanisieren, in denen sich die »maßgebenden Menschen« (um es mit Jaspers zu sagen) noch immer für moralisch verpflichtet halten, ihre Schäfchen mit geistlichen und notfalls auch etwas handfesteren Mitteln in der Furcht des Herrn zu halten; in denen der Ausdruck *Reform* zum »ekelerregenden Worte« und *neues Denken* zu einer »perverse(n) Wortverbindung« (Lauth 1966, S. 25 und 49) werden konnten. Wo die Furcht des Herrn als der Weisheit Anfang erscheint (vgl. Psalm 111, 10), werden, wie Nietzsche es treffend charakterisierte, die *unwiderlegbaren* Irrtümer zu den Wahrheiten der Menschheit (vgl. Nietzsche II, S. 159).

Alle Lebensbereiche, nicht nur die Wissenschaft, degenerieren in den Händen jener, »who copy the ancients in all except their merits« (Russell 1926, S. 246). Wir sind nicht verpflichtet, unseren tradierten oder neuen Irrtümern treu zu bleiben – nein, »wir *müssen* Verräter werden, Untreue üben, unsere Ideale immer wieder preisgeben« (Nietzsche I, S. 723; Hervorhebung im Original) und neue, bessere Ideale suchen. Das ist auch als Aufforderung zu verstehen, den fallibilistischen Pluralismus selbst zu kritisieren: sowohl dessen bereits vorhandene Alternativen beständig zu verbessern, um sie für die Kritik des Kritizismus konkurrenzfähig zu erhalten, als auch nach *neuen* Konzeptionen zu suchen, die einmal auch für das hier noch verteidigte Programm des epistemologischen Fallibilismus und theoretischen Pluralismus zur *besseren* Alternative werden könnten. Auch der Fallibilismus kann fallieren, und das wäre durchaus kein Unglück. Diese Entwicklung wäre fallibilistischer Pluralismus *at its best* und revolutionärer Erkenntnisfortschritt auch auf der philosophischen, erkenntnis- und wissenschaftstheoretischen Ebene.

Theorien und Metatheorien

Erster Teil: Theorien – ihr historischer und systematischer Stellenwert im Erkenntnisprozeß

Menschliche Erkenntnis, soweit sie über die bloße Konstatierung des hic et nunc Gegebenen hinausgeht, ist *theoretische* Erkenntnis. Das gilt für vorwissenschaftliche, wissenschaftliche und außerwissenschaftliche, formale und materiale, normative und explanatorische, empirische und spekulative Erkenntnis grundsätzlich gleichermaßen. Theoretisch ist menschliche Erkenntnis ihrer Form nach, insofern sie *allgemein* ist, und ihrem Inhalt nach, insofern sie das jeweils Gegebene (die spezifische kognitive Ausgangskonstellation des Erkenntnisprozesses, d. h. die besonderen »Daten« der jeweiligen Problemsituation) *transzendiert*.

Wissenschaftliche Erkenntnis ist *potenzierte* theoretische Erkenntnis, deren Form explizit gemacht und deren Inhalt auf den Begriff gebracht ist, um propositionale semantische Information in begrifflicher Sprache auszudrücken. Im theoretischen Erkenntnisprozeß geht es um die abstrakte Darstellung der gesetzmäßigen Ordnung von realen oder postulierten (»idealen«) Erkenntnisbereichen durch Theorien, die in der Wissenschaft zu ganzen, mehr oder weniger umfassenden Erkenntnissystemen gebündelt sind. Theorien sind *das* informativ hochkonzentrierte Substrat menschlicher Erkenntnis, dessen sich der Mensch zu allen Zeiten und in allen Kulturen bedient, um »die Welt« – einschließlich seiner selbst – kritisch zu verstehen und kognitive Kontrolle über seine Umgebung zu gewinnen. Hinsichtlich des durchgängigen, überall durchschlagenden theoretischen Charakters der menschlichen Erkenntnis unterscheiden sich wissenschaftliche und nichtwissenschaftliche Erkenntnis nur graduell.[1]

Wissenschaftliche Erkenntnis der Wirklichkeit, wie sie von allen realitätsbezogenen Wissenschaften (den Erfahrungswissenschaften und der Metaphysik; im Gegensatz zu den Formalwissenschaften Logik und Mathematik) angestrebt wird, ist problemorientierte *erklärende*, durch Erfahrung, innere Einheit und alternative Theorien sowie Metatheorien – mit einem Wort: durch

immanente und transzendente einschließlich metatheoretischer *Kritik – kontrollierte systematische Spekulation*, deren kognitives Konzentrat allgemeine, möglichst auch allgemeingültige (also wahre) Theorien über die hypothetisch vermutete *gesetzmäßige Beschaffenheit der Realität* bilden. Durch systematische Erforschung der Gesetzmäßigkeiten, aus denen sich die charakteristische *Struktur* der Realität ergibt und die – bei gegebener Ausgangslage, spezifiziert durch die Antezedensbedingungen der Theorien – auch den weiteren »Lauf der Welt« vollständig (Determinismus) oder im Rahmen von Freiheitsgraden zumindest wesentlich (Indeterminismus) bestimmen, zu einem zur rationalen, nomologischen Erklärung verdichteten *kritischen Verstehen* des Kosmos zu kommen, ist das allgemeine Leitmotiv, das dem darüber hinaus noch völlig unspezifizierten Erkenntnisprogramm aller Wissenschaft zugrunde liegt.
Wissenschaft in diesem umfassenden Sinne, die auf kritisch-rationale Erkenntnis *jeglicher* Provenienz und Art abzielt und deshalb die *rationale* Philosophie bis zur *kritisch*-spekulativen Metaphysik einschließt, gibt sich damit in der philosophischen Reflexion als das zu erkennen, was sie schon bei ihrer Geburt in der Naturphilosophie der Vorsokratiker gewesen ist: in der Sache letztlich *Kosmologie* – einschließlich Anthropologie als der Wissenschaft von jenem Teil des Kosmos, der aus dem Menschen selbst besteht –, sei sie nun auf diese oder jene »mögliche Welt« bezogen. Immerhin ist ja auch unsere wirkliche Welt eine jederzeit mögliche Welt, und bislang nur mögliche Welten können mit oder ohne unser Zutun zu wirklichen Welten werden. Wenn es um Wirklichkeitserkenntnis geht, wird sich im Prozeß der kritischen Überprüfung der theoretischen Konstruktionen und Antizipationen die natürliche Überlegenheit der tatsächlich existierenden Welt gegenüber den bloß möglichen Scheinwelten schließlich doch durchsetzen, ohne daß es der positivistischen Fixierung der Erkenntnis auf das angeblich »Gegebene« bedarf – das, wenn überhaupt objektiv vorhanden, sich üblicherweise auf die Oberflächenschicht der Phänomene beschränkt und die wirkliche Struktur der Realität oft mehr verstellt oder gar verfälscht als enthüllt.
Im Rahmen dieses kosmologischen Erkenntnisprogramms, in dem es primär um allgemeines theoretisches Wissen über die vermutete gesetzmäßige Ordnung des Kosmos geht, kommt den empirischen, durch theoriegeleitete und theoriegeladene, intersubjektiv

kommunizierbare Erfahrung vermittelten Phänomenen nur die Rolle von *Indizien*, von keineswegs unfehlbaren *Zeugen* für eine tieferliegende strukturelle Ordnung im scheinbaren Chaos der Erscheinungen zu. Daß diese durchaus problematischen Zeugen im Erkenntnisprozeß ungehindert »zu Wort kommen« können und die von ihnen gelieferte empirische Information berücksichtigt wird – im Sinne eines fallibilistischen »in Kauf nehmens« der Erfahrung –, ist allerdings unabdingbare Voraussetzung, wenn die Wissenschaft zur *kritischen* Erkenntnis der *wirklichen* Welt kommen will.

In der wesentlichen Ausrichtung auf kritisch-rationale, notwendig unabgeschlossene und deshalb auch grundsätzlich fortschrittsfähige Erkenntnis in Gestalt von *Theorien*, die allgemeines Wissen über die gesetzmäßige Ordnung des Kosmos liefern, unterscheidet sich Wissenschaft in diesem umfassenden Sinne, der Philosophie einschließt, idealtypisch – bei faktisch fließenden Übergängen –

(1) durch das Element der deduktiv-nomologischen Erklärung mittels Theorien von der *Story*, die nur konstatiert, beschreibt und eventuell auch ad hoc prognostiziert (im Sinne einer bloßen Beschreibung zukünftiger Fälle), aber mangels Subsumtion des Besonderen unter das Allgemeine nicht eigentlich erklärt. Modernes Modell einer Story, die »erzählt«, wie es ist, aber nicht nomologisch erklärt, warum es so ist, ist die *Daten-Tabelle* anstelle von Gesetzen und Theorien. Historische Beispiele sind die Geometrie der Ägypter und die Astronomie der Babylonier. Was hier fehlt, ist die (erstmals in der vorsokratischen Naturphilosophie exemplarisch praktizierte) Idee der hypothetischen *Generalisierung*, der abstrakten *Nomologisierung* und damit der eigentlichen *Theoretisierung*.

(2) durch das Element der systematischen Kontrolle mittels immanenter *und* transzendenter Kritik – d. h. der prinzipiellen Widerlegbarkeit im Rahmen kritischer Prüfung –, der dadurch bedingten prinzipiellen Unabgeschlossenheit und bewußt erzeugten Fortschrittsfähigkeit vom *Mythos*, der fixierte, gegen Kritik weitgehend immunisierte und infolgedessen tendenziell stagnierende Spekulation darstellt (wie zum Beispiel der Schöpfungsmythos der Bibel oder »Scholastiken« aller Art).

(3) neben dem bereits genannten Element der theoretischen Erklärung durch das der systematischen Kohärenz (der Theorien oder Erklärungssysteme) und der gesetzmäßigen, insbesondere kausa-

len Verknüpfung (der Zustände und Ereignisse im Objektbereich der Theorien, erkannt mittels dieser Theorien) sowie durch wesentliche Inkorporation grundsätzlich nichteliminierbarer sogenannter theoretischer, auf hohem epistemologischem Abstraktions- und Generalisierungsniveau liegender Begriffe und Beziehungen vom *rein technologisch-instrumentalen Anwendungs- und Prognosewissen* (Beispiele: praxisgebundenes, unreflektiertes Wissen handwerklicher oder künstlerischer Technologie; empirische Generalisierungen und Regelmäßigkeiten im Sinne statistischer Korrelationen ohne nomologische Grundlage).

Das Erkenntnisideal der Wissenschaft verlangt *informatives*, im Kern *nomologisches* (deshalb immer zumindest potentiell explanatorisches), im Anwendungsbereich *allgemeines*, in seinem Geltungsanspruch *systematisch kontrolliertes* und dabei in strengen Prüfungen möglichst *bewährtes* (also zumindest nicht widerlegtes; nach problematischer traditioneller Auffassung sogar vollbegründetes, dadurch beweismäßig gesichertes und insofern notwendiges) Wissen über die jeweils relevanten, nach bestimmten Erkenntnisinteressen ausgewählten *strukturellen* Aspekte der Realität, wie es in seiner systematischen Einheit, erkenntnistheoretischen Qualität, relativen Vollständigkeit, Genauigkeit und Zuverlässigkeit nur von *wissenschaftlichen Theorien* geliefert werden kann. Theorien dieser Art stehen also in allen Bereichen und auf allen Ebenen des Wissens im Zentrum von jeglicher Erkenntnis, »die als Wissenschaft wird auftreten können«, um es mit Kant zu sagen.

In explizit gemachten, begrifflich gefaßten und systematisch entwickelten *Theorien* konstituiert sich Wissenschaft als potenzierte theoretische Erkenntnis sowohl der Oberflächenerscheinungen (»Phänomene«) als auch der sie letztlich bestimmenden strukturellen Faktoren (Gesetzmäßigkeiten). Theorien – und sei es auch nur in der verdeckten Form implizit angewandter theoretischer Prinzipien und Perspektiven – beherrschen den Erkenntnisprozeß von Anfang bis zum Ende, in allen seinen Phasen und Dimensionen, von den sogenannten letzten Voraussetzungen und ersten Prinzipien bis zum schließlich produzierten Ergebnis, das ja auch selbst Theorie ist. Theorien leiten schon die Auswahl der Probleme, prägen die ganze Problemsituation, bestimmen die Relevanz der durch die Problemgeschichte vorgegebenen Ausgangsinformation sowie der zusätzlichen Randinformation (Hilfshypothesen und »Daten« aller Art). Sie gehen auch in nichteliminierbarer Weise in die nach positivistischer Auffassung angeblich theoriefrei »gegebene« Erfahrung und sogar in die experimentell – zur Prüfung ihrer selbst – erzeugten »harten Tatsachen« ein, was dem ganzen Prüfprozeß von vornherein einen irritierenden Anschein von Zirkularität verleiht[2]. *Metatheorien* spezifizieren das Erkenntnisziel, bestimmen die Art der zulässigen Problemlösungen und der relevanten Testarrangements, geben Anweisungen für die Konstruktion, Interpretation und Kritik der Theorien, programmieren und bewerten den Erkenntnisfortschritt der Wissenschaft. Theorien – und nicht Begriffe oder Daten – sind die *Hauptinformationsträger* der wissenschaftlichen Erkenntnis. Im Vergleich zu bloßen Begriffssystemen und atomistischen, noch so gigantischen Datenkollektionen liefern Theorien nicht nur quantitativ *mehr* und qualitativ *bessere* Information – nämlich die Information, die einer unendlichen Menge von Einzeldaten entspricht und darüber hinaus in der Regel auch präziserer Natur ist –, sondern Information grundsätzlich anderer Art und höheren Niveaus, in der mit Recht die größte Leistung der Wissenschaft gesehen wird: *nomologische* Information.

Obwohl Gesetzesaussagen keineswegs das Ganze der wissenschaftlichen Theorien und diese Theorien selbst nicht das Ganze der Wissenschaft ausmachen, bilden sie doch jeweils deren kognitiven Kern, der beides erst zu dem macht, was es ist. Und obgleich nicht alle Erkenntnis überwiegend oder gar vollständig theoretischer Natur, noch weniger davon explizit »theoretisiert« – d. h. als Theorien formuliert – ist, so ist doch alle Erkenntnis theoriegeleitet, theoriegeladen und deshalb auch mehr oder weniger theorieabhängig.[3]

Dies alles gilt insbesondere für jene, ganzen Epochen der Ideen- und Wissenschaftsgeschichte buchstäblich Maß-gebenden *Großen Theorien* von der Art der Kuhnschen Paradigmata[4], die zu einheitlichen Erkenntniskonzeptionen, in der Wissenschaftspraxis zu Forschungsprogrammen verdichtete *Weltbilder* darstellen und in der Wissenschaftsphilosophie unter verschiedenen Namen – bei jeweils unterschiedlich akzentuierender Charakterisierung einzelner, mehr oder weniger wesentlicher Aspekte – auftreten: als Ajdukiewicz‘ »Weltperspektiven«, Wittgensteins »Sprachspiele«, Toulmins »Ideale der Naturordnung«, Kuhns »Paradigmata« oder in pauschaler Undifferenziertheit einfach als »Metaphysik(en)«, »Ontologie(n)« oder »Wissenschaft(en)«.[5]

Kennzeichnend für diese Supertheorien ist, daß sie umfassende Erkenntnissysteme mit Universalitätsanspruch verkörpern, die sich auf zumindest einen Aspekt der *gesamten* wie auch immer verstandenen Wirklichkeit – also von *allem*, was ist oder sein soll – beziehen.[6] In ihnen insbesondere konstituiert sich wissenschaftliche Erkenntnis als potenziertes theoretisches Wissen von allgemeinem und systematischem Chararakter. Um theoretische Erkenntniskomplexe dieser Art geht es in *wissenschaftlichen Revolutionen*, den markantesten Phasen des Erkenntnisfortschritts, in deren Verlauf neue »Weltbilder« die alten Erklärungsmuster verdrängen. Die durch den Theorienwechsel erzeugten tiefgehenden Veränderungen des vorherrschenden Weltbildes bis in den nach traditioneller empiristisch-positivistischer Auffassung angeblich theoriefreien Wahrnehmungsbereich[7] der »harten Tatsachen« und des phänomenologisch »Gegebenen« hinein bezeugen nachdrücklich die hier behauptete *tatsächliche Allgegenwart und erkenntnistheoretische Priorität der Theorien* im gesamten Erkenntnisprozeß. Im Zusammenspiel von Theorien, Alternativtheorien und Metatheorien konstituiert sich die potenzierte theoretische Erkenntnis der Wissenschaft als ein relativ *autonomer*, weitgehend *selbstregulierender* kognitiver Prozeß des permanenten Erkenntnisfortschritts.

Diesem hier grob skizzierten *systematischen Stellenwert* der Theorien im menschlichen, insbesondere im wissenschaftlichen Erkenntnisprozeß entspricht im wesentlichen auch ihr *historischer Stellenwert* in der Ideen- und Wissenschaftsgeschichte. Das Moment der durchgängigen *Theoretisierung* unserer Erkenntnis – das philosophische Grundmotiv der griechisch-abendländischen Idee von Wissenschaft, wie es in der Naturphilosophie der Vorsokratiker zum Durchbruch gekommen und in der Euklidischen Mathematik erstmals, unter Berücksichtigung der bereichsspezifischen Bedingungen, paradigmatisch konkretisiert worden ist[8] –, durch das die »Phänomene« in eine abstrakte gesetzmäßige Ordnung, die zugrunde liegende Realität »auf den Begriff gebracht« und allgemeines Wissen »aus Prinzipien« gewonnen wird, was wiederum erst die Möglichkeit von nomologischer Erklärung durch Theorien bedingt, macht Erkenntnis zur Wissenschaft und charakterisiert die Wissenschaft von ihrer Geburt in der griechischen Philosophie an bis zu ihrer modernen Konzeption als kritisch-rationale, betont fortschrittsfähige hypothetische Erkenntnis ohne absicherndes

Fundament und Wahrheitsgarantie.[9] Die Priorität der Theorien gegenüber allen anderen Informationsträgern im Ganzen der wissenschaftlichen Erkenntnis läßt sich auch historisch für die gesamte Wissenschaftsentwicklung nachweisen. Die Tendenz in Richtung auf eine *Enttheoretisierung der Wissenschaft*, wie sie vom radikalen Deskriptivismus und Phänomenalismus in der Wissenschaftsphilosophie des 19. Jahrhunderts zum Programm erhoben worden und in den positivistischen Strömungen der modernen Wissenschaftstheorie wieder lebendig geworden ist (siehe Zweiter Teil, AIII), ist deshalb gänzlich verfehlt. Sie wird weder dem systematischen noch dem historischen Stellenwert der Theorien im Erkenntnisprozeß gerecht. Je »wissenschaftlicher« Erkenntnis ist, desto »theoretischer« ist sie, desto unentbehrlicher und dominierender werden Theorien. Das ist es, was wissenschaftliche Erkenntnis zu potenzierter theoretischer Erkenntnis macht.

Soweit sich die Philosophie mit wissenschaftlichen Theorien befaßt und dies ihrerseits auf theoretische Weise in kritisch-erklärender Absicht – kurz: wissenschaftlich, um den Wissenschaftsanspruch reflexiv auch auf sich selbst anzuwenden – unternimmt, ist sie *Meta*-Wissenschaft in dem präzisen Sinne, daß sie Theorien *über* Theorien aufstellt. Um solche alternativen wissenschaftsphilosophischen *Metatheorien* umfassenden und programmatischen Charakters, die auf alternative *Erkenntnismodelle* rekurrieren, alternative *Wissenschaftskonzeptionen* propagieren und unter Umständen sogar konkrete wissenschaftliche *Forschungsprogramme* anregen, geht es im folgenden.

Was bereits über Theorien gesagt worden ist, gilt grundsätzlich auch für Metatheorien. Auch sie müssen, um sich als potenzierte (meta-)theoretische Erkenntnis ausweisen zu können und um auch auf *neue* Problemsituationen anwendbar zu sein, die jeweils verfügbaren »Daten« – also den Bestand an wissenschaftlichen Theorien – transzendieren und grundsätzlich auch den *zukünftigen* Erkenntnisfortschritt in ihren Anwendungsbereich einschließen, mit dem vernünftigen Ziel, den Weg für eine Erkenntnis zu bereiten, die *besser* ist als die vorhandene. Darum geht es insbesondere in allen Metatheorien im Rahmen der Dynamik der theoretischen Erkenntnis.

Um des Erkenntnisfortschritts willen, den es durch Einbeziehung der zukünftigen Theorien in den Anwendungsbereich der Metatheorien theoretisch zu erfassen sowie durch Entwicklung zukunftsweisender Strategien und Konzeptionen zu fördern, zu lenken und zu kontrollieren gilt, wird sich die Wissenschaftstheorie nicht auf die rationale *Nach*konstruktion – als Ergebnis einer *Ex-post-*Analyse der erfolgreichsten oder (zur Abschreckung) der mißglückten Theorien aus der vergangenen Wissenschaftsentwicklung – der wissenschaftlichen Erkenntnis beschränken dürfen, sondern muß zugleich versuchen, dem zukünftigen Theoretisieren Ziele zu setzen und Mittel zu deren Verwirklichung vorzuschlagen. Dies geschieht vornehmlich in den »dynamischen« Disziplinen der Erkenntnis- und Wissenschaftslehre, also in Heuristik, Methodologie und »Progressologie« (Theorie des Erkenntnisfortschritts), dem neuesten Zweig der metatheoretischen Dynamik. Kann Wissenschaftstheorie zukünftige Erkenntnis auch nicht konkret antizipieren, indem sie den *Inhalt* noch ungeborener Theorien gleichsam prophetisch vorwegnimmt, so kann sie doch *im voraus* schon (Minimal-)Bedingungen für »gute« Theorien und Anforderungen an »befriedigende« Problemlösungen entwerfen, um das zukünftige Theoretisieren *in selbstkritischer Vorsicht und Offenheit für alternative metatheoretische Programme* darauf zu verpflichten. Deshalb pflegen Metatheorien auf (meist nicht genügend explizit gemachte) *Erkenntnis- und Wissenschaftsideale* abgestellt zu sein, auf die sie in ihren Argumentationen wesentlich, wenn auch vielleicht nur implizit, Bezug nehmen. Dieser Vorgriff auf die zukünftige Wissenschaftsentwicklung durch Programmierung neuer, besserer Theorien auf der postulierten »Fortschrittslinie« aufgrund von philosophischen Erkenntnisidealen – die, wenn sie etwas taugen sollen, in der Lage sein müssen, auch konkrete Forschungsprogramme anzuregen –, geschieht, erkenntnistheoretisch gesehen, grundsätzlich auf die gleiche Weise wie alles wissenschaftliche Erkennen überhaupt: durch Theoretisieren (im bereits skizzierten und noch zu präzisierenden Sinne) über den angenommenen Erkenntnisbereich im Rahmen eines komplizierten Zusammenspiels von Spekulation, Argumentation und Kritik, im vorliegenden Problemzusammenhang also durch Theoretisieren über Theorien via Metatheorien, wie sie im folgenden diskutiert werden.

Zweiter Teil: Metatheorien

Aus metatheoretischer Perspektive können Erkenntnis und Wissenschaft unter zwei komplementären Aspekten analysiert werden, woraus sich eine zwar durchaus »künstliche«, im allgemeinen aber zweckmäßige Aufteilung des metatheoretischen Erkenntnisbereichs – kraft prinzipiell verschiedenartiger Problemstellung – ergibt.

Die *Statik* geht von der doppelten Fiktion der Zeitlosigkeit und Abgeschlossenheit des Erkenntnisprozesses aus, um in gewollt unhistorischer Als-ob-Betrachtungsweise gleichsam Momentaufnahmen »fertiger« Theorien zu machen. Dabei beschränkt sich die statische Perspektive keineswegs auf die Analyse *einzelner* Momente und Zustände des Erkenntnisprozesses. Insofern sie als Meta*theorie*, wie alle echte Theorie, die individuellen Besonderheiten *bestimmter*, historisch gegebener Problemsituationen in allgemeinen Betrachtungen transzendiert – zum Beispiel allgemeine Strukturen beschreibt oder allgemeine Kriterien und Standards diskutiert – und mit dem Anspruch auf Allgemeingültigkeit ihrer metatheoretischen Forschungsresultate auftritt, umfaßt die Statik Aspekte *aller* historisch-zeitlichen Entwicklungsmomente des Erkenntnisprozesses.

Die zeitlich-historische Dimension unserer Erkenntnis, von der in der Statik bewußt abstrahiert ist, wird, weitgehend auf der Grundlage der Statik, zur charakteristischen Eigenproblematik der *Dynamik*, die damit Wissenschaft auch als Erkenntnis*prozeß* – die Entstehung und weitere Entwicklung unserer Theorien sowie der Wissenschaft als Ganzes – metatheoretisch thematisiert. Die metatheoretische Dynamik macht damit zu ihrem Erkenntnisproblem, was von der Statik ausgeklammert – oder vielmehr: unanalysiert eingeklammert – wird. Das spezifische, ihre drei Hauptbereiche – die traditionellen Branchen Heuristik und Methodologie sowie den jüngsten Zweig, die »Progressologie« oder (Meta-)Wissenschaft vom Erkenntnisfortschritt – integrierende Grundproblem der metatheoretischen Dynamik ist das *Poppersche Problem* [10], das Problem des Erkenntnisfortschritts.

Die Aufteilung der metatheoretischen Gesamtthematik in Statik und Dynamik tritt als *Problemorientierung rein analytischer Art* an die Stelle der bekannten, aber unhaltbaren, problemverkürzenden, -abschneidenden und -verfälschenden traditionellen Dichotomien der Metawissenschaft, denen allenfalls *innerhalb* von Statik und Dynamik einige, zumeist ziemlich beschränkte Relevanz zukommt, wie: Form versus Inhalt; Entdeckungszusammenhang versus Begründungszusammenhang; Wissenschaftslogik versus empirische Wissenschaftsforschung; Wissenschaftstheorie versus Wissenschaftsgeschichte; Internalismus versus Externalismus in den »Wissenschaften von der Wissenschaft« u. dgl. Das gilt insbesondere für die alte *Form-Inhalt-*Dichotomie, die vor allem im Rahmen der Statik weiterhin eine große Rolle spielt, aber prinzipiell auch für die Dynamik relevant ist. Auch in dynamischer Perspektive lassen sich (logisch-mathematische) Form und (interpretativer, informativer) Inhalt von Theorien sinnvoll unterscheiden. Es ist ja ganz und gar nicht so, daß sich die Form der Theorien mit dem statischen und der Inhalt mit dem dynamischen Aspekt der Erkenntnis decken. Schließlich entwickelt sich auch die Form der Theorien »in der Zeit« und verfällt insoweit der metatheoretischen Dynamik. Umgekehrt fällt auch ein wesentlicher Teil der inhaltlichen Problematik in den Problembereich der metatheoretischen Statik.

Die Unterscheidung von Statik und Dynamik beruht auf der Abgrenzbarkeit verschiedener Aspekte oder Komponenten innerhalb der Gesamtproblematik der Erkenntnis. Sie ist also wesentlich problembezogen, deshalb von der Fragestellung sowie von der Problemsituation abhängig und insofern zwar durchaus objektiv, aber immer relativ. Das relativiert die Problemstellung, nicht aber die Resultate der metatheoretischen Analyse. Es sind Problemsituationen denkbar und auch praktisch zu erwarten, deren adäquate Behandlung es erforderlich machen kann, nicht nur die innerhalb von Statik und Dynamik angesetzten analytischen Problemzerlegungen – wie zum Beispiel die Form-Inhalt-Dichotomie –, sondern auch die Abgrenzung der statischen von der dynamischen Perspektive überhaupt wieder aufzuheben.

Obwohl die Statik von der zeitlich-historischen Dimension der wissenschaftlichen Erkenntnis, damit auch von der ganzen Problemgeschichte bewußt abstrahiert und für ihre Metatheorien zeitunabhängige Allgemeingültigkeit anstrebt, überschätzt sie ihre Möglichkeiten und verfehlt ihr Erkenntnisziel, wenn sie – was leider auch in der modernen, sich für aufgeklärt haltenden Wissen-

schaftstheorie nicht selten der Fall ist – ihre ahistorischen Metatheorien als zeitentrückte Übertheorien zu präsentieren versucht, die über die Theorien mit souveränem Endgültigkeitsanspruch Urteile *sub specie aeternitatis* fällen könnten und dürften. Nichts berechtigt die Statik zu einer derartigen Verabsolutierung ihrer metatheoretischen Erkenntnisse, um in falsch verstandenem Universalitätsanspruch als Metawissenschaft sub specie aeternitatis aufzutreten, obwohl dieses Mißverständnis durch die vorherrschende Selbstinterpretation der Wissenschaftstheorie als Wissenschafts*logik* nahegelegt und keineswegs nur in der Carnapschen Tradition gepflegt wird. Aber auch im Rahmen des statischen, zu Unrecht als »rein logisch« angesehenen Erkenntnisbereichs der Metawissenschaft kann es kein absolutes Wissen, etwa in Gestalt von *Metatheorien aller Zeiten*, geben.
Ebenso irrig ist die Annahme, daß sich das Geschäft der Statik in der logisch-rationalen *Re*konstruktion – noch dazu lediglich des *formalen* Aspekts oder Teils der Theorien – erschöpfe, während im Gegensatz dazu die Dynamik inhaltlichen und konstruktiven Charakter habe. Vielmehr befassen sich *beide* metatheoretischen Ansätze, Statik wie Dynamik, sowohl mit formalen als auch mit inhaltlichen Problemen, und *beide* haben teils konstruktiven, teils rekonstruktiven Charakter, unbeschadet möglicherweise unterschiedlich ausgeprägter Schwerpunktbildung. Das heißt allerdings nicht unbedingt, daß beide metatheoretischen Unternehmen sich diesen komplementären Geschäften mit gleicher Intensität und gleichem Erfolg widmen. Tatsächlich ist – jedenfalls bis jetzt; nach vorherrschender, aber fragwürdiger Auffassung durchaus der »Natur der Sache« entsprechend – die Statik mehr logisch orientiert und im Ganzen mehr rekonstruktiv, während die Dynamik, insbesondere als Heuristik und Theorie des Erkenntnisfortschritts, vergleichsweise mehr inhaltlich orientiert und betont konstruktiven, programmatischen Charakter hat (sofern sie sich nicht, was als eine unzulässige Problemverkürzung der Dynamik anzusehen wäre, auf die Analyse der vergangenen Wissenschaftsentwicklung beschränkt). Alle diese gängigen Ansichten über Natur und Aufgabe von Statik und Dynamik sind zwar, bedingt durch Fehlentwicklungen der Metawissenschaft, faktisch auch heute noch in wesentlichen Punkten zutreffend, entsprechen auch weitgehend der vorherrschenden Selbstinterpretation der Wissenschaftstheorie, spiegeln aber nichtsdestoweniger lediglich die tradierte, jedoch in

der Sache verfehlte Gleichsetzung der analytischen Ausdifferenzierung der metatheoretischen Gesamtproblematik in Probleme der Statik und Dynamik mit den erwähnten intrastatischen und intradynamischen Dichotomien wider. In Wirklichkeit sind diese Abgrenzungen metatheoretischer Problembereiche von wechselseitiger Kongruenz weit entfernt.

A. Statik der theoretischen Erkenntnis

Die Bestimmung der Funktionen, die Rekonstruktion der Konstruktion und die Analyse der Interpretationsmöglichkeiten von Theorien sind, zusammen mit dem allgegenwärtigen erkenntnistheoretischen Geltungs- und praktischen Anwendungsproblem, die Hauptthemen, die von der Statik im Rahmen von metatheoretischen Reflexionen problematisiert werden – immer im Hinblick auf ihre weitere, problemerweiternde Theoretisierung in der Dynamik, die auf der Grundlage der Statik die ganze Metawissenschaft in eine Theorie des (wissenschaftlichen) Erkenntnisfortschritts einmünden läßt.

A I. Funktion von Theorien

Selbstgesetztes Ziel der Wissenschaft ist Erkenntnis. Von dieser Zielsetzung her bestimmt sich die *Hauptfunktion wissenschaftlicher Theorien: statisch* gesehen, *Träger jener spezifischen Art von Information* zu sein, die wissenschaftliche Erkenntnis ausmacht, indem sie hochkonzentriertes und -systematisiertes Wissen thesaurieren und in zugleich abstrakter (nämlich begrifflicher) und handlicher (nämlich symbolischer) Form für die weitere Verwendung – insbesondere für die Anwendung zur Lösung von Problemen – verfügbar halten; *dynamisch* gesehen, relativ zum tradierten Wissensstand selbst *Erkenntnisfortschritt* zu verkörpern sowie im Hinblick auf die zukünftige Wissensentwicklung Motor und Träger des Erkenntnisfortschritts zu sein, um aus Wissen *Mehr*-Wissen zu machen.
Durch *Tradierung* des jeweiligen historischen Erkenntnisstandes sowie durch auf permanente Verbesserung drängende *Kritik* im Zusammenspiel mit der *Konstruktion* neuer Problemlösungen in

Gestalt von Theorien[11] soll ein »Mehrwert« an Erkenntnis, also Erkenntnis*fortschritt*, erzeugt werden. Auf dieses Ziel hin ist die wissenschaftliche Forschung programmiert. Seiner Verwirklichung dienen die wissenschaftlichen Theorien (sowie, wenn auch mehr indirekt, die Metatheorien), als deren Hauptfunktion deshalb – statische und dynamische Perspektive auf einen Nenner gebracht – die *Tradierung, Systematisierung* und *Vermehrung* unserer Erkenntnis anzusehen ist. Dabei schließt die Tradierungsfunktion – die Bewahrung der bewährten, aber auch der widerlegten Theorien – wissenschaftliche Revolutionen nicht nur nicht aus, sondern ist vielmehr eine notwendige Bedingung dafür und für Erkenntnisfortschritt überhaupt, da sie den Ausgangspunkt liefert, von dem es fortzuschreiten gilt. Was die Systematisierung unserer Erkenntnis anbetrifft, so läßt sich eindeutig feststellen, daß sich bislang die strenge *deduktive Systematisierung* im Rahmen logisch-mathematischer Argumentationsstrukturen und Ordnungsschemata jeder anderen Form systematischer Ordnung, insbesondere auch der unstrengeren induktiven Systematisierung[12] und der rein additiven, enzyklopädischen Anordnung[13], als überlegen erwiesen hat. Für die metatheoretische Analyse des Wachstumsprozesses der Erkenntnis sind innerhalb der Statik vor allem die Semantik (die expliziert, *was* Erkenntnisfortschritt überhaupt ist, indem sie die Art der spezifischen Information definiert, um die es dabei hauptsächlich geht), innerhalb der Dynamik die Heuristik, vor allem aber die Theorie des Erkenntnisfortschritts (die erklärt, *wie* der Prozeß des Erkenntnisfortschritts tatsächlich verläuft oder idealerweise verlaufen sollte, und *warum* es so ist) zuständig.

Theorien sind multifunktional, weil vielfältig interpretierbar und verwendungsfähig. Bei der *Anwendung* zur Lösung spezifischer Probleme ergeben sich, im Rahmen der kognitiven Primärfunktion, verschiedene Verwendungsmöglichkeiten für Theorien, die als weitere, mehr spezielle Funktionen wissenschaftlicher Theorien anzusehen sind. Die wichtigsten dieser derivativen oder sekundären Funktionen dürften sein:[14]

(1) Die Anwendung von Theorien zur *Erklärung* sowohl individueller (raum-zeitlich lokalisierter) als auch allgemeiner Tatbestände strukturell-nomologischen Charakters. Der letztere Erklärungsfall läuft auf die *Reduktion* von Theorien auf umfassendere Theorien höheren Niveaus hinaus.

(2) Die Anwendung von Theorien zur *nomologischen* (also durch stützende Gesetzesaussagen theoretisch fundierter Prognosen; im Gegensatz sowohl zu Ad-hoc-Prognosen kraft extrapolierender Projektion konstanter Korrelationen in die Zukunft als auch zu Prophetien, beide ohne Erklärungseffekt) *Prognose* individueller Ereignisse oder allgemeiner Vorgänge.
(3) Die Anwendung von Theorien zur *Prüfung* ihrer eigenen kognitiven Qualitäten, insbesondere des Wahrheitsanspruchs, um den Anwendungsbereich von Theorien im allgemeinen und ihren Geltungsbereich im besonderen (die nicht kongruent sein müssen, weil Relevanz und Wahrheit in der Regel nicht zusammenfallen) systematisch zu bestimmen.
(4) Die Anwendung von Theorien zur *Kritik* anderer Theorien (oder Pseudotheorien) – insbesondere durch Konstruktion von und Konfrontation mit Alternativtheorien, um pluralistische Ideenkonkurrenz im Sinne der Feyerabendschen Pluralismuskonzeption[15] herzustellen –, die im Rückbezug auch eine strengere Prüfung des *eigenen* Geltungsanspruchs ermöglicht und deshalb grundsätzlich immer *gegenseitige* Kritik im Rahmen eines insofern *symmetrischen, pluralistischen* Prüfmodells[16] darstellt.
(5) Die Anwendung von Theorien zur Planung und Leitung von *Forschungsprogrammen* sowie überhaupt zur *Produktion neuer Theorien* – mit Hilfe erzeugender Prinzipien, die selbst den Charakter von (in der Regel sehr abstrakten und allgemeinen) Theorien oder Metatheorien haben, oder auch auf eine weniger systematische Weise – im Rahmen angewandter Heuristik, Methodologie und Theorie des Erkenntnisfortschritts.
(6) Die mehr praktische Anwendung von Theorien zur *kritischen Analyse* und – als *Technologie* im weitesten Sinne, einschließlich Sozialtechnologie – zur theoriegeleiteten *Veränderung* der konkreten Wirklichkeit (»Praxis«) sowie deren ideologischen Überbaus (*Ideologiekritik*) in und außerhalb der Wissenschaft; ferner zum Entwurf neuer »möglicher Welten« in der theoretischen Gestalt programmatischer *konkreter Utopien.*

Diese in dieser oder anderer Weise unterscheidbaren spezifischen Funktionen von Theorien aufgrund verschiedener Anwendungsmöglichkeiten sind weder unabhängig voneinander noch in erkenntnistheoretischer und wissenschaftspraktischer Hinsicht gleichwertig. Die Aufstellung einer *Rangordnung* unter den Theoriefunktionen erscheint grundsätzlich möglich, ist in ihrer konkreten Ausgestaltung allerdings wesentlich standpunktabhängig – abhängig von der akzeptierten Wissenschaftskonzeption im allgemeinen und von der speziellen Theoriekonzeption im besonderen. Erkenntnistheoretisch gesehen spricht jedoch nichtsdestoweniger vieles dafür, im Zusammenspiel von *Erklärung und Kritik* die herausragende spezifische Erkenntnisleistung von Theorien zu sehen und damit dieser Doppelfunktion den ersten Platz in der epistemologisch-methodologischen Rangordnung einzuräumen.

A II. Konstruktion von Theorien

Nicht die »natürlichen« Theorien selbst, sondern deren davon mehr oder weniger abweichende *rationale Rekonstruktionen* gehen in die Metatheorien ein, die sich damit zu ihren »Objekten«, den objektsprachlichen Theorien, grundsätzlich genau so verhalten wie diese zu ihrem eigenen Objektbereich: In beiden Fällen wird abstrahiert, vereinfacht, schematisiert, idealisiert, approximiert und generalisiert, um das Wesentliche – die gesetzmäßige Struktur des jeweiligen Objektbereichs – in den Griff zu bekommen.

Für die metatheoretische Rekonstruktion der Grobstruktur wie auch der Feinstruktur wissenschaftlicher Theorien hat sich zur Vorstrukturierung der komplexen Problemsituation die alte Unterscheidung von *Form* und *Inhalt* der Theorien – oder noch allgemeiner: zwischen »formalen« und »materialen« Aspekten unserer Erkenntnis –, als zweckmäßigste Problemdifferenzierung erwiesen, insbesondere in ihren modernen, präzisierten Explikationen (Syntax – Semantik; Formalismus – Interpretation; Kalkül – Modell; abstrakte Theorie als formales syntaktisches System – interpretierte Theorie als semantisches System).

In metatheoretischer Analyse läßt sich die erkenntnislogische *Grobstruktur von Theorien,* wie sie implizit aller menschlichen Erkenntnis zugrunde liegen, explizit in hochentwickelten (»mathematisierten«) Wissenschaften zu finden sind, mit zunehmender Detailliertheit und Strenge wie folgt bestimmen (s. Abb. nächste Seite).

Diese rein analytisch zu verstehende, d. h. hinsichtlich der konkreten Ausgestaltung der Form und des Inhalts der Theorien nichts präjudizierende[19] Unterscheidung von Form und Inhalt der Er-

Theorien sind

ihrer logischen *Form* nach	ihrem kognitiven *Inhalt* nach
Satzmengen	Aussagenmengen
deduktiv geordnete Mengen von allgemeinen und besonderen Sätzen	(interpretierte, d. h. semantisch gedeutete) Komplexe von Begriffen und Aussagen
formale logisch-mathematische Strukturen, repräsentiert durch Sätze (oder Satzfunktionen) und Formeln	informative, von Gesetzesaussagen dominierte, prinzipiell wahrheitsfähige und hypothetische Aussagensysteme mit realem Geltungsanspruch
formalisierte axiomatisch-deduktive Systeme (uninterpretierte, formale, syntaktische) Kalküle	Hypothesensysteme primär nomologischen Charakters mit folgenden eigentlichen[17] epistemologischen Hauptkomponenten: (1) empirische Befunde (Tatsachenbehauptungen, empirische Feststellungen); (2) Verallgemeinerungen empirischer Befunde (empirische Generalisierunge (3) Gesetzesaussagen (nomologische Hypothesen); (4) Festsetzungen (Konventionen, »Definitionen« i. w. S.); (5) universelle metaphysische Prinzipien (Gesetze über – oder: Standards, Regeln und Normen für – Gesetze; Gesetze höherer Ordnung, »Meta-Gesetze«); zusammenfassend: hypothetische *Feststellungen* unterschiedlicher Abstraktheit und Allgemeinheit sowie konventionelle *Festsetzungen,* kurz: Hypothesen und Konventionen

syntaktisch-semantische Systeme
mit pragmatischer Relevanz.[18]

kenntnis schlechthin differenziert metatheoretisch verschiedenartige Probleme oder Problemaspekte aus, fragmentiert aber nicht dichotomisch die analysierte Theorie selbst, die nach wie vor ein »Ganzes« bleibt und nur als solches ihren Erkenntniszweck erfüllen kann. Die *Konstruktion* einer solchen Theorie besteht in der Aufstellung eines logisch geordneten Systems von Sätzen oder Satzfunktionen, durch das eine *formale Struktur* charakterisiert wird, die durch *Interpretation* zur bestimmungsgemäß anwendbaren Theorie vervollständigt wird.

A II 1. Formaler Teil der Theorien

Jede Theorie hat einen mehr oder weniger entwickelten formalen Teil, der von einfachen logischen Strukturen bis zu hochkomplexen mathematischen Strukturen reichen kann. Dieser semantisch abstrakte, d. h. uninterpretierte Formalismus – die (epistemologisch *und* semantisch) »abstrakte Theorie« (Bunge[20]) – bildet die *formale Struktur* der Theorie. Erkenntnislogisch gesehen handelt es sich dabei um formale, vorzugsweise axiomatisch-deduktive Systeme von syntaktischen Schemata (Aussagenfunktionen), in denen lediglich uninterpretierte – durch die Postulate des deduktiven Systems nur implizit definierte »uneigentliche Begriffe« (Carnap[21]) – Symbole vorkommen. Für sich betrachtet sind solche logisch-mathematischen Schemata leere Kalküle ohne Realitätsbezug, Informationsgehalt und Erklärungskraft. Ihre wissenschaftliche Bedeutung für die Realitätserkenntnis liegt darin, daß die im Rahmen der formalen Strukturwissenschaften (insbesondere Logik und Mathematik[22]) zunächst ohne Rücksicht auf die Frage der Realisierbarkeit und Anwendbarkeit kalkülmäßig konstruierten Relationsstrukturen für die Theorienbildung der entwickelten Realwissenschaften unentbehrlich sind. Und ihre erkenntnistheoretische Bedeutung ergibt sich aus ihrer Rolle als *Theorie-Schemata*, deren metatheoretische Rekonstruktion den Schlüssel zur Analyse der *Feinstruktur* wissenschaftlicher Theorien liefert.

Wissenschaftliche Theorien sind *geordnete* Aussagenmengen, also relativ einheitliche, mehr oder weniger streng systematisierte Fragmente unserer Erkenntnis. Die strengste formale Ordnung von Erkenntniskomplexen wird durch *deduktive Systematisierung* hergestellt, die auf dem für den Aufbau der Logik selbst sowie für formal korrektes Argumentieren in allen Erkenntnisbereichen zentralen Begriff der deduktiven Folgerung beruht.[23] Ihre präziseste, die Feinstruktur der Theorien offenlegende metatheoretische Rekonstruktion erfolgt durch *Formalisierung* und *Axiomatisierung* der Theorien. Damit ist jedoch keineswegs gesagt, daß alle wissenschaftlichen Theorien dieselbe formale Grundstruktur aufweisen[24] oder daß streng formalisierte axiomatisch-deduktive Systeme die schlechthin ideale Form wissenschaftlicher Theorien repräsentieren[25] – ganz abgesehen von den logischen und faktischen, inneren und äußeren Grenzen, die auch dieser Art von Systematisierung und Rekonstruktion unserer Erkenntnis gesetzt sind.[26]

Obwohl formale Systeme (uninterpretierte Formalismen) noch keine Theorien sind, kann die formale Beschaffenheit dieser Theorie-Schemata doch dafür entscheidend sein, ob die daraus hervorgehenden nichtformalen Theorien bestimmte Eigenschaften haben (oder überhaupt haben *können*), welche für die von diesen Theorien verlangte Erkenntnisleistung wesentlich sind. Von den ganz speziellen Anforderungen abgesehen, die sich auf den formal korrekten Aufbau logisch-mathematischer Kalküle gemäß dem Formalisierungs- und Axiomatisierungsideal beziehen, handelt es sich hinsichtlich der Form der Erkenntnis vor allem um drei erkenntnistheoretisch wichtige Bedingungen, denen *jede* Theorie schon von ihrer formalen Struktur her genügen muß:

Erstens *formale Einheit* kraft syntaktischer Homogenität und systematischer Kohärenz als Voraussetzung für die Konstruktion möglichst reicher und präziser Relationsstrukturen im formalen System, so daß keine Formel isoliert bleibt und die Postulate in der axiomatischen Basis unter sich stärker verbunden sind als lediglich durch logische Konjunktion.[27]

Zweitens *Widerspruchsfreiheit*, d. h. *interne*, durch die formallogische Struktur der Theorie-Schemata bestimmte Konsistenz der Theorien – eine in doppelter Hinsicht von der Wissenschaftstheorie vielfach überzogene Bedingung, einmal durch die ungerechtfertigte Verabsolutierung der Konsistenzbedingung im Rahmen der *Katastrophentheorie des Widerspruchs*[28] zur conditio sine qua non von Erkenntnis überhaupt (als ob inkonsistente Theorien überhaupt keinen Erkenntniswert haben könnten), zum anderen durch ihre mit einer pluralistischen Wissenschaftskonzeption unvereinbare Erweiterung zur Forderung nach externer (intertheoretischer) Konsistenz (als ob die Wissenschaft als Ganzes *ein* konsi-

stentes, monolithisches Erkenntnissystem bilden müßte und könnte).
Und drittens *Allgemeinheit*, eine rein formal – etwa durch Bezugnahme auf Variablen und Allquantoren – nicht hinreichend charakterisierbare Eigenschaft von Theorien, die sich nichtsdestoweniger wesentlich auf deren *Form* bezieht.
Noch weitere wichtige, auch mehr materiale Eigenschaften von Theorien hängen unmittelbar mit deren formaler Struktur zusammen, so daß die Analyse des Formalismus bei der Beurteilung der kognitiven Leistungsfähigkeit wissenschaftlicher Theorien in jedem Falle von großem erkenntnistheoretischem Interesse ist.

A II 2. Inhaltlicher Teil der Theorien

Rein syntaktische Systeme wie Formeln, Gleichungen und Kalküle sind keine Theorien. Sie verkörpern bestenfalls Theorie-Schemata, die sich auf nichts beziehen, was über sie selbst hinausgeht, die folglich nur über sich selbst informieren und nur sich selbst repräsentieren, nämlich »leere« logisch-mathematische Strukturen ohne Realitätsbezug, (inhaltliche, synthetische) Wahrheitsfähigkeit und realen (empirischen oder metaphysischen) Informationsgehalt.
Formale Theorie-Schemata werden erst zu Theorien, wenn das syntaktische System durch eine bestimmte *Interpretation* einen kognitiven »Inhalt« bekommt, der aus Symbolen *Begriffe*, aus Satzfunktionen Sätze, die *Aussagen* repräsentieren, und aus dem Ganzen ein *semantisches* System von Begriffen und Aussagen macht. Dieser »inhaltliche Teil« von Theorien gibt darüber Auskunft, was die Grundbegriffe der Theorie *bedeuten* (»meaning«), worauf sich – im Sinne eines nichtsprachlichen »Universums« – die Theorie *bezieht* (»reference«), worüber ihre Aussagen *informieren* und worin diese Information besteht, insgesamt also über Realitätsbezug, Anwendungsbereich, Wahrheitsfähigkeit, intendierten Geltungsbereich (der sich mit dem wirklichen Geltungsbereich nicht decken muß, da Anspruch und Erfüllung, behauptete Wahrheit und tatsächliche Wahrheit auseinanderklaffen können, und dies in aller Regel auch tun) und Informationsgehalt der Theorie.
Neben der unverkürzten epistemologisch-methodologischen Dimension – eine wesentliche Erweiterung gegenüber der drastisch reduzierten erkenntnistheoretischen Problematik, auf die sich die Analyse des formalen Teils beschränkt – geht es bei der metatheo-

retischen Analyse des inhaltlichen Teils von Theorien insbesondere um die Semantik, Ontologie und Metaphysik der wissenschaftlichen Theoriebildung, in deren Rahmen die jeweils zentralen Teilprobleme der Interpretation, des Realitätsbezugs und der Wahrheit von Theorien aus dem allgemeinen Erkenntnisproblem herausdifferenziert werden.

Die metatheoretische Rekonstruktion der inhaltlichen Feinstruktur wissenschaftlicher Theorien kann nach verschiedenen Gesichtspunkten erfolgen:
(I) Ausgehend von der bereits skizzierten inhaltlichen Grobanalyse werden in der weitergehenden metatheoretischen Feinanalyse der Theorien *nach ihren funktionalen Komponenten* die inhaltlichen Bestandteile von Theorien aus erkenntnistheoretischer Sicht rekonstruiert. Wie die formale Grobanalyse nach allgemeinen und besonderen Sätzen, so läßt sich auch die inhaltliche Grobanalyse nach hypothetischen Feststellungen und konventionellen Festsetzungen weiter ausdifferenzieren, um den erkenntnistheoretischen Status und die Funktion jeder einzelnen Komponente zu bestimmen.
So wird eine vollentwickelte wissenschaftliche Theorie mindestens die folgenden wesentlichen[29] inhaltlichen Komponenten aufweisen:
(1) als zentralen inhaltlichen Bestandteil *Gesetzesaussagen*, d. h. allgemeine konditionale Aussagen (»Immer-wenn-dann-Aussagen«) über vermutete oder postulierte Gesetzmäßigkeiten im Objektbereich der Theorie;
(2) *strukturelle Randbedingungen*, d. h. Aussagen oder Annahmen, die den Anwendungsbereich der Theorie allgemein spezifizieren (durch hypothetische Feststellung oder konventionelle Festsetzung)[30];
(3) *Hilfshypothesen* aller Art, durch die Theorien erst aussage- und anwendungsfähig werden;
(4) eine allgemeine, in der Regel unspezifizierte *Ceteris-Paribus-Klausel.*[31]
Diese Inhaltsanalyse von Theorien nach ihren funktionalen Komponenten ist unabhängig von deren spezifischer Interpretation, setzt also grundsätzlich weder eine *bestimmte* allgemeinphilosophische Deutung, eine *spezielle* semantische Interpretation und eine dementsprechende erkenntnistheoretische Bewertung der

einzelnen Komponenten voraus, noch präjudiziert es diese. *Nach* vollzogener Interpretation und Bewertung ergeben sich vielfältige neue Möglichkeiten für metatheoretische Inhaltsanalysen, auch aus ganz anderen Perspektiven, zum Beispiel die Ausdifferenzierung inhaltlicher Komponenten gemäß der interpretations- und bewertungsbedingten Resistenz gegen Änderungen in einen »harten Kern« und einen disponiblen »Schutzgürtel« von Theorien.[32]

(II) Die inhaltliche Feinanalyse von Theorien *nach ihrem Interpretationsmodus* kann auf traditionelle Modalitäten (notwendig – kontingent – zufällig, u. dgl.) zurückgreifen oder von der heute üblichen erkenntnistheoretischen Deutungsalternative »Feststellung-oder-Festsetzung« (Hypothese oder Konvention) ausgehen, um subtile Detailanalysen durchzuführen. Bei diesem deutungsorientierten Ansatz der metatheoretischen Inhaltsanalyse geht es vor allem um zwei Hauptprobleme: um die grundsätzlichen Interpretationsmöglichkeiten überhaupt für den formalen Teil der Theorien sowie um die Interpretation der zentralen inhaltlichen Komponente jeder Theorie, nämlich der Gesetzesaussagen (vgl. Zweiter Teil, A III).

(III) Die metatheoretische Analyse unter der Perspektive des *Realitätsbezugs* differenziert die Theorien inhaltlich nach Art und Intensität des Wirklichkeitskontakts und den davon abhängigen erkenntnistheoretischen Qualitäten (Sinn, Geltungsstatus, Informationsgehalt, Zuverlässigkeit etc.) der Begriffe und Aussagen wissenschaftlicher Theorien. Diese metatheoretische Perspektive führt zum Beispiel zu der gängigen, aber problematischen Unterscheidung von Beobachtungsbegriffen und theoretischen Begriffen und der dadurch bedingten (nicht rein analytischen, sondern die ganze Wissenschaftskonzeption in vieler Hinsicht positivistisch präjudizierenden) Dichotomie von Beobachtungssprache und theoretischer Sprache, wie etwa im Carnapschen Zwei-Sprachen-Modell.

(IV) Die inhaltliche Feinanalyse *nach Informationsart und Informationswert* der Theorien wird oft, allein oder in Verbindung mit anderen Kriterien, zur erkenntnistheoretischen Identifikation der »eigentlich wissenschaftlichen« Erkenntnis der Wirklichkeit und damit der (Real-)Wissenschaft schlechthin gegenüber dem formalwissenschaftlichen, dem nichtwissenschaftlichen oder nichterfahrungswissenschaftlichen (Metaphysik) sowie dem unwissenschaftlichen (Pseudowissenschaften) Bereich benutzt, zum Beispiel durch Unterscheidung des empirischen vom metaphysischen Informationsgehalt (siehe Zweiter Teil, A II 3), mit deutlicher Höherbewertung des ersteren als der Informationsart von angeblich besonderem oder sogar ausschließlichem wissenschaftlichen Erkenntniswert.

Aufgrund der unter diesen Perspektiven vorgenommenen metatheoretischen Inhaltsanalyse der Theorien lassen sich in Ergänzung der formalen Anforderungen materiale Bedingungen für wissenschaftliche Theorien aufstellen, die jedoch im Gegensatz zu den formalen Bedingungen so sehr von dem bevorzugten Interpretationsmodus für die Theorien abhängen, daß nur wenige davon allgemeine, »überparteiliche« Verbindlichkeit beanspruchen können. Zu diesen von der spezifischen Interpretationsweise weitgehend unabhängigen *materialen Minimalbedingungen für erfahrungswissenschaftliche Theorien* sind zu rechnen:

(1) Bedingung der *materialen Einheit*, die ontologische Einheit (Einheit des Objektbereichs), begriffliche Einheit (semantische Konsistenz im Sinne von semantischer Homogenität, Geschlossenheit und Verbundenheit[33]) und explanatorische Einheit (Einheit der theoretischen Erklärungsprinzipien) umfaßt.

(2) Bedingung *realistischer Minimalinterpretation:* Mindestens eine wesentliche Komponente der Theorie muß eine realistische Interpretation erhalten, die Realitätsbezug herstellt.

(3) Bedingung des *Informationsgehalts:* Mindestens eine Komponente der Theorie muß Informationsgehalt, insbesondere auch empirischen Informationsgehalt, aufweisen.

(4) *Empiristische Minimalbedingung:* Die Theorie muß die Erfahrung mit in Kauf nehmen, d. h. als *eine* kritische Instanz in Betracht ziehen, was der traditionellen Forderung nach »Rettung der Phänomene«[34] nähersteht als dem überzogenen empiristischen Postulat, demzufolge die Erfahrung das Fundament der Wirklichkeitserkenntnis verkörpert.

(5) Bedingung der *Prüfbarkeit:* Wenn nicht in allen ihren einzelnen Komponenten, so muß doch die Theorie als Ganzes grundsätzlich empirisch prüfbar sein.

Bedingungen 2 und 3 schließen eine *durchgängige* nichtrealistische (zum Beispiel instrumentalistische oder konventionalistische) Deutung der Theorie, d. h. aller ihrer Komponenten gleichzeitig, aus. Das berühmte *Popper-Kriterium* der prinzipiellen Falsifizierbarkeit[35] umfaßt die Bedingungen 3, 4 und 5, verschärft sie jedoch

in problematischer Weise, indem es ausschließlich den *empirischen* Informationsgehalt und die *empirische* Prüfbarkeit als Kriterien der Wissenschaftlichkeit herausstellt.
Aus Elementen aller dieser metatheoretischen Ansätze zur Rekonstruktion des formalen wie inhaltlichen Teils wissenschaftlicher Theorien hat die moderne Wissenschaftstheorie das bekannte *Stufenmodell der wissenschaftlichen Erkenntnis* entwickelt, das auf der philosophischen Grundlage eines mehr oder weniger gemäßigten Positivismus und liberalisierten Empirismus zur vorherrschenden Standard-Konzeption der Wissenschaft geworden ist.
Dieses Stufenmodell rekonstruiert die wissenschaftliche Wirklichkeitserkenntnis als eine Hierarchie von erkenntnistheoretischen Ebenen, gebildet aus mehreren semantisch (also nicht nur analytisch und pragmatisch!) abgrenzbaren und in epistemologisch-methodologischer Rangordnung abstufbaren Erkenntnis- und Aussageebenen, wobei die positivistische Empirie-Theorie-Dichotomie die Grundorientierung liefert, die sich beliebig weiter ausdifferenzieren läßt, zum Beispiel wie folgt (s. Abb. auf der nächsten Seite).
Durch Reduktion dieser vier auf zwei einander dichotomisch gegenübergestellte Erkenntnisebenen oder »Sprachen« (wobei üblicherweise die erste Stufe ganz gestrichen oder der zweiten zugeschlagen, die dritte Stufe nach dem jeweils vorherrschenden mehr theoretischen oder mehr empirischen Status der »experimentellen« Gesetze anteilsmäßig auf die zweite und vierte Stufe, oder ganz auf eine davon, aufgeteilt wird) sowie Zugrundelegung der Standardinterpretation für Theorien entsteht das bekannte Carnapsche *Zwei-Sprachen-Modell.*[36]

Die *Standard-Interpretation* erfahrungswissenschaftlicher Theorien (siehe Zweiter Teil, A III) verbindet das Stufenmodell der Erkenntnis mit einer Reihe von grundsätzlichen *erkenntnis- und metatheoretischen Annahmen,* deren wichtigste die folgenden Postulate sind:[37]
(1) Die unterste Stufe – die empirische Ebene der angeblich theoriefreien Beobachtungsaussagen, die einen vom theoretischen Bereich unabhängigen, insofern (also relativ!) autonomen und invarianten Erkenntnisbereich bildet – liefert das (empirische) *Fundament der Erkenntnis: erstens* in dem metaphysischen Sinne, daß im System der wissenschaftlichen Erkenntnis sie und sie allein

Stufenmodell der Erkenntnis

(„oben")

Erkenntnistheoretische Ebenen:

theoretische Sprache (transempirischer, „theoretischer" Abstraktions- und Generalisierungsbereich)

(1) (metaphysische oder metatheoretische) *Prinzipien.*

(2) *„theoretische" Gesetze* oder *Theorien i. e. S.* (d. h. theoretische Aussagen, die mit Hilfe sogenannter theoretischer Begriffe auf hohem erkenntnistheoretischem Abstraktions- und Generalisierungsniveau, jenseits bloßer empirischer Generalisierungen, allgemeine Gesetzeshypothesen formulieren).

Korrespondenzregeln

liefern *partielle* (empirische) Interpretation der theoretischen Begriffe.

Beobachtungssprache (empirischer Bereich)

(3) *experimentelle Gesetze* (vom Charakter empirischer Generalisierungen, die lediglich empirische Befunde „induktiv" verallgemeinern).

(4) *Beobachtungsaussagen* (Protokollsätze, Basisaussagen; sprachlich-begriffliche „empirische Basis").

„Hinweisdefinitionen"

sichern *direkten* Realitätskontakt und *vollständige* (empirische) Interpretation der Beobachtungsbegriffe.

Realität (nichtsprachliche „empirische Basis")

(„unten")

Zunehmendes Abstraktions- und Generalisierungsniveau; zunehmende „Tiefe" der Realitätserkenntnis; abnehmender (empirischer) Realitätskontakt und (empirischer) Interpretationsgrad. Kritik, Kontrolle und Korrektur „von unten nach oben".

Erklärung „von oben nach unten".

den direkten Kontakt zur Realität herstellt (mit der erwarteten methodologischen Konsequenz, daß aufgrund dieses direkten Wirklichkeitskontakts ein schneller und sicherer Wahrheitsentscheid der »Basissätze« [Popper] durch Beobachtung möglich ist); *zweitens* in dem ontologischen Sinne, daß die durch Beobachtungsaussagen beschriebenen Sachverhalte die gesuchten »harten Tatsachen« verkörpern, die den erfahrbaren Teil, nach streng positivistischer Auffassung sogar das Ganze der Realität, ausmachen; *drittens* in dem semantischen Sinne, daß den Beobachtungsbegriffen aufgrund des vorgegebenen oder operational hergestellten direkten Wirklichkeitskontakts eine vom »theoretischen Überbau« unabhängige, insofern selbständige und vollständige empirische Bedeutung zukommt, die ihnen und den mit ihrer Hilfe gebildeten elementaren Aussagen die natürliche Schlüsselstellung für die semantische Interpretation des *ganzen* Erkenntnissystems verleiht; *viertens* in dem epistemologischen Sinne, daß die Beobachtungsaussagen wenn nicht absolut irrtumsfreie so doch die vergleichsweise zuverlässigste Information über die Wirklichkeit liefern – die handfesten Daten also, die als »Basissätze« letztlich aller theoretischen Erkenntnis zugrunde liegen; *fünftens* in dem methodologischen Sinne, daß die Lösung des Entscheidungsproblems bezüglich der Geltungsfrage der Erkenntnis (siehe Zweiter Teil, A II 3) positiv (durch Verifikation, Konfirmation u. dgl.) oder negativ (durch Falsifikation oder eine andere Art der Widerlegung) nur von dieser naturgegebenen »empirischen Basis« her zu lösen ist, diese also im Prüfprozeß der Theorien als die letztlich immer entscheidende Richterinstanz fungiert; *sechstens* in dem pragmatischen Sinne, daß sie die neutrale, für alle Theorien gemeinsame Vergleichsbasis im pragmatischen Bewertungsprozeß liefert, der schließlich zur Akzeptierung oder Verwerfung einer Theorie führt (siehe Zweiter Teil, A II 3).

(2) *Für sich allein genommen,* also *vgr* der Verbindung mit den (im Bild des Stufenmodells) tiefer liegenden Erkenntnisebenen, besteht die theoretische Ebene aus kalkülmäßig aufgebauten Theorie-Schemata, für die alles gilt, was über den formalen Teil von Theorien gesagt worden ist. »An sich« handelt es sich bei den Aussagen oder vielmehr Aussagenfunktionen der theoretischen Sprache um nicht nur epistemologisch abstrakte (d. h. unanschauliche, transempirische, oft kontraintuitive und kontrainduktive, etc.), sondern auch semantisch abstrakte (d. h. uninterpretierte) Systeme ohne

Realitätsbezug, empirische Bedeutung, (inhaltliche) Wahrheitsfähigkeit und Informationsgehalt, die das alles erst *derivativ*, von der empirischen Basis her, bekommen können. Im Interpretationsprozeß fließt nach Standard-Auffassung der Saft der empirischen Bedeutung – und folglich auch alles, was davon abhängt – »von unten nach oben«.

(3) Die Verbindung der untersten Ebene mit der Realität erfolgt durch *direkte Zuordnung* (mit Hilfe von sogenannten Hinweisdefinitionen, operationalen Definitionen u. dgl.), die Verbindung der unteren mit den höheren Ebenen durch *Korrespondenzregeln*, die damit den theoretischen Begriffen und Aussagen einen *indirekten* Realitätsbezug sowie eine *partielle* empirische Interpretation verschaffen. Die Interpretation der theoretischen Begriffe kann bei diesem positivistisch-empiristischen Interpretationsansatz »von unten nach oben« immer nur partiell sein, weil alle Versuche gescheitert sind, die Bedeutung der theoretischen Begriffe vollständig – durch explizite Definitionen – auf die von Beobachtungsbegriffen zurückzuführen.

(4) Der Prozeß der *Interpretation*, der korrigierenden *Kontrolle* und *Kritik* der Theorien verläuft ebenfalls »von unten nach oben«, ist also innerhalb der Hierarchie des Stufenmodells *asymmetrisch*. Im Konfliktfall zwischen Aussagenelementen verschiedener Erkenntnisstufen setzt sich also im Stufenmodell grundsätzlich die untere, nach den Bedingungen des Modells zuverlässigere Instanz, letztlich immer die »empirische Basis« durch.

(5) Umgekehrt fließt der Strom der *Erklärung* »von oben nach unten«: Theoretische Gesetze erklären experimentelle Gesetze (was auf intertheoretische *Reduktion* der letzteren auf die ersteren hinausläuft); theoretische oder experimentelle Gesetze, zusammen mit Randbedingungen, erklären (und prognostizieren) empirische Daten.

(6) Wird das Stufenmodell der Erkenntnis aus der statischen in die dynamische Dimension transponiert, kommen noch einige spezifisch *dynamische Annahmen* über die Art des für jede Erkenntnisebene sowie für das Stufenmodell insgesamt postulierten Erkenntnisfortschritts hinzu (siehe Zweiter Teil, B III).

Zur *Kritik* des Stufenmodells der Erkenntnis kann hier nur gesagt werden, daß sich die erkenntnistheoretischen Postulate des Stufenmodells, insbesondere in seiner positivistisch interpretierten und auf das Carnapsche Zwei-Sprachen-Modell reduzierten Version[38], bei näherer Analyse als höchst problematisch erwiesen haben.[39] Die philosophische Einsicht in den zutiefst theoretischen Charakter der menschlichen, insbesondere der in dieser Hinsicht noch fortgeschritteneren wissenschaftlichen Erkenntnis, bestätigt und verstärkt durch die biologischen, physiologischen, wahrnehmungspsychologischen und historischen Einsichten in die Naturgeschichte des Erkenntnisprozesses[40], hat vor allem den positivistischen Ansatz der vorherrschenden Version des Stufenmodells – die Dichotomie von empirischer und transempirischer (»theoretischer«) Sphäre, mit ihren die ganze Wissenschaftskonzeption positivistisch präjudizierenden Voraussetzungen und Konsequenzen – als einen unhaltbaren erkenntnistheoretischen Dualismus erscheinen lassen.

A II 3 Erkenntnistheoretische Problematik

In einem weiteren Sinne ist alle Metatheorie ihrem Charakter nach Erkenntnistheorie, eben Theorie der theoretischen Erkenntnis. Als ein der philosophischen Tradition der Erkenntniskritik verpflichtetes Unternehmen wird die metatheoretische Reflexion jedoch auch mit Problemen konfrontiert, die erkenntnistheoretischer Natur in einem engeren, spezifisch epistemologischen Sinne sind. Zu dieser Problemkategorie gehört insbesondere die allgemeine philosophische Geltungs- und Voraussetzungsproblematik wissenschaftlicher Theorien, damit verbunden die Klärung von drei zentralen Begriffen der metatheoretischen Analyse: des Wahrheits-, Informations- und Gesetzesbegriffs in ihrem unverkürzten, für realwissenschaftliche Theorien relevanten Sinne (im Gegensatz zu der vor allem als Folge der Reduktion von Wahrheit auf Widerspruchsfreiheit wesentlich verkürzten erkenntnistheoretischen Problematik in den Formalwissenschaften). Diese im strengen Sinne grundsätzlichen philosophisch-erkenntnistheoretischen Probleme des wissenschaftlichen Theoretisierens bilden ein eng verknüpftes Problemfeld, so daß isolierte Lösungen der einzelnen Probleme und deren beliebige Kombination zu einer Gesamtkonzeption von Erkenntnis und Wissenschaft weitgehend ausgeschlossen sind.
Zur *Voraussetzungsproblematik* sei hier nur gesagt, daß es keine voraussetzungslose Erkenntnis gibt, daß aber kein Anlaß – und im

Grunde auch gar keine erkenntnistheoretisch haltbare Möglichkeit – besteht, irgendwelche bestimmte Voraussetzungen zu unhintergehbaren »Bedingungen der Möglichkeit von Erkenntnis und Wissenschaft überhaupt« zu verabsolutieren, die für immer der Kritik und Revision entzogen sind. Menschliche Erkenntnis, ob wissenschaftlich oder nicht, konstituiert sich nicht nur auf *eine*, ein für allemal feststehende Weise, die transzendentalphilosophischer Festschreibung unterworfen werden könnte.

In den hochentwickelten Wissenschaften zählen Standardlogik und Standardmathematik zu den üblichen formalen Voraussetzungen. Dazu kommt eine Fülle verschiedenartiger materialer Voraussetzungen, von allgemeinen metaphysischen Prinzipien bis zu speziellen Vorgänger-Theorien aus dem Eigenbereich der jeweiligen Wissenschaft. Alle überhaupt in einem nichttrivialen Sinne wahrheitsfähigen, also nichtleeren Voraussetzungen sind zwar der betreffenden Theorie selbst und insbesondere der damit verbundenen Erfahrung *a priori*, aber nicht unbedingt a priori *gültig*. Nach konsequent fallibilistischer Auffassung[41] sind auch die Voraussetzungen, einschließlich der sogenannten ersten Prinzipien, grundsätzlich problematisierungsfähig, wenn auch nicht unbedingt innerhalb eines jeden, beliebig einengungsfähigen Problemkontextes. Soweit sie nicht rein formaler, definitorisch-konventioneller oder regulativ-normativer Natur, also nur trivialerweise oder gar nicht wahrheitsfähig sind, haben auch die Voraussetzungen informativer Theorien grundsätzlich Hypothesencharakter, wie diese Theorien selbst. Im Rahmen einer genügend erweiterten Problemsituation werden diese Voraussetzungen fallibel, hintergehbar, kritisierbar und revidierbar, so daß sich auch in diesem vorgelagerten Proto-Bereich – oder übergelagerten Transzendental-Bereich – der wissenschaftlichen Erkenntnis die Möglichkeit von Alternativen ergibt. Voraussetzungen bilden den unentbehrlichen *Ausgangspunkt* jeder weiteren Erkenntnis, von dem es *fort*zuschreiten gilt, wenn Erkenntnisfortschritt erreicht werden soll, aber keinen archimedischen Punkt im Erkenntnisprozeß im Sinne eines invarianten Fundaments oder Rahmens der Erkenntnis, an dem es festzuhalten und zu dem es immer wieder zurückzukehren gelte.[42]

Die *Geltungsproblematik* wissenschaftlicher Theorien umfaßt als wichtigste Teilprobleme das *Wahrheitsproblem*, das *Entscheidungsproblem* und das *Akzeptierbarkeitsproblem*, wobei das erste

Teilproblem durch eine philosophische Theorie der Wahrheit, die den intendierten *Sinn* des mit Theorien verbundenen Geltungsanspruchs – also des Wahrheitsbegriffs, sofern Theorien überhaupt Wahrheitswerte zugeschrieben werden (siehe Zweiter Teil, A III) – klärt, das zweite Teilproblem durch eine Theorie der Wahrheits*erkenntnis*, die den (positiven oder negativen) Entscheid des Geltungsanspruchs von Theorien ermöglicht, und das dritte Teilproblem durch eine Theorie der Bewertung von Theorien, die Kriterien für die rationale Akzeptierbarkeit und Verwerfbarkeit von Theorien aufstellt, zu lösen sind. Das dritte Teilproblem, dessen Charakter als selbständiges, *zusätzliches* Problem, das mit der Lösung der beiden ersten Teilprobleme nicht automatisch »mitgelöst« ist[43], vielfach immer noch verkannt wird, führt in den Bereich der Pragmatik, in die Theorie des rationalen Bewertens und Handelns, hinein und soll hier nicht weiter diskutiert werden.

Obwohl diese Ausdifferenzierung der verschiedenen Aspekte des Geltungsproblems von den weniger entwickelten traditionellen Ansätzen (wie zum Beispiel der älteren Konsenstheorie und den unreflektierten Evidenztheorien), die das ganze Geltungsproblem auf einen Streich zu lösen suchen, vernachlässigt zu werden pflegt, ist sie für jede komplexe Wahrheitskonzeption unerläßlich[44], weil eine *Definition* (oder sonstige Explikation) des Wahrheitsbegriffs nicht automatisch ein Wahrheits*kriterium*, dieses wiederum nicht unbedingt auch ein praktikables *Entscheidungsverfahren*, und alles zusammen noch keine *Bewertungstheorie* zur Lösung des Akzeptierbarkeitsproblems liefern. Obwohl die Problemstellung und die Lösungsmöglichkeiten für das Entscheidungsproblem wesentlich von der postulierten Wahrheitskonzeption abhängen, wird mit der Lösung des Wahrheitsproblems das Entscheidungsproblem nicht automatisch mitgelöst. Insofern geht das Entscheidungsproblem über das eigentliche Wahrheitsproblem hinaus und macht eine von der Wahrheitsdefinition nicht unabhängige, aber – der *zusätzlich* zu berücksichtigenden Bedingungen wegen – darüber hinausgehende Lösung erforderlich. Im wesentlichen dasselbe ist auch vom Verhältnis des Entscheidungsproblems zum Akzeptierbarkeitsproblem zu sagen.

Das *klassische Wissenschaftsprogramm* erstrebt Theorien, die *Wahrheit*, *Informationsgehalt* und *Sicherheit* (epistemologisch relevante, d. h. wahrheitssichernde Gewißheit) in sich vereinigen, also wahrheitsmäßig gesicherte Information über die Realität zu liefern imstande sind, wobei die Sicherung des Wahrheitsanspruchs durch Begründung (Beweis) zu erfolgen hat. Dieses *Rechtfertigungsmodell der Erkenntnis*[45] zielt auf eine Lösung des Entscheidungsproblems durch positive Wahrheitsbegründung ab, sei es im Rahmen eines dialektischen Erkenntnismodells mit zirkulärer Argumentationsstruktur (Hegel), sei es im Rahmen eines fundamentalistischen Erkenntnismodells mit linear-reduktionistischer Argumentationsstruktur (epistemologischer Fundamentalismus)[46], wobei die Wahrheitsbegründung auf direkte Weise oder indirekt – durch Nachweis der Alternativenlosigkeit (wie zum Beispiel im transzendentalphilosophischen Ansatz) – erfolgen mag.

Das wichtigste Ergebnis der *fallibilistischen Revolution* der Erkenntnis- und Wissenschaftslehre[47] besteht in der Popperschen Einsicht, daß eine positive Lösung des Geltungsproblems, wie sie vom Rechtfertigungsmodell der Erkenntnis angestrebt wird, unmöglich ist, weil das Begründungsprogramm undurchführbar und folglich auch die klassische Eigenschaftskombination für Theorien unrealisierbar ist. Der Geltungsanspruch informativer Theorien ist aus strengen erkenntnislogischen Gründen nicht beweisbar, aber grundsätzlich widerlegbar. Theorien können im günstigsten Falle nur jeweils zwei der drei klassischen Eigenschaften aufweisen: Insofern unsere Theorien informativ sind, bleibt ihr Wahrheitsanspruch unheilbar hypothetisch, und insofern sie sicher sind, haben sie keinen Informationsgehalt. Die »certistische Tendenz« (Dingler[48]) steht dem Streben nach inhaltlicher (synthetischer, informativer) Wahrheit entgegen.

Dieses negative Ergebnis gilt für die Lösung des Erkenntnisproblems im Rahmen *aller* Wahrheitskonzeptionen, in denen die minimale Bedingung akzeptiert wird, daß synthetische Wahrheit, insbesondere also auch die Wahrheit informativer realwissenschaftlicher Theorien, mit der Richtigkeit von Information über Sachverhalte zusammenhängt, die nicht in den fraglichen Theorien selbst liegen und durch sie auch nicht determiniert sind: also keineswegs nur für die klassische Aristotelisch-Tarskische Korrespondenztheorie der Wahrheit, sondern auch für die Kohärenztheorie, sofern diese *inter*propositionale Konsistenz im Rahmen relativ komplexer Aussagensysteme verlangt; desgleichen auch für die Konsequenztheorie (Pragmatismus) und die Konsenstheorie, sofern pragmatische Nützlichkeit und intersubjektiver Konsens

nicht als Surrogate, sondern lediglich als *Indizien* für Informationsrichtigkeit verstanden werden.
Zur einheitlichen erkenntnistheoretischen Lösung der gesamten Geltungsproblematik bedarf es einer sorgfältig aufeinander abgestimmten Kombination der für die metatheoretische Inhaltsanalyse zentralen Wahrheits-, Informations- und Gesetzesbegriffe. Da wegen des engen Problemzusammenhangs in diesem Problemfeld beliebige Kombinationen isolierter Problemlösungen nicht möglich sind, kann auch nicht ohne weiteres angenommen werden, daß die Kombination der – isoliert betrachtet – jeweils besten Explikationen dieser drei Begriffe die optimale Begriffskombination ergibt, die dann auch zur optimalen Lösungskombination für die Gesamtproblematik führt. Für die metatheoretische Reflexion ist es deshalb wenig sinnvoll, die Wahrheitskonzeptionen der verschiedenen Wahrheitstheorien unabhängig von den Explikationen der Informations- und Gesetzesbegriffe zu diskutieren, mit denen sie im Rahmen einer einheitlichen Gesamtkonzeption der wissenschaftlichen Erkenntnis eine allseits stimmige Kombination von Begriffsexplikationen und Problemlösungen bilden sollen.
Zum gegenwärtigen Stand der metatheoretischen Analyse der *Informationsproblematik* ist zu sagen, daß noch immer kein Informationsbegriff verfügbar ist, der die *gesamte* Informationsleistung wissenschaftlicher Theorien erfaßt, und folglich auch keine (Meta-)Theorie, die sie adäquat erklärt. Alle bislang vorgeschlagenen semantischen[49] Informationsbegriffe erfassen von der spezifischen Informationsleistung realwissenschaftlicher Theorien entweder zu wenig (wie der Begriff des empirischen Gehalts) oder zu viel (wie der Begriff des logischen Gehalts).
Die beiden wichtigsten semantischen Informationsbegriffe sind: erstens der Carnapsche Begriff des *logischen Gehalts* (definiert als die Klasse der nichtanalytischen logischen Konsequenzen einer Aussage, kurz: als ihre nichtleere Folgerungsmenge[50]); zweitens der Poppersche Begriff des *empirischen Gehalts* (definiert als die Klasse der ausgeschlossenen empirischen Sachverhalte, d. h. der mit der Theorie inkompatiblen Basissätze; da diese die potentiellen Falsifikatoren der Theorie repräsentieren, wächst der empirische Gehalt einer Theorie mit ihrem Falsifizierbarkeitsgrad und damit auch mit ihrer *Un*wahrscheinlichkeit[51]).
Bei diesen beiden grundsätzlichen semantischen Gehaltsbegriffen handelt es sich um alternative, aber durchaus miteinander verein-

bare[52] Explikate – im Sinne Carnapscher Begriffsexplikationen[53] – für den vorwissenschaftlichen Begriff der Information (in seiner kryptosemantischen, nicht in seiner kryptostatistischen Bedeutung). Wie für den Wahrheitsbegriff und andere metatheoretische Grundbegriffe, so gilt auch für den semantischen Informationsbegriff, daß eine befriedigende Explikation des (qualitativen) Informationsbegriffs noch kein (quantitatives) *Maß* der Information – keine Maßfunktion oder Metrik zur quantitativen Bestimmung der »Größe« der Information – liefert. Das ist wiederum ein zusätzliches, bislang trotz interessanter Ansätze[54] jedenfalls für den besonders wichtigen, aber auch besonders schwierigen Fall wissenschaftlicher Theorien mit ihren streng allgemeinen Gesetzesaussagen kaum befriedigend gelöstes Problem der semantischen Informationstheorie.

Der Begriff des empirischen Informationsgehalts ist für die Erfassung der Informationsleistung wissenschaftlicher – auch erfahrungswissenschaftlicher – Theorien *zu eng*, weil er den metaphysischen Gehalt vernachlässigt, obwohl dieser für die *wissenschaftliche* Funktion der Theorien höchst relevant, zuweilen wichtiger als der eigentliche empirische Gehalt ist. Gerade die umfassendsten und erklärungskräftigsten realwissenschaftlichen Theorien haben selbst trotz hohen Informationsgehalts vielfach keinen oder nur vergleichsweise geringen empirischen Gehalt aufzuweisen.[55] Der Poppersche Begriff des empirischen Gehalts wird weder dem »metaphysischen« Gehalt (der schon deswegen nicht vernachlässigt werden darf, weil er aufgrund des enggefaßten Empiriebegriffs in der Regel auch bei betont »empirischen« Theorien einen nicht unwesentlichen Teil der Gesamtinformation ausmacht) noch dem spezifischen Beitrag einer reichen mathematischen Struktur zur Informationsleistung wissenschaftlicher Theorien gerecht. Verfehlt ist insbesondere die Poppersche Gleichsetzung von empirischer Information mit (realwissenschaftlich relevanter) Information schlechthin.

Andererseits ist der Begriff des logischen Gehalts *zu weit*, weil er auch völlig unprüfbaren, für die Wissenschaft wertlosen Pseudotheorien ohne (wissenschaftliche) Erklärungskraft, die den Minimalbedingungen für erfahrungswissenschaftliche Theorien (siehe Zweiter Teil, A II 2) nicht genügen, Informationsgehalt zuschreibt, sofern sie nur nichtanalytische logische Konsequenzen haben. Damit läßt sich die eigentlich *wissenschaftliche* Informationsleistung

von Theorien nicht adäquat erfassen.
Zwar genügen beide Gehaltsbegriffe der erkenntnistheoretischen Minimalbedingung für semantische Informationsbegriffe, indem sie den Unterschied zwischen (definitorischen, tautologischen) Festsetzungen und (potentiell informativen) propositionalen Feststellungen im Prinzip richtig als einen Unterschied zwischen nichtinformativen und (zumindest potentiell) informativen inhaltlichen Komponenten kognitiver Systeme metatheoretisch rekonstruieren. Damit ist *die* entscheidende kognitive Differenzierung im inhaltlichen Teil der Theorien von der semantischen Informationstheorie im Prinzip – ob auch im Detail, ist eine andere Frage – richtig erfaßt. Aber andererseits versagen beide Gehaltsbegriffe angesichts der Aufgabe, die Informationsleistung von Theorien nach abgestuften epistemologisch-methodologischen Relevanzgesichtspunkten weiter auszudifferenzieren (zum Beispiel in Oberflächen- und Tiefeninformation, nomologische und »zufällige« Information, u. dgl.[56]). Dasselbe gilt auch für einen über den empirischen Bereich hinaus verallgemeinerten Popperschen Gehaltsbegriff, der nicht nur die beobachtbaren, sondern alle überhaupt ausgeschlossenen Sachverhalte einbezieht.
Allgemein ist zur semantischen Informationsproblematik zu sagen, daß Aussagen dadurch etwas über ihren Objektbereich mitteilen, indem sie an sich mögliche Sachlagen als mit ihnen unvereinbar (d. h. behauptungskonträr) ausschließen. Das läuft auf die Information hinaus, daß der behauptungsgemäß ausgezeichnete Tatbestand – im Wahrheitsfalle realitätsbezogener Aussagen: die Wirklichkeit – im *Spielraum* (komplementär zum Gehaltsbegriff definiert als die Klasse der zugelassenen, d. h. behauptungskonformen Fälle) der Aussage liegt.
Aus dieser »negativen« Deutung der semantischen Information ergibt sich ein wichtiger Hinweis für die Explikation des *Gesetzesbegriffs* sowie für die Überprüfungsmöglichkeit nomologischer Hypothesen. Unter dem Gesichtspunkt ihrer Informationsleistung gesehen haben Naturgesetze den Charakter von *Verboten*, die den »möglichen Welten« – zu denen ja immer auch die »wirkliche Welt« gehört – bestimmte Grenzen setzen, indem sie ihrer strukturellen Beschaffenheit gesetzmäßige Beschränkungen auferlegen: gesetzeswidrige Zustände und Vorgänge sind »verboten«. Dementsprechend sind Naturgesetze weder als »neutrale« Prinzipien des Zufalls aufzufassen, die einfach verallgemeinernd konsta-

tieren, was zufällig existiert oder der Fall ist, noch als »positive« Prinzipien der Notwendigkeit, die vorschreiben, was sein *muß*, sondern als »negative« Prinzipien der Unmöglichkeit, die darüber informieren, was – im Falle ihrer Wahrheit – *nicht* sein kann, und die infolgedessen durch Konfrontation mit dem angeblich Unmöglichen widerlegt werden können.[57] Diese Deutung wird der Stellung von Gesetzesaussagen im offenen Intervall zwischen Tautologie und Kontradiktion besser gerecht als jede andere, kann allerdings eine zentrale Unklarheit im Gesetzesbegriff selbst nicht beseitigen: das (bislang nicht befriedigend gelöste) Problem der Abgrenzung zwischen zufälliger Allgemeingültigkeit und der von Gesetzesaussagen beanspruchten überzufälligen, eben nomischen Allgemeingültigkeit[58], das die Charakterisierung von Naturgesetzen als wahre und zugleich streng allgemeine – also universell gültige – Konditionalaussagen ungeachtet aller anderen Bestimmungen als ungenügend erweist. Zur Explikation des Gesetzesbegriffs ist ein Kriterium der *Gesetzesartigkeit* von Aussagen erforderlich, dessen Aufstellung eine Lösung des Problems der Goodman-Prädikate verlangt.[59]

Daß es nicht einfach auf die »an sich« beste, aber isolierte Explikation von wenn auch noch so zentralen metatheoretischen Begriffen sowie auf darauf aufbauende Maximallösungen von Einzelproblemen, sondern auf ihre optimale Kombination im Rahmen einer einheitlichen Wissenschaftskonzeption ankommt, zeigt sich im Falle des *Wahrheitsbegriffs* besonders deutlich. Unter den vier einflußreichsten Wahrheitstheorien hat die *Korrespondenztheorie* der Wahrheit den intuitiv plausibelsten, die *Kohärenztheorie* den logisch klarsten und stringentesten[60], die *Konsequenztheorie* den pragmatisch handfestesten, aus Common-sense-Perspektive gesehen effizientesten, und schließlich die *Konsenstheorie* den konstruktiv einfachsten, für die Lösung des Entscheidungsproblems praktischsten Wahrheitsbegriff aufzuweisen. Trotzdem ist es die von allen Wahrheitstheorien am meisten mit ungeklärter Metaphysik belastete Korrespondenztheorie gewesen, die dem metatheoretischen Ziel einer einheitlichen, umfassenden und auch in der Wissenschaftspraxis anwendbaren Wissenschaftskonzeption am nächsten gekommen ist, weil ihr Wahrheitsbegriff auf dem gemeinsamen Nenner eines *kritischen Realismus* mit den anderen metatheoretischen Leitbegriffen die stimmigste Synthese bildet, die den materialen Minimalbedingungen für erfahrungswissenschaftliche Theorien (siehe Zweiter Teil, A II 2) am zwanglosesten gerecht wird. Das in die üblichen Bestimmungen des Informations- und Gesetzesbegriffes eingebaute Präjudiz für einen – wenn auch vielleicht nur minimalen – Realismus ist dafür verantwortlich und liefert zugleich die Erklärung, warum dies kein Zufall ist. Kommt zum ontologischen Realismus noch ein epistemologischer Fallibilismus hinzu, der aus dem Scheitern des klassischen Begründungsprogramms die nötigen Konsequenzen zieht, dann wird dieser Effekt noch wesentlich verstärkt. Darin liegt zum Beispiel die Stärke der Popperschen Wissenschaftskonzeption.

A III. Interpretation von Theorien

Erst durch geeignete Interpretation werden sprachliche Zeichen zu Begriffen (oder, wenn man diese als selbständige Entitäten betrachtet: mit Begriffen verbunden), Zeichenfolgen (Aussagenfunktionen) zu Aussagen, formale Systeme zu inhaltlich gedeuteten und damit potentiell informativen Erkenntnissystemen; kurz: Theorie-Schemata ohne Realitätsbezug, Informationsgehalt und Wahrheitswert zu echten, gehaltvollen Theorien, wie sie zur Erkenntnis von aussagentranszendenten möglichen oder wirklichen »Welten« erforderlich sind. Obwohl das Verhältnis von Formalismus und dessen *möglicher* Interpretation durchaus vieldeutig ist, weil für jedes formale System grundsätzlich alternative Interpretationsmöglichkeiten bestehen, hängt der Erkenntniswert der Theorien wesentlich davon ab, daß die Theorie-Schemata eine *bestimmte*, möglichst *eindeutige* Interpretation erhalten.
Erkenntnistheoretisch gesehen sind Theorien primär *semantische* Systeme. Die Interpretation, die aus formalen Systemen semantische Systeme macht, indem eine semantische Designationsbeziehung zwischen den Elementen der Theorie-Schemata und den Elementen der »Wirklichkeit« – eines intendierten »Modells« im Sinne der logischen Modelltheorie[61], d. h. eines realen oder postulierten Objektbereichs – herstellt, erfolgt durch *semantische Annahmen*, die, rein formallogisch gesehen, einfach als zusätzliche Postulate des deduktiven Systems der Theorien anzusehen sind. Eine hinreichend umfangreiche Menge von aufeinander abgestimmten semantischen Annahmen bildet ein *interpretatives System*[62] für Theorien (oder, vor der Interpretation gesehen: Theo-

rie-Schemata), dessen Elemente interpretative Sätze (Signifikanzpostulate, »meaning postulates«[63]) sind, die als semantische Zuordnungsregeln (»correspondence rules«[64]) fungieren. Sie können logischen (im Falle expliziter Definitionen mittels analytischer Sätze), konventionellen (im Falle konventionell festgesetzter, »willkürlicher« Zuordnung im Rahmen alternativer Möglichkeiten) oder empirisch-theoretischen (im Fall von Zuordnung kraft nomologischer Hypothesen) Charakter haben.[65]

Ein wichtiger Spezialfall ist die *intertheoretische Interpretation* von Theorie-Schemata via theoretische *Modelle*, d. h. durch Rekurs auf bereits interpretierte strukturgleiche (isomorphe) Theorien. In diesem Falle stellen – im Bild des Stufenmodells der Erkenntnis gesprochen – die semantischen Annahmen nicht eine »vertikale« Verbindung zwischen Theorie und Wirklichkeit her, sondern eine »horizontale« Verbindung auf der theoretischen Ebene zwischen den Ausdrücken eines Theorie-Schemas T_1 und denen einer Theorie T_2 mit vorgegebener Interpretation, die insofern als interpretatives Modell für T_1 fungiert.[66] Als interpretative Sätze *über* Sätze bedürfen hier die semantischen Annahmen metasprachlicher Formulierung.

Was das erste Hauptproblem der ganzen Interpretationsproblematik angeht – die Frage der *grundsätzlichen Interpretationsmöglichkeiten formaler Theorie-Schemata* schlechthin (vgl. Zweiter Teil A II 2, S. 129 –, so ergeben sich aus der Tatsache, daß man einerseits bei der Konstruktion des formalen Teils der Theorien entweder (1) die erkenntnistheoretisch elementaren oder (2) die erkenntnistheoretisch abstrakten Ausdrücke (Terme, Begriffe) als primitive, d. h. undefinierte Ausdrücke annehmen und zu Grundbegriffen des deduktiven Systems machen kann, andererseits bei der Interpretation des Formalismus mittels semantischer Annahmen (interpretativer Systeme) entweder (a) bei den elementaren oder (b) bei den abstrakten Ausdrücken ansetzen kann, durch Kombination beider Gesichtspunkte von vornherein vier Möglichkeiten für Aufbau und Interpretation von Theorie-Schemata.[67]

Das führt zu *vier grundsätzlich möglichen alternativen Interpretationsstrategien* für Theorie-Schemata, wobei wesentlich verschiedene Ergebnisse in Form von alternativen Theoriekonzeptionen mit jeweils spezifischer Eigenproblematik zu erwarten sind. Die moderne Wissenschaftstheorie empiristischer Ausrichtung (repräsentiert insbesondere durch das metawissenschaftliche Paradigma des Carnapschen Zwei-Sprachen-Modells) tendiert dazu, in der Kombination *2 a* die natürliche und zugleich zweckmäßigste – vor allem auch: realisierbare – Strategie für den Aufbau und die Interpretation erfahrungswissenschaftlicher Theorien zu sehen, die dem empiristischen Wissenschaftsprogramm am besten gerecht wird. Diese Auffassung hat sich allerdings als recht problematisch erwiesen.[68]

In Anwendung auf das empiristische Stufenmodell der Erkenntnis führt die Strategie *2 a* zur bekannten *Standardinterpretation wissenschaftlicher Theorien,* die in den Termen der Beobachtungssprache (Beobachtungsbegriffe, »Observable«) die erkenntnistheoretisch elementaren Ausdrücke mit vollständiger empirischer Interpretation (vorgegeben durch den common sense der wissenschaftlichen Gebrauchssprache oder hergestellt durch semantische Annahmen in Form von »Hinweisdefinitionen«, »operationalen Definitionen« etc.) sieht (Strategie *a*), aber nichtsdestoweniger die »an sich« erkenntnistheoretisch *und* semantisch abstrakten, d. h. zunächst uninterpretierten theoretischen Terme (die Eigenbegriffe der theoretischen Sprache) als Grundbegriffe des ganzen Systems nimmt (Strategie *2*), die durch Verbindung mit den Beobachtungsbegriffen mittels semantischer »Korrespondenzregeln« oder »Brückengesetzen« eine nachträgliche, indirekte, immer nur *partielle* empirische Interpretation erhalten (Methode der indirekten, nur partiellen Interpretation der theoretischen Begriffe, zum Beispiel durch Carnapsche Reduktionssätze: eine Konsequenz der Entscheidung für die Interpretationsstrategie *2 a).*

Inzwischen hat die Entwicklung der metatheoretischen Forschung zumindest diesen speziellen positivistischen Ansatz, wenn nicht das empiristische Wissenschaftsprogramm überhaupt, weitgehend überholt[69], sogar in der Sicht seiner eigenen Proponenten.[70] Dabei hat sich einerseits zwar die Carnapsche Meinung voll bestätigt, daß als Grundbegriffe für wissenschaftliche Theorien von komplexer Struktur, großer Allgemeinheit und Problemlösungskraft nur die erkenntnistheoretisch abstrakten, hochtheoretischen Begriffe infrage kommen (also Strategie 2), andererseits aber das empiristische Postulat einer theorieunabhängigen, direkt und vollständig empirisch interpretierten Beobachtungssprache mit direktem Realitätskontakt als positivistisches Vorurteil erwiesen, das auf einer unhaltbaren Deutung der Erfahrung selbst sowie der erkenntnistheoretischen Rolle der sogenannten empirischen Basis beruht.[71]

Deshalb wird die Standardinterpretation der Problemsituation gerade in den fortgeschrittensten Wissenschaften, insbesondere in der modernen Physik, nicht gerecht.[72]
Die Forschungsergebnisse der Wissenschaftstheorie wie auch die der Wissenschaftsgeschichte (Agassi, Feyerabend, Hanson, Kuhn, Lakatos, Popper, Sellars u. a.) sprechen eher für das alternative Interpretationsprogramm *2 b*, das die theoretischen Ausdrücke direkt oder über Modelle – auf jeden Fall aber ohne semantischen Rekurs auf eine vorgegebene, »neutrale« Beobachtungssprache – mit der Realität verbindet, den Theorien ihre *eigene*, theoriegeladene und entsprechend theorieabhängige Beobachtungssprache zuweist und in der semantischen Dimension das positivistische Prioritätsverhältnis von »Theorie« und »Empirie« umdreht. Radikale Kritiker der Standard-Wissenschaftskonzeption (wie zum Beispiel Feyerabend) gehen sogar so weit, das positivistisch-empiristische Fundierungsverhältnis nicht nur für das semantische Interpretationsproblem, sondern auch für das methodologische *Prüfungs*problem der Theorien in Frage zu stellen. Dieses radikale Alternativ-Wissenschaftsprogramm liegt am Ende der Entwicklungslinie vom monistischen (klassisches Begründungsmodell) über das monotheoretische (Poppers Falsifikationsmodell) zum pluralistischen Prüfmodell (Feyerabend, Lakatos, Naess) (siehe Zweiter Teil, A IV).
Das zweite Hauptproblem der Interpretation wissenschaftlicher Theorien – das *Problem der philosophischen Deutung von Gesetzesaussagen*, oder neutral gesagt, um kein Präjudiz für eine propositionale Deutung (»statement view«[73]) in die Problemstellung einfließen zu lassen: der nomologischen Komponenten von Theorien – ist vom ersten Hauptproblem, innerhalb dessen Bezugsrahmen es anzusetzen und in Abstimmung zu dessen vorgängiger Lösung es selbst zu lösen ist, nicht unabhängig, erfordert aber als das vergleichsweise speziellere Problem die Beachtung *zusätzlicher* Bedingungen, so daß es mit der Lösung des ersten Hauptproblems nicht, auch nicht »im Prinzip«, als automatisch mitgelöst betrachtet werden kann. Andererseits ist es auch das weniger grundsätzliche Problem, das flexiblerer Behandlung und damit *Sonderlösungen* zugänglich ist.
Aus dem erkenntnistheoretischen Tatbestand der Pluralität grundsätzlicher philosophischer Deutungsmöglichkeiten von Theorien[74] sowie dem dazu parallelen Tatbestand der allgemeinen

Möglichkeit, die empirische »Interpretationslast« und deren Folgelasten innerhalb des durch die materialen Bedingungen (siehe Zweiter Teil, A II 2) abgesteckten Rahmens weitgehend beliebig auf die verschiedenen Komponenten erfahrungswissenschaftlicher Theorien zu verteilen, ergibt sich für die Interpretation der Gesetzesaussagen ein erweiterter Freiheitsspielraum. Zwar muß mindestens *eine* Komponente jeder selbständigen Theorie realistisch interpretiert sein und Informationsgehalt aufweisen, aber das muß nicht unbedingt die nomologische Komponente sein. Desgleichen muß zwar das *Ganze* einer selbständigen Theorie empirisch prüfbar sein, aber auch das muß nicht unbedingt für deren Gesetzesaussagen gelten. *Die nomologischen Komponenten* (gesetzartigen Aussagen, Regeln, Postulate etc.) *sind vielseitiger interpretierbar als die Theorien im Ganzen.*

Als integrale Bestandteile wissenschaftlicher Theorien können Gesetzesaussagen (im weiteren Sinne, der auch uneigentliche Aussagen einschließt) im Rahmen dieser Theorien in ebenso variantenreicher wie variabler Weise fungieren:[75]

(1) als *definitorische Prinzipien*, durch die die Grundbegriffe der Theorie oder umfassenderer Erkenntnissysteme implizit definiert werden;

(2) als *Summations- und Ordnungsprinzipien*, die im Rahmen von Theorien Kollektionen empirischer Daten gemäß systemlogischen Ökonomie- und Einfachheitspostulaten zusammenfassen;

(3) als *aussagenerzeugende Prinzipien* im Sinne von Anweisungen für die Datenproduktion, d. h. als Formationsregeln (Schlick: »Anweisung zur Bildung von Aussagen«[76]) oder Transformationsregeln (materiale Schlußregeln; Ryle: »inference-ticket«[77]) für »echte«, also empirische Aussagen;

(4) als den einzelnen Theorien vorgeschaltete *prototheoretische* oder übergeordnete *metatheoretische Prinzipien* konstitutiver oder regulativer Art, die die notwendigen Voraussetzungen oder Rahmenbedingungen empirischer Erkenntnis repräsentieren;

(5) als *echte*, selbst informative *Aussagen* allgemeiner und theoretischer Natur mit unverkürztem Realitätsbezug und dem vollen Interpretations-, Informations- und Wahrheitspotential synthetischer Sätze (»statement view«);

(6) als *meßtechnische Postulate* zur Größenbestimmung bestimmter Parameter der Theorien;

(7) schließlich in betont praktischer Auslegung als technologische

Herstellungsanweisungen, zum Beispiel für den Bau von Instrumenten, die unter anderem bei der eigenen Geltungsbestimmung der Theorie im empirischen Prüfprozeß eine erkenntnistheoretisch relevante Anwendung finden.

Diese Multifunktionalität der Gesetzesaussagen im Rahmen wissenschaftlicher Theorien und umfassenderer theoretischer Erkenntnissysteme ist *ein* Grund für die Pluralität alternativer Deutungsmöglichkeiten – mit weitgehender Vertauschbarkeit der Rollen von Festsetzungen (Konventionen) und Feststellungen (hypothetischen Annahmen mehr empirischer oder mehr theoretischer Natur)[78] – der Gesetzesaussagen sowie der sie enthaltenden Theorien überhaupt.

Die verschiedenen metatheoretischen Lösungsvorschläge für das Interpretationsproblem der Gesetzesaussagen – die übrigens fast durchweg monistischer Natur sind, weil sie *eine* Funktion der Gesetzesaussagen als *die* Funktion schlechthin auszugeben und von *einer* ganz bestimmten, ein für allemal fixierten Rollenverteilung von Festsetzung und Feststellung in den Theorien auszugehen pflegen – lassen sich im wesentlichen auf drei Grundpositionen reduzieren:

(1) Das positivistische *Eliminierungsprogramm* zielt auf eine Radikallösung durch möglichst weitgehende *Enttheoretisierung* der wissenschaftlichen Erkenntnis ab, indem es dem Stufenmodell der Erkenntnis die »theoretische Spitze« – d. h. alles, was über das Abstraktions- und Verallgemeinerungsniveau sogenannter empirischer Generalisierungen hinausgeht – durch Reduktion auf die empirische Ebene oder, soweit sich dies als unmöglich erweist, ersatzlos amputiert. Konsequent praktiziert, würden dieser positivistischen Radikalkur alle Gesetzesaussagen, die theoretische Begriffe wesentlich (d. h. im Quineschen Sinne prinzipieller Nichtersetzbarkeit) enthalten, zum Opfer fallen: die sogenannten theoretischen Gesetzesaussagen also, welche im Rahmen dieses Eliminierungsprogramms bestenfalls noch als nützliche Fiktionen auftreten könnten. Ob sich, wie angenommen, in dieser defizienten Wissenschaftskonzeption wenigstens die experimentellen Gesetzesaussagen, die als bloße Generalisierungen empirischer Befunde angesehen werden, halten lassen, muß allein schon wegen der in ihnen üblicherweise vorkommenden kryptotheoretischen Dispositionsbegriffe fragwürdig erscheinen.

Dem positivistischen Eliminierungsprogramm ist der radikale

Deskriptivismus, wie er vor allem in der Wissenschaftstheorie des 19. Jahrhunderts (von Hertz bis Mach und Pearson) propagiert wurde, ebenso verpflichtet wie der atheoretische *Phänomenalismus* und die modernen, mehr formallogisch orientierten Enttheoretisierungsprogramme (von der Ramsey-Methode bis zum Craigschen Theorem[79]).

Alle diese Eliminierungsprogramme scheitern, von ihren jeweiligen internen formalen und inhaltlichen Schwierigkeiten ganz abgesehen, an dem fundamentalen erkenntnistheoretischen Tatbestand, daß sich, wenigstens bis zu einem gewissen Grade, zwar die Interpretationslast der Gesetzesaussagen, *nicht aber ihre Funktionslast* – als einheitsstiftende Systematisierungs- und Erklärungsprinzipien sowie als Träger der spezifisch nomologischen Information – auf andere Komponenten der Theorien verlagern läßt. Die positivistische Verzichtslösung führt zur Destruktion der wissenschaftlichen Theoriekonzeption und erweist sich damit als eine *Scheinlösung*.

(2) Im Gegensatz zum Eliminierungsprogramm – mit fließenden Übergangsformen, wie dem Fiktionalismus und der Ramsay-Methode – geht das *Neutralisierungsprogramm* von der grundsätzlichen funktionalen Unersetzbarkeit der experimentellen *und* theoretischen Gesetzesaussagen aus, versucht sie aber *als (echte, kognitive) Aussagen* mit unverkürztem Erkenntnisanspruch und dementsprechend voller epistemologischer Geltungs- und semantischer Interpretationsproblematik zu neutralisieren, indem es sie entweder zu geltungs- und interpretationsmäßig relativ unproblematischen *trivialen* (weil analytischen oder tautologisierten) *Aussagen*, deren Geltungsanspruch lediglich der einer »truth by convention« (Quine) ist, oder zu *uneigentlichen Aussagen* (Schein- oder Quasi-Aussagen wie Standards, Maximen, Schlußregeln u. dgl.) macht. Die so durch Neutralisierung erkenntnistheoretisch entproblematisierten Gesetzesaussagen werden damit zu selbst nicht informativen, unselbständigen Theoriekomponenten, die trotz eigener Unentbehrlichkeit nur in Verbindung mit anderen Komponenten der Theorie Erkenntniswert haben können.

Einem solchen hinsichtlich der erfaßten Theoriekomponenten mehr oder weniger ausgedehnten Neutralisierungsprogramm folgen der *Konventionalismus* (Duhem, Poincaré, Le Roy)[80], der *Instrumentalismus* (Schlick, Ryle, Toulmin, Nagel, Suppes)[81], ferner der ganze *Black-box*-Ansatz[82] zur Interpretation wissenschaftli-

cher Theorien sowie am Rande, mit einigen Abstrichen, der *Exhaustionismus Dinglers* mit seinem operativen »Herstellungsstandpunkt«, der zumindest die für fundamental gehaltenen Gesetzesaussagen der Wissenschaft praktisch tautologisiert.[83]
Von ungelösten Eigenproblemen jeder speziellen Variante dieses Ansatzes wiederum völlig abgesehen, läßt sich gegen das ganze Neutralisierungsprogramm überhaupt ein allgemeiner erkenntnistheoretischer Einwand vorbringen, der gegenüber anspruchsvollen, umfassend gedachten Wissenschaftskonzeptionen dieser Art durchaus schwer wiegt: das Neutralisierungsprogramm ist *nur beschränkt realisierbar*, weil man sinnvollerweise immer nur einen *Teil* der Elemente (Aussagenmenge) einer Theorie zu trivialen oder uneigentlichen Aussagen herunterinterpretieren kann, ohne den Theorien jeglichen informativen Erkenntniswert zu nehmen.[84]
Da der Neutralisierungsansatz bestenfalls partiell durchführbar ist, kann er nie zu einer *einheitlichen Interpretation* aller Komponenten der Theorien, damit nicht zu einer einheitlichen Semantik wissenschaftlicher Theorien und als Folge davon auch nicht zu einer *einheitlichen interpretativen Wissenschaftskonzeption* führen. Dazu kommt als zweiter grundsätzlicher Einwand eine erkenntnistheoretische Unplausibilität, die einen verborgenen inneren Grundwiderspruch des ganzen Programms schlechthin signalisiert. Sie liegt in der schwer verständlichen, im Grunde unnötigen Diskrepanz zwischen der zentralen Stellung der nomologischen Komponenten, die Aussagenmengen erst zu wissenschaftlichen Theorien und theoretische Erkenntnis erst zu systematischer wissenschaftlicher Erkenntnis machen, einerseits, und dem ihnen zugeschriebenen geringen Informationswert als erkenntnistheoretisch völlig unselbständige inhaltliche (!) Komponenten der Theorien – als ob die eigentliche wissenschaftliche Erkenntnisleistung im Ergebnis doch wiederum nur in Kollektionen singulärer Daten läge. Der spezifisch *nomologische* Charakter wissenschaftlicher Information bleibt bei dieser Interpretation der Gesetzesaussagen ungeklärt.
Im Vergleich zur Scheinlösung des Eliminierungsprogramms leistet das Neutralisierungsprogramm zwar etwas mehr, liefert aber im Ergebnis doch nur eine *Schwundlösung*, d. h. eine Lösung des zuvor in der erkenntnistheoretischen Problemstellung verkürzten Problems der Interpretation von Gesetzesaussagen.
(3) Das *klassische Interpretationsprogramm* insistiert auf der un-

eingeschränkten Anwendung der semantischen Begriffe von (inhaltlicher) Wahrheit und Falschheit sowie des Informationsgehalts auch auf allgemeine Sätze – einschließlich der Gesetzesaussagen vom empirischen bis zum höchsten theoretischen Niveau –, denen damit im Rahmen der klassischen Wissenschaftskonzeption der volle Status echter Aussagen zugesprochen wird. Bei (für diesen Ansatz naheliegender, ja erzwungener) Zugrundelegung einer Korrespondenztheorie der Wahrheit führt das klassische Interpretationsprogramm zur *realistischen Deutung der Gesetzesaussagen* und damit, jedenfalls dem Anspruch nach, zur vollen und einheitlichen Lösung des Interpretationsproblems wissenschaftlicher Theorien im Rahmen eines betont *kritischen* Realismus (Bunge, Feigl, Feyerabend, Victor Kraft, Popper, Wilfrid Sellars u. a.). Kritisch ist dieser Realismus insbesondere auch gegenüber den interpretativ überzogenen realistischen Extrempositionen des naiven Realismus eines alltäglichen oder wissenschaftlichen common sense sowie des metatheoretischen Hyperrealismus, der (zum Beispiel in der Spätphilosophie Poppers[85]) nicht nur den Objektbereich der Theorien, sondern auch *diese selbst* realistisch ontologisiert.

(3a) Die eigentliche, in der erkenntnistheoretischen Zielsetzung maximalistische klassische Wissenschaftskonzeption ordnet das klassische *Interpretations*programm in den Problemkontext des bereits erwähnten klassischen *Erkenntnis*programms (siehe Zweiter Teil, A II 3) ein, dessen epistemologischer Certismus und Fundamentalismus auch in diesem Zusammenhang ein durchgängiges Element der *Notwendigkeit* involviert: Gesetzesaussagen (oder jedenfalls einem für fundamental gehaltenen Teil davon) wird erkenntnistheoretisch notwendige Geltung zugeschrieben, sei es die vorgegebene Wahrheit von – kantisch gesprochen – synthetischen Wahrheiten a priori, sei es die im nachhinein durch Vollbegründung hinreichend gesicherte Wahrheit von zunächst hypothetischen Aussagen.

(3b) Im Gegensatz zur klassisch-realistischen Position verbindet der *neoklassische,* auch in epistemologischer Hinsicht betont *kritische Realismus* (Bunge, Feyerabend, Popper u. a.) das klassische Interpretationsprogramm mit einem mehr (besonders in der Popper-Schule) oder weniger konsequent durchgehaltenen *epistemologischen Fallibilismus.* Indem dieses neoklassische Interpretationsprogramm die Gesetzesaussagen realistisch und fallibilistisch zugleich deutet, läßt es keinerlei Abstriche von ihrem beanspruchten Status als echte, informative Aussagen zu, reduziert jedoch den überzogenen klassischen (im Sinne notwendiger, epistemologisch gesicherter Wahrheiten) Geltungsanspruch auf ein vernünftiges und erkenntnistheoretisch haltbares, nämlich auf das normale hypothetische Maß nichtleerer wissenschaftlicher Aussagen. Realwissenschaftliche Gesetzesaussagen werden damit ausnahmslos zu nichts mehr und nichts weniger als allgemeinen und informativen theoretischen Aussagen vom Status *nomologischer Hypothesen.*

Was die Eigenprobleme angeht, so steht das neoklassische Interpretationsprogramm möglicherweise kaum besser, in Einzelpunkten vielleicht sogar schlechter da als die Alternativprogramme. Aber die Qualitäten aller dieser Positionen sind – wie schon im Falle der Wahrheitstheorien erläutert – nicht isoliert, sondern im Kontext der ganzen Wissenschaftskonzeption, in die sie integriert werden sollen, zu beurteilen.

So liegt auch der gewichtigste Vorzug des neoklassischen Interpretationsprogramms in dessen Fähigkeit, in Verbindung mit anderen metatheoretischen Ideen eine einheitliche, kohärente Gesamtkonzeption zu bilden, in der alle wesentlichen Teile vielleicht nicht optimal, aber besser als in jeder alternativen Konzeption aufeinander abgestimmt sind: das Erkenntnismodell (des fallibilistischen Kritizismus Popperscher Prägung), die Metaphysik und Ontologie (des kritischen Realismus), die Wahrheitskonzeption (der Korrespondenztheorie), die Informationstheorie, die Semantik der Theorien und das philosophische Interpretationsprogramm für Gesetzesaussagen, das Prüfmodell (des Popperschen Falsifikationismus in seiner Feyerabendschen pluralistischen Erweiterung), die diesem Prüfmodell entsprechende (falsifikationistisch-pluralistische) Heuristik und Methodologie sowie die auf das Ganze abgestellte (Revolutions-)Theorie des Erkenntnisfortschritts. Insbesondere wird auch die beim Neutralisierungsprogramm diagnostizierte Unplausibilität durch das neoklassische Interpretationsprogramm beseitigt, in dessen Rahmen die zentrale systemlogische Stellung der Gesetzesaussagen ihrem Rang als Hauptinformationsträger der Theorien völlig entspricht.

Zu dieser neoklassischen Gesamtkonzeption der wissenschaftlichen Erkenntnis gibt es bis jetzt zwar eine Fülle »lokaler«, als solche im Einzelfall vielleicht sogar besserer Alternativen zu *Teilen* des neoklassischen Programms, aber noch keine allseits gleichermaßen entwickelte »globale« Alternative.[86]

A IV. Anwendung von Theorien

Unter den verschiedenen Anwendungsmöglichkeiten wissenschaftlicher Theorien (siehe Zweiter Teil, A I) bilden die Anwendung zur *Erklärung* und die Anwendung zur *Prüfung* (des eigenen Geltungsanspruchs und zur Kritik des Geltungsanspruchs alternativer Theorien) die beiden erkenntnitheoretisch wichtigsten Fälle: der *Erklärungsfall*, weil er die Anwendungsart für wissenschaftliche Erkenntnis ist, auf die das »theoretische« Erkenntnisinteresse, verstanden als »reines« Wahrheitsinteresse, unmittelbar ausgerichtet ist und von dem es sich seine tiefere, nicht nur deskriptiv-konstatierende Erfüllung – die Beantwortung der *Warum*-Frage nach Ursachen, Gründen und allgemeinen gesetzmäßigen Zusammenhängen – verspricht; der *Prüfungsfall*, weil von ihm die Lösung des erkenntnistheoretischen Grundproblems – des Geltungsproblems, speziell des Entscheidungsproblems (siehe Zweiter Teil, A II 3) – erwartet werden kann.
Für die explanatorische (und prognostische: im Sinne nomologischer Prognosen, die wissenschaftlichen Erklärungen strukturgleich sind) Anwendung erfahrungswissenschaftlicher Theorien ist von der modernen Wissenschaftstheorie ein deduktives Erklärungsschema entwickelt worden, dessen entwickeltste und einflußreichste Form das *Hempel–Oppenheim–Erklärungsmodell* darstellt.[87] Darauf soll hier jedoch nicht weiter eingegangen werden.
Die Anwendung von Theorie zur Prüfung ihrer selbst oder anderer Theorien umfaßt zwei Gegenstände und zwei Arten der Prüfung: im Hinblick auf den »Gegenstand« die Prüfung der beiden inhaltlichen Grundkomponenten wissenschaftlicher Theorien, nämlich der Festsetzungen (Konventionen) und der Feststellungen (Tatsachenbehauptungen); der Art nach empirische und nichtempirische Prüfung.
Obwohl die Allgegenwart und dementsprechend große epistemologisch-methodologische Relevanz von konventionellen Festsetzungen in der Wissenschaft, einschließlich der konventionellen Komponenten in den wissenschaftlichen Theorien selbst, von der modernen Wissenschaftstheorie – auch jener Ausrichtung, die sich

keinem erkenntnistheoretischen Konventionalismus traditioneller Prägung verpflichtet weiß – ziemlich einhellig anerkannt und, mit einigen Abstrichen, auch berücksichtigt wird, ist die Entwicklung epistemologischer *Kriterien* und methodologischer *Verfahren* für die systematische *Prüfung von Festsetzungen* vernachlässigt worden. So gibt es bislang weder allgemeine, detailliert ausgearbeitete und hinreichend leistungsfähige empirische noch nichtempirische Prüfmodelle für (intra- und metatheoretische) Festsetzungen. Die Suche nach objektiven *Bewertungskriterien für Festsetzungen*, die eine rationale Beurteilung der effektiven Leistungen von Festsetzungen im Hinblick auf das postulierte Erkenntnisziel ermöglichen, hat über präzise, aber offensichtlich unzureichende formale Kriterien (insbesondere Konsistenz) und unspezifische halbformale oder materiale Allerweltskriterien (Rationalität, Objektivität, Kritisierbarkeit, Revidierbarkeit u. dgl.) nicht hinausgeführt. Mangels präziser, hinreichend differenzierungsfähiger Kriterien und effektiver Standards bleiben zwangsläufig auch die *Prüfungsverfahren* – üblicherweise die vielbeschworene »rationale Diskussion« ohne klare, im voraus spezifizierte formale Spielregeln, inhaltliche Erfolgsmaßstäbe sowie an der anvisierten Problemlösungskraft der Lösungsvorschläge orientierte selektive Regulierungen – im Ablauf ungeregelt, im Ergebnis dem »irrationalen« Einfluß von Zufall und Willkür (*Dezisionismus*) unterworfen.
Insgesamt läßt sich gegen alle bekannten Prüfmodelle für Festsetzungen (vom Rationalitätsmodell des Popper-Albertschen kritischen Rationalismus bis zum Konsensmodell der Apel-Habermasschen transzendentalen Hermeneutik, die *beide* bezeichnendermaßen lediglich unspezifische Allerweltsverfahren wie »rationale Diskussion« und undifferenzierte Allerweltskriterien wie »Rationalität«, *ansonsten aber praktisch nichts* in das Prüfmodell einzubringen in der Lage sind) einwenden, daß sie in der Problemstellung und Problemlösung zu diffus, zu unspezifisch und zu undifferenziert, folglich im Hinblick auf eine strenge kritische Prüfung der Festsetzungen wenig leistungsfähig sind. Während für die Prüfung von Tatsachenbehauptungen alternative Konzeptionen, wie zum Beispiel das Verifikations- und das Falsifikationsmodell, durchgängig *wesentliche Unterschiede* involvieren – der Zielsetzung, Kriterien, Regeln, Verfahren wie auch dem anvisierten praktischen Ergebnis und seiner philosophischen Deutung nach –, macht es praktisch keinen überzufälligen Unterschied im Ansatz,

im Verfahren wie auch im Ergebnis, ob sich die »rationale Diskussion« von Festsetzungen der Popperschen Idee rechtfertigungsfreier Kritik, dem Habermasschen Postulat herrschaftsfreier, vernünftiger Konsensbildung, dem pragmatischen Dezisionismus angeblich voraussetzungsloser »freier Entscheidung« oder dem konservativen Prinzip unprätentiöser, geradliniger Apologie verpflichtet weiß. Auf zirkuläre Selbstrechtfertigung der eigenen Position läuft die »rationale Diskussion« von Festsetzungen allemal hinaus, auch wenn sie, wie insbesondere im kritischen Rationalismus und in der Kritischen Theorie, im Namen der Idee der Kritik erfolgt.

Praktisch bleibt es deshalb in aller Regel bei der optimistischen Erwartung, daß die *intra*theoretischen konventionellen Komponenten bei der Prüfung der hypothetischen Komponenten wissenschaftlicher Theorien immer irgendwie »mitgeprüft« werden, während die *meta*theoretischen Festsetzungen durch rationale Diskussion zumindest grob vorselektiert – was allerdings mehr auf eine Prüfung ihrer *Vereinbarkeit* mit der Gesamtkonzeption als auf eine strenge erkenntniskritische Prüfung ihrer selbst hinausläuft –, im übrigen aber einer für hinreichend gehaltenen indirekten Prüfung unterworfen sind, indem sie sich *zusammen* mit den jeweiligen Theorien bewähren oder aber *zusammen* mit ihnen scheitern.[88] Da der Zusammenhang zwischen intratheoretischen konventionellen und hypothetischen Komponenten ebenso wie das Verhältnis der Theorien selbst zu den metatheoretischen Festsetzungen grundsätzlich nicht invariant ist und im Einzelfall durchaus vieldeutig sein kann, insgesamt also erkenntnistheoretisch alles andere als stringent ist, kann dies auch die Ko-Prüfung der intratheoretischen und die indirekte Globalprüfung der metatheoretischen Festsetzungen kaum sein. Ein Prüfmodell für intra- und metatheoretische Festsetzungen – wie auch für Konventionen in und außerhalb der Wissenschaft schlechthin –, das dem Postulat der strengen erkenntniskritischen Prüfung von Festsetzungen erst einen vernünftigen, spezifischen, differenzierungsstarken Sinn gibt, sowie eine praktikable Prozedur liefert, steht immer noch aus.

Dagegen sind für die Prüfung der hypothetischen *Feststellungen* (Tatsachenbehauptungen im weitesten Sinne) in Theorien eine Reihe von Prüfmodellen sowohl vorwiegend empirischer als auch vorwiegend nichtempirischer Art – wobei die klare Trennung des empirischen und nichtempirischen Moments oft unmöglich, aber auch unnötig ist – detailliert entwickelt worden. Die *nichtempirischen* Prüfverfahren komplettieren das Prüfarsenal für Theorien, indem sie die empirischen Prüfarrangements durch »vorempirische« (formale) und »überempirische« (spekulative, metaphysische, »kosmologische«) Prüfungen teils ergänzen, teils sogar ersetzen. Zum empirischen *Realexperiment* kommen damit das *Formalexperiment*[89] (das jedoch üblicherweise nicht als »Experiment«, sondern als rechenhafte formale Operation mit schematisiertem Ablauf und kalkulierbarem Resultat verstanden wird, was jedoch seinem Prüfungscharakter keinerlei Abbruch tut) und das *Gedankenexperiment*[90] hinzu. Es besteht weitgehende Einigkeit darüber, daß für den (positiven oder negativen) Wahrheitsentscheid erfahrungswissenschaftlicher Theorien die nichtempirische Prüfung grundsätzlich notwendig ist, aber *nicht hinreichend* sein kann, es sei denn, daß sie zum Nachweis einer intratheoretischen logischen Inkonsistenz führt, was immerhin für den negativen Entscheid der Wahrheitsfrage hinreichend wäre. Von diesem erkenntnislogisch degenerierten Grenzfall abgesehen, liegt die epistemologisch-methodologische Bedeutung nichtempirischer Bewertungskriterien und Prüfverfahren darin, daß sie über den vergleichsweise engen empirischen Bereich hinaus grundsätzlich – geeignete Prüfarrangements in relevanten Testsituationen vorausgesetzt – die Prüfbarkeit der Theorien steigern, die Klasse der relevanten Prüfinstanzen erweitern, die logische Strenge und epistemologische »Sensitivität« der Prüfverfahren vergrößern und die Prüfung selbst insgesamt verschärfen. Das ist insbesondere dann wichtig, wenn die empirische Überprüfung der Theorien auf große Hindernisse stößt oder gar völlig unmöglich ist.[91]

Bei der metatheoretischen Behandlung der Überprüfungsproblematik erfahrungswissenschaftlicher Theorien hat sich die Wissenschaftstheorie etwas einseitig auf die Entwicklung *empirischer Prüfmodelle* – die auch die Erfahrung, d. h. empirische Befunde, als grundsätzlich relevante Prüfinstanzen anerkennen und als solche im Entscheidungsverfahren allein- oder zumindest wesentlich mitbestimmen lassen – konzentriert und auch eine Reihe detailliert ausgearbeiteter Konzeptionen speziell zur Überprüfung der hypothetischen Feststellungen in erfahrungswissenschaftlichen Theorien vorgelegt.

Die empirische Prüfung der Theorien betrifft die Beziehungen zwischen *Theorie und Erfahrung* im Hinblick auf das Entscheidungsproblem. Damit ist das erkenntnistheoretische Grundverhältnis erfahrungswissenschaftlicher Theorien angesprochen, implizit auch schon dessen grundsätzliche Relevanz für die empirische Überprüfungsproblematik konstatiert, ohne allerdings bereits die Prüfungsmodalitäten fixiert, die grundsätzlich möglichen und erkenntnistheoretisch zugelassenen Ergebnisse angegeben sowie die spezifische Rollenverteilung für »Theorie« und «Erfahrung« im Prüfprozeß festgelegt zu haben. Dazu bedarf es zunächst einiger epistemologisch-methodologischer Vorentscheidungen[92], durch die die Problemsituation genügend strukturiert wird, um eine Lösung des Entscheidungsproblems überhaupt erst in den Bereich des Möglichen zu bringen.

Die wichtigste Vorentscheidung bezüglich des (Prüfungs-)Verhältnisses von Theorie und Erfahrung betrifft die Frage, *was* im Konfliktfall grundsätzlich zur Disposition stehen soll, um das gestörte potentielle Wahrheitsverhältnis wieder herzustellen: entweder die Theorie(n) oder die Erfahrung, oder beides. Für das Grundverhältnis von Theorie und Erfahrung im Rahmen von Prüfmodellen bedeutet dies, allgemein gesprochen, die Entscheidung über *Exhaustion* oder *Variation* der Theorien.[93] Schrankenlose Exhaustion der Theorien – wie sie für die »reinen«, als Tautologien gedeuteten Gesetze von Dingler propagiert wird, in dessen operativistischer Wissenschaftskonzeption epistemologischer Certismus und methodologischer Exhaustionismus nicht zufällig zusammenfließen – schreibt die Theorien fest und schließt damit den Fall empirischer Prüfung der Theorien von vornherein aus, sofern darunter die Möglichkeit der Korrektur theoretischer Elemente der Erkenntnis aufgrund entgegenstehender empirischer Befunde verstanden wird.

Im Falle schrankenloser Exhaustion der Theorien um jeden (erkenntnistheoretischen) Preis ist die Erfahrung für die zur Exhaustion bestimmten Theorien nicht mehr kritische, d. h. potentiell korrigierende Instanz, denn die »Wirklichkeit könnte beliebig anders sein ..., das würde für die absolute Wissenschaft nicht den geringsten Unterschied machen.«[94] Damit wird das anstehende Entscheidungsproblem bezüglich des Geltungsanspruchs der Theorien nicht mehr in Abhängigkeit von empirischen Befunden entschieden, sondern durch die Wahl des Exhaustionsverfahrens von vornherein zugunsten der exhaurierten Teile des Erkenntnissystems (positiv) präjudiziert. Bedingungsloses, unbeschränktes

Exhaurieren um jeden Preis, selbst dem der – von Dingler offen angestrebten[95] – Tautologisierung der Gesetzesaussagen, führt also nicht nur zu keiner nach *beiden* Seiten offenen Lösung des Entscheidungsproblems, sondern erweist sich als von vornherein bereits mit den materialen Minimalbedingungen für erfahrungswissenschaftliche Theorien (siehe Zweiter Teil, A II 2) unvereinbar, von den weitergehenden Anforderungen des neoklassischen Interpretationsprogramms (siehe Zweiter Teil, A III) ganz abgesehen. Außerdem schränkt der Exhaustionismus die Lernfähigkeit und das Innovationspotential des theoretischen Erkenntnissystems erheblich ein, ohne dafür einen anderen Ausgleich als die durch Informationsverlust erkaufte Sicherheit von Tautologien zu bieten.
Unter der Vorbedingung der Einhaltung der materialen Minimalbedingungen für erfahrungswissenschaftliche Theorien hat die Wissenschaftstheorie *empirische Prüfmodelle* entwickelt, um das Entscheidungsproblem dieser Theorien durch empirische Überprüfung ihres Geltungsanspruchs einer positiven oder negativen Lösung zuzuführen. Die zur Diskussion stehenden empirischen Prüfmodelle lassen sich im wesentlichen auf drei epistemologisch-methodologische Grundpositionen zurückführen:
(1) *Monistische Prüfmodelle* erstreben eine positive Lösung des Entscheidungsproblems durch möglichst definitive Selektion *der* wahren Theorie(n) unter Ausschluß aller mit ihr (ihnen) unvereinbaren Alternativen (denn zu wahren Theorien kann es nur *falsche* widersprechende Alternativen geben). Die monistische Tendenz ist also vom Lösungsansatz – dem Programm der zureichenden Wahrheitsbegründung im Sinne des Rechtfertigungsmodells der Erkenntnis (siehe Zweiter Teil, A II 3) – her in das Prüfmodell eingebaut. Die positive Wahrheitsbegründung von Theorien hat ihrer erklärten Absicht nach immer diesen monistischen Ausschließungseffekt gegenüber unvereinbaren Alternativtheorien[96], ohne den sie einfach nicht »zureichend« wäre. Das alles ist durchaus im Sinne des klassischen, dem epistemologischen Certismus verpflichteten Begründungsprogramms.
Empirische monistische Prüfmodelle, die eine positive Lösung des Entscheidungsproblems durch Rekurs auf empirische Befunde (»Erfahrung«, »empirische Basis«) anstreben, sind:
(1a) Das *induktivistische Verifikationsmodell*, wie es mehr oder weniger konsequent vom klassischen Empirismus bis zum Neopositivismus des Wiener Kreises vertreten worden, heutzutage

aber kaum mehr aktuell ist. Ihm steht die Kritik am Begründungsprogramm im allgemeinen, die Kritik am epistemologischen Fundamentalismus empiristischer Prägung sowie die Induktivismus-Kritik im besonderen entgegen.[97]
In der empiristisch-positivistischen Wissenschaftstheorie ist das induktivistische Verifikationsmodell inzwischen im Rahmen des Carnapschen Programms vom induktionslogischen *Konfirmationsmodell* der modernen induktiven Logik zwar faktisch abgelöst, aber erkenntnistheoretisch nicht voll ersetzt worden, so daß es nur mit erheblichen Einschränkungen als dessen Nachfolge-Prüfmodell angesehen werden kann. Das Konfirmationsmodell modernster Prägung ist – nach der Umorientierung der Carnapschen induktiven Logik vom ursprünglichen Programmziel der Bestätigung von allgemeinen Gesetzesaussagen (Theorien) zum drastisch zurückgestuften Ziel der »qualified-instance confirmation« von singulären Prognosen[98] – im Effekt zwar kaum noch monistisch, aber dies nur, weil es kaum noch als Prüfmodell für *Theorien* angesehen werden kann. Einem eventuell erneuerten Anspruch, eine induktionslogische Lösung des Entscheidungsproblems erfahrungswissenschaftlicher Theorien zu liefern, steht unter anderem die These von der Nullwahrscheinlichkeit *aller* erfahrungswissenschaftlichen Theorien mit streng allgemeinen Gesetzeshypothesen entgegen.[99]
(1b) Sofern zu den beiden vom Dinglerschen Certismus sogar noch gesteigerten Momenten der monistischen Tendenz und der entschieden angestrebten positiven Lösung des Entscheidungsproblems noch das dritte, das eigentliche Prüfmoment – d. h. die *Möglichkeit* eines negativen Ausgangs des Prüfprozesses für die Theorien, mit negativen Rückwirkungen auf deren Geltungsanspruch, als Ergebnis empirischer Kontrolle – hinzukommt, ist auch das *Exhaustionsmodell* (Dingler, May[100]) als ein monistisches Prüfmodell anzusehen. Ein Moment echter empirischer Kontrolle ist jedenfalls dann gegeben, wenn die Theorien – im Gegensatz zu Dinglers eigenem kompromißlos rigorosen Exhaustionismus – zwar exhauriert, aber dabei ihr Geltungsanspruch nicht um *jeden* Preis gegen empirischen Widerstand durchgehalten wird.
Wenn der Exhaustionismus auch die direkte epistemologisch-methodologische Kontraposition zum Falsifikationismus verkörpert, die auch bei beschränkter Anwendung der Exhaustionsmethode nicht auf die Falsifikation der Theorien abzielt, so kann *begrenzte*

Exhaustion[101] doch insofern echten Prüfcharakter haben, als sie den empirischen Geltungsbereich der Theorien sozusagen »von innen« gegen den Nichtgeltungsbereich absteckt. Da im Rahmen des Exhaustionsmodells der Anwendungsbereich der Theorien ihrem so »positiv« abgesteckten Geltungsbereich gleichgesetzt wird, ist im Ergebnis der Geltungsanspruch der Theorien zwar nicht gänzlich widerlegt, aber doch mehr oder weniger eingeschränkt. Darin liegt auch eine Korrektur des Geltungsanspruchs von Theorien, auch wenn sie nicht als Widerlegung der Theorie als solcher gedeutet wird. Und wenn dies aufgrund widerständiger empirischer Befunde geschieht, so ist das auch eine Art von empirischer Prüfung der Theorien. Dann wird auch das Exhaustionsmodell zum empirischen Prüfmodell für Theorien, mit allerdings weit weniger dramatischen Prüf-, Korrektur- und Innovationseffekten als das falsifikationistische Gegenmodell, mit entsprechend reduziertem Wandlungs- und Fortschrittspotential der theoretischen Erkenntnis.

Der Dinglersche »Herstellungsstandpunkt« mit seinem Rezept »Exhaustion + Realisation«[102] erreicht zwar auch dann nicht, wenn es echten empirischen Prüfcharakter annimmt, den dramatischen Widerlegungs- und Fortschrittseffekt des Popperschen Falsifikationsrezeptes, kann aber immerhin zu einem quasi-falsifikationistischen Scheitern der zu prüfenden Theorien führen, wenn die naturgegebenen Schranken für die Realisation der Theorien durch sinnvolle methodologische Grenzen für die Exhaustion so ergänzt werden, daß der im empirischen Widerstand gegen Realisationsversuche liegende Kontrolleffekt nicht durch forciertes, schrankenloses Exhaurieren überspielt werden kann. Auch in diesem Falle kann im Rahmen des Exhaustionsmodells mißglückte Realisation nicht als geglückte Falsifikation der Theorien interpretiert werden, aber doch als empirische Prüfung durch Quasi-Falsifikation im Sinne einer Einschränkung des ursprünglichen Geltungsanspruchs aufgrund empirischer Kontrolle.

Kritisch ist zum Exhaustionsmodell grundsätzlich anzumerken, daß in seinem Rahmen, sofern es überhaupt zu einer echten empirischen Prüfung kommt – und das ist umso weniger der Fall, je mehr und je schrankenloser exhauriert wird –, die kritische Potenz der Erfahrung nur einseitig und ungenügend zur Prüfung der Theorien ausgenutzt wird, weil die empirischen Falsifikationsmöglichkeiten durch Exhaustion immer überspielt werden können. Die logische Möglichkeit des Scheiterns von Theorien »an der Erfahrung« reicht ja nicht aus, um Theorien wirklich in die Gefahr des Scheiterns zu bringen: potentielle Prüfung ist noch keine wirkliche empirische Kontrolle, obwohl sie natürlich deren Voraussetzung ist. Die Möglichkeit eines negativen Ausgangs der empirischen Prüfung muß nicht nur offengehalten, sondern auch ausgenutzt werden, um einen wirklichen Prüfeffekt zu erzielen. Solange der Exhaustionismus unter der Herrschaft der Dinglerschen certistischen und monistischen Tendenz steht, ist sogar die Erfüllbarkeit der Minimalbedingungen für erfahrungswissenschaftliche Theorien gefährdet. Erst im Rahmen einer (von den Vertretern des Dinglerschen Exhaustionismus nie in Betracht gezogenen) pluralistischen Wissenschaftskonzeption kann die Exhaustionsmethode ihre kritische Potenz voll zum Tragen bringen. Im pluralistischen Prüfmodell wird der empirische Kontrolleffekt durch Exhaustion nicht nur nicht vermindert, sondern sogar noch nachhaltig verstärkt.[103] Nicht die Exhaustionsmethode an sich, sondern ihre ausschließliche Anwendung zugunsten *eines*, praktisch immer *vor* der (durch Exhaustion-cum-Realisation zu veranstaltenden) empirischen Prüfung selektierten und insofern geltungsmäßig privilegierten Standpunktes erzeugt den mit Recht kritisierten dogmatischen, innovationshemmenden und fortschrittsfeindlichen Effekt der Dinglerschen Wissenschaftskonzeption.[104]

(2) Den Übergang von den monistischen zu den pluralistischen empirischen Prüfmodellen bilden die *monotheoretischen Prüfmodelle* fallibilistischer Provenienz, paradigmatisch repräsentiert durch das Poppersche *Falsifikationsmodell.* Dieses empirische Prüfmodell zieht die vollen Konsequenzen aus dem Scheitern des klassischen wie neoklassischen Begründungsprogramms, indem es konsequent eine rein *negative* Lösung des Geltungsproblems erfahrungswissenschaftlicher Theorien anstrebt: Kritik und Widerlegung statt Begründung und Beweis, Falsifikation statt Verifikation, Bewährung (im rein »negativen« Sinne überstandener Falsifikationsversuche) statt Bestätigung (im Sinne des Konfirmationsmodells) ist die Devise des Popperschen fallibilistischen Kritizismus, der den erkenntnistheoretischen Rahmen für das falsifikationistische Prüfmodell bildet.

Das epistemologische Symmetrieprinzip des Begründungsprogramms (das die positive Lösung des Geltungsproblems durch

Wahrheitsbeweis anstrebt, aber natürlich auch Widerlegung durch Gegenbeweis zuläßt, also für beide Lösungsmöglichkeiten offen und in diesem Sinne epistemologisch »symmetrisch« ist) wird im Falsifikationsprogramm – wie schon im Exhaustionismus, aber im Gegensatz zu diesem in Richtung auf die negative Lösungsalternative – durch ein *Asymmetrieprinzip der Entscheidbarkeit*[105] ersetzt. Auf das Test-Verhältnis von Theorie und Erfahrung übertragen, besagt dieses vielfach mißverstandene[106] Poppersche Asymmetrieprinzip, daß aufgrund empirischer Befunde (Erfahrungsdaten, Beobachtungsaussagen, Protokoll- oder Basissätzen) unter *keinen* Umständen eine zureichende Wahrheitsbegründung der Theorien, weder im strengen Sinne eines Wahrheitsbeweises noch im vergeblich liberalisierten Sinne eines induktionslogischen Nachweises hoher Bestätigungsgrade (d. h. der Hypothesenwahrscheinlichkeit der Gesetzesaussagen), unter bestimmten, durchaus realistischen Umständen wohl aber die *Widerlegung* von Theorien im Sinne des Falsifikationsmodells grundsätzlich möglich ist.

Das Poppersche Falsifikationsmodell ist *nicht monistisch*, weil die negative Lösung des Entscheidungsproblems grundsätzlich nicht den monistischen, alternativenausschließenden Effekt des Begründungsprogramms hat. Im Gegensatz zur positiven Lösung des Entscheidungsproblems führt seine negative Lösung nicht zur Konsequenz der Alternativenunmöglichkeit. Weder im Bewährungs- noch im eigentlichen Falsifikationsfall ergibt sich im Rahmen des falsifikationistischen Prüfmodells die (Geltungs-)Unmöglichkeit von Alternativtheorien: mißlingt die Widerlegung von T_1, so bleibt weiterhin die Möglichkeit offen, daß die insofern vorläufig bewährte Theorie T_1 nichtsdestoweniger falsch und eine mit ihr unvereinbare Alternativtheorie T_2, T_3, ... oder T_n wahr ist; gelingt aber die Widerlegung, so wird durch die Falsifikation von T_1 das Feld für Alternativen erst recht frei gemacht.

Ist das Falsifikationsmodell also nicht monistisch, so ist es aber auch *nicht pluralistisch* in dem noch zu erläuternden Sinne einer konsequent pluralistischen Wissenschaftskonzeption Feyerabendscher Prägung. Das Poppersche Prüfmodell ist vielmehr *monotheoretisch* in dem Sinne, daß nur jeweils *eine* Theorie am Prüfprozeß aktiv beteiligt ist – während die anderen Theorien nur passiv, d. h. als Bestandteile des Hintergrundwissens (Poppers »background knowledge«[107]) mitwirken und innerhalb der Prüfsituation als entproblematisiert gelten –, daß nur *deren* Geltungsanspruch »zur Debatte steht« und daß die Prüfung selbst in der Konfrontation dieser in eine erkenntnislogische Isolation gezwungenen Theorie mit falsifizierenden (empirischen) Hypothesen besteht, die im Stufenmodell der Erkenntnis (siehe Zweiter Teil, A II 2) einen niedrigeren Rang als die zu prüfende Theorie einnehmen. Im Popperschen Falsifikationsmodell haben also die falsifizierenden Instanzen eben *nicht* den erkenntnistheoretischen Status und die Qualitäten echter Alternativtheorien, die notfalls selbst an die Stelle der falsifizierten Theorie treten könnten.[108] Deshalb bleibt im monotheoretischen Prüfmodell der zum Testfall gemachte Grundkonflikt zwischen »Theorie« und »Erfahrung« ein – im Bild des Stufenmodells der Erkenntnis gesehen – »vertikaler« Konflikt zwischen epistemologischen Instanzen, die *verschiedenen*, über- und untergeordneten Erkenntnisstufen angehören, während er im echt pluralistischen Prüfmodell zum »horizontalen«, *intertheoretischen* Konflikt zwischen *gleichrangigen* Instanzen – nämlich konkurrierenden Theorien vergleichbaren Abstraktions- und Generalisierungsniveaus, die zueinander im Verhältnis potentieller Alternativen stehen – wird.[109]

Monotheoretische Prüfmodelle gehen davon aus, *erstens*, daß es trotz aller »Theoriegeladenheit« der Erfahrung immer noch eine *gemeinsame* empirische Bezugsbasis gibt – mag sie auch den positivistischen Reinheits- und Sicherheitsanforderungen des epistemologischen Fundamentalismus nicht genügen, denn »*die Basis schwankt*«[110] –, auf die im Prüfprozeß für konkurrierende Theorien rekurriert werden kann, um jede Theorie mit *der* Erfahrung schlechthin zu konfrontieren und notfalls »entscheidende Experimente« zu veranstalten; *zweitens*, daß die zu prüfende(n) Gesetzeshypothese(n) im Rahmen der sie enthaltenden Theorien – oder, im weiteren Problemkontext, die zu prüfenden Theorien im Rahmen größerer Erkenntnissysteme – erkenntnislogisch isolierbar und gegenüber dem angeblich nur »passiv« beteiligten Hintergrundwissen abgrenzbar sind, so daß im Konfliktfall der Widerspruch des empirischen Befunds eindeutig dem zur Prüfung gestellten *Teil* der Theorie oder des Theoriensystems angelastet werden kann.[111]

Diese beiden Voraussetzungen des monotheoretischen Prüfmodells (gemeinsame empirische Prüfbasis für alternative Theorien sowie eindeutige, »individuelle« Zurechenbarkeit der Falsifikationslast, d. h. des Pfeils der Modus-tollens-Argumentation) sind zugleich die Voraussetzungen für die bereits erwähnten sogenannten *entscheidenden Experimente*[112], die deshalb auch im monotheoretischen Prüfmodell sozusagen gerade noch, im pluralistischen Prüfmodell dagegen nicht mehr möglich sind. Die erste Voraussetzung des monotheoretischen Falsifikationsmodells wird von der neueren radikalen Empirismuskritik (insbesondere Feyerabends[113]) infrage gestellt. Und der zweiten Voraussetzung, auf deren Problematik schon Neurath in seiner zu Unrecht kaum beachteten Rezension von Poppers »Logik der Forschung« treffend aber vergeblich hingewiesen hat[114], steht vor allem die *Duhem-Quine-These* entgegen.[115] Dazu kommt noch als besonders weitgehender und radikaler Einwand die *Feyerabend-Kuhnsche Inkommensurabilitätsthese*[116], die im Zusammenspiel mit der Empirismuskritik die Voraussetzungen des monotheoretischen Falsifikationismus und die Möglichkeit entscheidender Experimente von *beiden* Seiten her radikal problematisiert, indem sie die gemeinsame Bezugsbasis auf der Erfahrungsseite *und* auf der Theorieseite in Frage stellt.

(3) *Pluralistische Prüfmodelle*, wie sie bahnbrechend von Feyerabend, neuerdings auch von Lakatos und Naess entwickelt worden sind, haben mit den monotheoretischen Prüfmodellen Popperscher Provenienz den fallibilistischen Ansatz und den negativen Charakter ihres Lösungsvorschlags gemeinsam. Auch im fallibilistisch-pluralistischen Prüfmodell kann der Geltungsanspruch erfahrungswissenschaftlicher Theorien unter keinen Umständen bewiesen oder sonstwie zureichend begründet, unter bestimmten – durchaus nicht unter allen! – Umständen aber widerlegt werden. Die spezifische Differenz zum monotheoretischen Falsifikationsmodell liegt darin, daß im Rahmen pluralistischer Prüfmodelle das Test-Verhältnis eine im strengen Sinne *intertheoretische* Beziehung (siehe Zweiter Teil, A V), folglich auch der zum kritischen Testfall erhobene Grundkonflikt zwischen »Theorie« und »Erfahrung« im Kern immer ein Konflikt zwischen *Theorien* ist: letztlich eine intertheoretische Relation potentieller Kritik zwischen »strengen Alternativen« (Feyerabend[117]), zwischen »explanatorischer Theorie« und »interpretativer Theorie« im Rahmen von ganze Serien aufeinanderfolgender Theorien umfassenden »Forschungsprogrammen« (Lakatos[118]) oder zwischen alternativen theoretischen Konzeptionen im Rahmen eines mehrdimensionalen Qualitätsvergleichs (Naess[119]).

Im pluralistischen Prüfmodell werden Theorien *nur durch gleichrangige Alternativtheorien widerlegt*, die grundsätzlich imstande sind, *notfalls selbst an die Stelle der widerlegten Theorie zu treten.* Das können nur echte theoretische Alternativen im Rahmen pluralistischer Wissenschaftskonzeptionen, nicht dagegen die »falsifizierenden Hypothesen« im Popperschen monotheoretischen Prüfmodell. Die Empirie als gemeinsame, neutrale oder gar invariante Bezugsbasis für die vergleichende Beurteilung von Theorien gibt es im pluralistischen Prüfmodell ebensowenig wie die positivistische Theorie-Empirie-Dichotomie überhaupt, unbeschadet der Anerkennung abgestufter Grade der Theorizität unserer Erkenntnis.[120] Trotzdem verschwindet die Erfahrung und ihre Funktion als kritische Instanz für Theorien nicht völlig aus dem pluralistischen Prüfmodell. Denn die zu prüfenden Theorien können auch im Rahmen pluralistischer Prüfmodelle mit der »Erfahrung« in Konflikt kommen, und zwar sogar doppelt: *erstens mit ihrer eigenen Erfahrung*, d. h. mit den in der eigenen Begriffssprache der Theorien (die damit zu ihrer eigenen Beobachtungssprache wird) formulierten empirischen Befunden, die deswegen keineswegs notwendig theoriekonform und damit testuntauglich sein müssen; *zweitens* mit der im Rahmen von Alternativtheorien (Lakatos' »interpretativen Theorien«[121]) auf gleiche »theoretische« Weise ins Spiel gebrachten Erfahrung.

Allerdings wird in allen diesen pluralistischen Prüfmodellen die Rolle der Erfahrung als empirische Testinstanz für Theorien im Vergleich zu ihrer erkenntnistheoretisch privilegierten, buchstäblich entscheidenden Funktion in den anderen, nichtpluralistischen Prüfmodellen deutlich beschränkt. In pluralistischen Prüfmodellen ist die Erfahrung nicht mehr *die*, sondern nur noch *eine* Prüfinstanz für erfahrungswissenschaftliche Theorien, und in der Regel nicht einmal die wichtigste. »Entscheidende Experimente«, soweit überhaupt noch möglich, sind nicht mehr entscheidend im Sinne eines endgültigen Verdikts über den Tod der vorläufig unterlegenen Theorie. Im pluralistischen Erkenntnismodell ist das ganze Prüfverfahren »theoretischer«, die Prüfsituation komplexer und das Prüfergebnis vieldeutiger geworden – *systematisch* vieldeutig sogar, und zwar vom pluralistischen Ansatz her, weil es bei Konfrontation grundsätzlich gleichrangiger Instanzen keine von vornherein feststehende Privilegierung einer im voraus bestimmten Instanz geben kann. Im pluralistischen Prüfmodell muß es vom erkenntnistheoretischen Ansatz her offen, d. h. also *dem Prüfprozeß selbst überlassen bleiben,* welche Seite im Falle eines Konflikts zwischen »Theorie« und »Erfahrung« sich durchsetzen kann und schließlich auch praktisch durchsetzen wird. »Theorie« ist weiterhin durch »Erfahrung« kontrollierbar und korrigierbar, aber umgekehrt auch »Erfahrung« durch »Theorie«. Wo Empirie in ihrer kritischen Funktion als Testinstanz Theorien gleichgestellt wird, kann sie konsequenterweise nicht *besser* gestellt werden als (Alternativ-)Theorien: sie ist im pluralistischen Prüfmodell selbst theoretisch und fallibel geworden. Das Votum dieser Art von theoretisierter Erfahrung bleibt ein relevanter Testfall für die zu prüfenden Theorien, aber es ist nicht länger ein Verdikt mit Beweiswirkung für die empiriekonformen und mit Totschlageffekt für die empiriekonträren Theorien.

Kritisch ist zur pluralistischen Überprüfungskonzeption anzumerken, daß das pluralistische Leitprinzip leicht überzogen werden kann – im Feyerabendschen Anarchopluralismus partiell schon überzogen ist –, wobei die Gefahr droht, daß im »überpluralisierten« Prüfmodell zunächst der *empirische* Charakter und schließlich sogar der *Test*charakter überhaupt aufgehoben wird. Der Verlust des empirischen Charakters droht durch Überbetonung des theoretischen Aspekts als Folge zu weitgehender, schrankenloser »Theoretisierung« der Erfahrung und anschließender erkenntnistheoretischer Abwertung als Kontrollinstanz bis zur völligen Irrelevanz (bei Feyerabend[122]), desgleichen des konventionellen (bei Lakatos) und possibilistischen Aspekts (bei Naess). Wenn nämlich die Empirie *nichts weiter* als *eine,* in *jeder* testrelevanten Beziehung alternativen Theorien gleichgestellte – oder unter Umständen sogar untergeordnete – kritische Instanz für erfahrungswissenschaftliche Theorien ist, dann ist nicht recht einzusehen, warum sie nicht grundsätzlich genau so entbehrlich sein könnte wie *irgendeine* Alternativtheorie. Da in jedem pluralistischen Prüfprozeß immer nur ein mehr oder weniger zufällig selektierter *Teil* der überhaupt möglichen und relevanten Alternativtheorien ins Spiel gebracht werden kann, ist nicht klar, warum zu diesem Teil unbedingt gerade jene Alternative gehören muß, die das Zeugnis der Erfahrung repräsentiert. Die Prinzipien des pluralistischen Prüfmodells selbst liefern dafür keinen zwingenden Grund. Es steht jedoch auch der pluralistischen Wissenschaftskonzeption frei, die Empirie durch Berufung auf die materialen

Minimalbedingungen für erfahrungswissenschaftliche Theorien, also aus *allgemeinen* erkenntnistheoretischen Gründen in die Klasse der grundsätzlich *immer* relevanten kritischen Instanzen für solche Theorien aufzunehmen. Im Grunde setzen ja auch die anderen empirischen Prüfmodelle die Relevanz der Erfahrung als Prüfinstanz voraus und begnügen sich damit, die methodologische Prozedur zu spezifizieren, die aus grundsätzlich relevanten erst tatsächlich kontrollierende kritische Instanzen macht.
Der Verlust des Testcharakters überhaupt könnte, speziell bei Feyerabend, als Folge einer überzogenen *Inkommensurabilitätsthese* eintreten, durch die das pluralistische Prüfmodell in seinem Kern tangiert wird. Denn zwischen *völlig* unvergleichbaren Alternativtheorien können überhaupt keine intertheoretischen Relationen bestehen, kann es also auch keine – jedenfalls keine direkte – Beziehung intertheoretischer Kritik und Kontrolle mehr geben.

A V. Intertheoretische Relationen

Die *Theorie der intertheoretischen Relationen* erschließt einen neuen Problembereich der metatheoretischen Analyse, der erst im Begriff ist, die seiner in der jüngsten Entwicklung der Wissenschaftstheorie enorm gestiegenen Bedeutung angemessene Aufmerksamkeit zu finden. Nachdem vor allem Martin Strauss[123] die ersten systematischen Ansätze, wenn auch in der Sache selbst verständlicherweise zunächst immer noch mehr programmatischer als detailliert entwickelter Natur, geliefert hat, haben einerseits vorher unbeachtet gebliebene Vorarbeiten die verdiente nachträgliche Aufmerksamkeit gefunden[124], andererseits erwartungsgemäß inzwischen auch andere Autoren nachgezogen.[125]
Grundsätzlich wird die Frage nach den überhaupt möglichen, den tatsächlich vorliegenden und den der Realisierung eines bestimmten Erkenntniszieles dienlichen oder abträglichen intertheoretischen Relationen überall dort zum Problem, wo es die metatheoretische Analyse nicht mehr mit einzelnen, faktisch oder künstlich (und sei es auch nur durch Ignorierung der Alternativen) isolierten Theorien, sondern gleichzeitig mit einer Pluralität von miteinander irgendwie verbundenen, positiv oder negativ aufeinander bezogenen Theorien – also mit Komplexen, Systemen oder Serien von durch statische oder dynamische Beziehungen untereinander zu

einem metatheoretischen Problemfeld zusammengeschlossenen Theorien –, kurz: mit einer *pluralistischen Problemsituation* zu tun hat. Da die Analyse der intertheoretischen Relationen zwangsläufig um so mehr an Bedeutung gewinnt, je stärker die Wissenschaftstheorie – dem Popperschen Trend vom Fundamentalismus zum Fallibilismus[126] und dem daran anschließenden[127] Feyerabendschen Trend vom Monismus zum Pluralismus[128] folgend – pluralistischen Konzeptionen den Vorzug gibt, liegt das Programm einer allgemeinen Theorie der intertheoretischen Relationen völlig auf der aktuellen Entwicklungslinie der gegenwärtigen Erkenntnis- und Wissenschaftslehre, in deren Rahmen die monistischen, einschließlich der nicht-mehr-monistischen, aber noch-nicht-pluralistischen monotheoretischen[129], Ansätze auf allen Ebenen der metatheoretischen Analyse zunehmend von pluralistischen Alternativmodellen und -programmen verdrängt werden.[130]
Nun ist es keineswegs so, daß intertheoretische Relationen in den monistischen oder monotheoretischen Wissenschaftskonzeptionen überhaupt keine Rolle gespielt hätten. Tatsächlich hat sich dieses Problem auch für die traditionelle Wissenschaftstheorie schon gestellt, und zwar zumindest an jener Stelle, wo *jede* Wissenschaftskonzeption mit dem Pluralismusphänomen in Gestalt der erwähnten Komplexe, Systeme oder Serien miteinander durch intertheoretische Relationen verbundener Theorien konfrontiert wird: angesichts der Aufgabe, die tatsächliche historische Wissenschaftsentwicklung zu erklären und eine Theorie des wissenschaftlichen Erkenntnisfortschritts zu entwickeln. Denn auch eine ultramonistische Wissenschaftskonzeption, die mit der immer gegebenen Möglichkeit von Alternativtheorien sowie dem daraus hervorgehenden zumindest potentiellen Theorienpluralismus für ihre Zwecke nichts anzufangen weiß und konsequenterweise in der unbestreitbaren wissenschaftsgeschichtlichen Realität der praktisch fast immer bestehenden tatsächlichen Theorienpluralität nur ein bedauerliches *Manko*, ein beklagenswertes Defizit an Wissenschaftlichkeit, zu erblicken vermag, kann nicht umhin, den Erkenntnisfortschritt selbst als eine Abfolge von Theorien zu deuten und die Frage nach den möglichen und tatsächlichen Beziehungen zwischen Vorgänger- und Nachfolgertheorien metatheoretisch zu thematisieren. Und wenn angenommen wird, daß der wissenschaftliche Erkenntnisfortschritt durch beständig verbesserte Theorien herbeigeführt und in dem gesteigerten Erkenntniswert

dieser Theorien selbst liegt, dann läßt sich die »Progressionslinie« selbst sinnvollerweise nur als eine intertheoretische Relation irgendeiner Art metatheoretisch rekonstruieren.
So ist auch die traditionelle Wissenschaftstheorie nicht darum herumgekommen, sich mit der Problematik der intertheoretischen Relationen zu befassen. Sie hat dies auch ausführlich getan, allerdings in der Regel nur aus begrenztem Interesse und unter einer monistisch verengten Perspektive. Das Ergebnis sind einige durchaus bemerkenswerte Vorarbeiten zu einer Theorie der intertheoretischen Relationen, wenn sie auch bei weitem nicht das ganze Feld der praktisch vorfindbaren und wissenschaftstheoretisch relevanten, noch weniger das der überhaupt möglichen logischen und faktischen Beziehungen zwischen Theorien abdecken. In diesem Zusammenhang sind zum Beispiel zu nennen: aus dem Bereich der Statik die Theorie der (intertheoretischen) Erklärung (durch Reduktion von Theorien auf allgemeinere Theorien höheren Niveaus), neuerdings auch die Theorie der intertheoretischen Bewertung (d. h. des systematischen Theorienvergleichs im Hinblick auf die Lösung des erkenntnistheoretischen Bewertungsproblems; siehe Zweiter Teil, A II 3)[131]; aus dem Bereich der Dynamik die Theorie des Erkenntnisfortschritts im allgemeinen und deren logisch entwickeltster Spezialfälle – Reduktionismus und Modelltheorie, beide hier in ihren jeweils ins Dynamische transponierten Versionen (siehe Zweiter Teil, B III) angesprochen – im besonderen.
Die bereits erwähnte Verengung der Perspektive auf spezielle, in der Forschungspraxis möglicherweise nicht einmal besonders wichtige intertheoretische Beziehungen zeigt sich vor allem in der Beschränkung auf die paradigmatischen logischen Interdependenzbeziehungen zwischen Aussagen oder Aussagenkomponenten, nämlich strenge formale Implikationsrelationen (logische Folgerung, Deduktion; mengentheoretisch gesprochen: Inklusion) – einschließlich wechselseitiger Implikation, d. h. Äquivalenz, ergänzt um den »neutralen« Fall der intertheoretischen Independenz sowie um den »negativen« Fall der Implikation des Gegenteils, d. h. intertheoretischer Inkonsistenz (Inkompatibilität). Diese Beschränkung bleibt auch dort im wesentlichen bestehen, wo das Feld dieser logisch präzisen, aber enggefaßten Fälle intertheoretischer Beziehungen um benachbarte, weitergefaßte aber unstrengere Fälle – wie die der intertheoretischen Approximation und der

(positiven oder negativen) intertheoretischen Analogie – abgerundet werden.

Es ist klar, daß damit das Feld der möglichen und auch wissenschaftstheoretisch interessanten intertheoretischen Relationen bei weitem nicht ausgeschöpft ist, sondern nur die elementarsten Fälle aus der Fülle der längst bekannten, von den formalen Strukturwissenschaften (Logik, Mathematik, Mengenlehre) hinreichend erforschten Relationsstrukturen für eine Theorie der intertheoretischen Relationen berücksichtigt worden sind.[132] Unberücksichtigt ist dabei auch die (allerdings wiederum nicht unter dem Titel einer Theorie der intertheoretischen Relationen präsentierte) Vorarbeit der induktiven Logik geblieben, die sich im Verlaufe ihrer kurzen Entwicklung schon bald – mit zweifelhaftem Erfolg hinsichtlich der eigenen, aber nichtsdestoweniger interessanten Ergebnissen für andere Zwecke, darunter meines Erachtens auch die Theorie der intertheoretischen Relationen – genötigt gesehen hat, »nichtklassische« Argumentations- und Relationsstrukturen zu entwikkeln.[133]

Ist das Problem der intertheoretischen Beziehungen für die traditionelle monistische ebenso wie für die moderne monotheoretische Wissenschaftstheorie zwar kein Unproblem gewesen, so ist es doch immer ein Randproblem geblieben. Zum Zentralproblem der metatheoretischen Analyse ist die Theorie der intertheoretischen Relationen erst mit der Entwicklung pluralistischer Erkenntnismodelle und Wissenschaftskonzeptionen geworden, und zwar im Rahmen der Statik insbesondere für die pluralistischen Erkenntnis- und Prüfmodelle, die das Bewertungsproblem der Erkenntnis (siehe Zweiter Teil, A II 3) wesentlich als ein komparatives Problem des kritischen Theorienvergleichs und den intertheoretischen Konflikt zum Haupttestfall für Theorien machen; im Rahmen der Dynamik für die pluralistische Heuristik, Methodologie und Theorie des Erkenntnisfortschritts gleichermaßen.

Allgemein geht es dabei zunächst einmal darum, den – durch die vieldiskutierte, aber gerade in diesem Punkte vielfach mißverstandene Feyerabend-Kuhnsche Inkommensurabilitätsthese[134] nicht erzeugten, sondern lediglich in seiner ganzen Breite sowie in seinen einschneidenden Konsequenzen für die vorherrschenden, insofern einfach naiven[135] Wissenschaftskonzeptionen aufgedeckten – intertheoretischen Unvergleichbarkeitsbereich einzuengen, indem der für intertheoretische Kritik und die anderen im Rahmen der

Pluralismuskonzeption postulierten intertheoretischen Zusammenhänge wesentliche Vergleichbarkeitsbereich über das durch die elementaren logischen Interdependenzrelationen (der vollen Implikation bzw. mengentheoretischen Inklusion) abgesteckte Ausmaß hinaus zu erweitern. Solange die komparative Metatheorie sich damit begnügt, *vollständige* Vergleichbarkeit im Sinne dieser elementaren logischen Kommensurabilitätsverhältnisse zwischen Theorien (zum Beispiel im Sinne einer mengentheoretischen Inklusionsbeziehung zwischen den Folgerungsmengen der fraglichen Theorien) zur Bedingung der Möglichkeit intertheoretischer Vergleichbarkeit überhaupt zu machen[136] und damit aus jedem Fall unvollständiger Vergleichbarkeit einen Unvergleichbarkeitsfall, d. h. aus *elementarer* Unvergleichbarkeit *absolute* Unvergleichbarkeit werden läßt, der die Theorien gegenseitig erkenntnislogisch isoliert, bleibt der Unvergleichbarkeitsbereich so groß, daß für die Anwendung der intertheoretischen Komparatistik kaum noch realistische Problemsituationen übrigbleiben.

Um den intertheoretischen Vergleichbarkeitsbereich soweit zu vergrößern, daß auch die tatsächlichen Verhältnisse in der Wissenschaftspraxis – wie sie von der modernen, nach-Koyréschen Wissenschaftsgeschichte realitätsgerechter rekonstruiert werden als von der unangemessenen »idealisierenden«, sub specie aeternitatis urteilenden Wissenschaftslogik – darunter fallen, bedarf es *neuer Theorien der intertheoretischen Relationen* mit *multidimensionalen Vergleichbarkeitskriterien* und *komplexen Relationsstrukturen.* Andernfalls bleibt nur der unbefriedigende Ausweg, in Ermangelung brauchbarer erkenntnislogischer Beurteilungsmaßstäbe für den Theorienvergleich auf Ersatzkriterien von fragwürdiger epistemologisch-methodologischer Relevanz und kaum eindeutig faßbarem Aussagewert – zum Beispiel aus dem Bereich der (bislang sowieso nicht existenten) metatheoretischen *Ästhetik*, wie Feyerabend[137] empfiehlt – zurückzugreifen, die jedoch erkenntnistheoretisch im Hinblick auf die Realisierung des selbstgesetzten Erkenntnisziels der pluralistischen Wissenschaftskonzeption nichts oder doch nur äußerst wenig hergeben dürften. Was für eine sinnvolle Prüfung oder Bewertung von Theorien gemäß ästhetischen Beurteilungsmaßstäben fehlt, ist eben nichts weniger als diese Ästhetik des Theorienvergleichs selbst. Die angesprochenen ästhetischen Kriterien sind bislang nirgends explizit formuliert, was an sich schon völlig ausreichen würde, um ihren

Anwendungswert wenigstens derzeitig zu verneinen. Darüber hinaus ist ihre erkenntnistheoretische Relevanz überhaupt ebenso fragwürdig wie ihr konkreter Aussagewert unbestimmt.

Mit der hier geforderten, *erkenntnistheoretisch* – nicht ästhetisch! – erweiterten Theorie der intertheoretischen Relationen stehen und fallen die wissenschaftstheoretischen Pluralismuskonzeptionen, für die ja charakteristisch ist, daß sie aus den monotheoretischen Problemen der traditionellen Wissenschaftstheorie im pluralistisch erweiterten Kontext *intertheoretische* Probleme machen, deren Lösung eine auf diese erweiterte, komplexere pluralistische Problemsituation abgestellte Theorie der intertheoretischen Relationen erfordert. Eine leistungsfähige neue Theorie der intertheoretischen Relationen ist für den pluralistischen Ansatz lebenswichtig, weil sie den einzigen Ausweg aus den Feyerabendschen Aporien eröffnen, die sich aus dem im Rahmen einer auf elementare intertheoretische Relationen beschränkten Wissenschaftskonzeption unlösbaren Konflikt zwischen dem pluralistischen Postulat der intertheoretischen Kritik und der Feyerabendschen Inkommensurabilitätsdoktrin ergeben. Da totale Unvergleichbarkeit auch die für das fallibilistisch-pluralistische Erkenntnismodell zentrale Beziehung der pluralistischen Kritik – kraft intertheoretischer Inkonsistenz oder Inkompatibilität – ausschließen und die Theorien zu fensterlosen Monaden machen würde, muß durch subtilere, komplexere intertheoretische Relationen die erkenntnislogische Kluft[138] in den intertheoretischen Dimensionen überbrückt werden, die sich aus der tatsächlich weitgehenden intertheoretischen Unvergleichbarkeit *kraft elementarer Vergleichbarkeitsbeziehungen* ergibt.

Von der Lösung dieses durch den pluralistischen Ansatz selbst hochgespielten[139] und durch Feyerabends radikale Unvergleichbarkeitsdoktrin prima facie bis zur Unlösbarkeit verschärften intertheoretischen Überbrückungsproblems hängt es ab, ob die Pluralismuskonzeption durch das Feyerabendsche Doppelpostulat der intertheoretischen Kritik und gleichzeitigen intertheoretischen Unvergleichbarkeit lediglich mit einer gewissen Ambivalenz belastet oder in eine ausweglose Aporie verstrickt wird. Die Ambivalenz ergibt sich daraus, daß intertheoretische Kritik eine bestimmte Art von intertheoretischer *Interdependenz* nach sich zieht, Unvergleichbarkeit dagegen entsprechende intertheoretische *Independenz* zur Folge hat. Diese Ambivalenz läßt sich im Sinne des pluralistischen Programms lösen, wenn es gelingt, durch eine erweiterte Theorie der intertheoretischen Relationen kritische Interdependenz – die dem Begriff der intertheoretischen Inkompatibilität auch für *den* Fall einen erkenntnistheoretischen Sinn gibt, daß die in Konkurrenz gesetzten Theorien keine gemeinsamen propositionalen Bestandteile enthalten, die von der einen Theorie bejaht und von der anderen verneint werden, somit also die intertheoretische Inkonsistenz »S_1 (aus T_1) & non-S_1 (aus T_2)« liefern – unbeschadet der fortbestehenden elementaren Independenz (als Folge der intertheoretischen Unvergleichbarkeit bezüglich elementarer Vergleichbarkeitsbeziehungen) wieder herzustellen.[140] Wenn dies nicht gelingt, wird aus der relativen und partiellen Unvergleichbarkeit eine absolute, totale intertheoretische Independenz; aus einem in sich differenzierten Komplex von Theorien mit subtilen Abhängigkeits- und Konfliktbeziehungen, die eine intertheoretische Kontrolle ermöglichen, eine fragmentierte Kollektion gegenseitig isolierter Theorien; und als Folge davon aus der erwähnten Ambivalenz eine Aporie.

Der erste Schritt zur Lösung des für das pluralistische Wissenschaftsprogramm zentralen Problems der intertheoretischen Relationen besteht darin, zunächst einmal den von den Formalwissenschaften zur Verfügung gestellten relevanten Ideenvorrat an präzisen, detailliert entwickelten formalen Relationsstrukturen erkenntnistheoretisch auszubeuten. Dies geschieht zwar immer mehr[141], und keineswegs erst in allerjüngster Zeit, aber bis jetzt kaum im Hinblick auf die im vorliegenden Zusammenhang anstehende, hier nur grob skizzierte epistemologisch-methodologische Eigenproblematik des pluralistischen Erkenntnismodells.

Der zweite, ungleich schwierigere – schwierig vor allem angesichts der Tatsache, daß die bereits verfügbaren Relationsstrukturen in der Regel völlig unabhängig von der hier angesprochenen metatheoretischen Problemsituation entwickelt worden sind –, aber kaum umgehbare Schritt bestünde dann in der Konstruktion oder, bezüglich faktisch bereits vorliegender intertheoretischer Verhältnisse, in der metatheoretischen Rekonstruktion neuer intertheoretischer Strukturen, und zwar insbesondere jener Art, die grundlegende erkenntnistheoretische Beziehungen *für pluralistische Problemsituationen* repräsentieren, und die es in der Sache zu konkretisieren und zu präzisieren gilt (zum Beispiel die Relation der intertheoretischen Kritik und die Progressionsrelationen plurali-

stischer Theorien des Erkenntnisfortschritts).
In Parallele und Ergänzung dazu wären auch die *nichtformalen* (faktischen, empirischen, kausalen, historischen, sogenannten »externalistischen«) intertheoretischen Zusammenhänge in die metatheoretische Analyse der intertheoretischen Relationen einzubeziehen, da diese wissenschaftstheoretisch im Sinne einer allgemeinen »Wissenschaft von der Wissenschaft« – und damit für die Zwecke der hier angesprochenen Metatheorien im Rahmen einer allgemeinen, den »internalistischen« (logischen, »rationalen«, angeblich autonomen) und den »externalistischen« (empirischen, »irrationalen«) Erklärungsbereich umfassenden Metawissenschaft – als Erklärungsfaktoren grundsätzlich ebenso relevant sind wie der sogenannte interne Kontext, der vom metawissenschaftlichen Internalismus zu Unrecht zum ausschließlich konstitutiven, metatheoretisch allein relevanten Bestandteil der »Logik der Situation« gemacht wird.[142]

B. Dynamik der theoretischen Erkenntnis

Obwohl es in der Wissenschaftstheorie immer wieder auch Ansätze, Konzeptionen und Schulen, ja ganze Denkstile und -perioden gegeben hat, die der dynamischen Perspektive Priorität einräumten, ist bis heute die Dynamik der theoretischen Erkenntnis insgesamt der weit weniger entwickelte Zweig der metatheoretischen Analyse geblieben. Der in der ersten Hälfte des 20. Jahrhunderts vorherrschende Einfluß der formalen Logik auf die Wissenschaftstheorie hat das Übergewicht der Statik über die Dynamik noch weiter verstärkt. Neuerdings – insbesondere als Folge der historiographischen Revolution in der Wissenschaftstheorie (Agassi, Koyré, Kuhn, Feyerabend, Lakatos, Toulmin u. a.) sowie des Einbruchs externalistischer Erklärungsansätze in den internalistischen Bereich der »reinen Wissenschaftslogik«[143] – verschieben sich die Prioritäten wieder zugunsten der Dynamik.

B I. Heuristik

Systematische Fehlkonzeptionen der heuristischen Problematik haben dafür gesorgt, daß die Heuristik der am wenigsten entwik-

kelte Teil der Dynamik geblieben ist. Unter dem Einfluß der hier besonders einschneidend präjudizierenden, problemabschneidenden und -verfälschenden Dichotomie von *Entdeckungs-* und *Begründungszusammenhang*[144] hat die moderne Wissenschaftsheorie den sogenannten Entdeckungszusammenhang entweder als angeblich rein psychologische Problematik völlig ausgeklammert (so Popper[145] und ihm folgend die vorherrschende Abgrenzungsstrategie) oder versucht, ihn zum quasi-logischen Tatbestand zu machen, um ihn als Teil des so von einem betont wissenschafts*logischen* Standpunkt gerade noch tolerierbar erweiterten Begründungskontextes metatheoretisch rekonstruieren zu können. Das Ergebnis für die Wissenschaftstheorie war in beiden Fällen eine fast völlige *Problemverfehlung:* im ersten Falle eine rational nicht rekonstruierbare, zur irrationalen Mystik verdunkelte pseudopsychologische Heuristik der Intuition (Popper, Koestler[146]), im zweiten Falle ein auf die extrem restriktive Problemperspektive einer – doch wieder als mehr oder weniger strenge Logik des *gültigen* Schließens mißverstandenen – »Logik der Entdeckung« (Hanson[147]) verengte, als solche noch untauglichere pseudologische Heuristik.
Die ältere Wissenschaftstheorie (von Bacon und Descartes bis Whewell, Peirce und Mach[148]) stand den Fragen der Heuristik aufgeschlossener gegenüber, ohne jedoch wesentlich bessere Ergebnisse zu erzielen. Die Suche nach einer rationalen, deskriptiv-explanatorisch (durch Hypothesen) oder regulativ-normativ (durch Standards und Regeln) rekonstruierbaren Heuristik blieb bei »Entdeckungsverfahren« stecken, die sich als überhaupt nicht rational rekonstruierbar (Intuition), nicht kodifizierbar und kontrollierbar (Dialektik; Polanyis »personalistisch«, mit Rekurs auf »facit knowing«, gedeutete Heuristik[149]) oder als zu simpel (Extrapolation; Induktion – die im Grunde über Extrapolation doch nicht hinauskommt[150] –; Peircesche Abduktion) erwies.
Neuerdings hat das metatheoretische Programm einer rationalen Heuristik von verschiedenen Seiten wichtige Denkanstöße bekommen, die zwar noch nicht zu einer detailliert ausgearbeiteten heuristischen Konzeption, aber immerhin zu einer vielversprechenden *Problem-Umorientierung* geführt haben, welche sich als Initialzündung für eine Renaissance der Heuristik erweisen könnte. Bahnbrechend für diese neue Entwicklung wirkten insbesondere die Arbeiten von Polya[151] (dessen neoinduktivistische

mathematische Heuristik im Gegensatz zum Carnapschen Programm einer quasiinduktiven Konfirmationslogik das heuristische Grundproblem des klassischen Induktivismus wieder aufgreift und durch eine »Theorie des plausiblen Schließens« zu lösen versucht), Hanson[152] (mit Rückgriff auf Peirces Theorie der Abduktion), Mary Hesse[153] (mit ihrer anregenden, aber gerade im Hinblick auf deren heuristische Qualitäten bislang nicht genügend beachtete Theorie der Analogie) und Lakatos[154] (mit seiner mathematischen Heuristik, die aus einer zugleich heuristisch und falsifikationistisch umgedeuteten Theorie der mathematischen Argumentation resultiert), während die heuristische Reinterpretation des Popperschen Falsifikationismus und Dinglerschen Exhaustionismus, einschließlich ihrer originellen *Kuhn*schen Synthese, in Lakatos' späterer »Methodologie der Forschungsprogramme«[155] mehr Folge als Grund dieser Renaissance der Heuristik sein dürfte. Interessante, bislang nicht aufgegriffene Ansätze zur Entwicklung einer neuen Heuristik finden sich auch in der Törnebohm-Radnitzkyschen Konzeption der wissenschaftlichen Forschung als innovatives System.[156]

Die vielversprechende Neuorientierung der Heuristik[157] besteht in einer *neuen Problemstellung*, die darauf hinausläuft, die heuristische Problematik nicht mehr als Erfindungs- und Entdeckungsproblematik aufzufassen, sondern primär als meta- und intertheoretische *Transformationsproblematik*, in der es um die Erzeugung neuer (Nachfolger-)Theorien aus vorhandenen (Vorgänger-) Theorien mittels *erzeugender Prinzipien* geht. Die Startkonstellation (Ausgangs-Problemsituation) für diese neue Art von Heuristik besteht weder aus Datenkollektionen (wie beim Induktivismus) noch einfach aus »Problemen« (wie bei Popper), aus vom Himmel rechtzeitig geschickten »Einfällen« (wie bei der heuristischen Intuition) oder aus unartikulierbarem »tacit knowing« (wie bei Polanyi), sondern aus *Theorien*, zu denen in diesem Zusammenhang insbesondere der ganze, tradierte Bestand der bereits *vorhandenen* Theorien – alle relevanten Vorgänger-Theorien umfassend – zu rechnen sind. Die heuristisch erzeugten Zwischenstadien und das jeweilige (vorläufige) Endprodukt sind wiederum Theorien, und das Ganze des heuristischen Prozesses ist eine *Serie miteinander heuristisch verbundener Theorien*, die sukzessive Entwicklungsstadien eines durchlaufenden »Forschungsprogramms« (Lakatos) verkörpern. Der heuristische Effekt dieses

Transformationsprozesses ergibt sich daraus, daß es sich um nichttautologische Transformationen von Theorien mittels »produktiver«, theorienerzeugender Prinzipien (Analogie-, Korrespondenz-, Isomorphie-, Invarianzprinzipien u. dgl.[158]) handelt, die wiederum selbst den Charakter von Theorien (oder Metatheorien) höchsten Abstraktions- und Generalisierungsniveaus haben.
Im Gegensatz zur »alten« Heuristik trägt die »neue« Heuristik damit der Tatsache Rechnung, daß in der Wissenschaftspraxis Theorien heuristisch weder ex nihilo noch überhaupt aus vergleichsweise armem Ausgangsmaterial entstehen, das wesentlich unter dem Erkenntnisniveau der zu produzierenden Theorien liegt. Theorien werden nur *aus Theorien* und *durch Theorien* (einschließlich Metatheorien) erzeugt. In metatheoretischer Analyse läßt sich damit der heuristische Produktionsprozeß als eine dreistellige Relation zwischen Ausgangs- oder Vorgängertheorien, Nachfolgertheorien und heuristischen Prinzipien (theorienerzeugende Theorien oder Metatheorien) rekonstruieren. Die Heuristik als Zweig der Dynamik der theoretischen Erkenntnis wird damit zur *Metatheorie der theorienerzeugenden Theorien.* Die relativ fortgeschrittenste, aber trotzdem erst ansatzweise entwickelte Konzeption dieser neuen Heuristik bildet Lakatos' Methodologie der wissenschaftlichen Forschungsprogramme[159], die vom Autor mit Recht zugleich als Heuristik präsentiert wird (allerdings in der vorliegenden Form eine von Methodologie überdeckte und davon fast erstickte Heuristik ist).

B II. Methodologie

Unter dem Einfluß der an die Kantsche Wende von der Ontologie zur Epistemologie anschließenden Dingler-Popperschen Wende der Wissenschaftstheorie von der Erkenntnistheorie zur Methodologie[160] ist die Methodologie zur beherrschenden Disziplin der modernen Wissenschaftstheorie geworden; mit dem Ergebnis, daß die metatheoretische Statik von der selbst mehr statisch als dynamisch verstandenen Methodologie teils (insbesondere die ganze erkenntnistheoretische Problematik) absorbiert, teils überlagert worden und die metatheoretische Dynamik überhaupt in Methodologie aufgegangen ist. Von Methodologie unterscheidbare Heuristik gibt es für diese Art von Wissenschaftstheorie – jedenfalls innerhalb der Wissenschaftstheorie – nicht, und als Theorie des Erkenntnisfortschritts präsentiert sich diese Methodologie selbst. Inzwischen sind aber die Grenzen einer auf Methodologie reduzierten Erkenntnis- und Wissenschaftslehre deutlich geworden und haben den wissenschaftstheoretischen Universalitätsanspruch der Methodologie auf ein vertretbares Maß zurückgeschraubt. Es hat sich nämlich eindeutig herausgestellt, daß die Wissenschaftstheorie mit Problemen konfrontiert wird, die sie nicht abweisen kann, die sich aber nicht sinnvoll, d. h. ohne wesentlichen Problemverlust, in methodologische Fragestellungen transformieren und folglich auch nicht auf rein methodologische Weise lösen lassen. Die Erkenntnisprobleme der Wissenschaft erschöpfen sich nicht in Methodenproblemen. Methodologie, die sich – und die ganze auf Methodologie reduzierte Wissenschaftstheorie – als Konzeption der wissenschaftlichen Methode(n) im Sinne bestimmter Überprüfungsverfahren versteht, kann Heuristik ausklammern, aber nicht ersetzen. Methodologische Regeln können den wissenschaftlichen Erkenntnisfortschritt fördern, und eine Methodologie (d. h. eine *Theorie* methodologischer Kriterien, Standards und Regeln) kann dies möglicherweise, wenn auch mehr indirekt, auch. Aber weder das eine noch das andere *ist* eine Theorie des Erkenntnisfortschritts. Weder die Statik noch die Dynamik der theoretischen Erkenntnis kann restlos in Methodologie aufgehen.

Methodologische Konzeptionen der Wissenschaft charakterisieren zunächst einmal und primär die wissenschaftliche *Methode*, nicht unbedingt die Erkenntnissubstanz der Wissenschaft, noch weniger die Wissenschaft als Ganzes. Methodologische Abgrenzungen der Wissenschaft grenzen zunächst einmal die wissenschaftliche(n) *Methode(n)* von nichtwissenschaftlichen Verfahrensweisen ab, aber nicht notwendigerweise gleichzeitig auch den kognitiven »Inhalt« der Wissenschaft, also die wissenschaftliche Erkenntnis selbst. Poppers diesbezügliches Mißverständnis ist das Mißverständnis einer bestimmten Art von Wissenschaftstheorie, eines restriktiven Verständnisses von Wissenschaft und Metawissenschaft, das vorübergehend zum Mißverständnis der modernen Wissenschaftstheorie schlechthin geworden war, neuerdings aber mit Recht zunehmender Kritik und Korrektur unterliegt. So gesehen entspricht der inzwischen eingeleitete Teilrückzug der Methodologie aus unzulässigerweise okkupierten transmethodologischen

Bereichen der Wissenschaftstheorie lediglich den objektiven Anforderungen der Problemsituation sowie der tatsächlichen Leistungsfähigkeit der Methodologie. Andererseits wäre es zu eng, Methodologie lediglich unter dem Gesichtspunkt eines Regelsystems für die *Ex-post*-Kritik und *Ex-post*-Bewertung fertig gegebener Theorien zu sehen. Ist Methodologie weder Heuristik noch Theorie des Erkenntnisfortschritts, so ist sie doch für diese beiden Zweige der Dynamik der theoretischen Erkenntnis unmittelbar relevant, weil Methodologie bei abgewogener, weder zu expansiver noch zu restriktiver Aufgabenstellung selbst integraler Teil der Dynamik ist.

Die Hauptaufgabe der Methodologie besteht darin, Verfahrensregeln sowie darauf abgestimmte methodische Kriterien, Standards und (explikative oder normative) Prinzipien zu liefern, aus denen sich Entscheidungs- und Bewertungsverfahren ergeben, die – in Prüfmodelle eingebaut – bei vorgegebener epistemologischer Wahrheitskonzeption eine Lösung des Entscheidungs- und Bewertungsproblems der Erkenntnis (siehe Zweiter Teil, A II 3) ermöglichen. Die dynamische Relevanz einer so verstandenen Methodologie für die Heuristik ist darin zu sehen, daß der *ganze* Erkenntnisprozeß – von seinem wie auch immer angenommenen Ausgangspunkt durch alle seine heuristischen Stadien hindurch bis zu seinem (immer nur vorläufigen) Endpunkt – methodologischer Regulierung und Bewertung unterliegt, keineswegs also nur »fertige« Theorien. Und ihre gleichfalls dynamische Relevanz für die Theorie des Erkenntnisfortschritts ergibt sich aus dem Tatbestand, daß Methodologien *normative Strukturen für den Erkenntnisfortschritt* »definieren«, die als vorgegebene – wenn auch immer systematisch unvollständige! – Muster des methodologisch Möglichen und Erwünschten entweder selbst in die Theorie des Erkenntnisfortschritts eingehen oder dafür zumindest als Rahmenbedingungen fungieren, die angemessen zu berücksichtigen sind. Darüber hinaus qualifiziert sich die Methodologie auch aufgrund ihres »dynamischen Eigenwerts« als integraler Zweig der metatheoretischen Dynamik, indem und insofern sie Maßstäbe für die und Methoden der Veränderung von Erkenntnis und Wissenschaft – speziell für jene Art progressiver Entwicklung, die im Ergebnis Erkenntnisfortschritt verkörpert – zur Verfügung stellt.

Die alternativen methodologischen Ansätze und die daraus hervorgegangenen methodologischen Konzeptionen können hier nicht im einzelnen diskutiert werden. Sie bewegen sich im allgemeinen hinsichtlich der postulierten Methoden im methodologischen Dreieck der methodischen Paradigmata von *Verifikation, Falsifikation* und *Exhaustion*. Daraus ergeben sich Prüfarrangements, die irgendwo im offenen Intervall zwischen monistischen und pluralistischen Prüfmodellen liegen (siehe Zweiter Teil, A IV). Nachdem beide methodologische Ansätze zur positiven Lösung des Entscheidungsproblems – der neopositivistische Verifikationismus (seine abgeschwächte Variante, der Carnapsche Konfirmationismus, eingeschlossen) sowie der Dinglersche Exhaustionismus – eindeutig gescheitert sind und auch die negative Lösung des Popperschen Falsifikationismus in Schwierigkeiten gekommen ist, die zunehmende Kritik und Ablehnung provozieren[161], ist in der Methodologie neuerdings eine gewisse Abkehr von monomethodischen Wissenschaftskonzeptionen festzustellen. Die Tendenz geht in Richtung auf eine nach typischen, wissenschaftshistorisch nachweisbaren Problemsituationen differenzierende, *selektive Synthese* mehrerer methodischer Paradigmata im Rahmen von komplexen Wissenschaftskonzeptionen, die sich außerstande sehen, der tatsächlichen methodologischen Problematik der Forschungspraxis mit ihren wechselnden, durchaus verschiedenartigen Problemsituationen mit einer monomethodologischen Konzeption gerecht zu werden. In diesem Falle müßte die Idee einer *einheitlichen Universalmethodologie* für alles, was als Wissenschaft wird auftreten können, der übergeordneten Idee einer *einheitlichen Wissenschaftskonzeption* – auf *multimethodologischer Basis* – weichen.

Es handelt sich hier um eine folgenreiche Problemverschiebung innerhalb der Wissenschaftstheorie aufgrund geänderter metatheoretischer Prioritäten, die einer allgemeinen, methodologisch differenzierten Theorie des wissenschaftlichen Erkenntnisfortschritts größere Praxisnähe *und* größere wissenschaftstheoretische Bedeutung – als Kernbestandteil umfassender, zugleich einheitlicher und inhaltlich komplexer Wissenschaftskonzeptionen – zumessen als einheitlichen Methodologien. Diese Gewichtsverlagerung innerhalb der Dynamik von der Methodologie zugunsten der Heuristik, insbesondere aber zugunsten der Theorie des Erkenntnisfortschritts, kommt in den Arbeiten von Feyerabend, Kuhn und Lakatos am stärksten zum Ausdruck, die, methodologisch gesehen, im großen und ganzen eklektizistischer Natur sind[162], nämlich selektive Kombinationen – mit durchaus originellen, interessanten Weiterentwicklungen (vor allem in der Feyerabendschen Pluralismuskonzeption) und Differenzierungen in Problemstellung und Problemlösung, aber auch belastet mit einigen Inkonsequenzen – aus Popperschem (verallgemeinertem) Falsifikationismus und (meist verschwiegenermaßen) Dinglerschem Exhaustionismus, dazu noch einige methodologische Ingredienzen aus der Duhem-Neurath-Quine-Tradition.[163]

Innerhalb der Methodologie selbst, jenseits der Auseinandersetzungen um spezielle Methoden und methodologische Problemlösungen, haben sich in jüngster Zeit zwei Ergebnisse von allgemeiner und weittragender Bedeutung herauskristallisiert:

Erstens die – der vorgängigen Ausdifferenzierung der erkenntnistheoretischen Geltungsproblematik in das Wahrheits-, Entscheidungs- und Bewertungsproblem entsprechende – Ausdifferenzierung der methodologischen Grundproblematik in das *Verifikation-versus-Falsifikations-Syndrom* (beide Alternativen im allgemeinsten Sinne einer positiven oder negativen Lösung des Entscheidungsproblems der Erkenntnis verstanden) einerseits und in das *Akzeptierbarkeit-versus-Verwerfbarkeits-Syndrom* andererseits.[164] Ein simpler, aber lange übersehener Tatbestand hat die Methodologie gezwungen, als Konsequenz dieser Problemdifferenzierung zu akzeptieren, daß eine Lösung beider Problemkomplexe »auf einen Streich« ausgeschlossen ist, daß also das Problem der rationalen Akzeptierbarkeit von Theorien eine selbständige Lösung erfordert, und zwar durch eine pragmatische Theorie des rationalen Bewertens, Wählens oder Wahlverhaltens, die letztlich eine Theorie des rationalen Handelns ist und als solche möglicherweise über den Bereich der Methodologie hinausweist. Es handelt sich dabei um folgenden elementaren Tatbestand: *wenn* die pragmatische Akzeptierung und Verwerfung wissenschaftlicher Theorien mit der Lösung des Entscheidungsproblems, d. h. mit dem Bestehen oder Nichtbestehen der methodologischen Prüfung automatisch gekoppelt wäre – dergestalt, daß zum Beispiel die Falsifikation einer Theorie ihre rationale Nichtakzeptierbarkeit bedingungslos zur Folge haben, also ihre Verwerfung erzwingen würde –, dann stehen wir, sofern wir unsere Methodologie auch wirklich konsequent praktizieren, mit leeren Händen da, sofern es zu einem bestimmten Zeitpunkt keine Theorie gibt, die der Prüfung standhält. In diesem durchaus realistischen Falle[165] würde

eine durch direkte Koppelung an die Lösung des Entscheidungsproblems präjudizierte Lösung des Bewertungs- und Akzeptierbarkeitsproblems tabula rasa machen und zum Bankrott der Wissenschaft führen.
Zweitens eine realistische Einschätzung der methodologischen Problemsituation, die zu der selbstkritischen Einsicht geführt hat, daß eine *sub specie aeternitatis* explanativ oder normativ über Theorien urteilende methodologische Metatheorie ihre eigenen erkenntnistheoretischen Möglichkeiten ebenso überzieht wie jene Theorien selbst, wenn diese über ihren Objektbereich sub specie aeternitatis urteilen. Das klassische Erkenntnisprogramm (siehe Zweiter Teil, A II 3) ist, unbeschadet bestimmter unleugbarer Unterschiede in den jeweiligen Problemsituationen, *auf der metatheoretischen Ebene grundsätzlich ebenso wenig realisierbar* wie auf der Ebene der wissenschaftlichen Theorien selbst. Tatsächlich aber waren es weniger erkenntnistheoretische Einwände als wissenschaftshistorische Einsichten in die Wandelbarkeit methodischer Kriterien, Standards und Regeln sowie in die Irrtumsanfälligkeit methodologischer Urteile überhaupt, die den alten und neuen Sub-specie-aeternitatis-Methodologien – vom Dinglerschen Certismus über die Carnapsche »reine« Wissenschaftslogik bis zum Popperschen kritischen Rationalismus – den Boden entzogen haben. Daraus folgt nicht notwendig die historische Relativierung der methodologischen Kriterien und Regeln.[166] Aber der Weg zur Erkenntnis ihrer möglicherweise beschränkten Gültigkeit wird dadurch freigemacht.[167]

B III. Theorie des Erkenntnisfortschritts

Fortschritt durch Veränderung, die – zumindest der Intention nach – den Charakter einer kognitiven *Verbesserung* hat, ist ein wesentliches Merkmal aller kritisch-rationalen Erkenntnis. Je länger der Erkenntnisfortschritt stagniert, desto mehr verliert unsere wissenschaftliche Erkenntnis ihren kritischen, rationalen und informativen Charakter. Bei nachhaltiger Stagnation des Erkenntnisfortschritts wird auch ansonsten »wissenschaftliche« Erkenntnis einem gehaltlosen System impliziter Definitionen und leerer Tautologien immer ähnlicher. Mit ihrem kritischen, progressiven Charakter würde die Wissenschaft auch unvermeidlich ihren empirischen, ja ihren informativen Charakter überhaupt verlieren.[168] Es ist deshalb berechtigt, Erkenntnisfortschritt – im Sinne einer aufgrund der allgemeinen erkenntnistheoretischen Problemsituation grundsätzlich immer gegebenen, unter günstigen Bedingungen auch praktisch realisierbaren und wenigstens ab und zu, in nicht allzu großen zeitlichen Abständen, tatsächlich realisierten Möglichkeit – als Leitmotiv des wissenschaftlichen Theoretisierens und unabdingbare Forderung an wissenschaftliche Erkenntnis schlechthin anzusehen.

Die ganze Dynamik der theoretischen Erkenntnis mündet deshalb letztlich in die Theorie des Erkenntnisfortschritts ein, die in normativ-explikativer Doppelfunktion einerseits ideale Entwicklungsmuster des Erkenntnisfortschritts zu normieren, andererseits die tatsächliche Entwicklung der Wissenschaft zu beschreiben und zu erklären versucht. Grob gesprochen erweist sich damit die Theorie des Erkenntnisfortschritts in ihrer mehr explikativen, deskriptiv-explanatorischen Funktion als *Fortsetzung und Vollendung der Heuristik*, in ihrer mehr normativen Funktion als *Fortsetzung und Vollendung der Methodologie*, beides jeweils in Richtung auf *allgemeine Entwicklungstheorien der menschlichen Erkenntnis.*

Erfindung neuer Theorien sowie – mit Hilfe von Theorien – *Entdeckung neuer realer Tatbestände (»Tatsachen«)* sind die beiden Hauptfälle, in denen sich der wissenschaftliche Erkenntnisfortschritt konkret manifestiert. *Was* wissenschaftlicher Erkenntnisfortschritt ist, *worin* er, erkenntnistheoretisch gesehen, besteht, *wie* er tatsächlich zustandekommt, nach welchem *Entwicklungsmuster* er verläuft (oder idealerweise verlaufen sollte) – das alles ist damit allerdings noch nicht begrifflich expliziert und nomologisch erklärt. Wenn (wissenschaftliche) Erkenntnis eine bestimmte Art von (wissenschaftlicher) Information über bestimmte Objektbereiche ist, dann kann (wissenschaftlicher) Erkenntnisfortschritt grundsätzlich definiert werden als quantitative und qualitative Zunahme dieser Art von Information, unter dem Doppelaspekt von Produktion (Erkenntnisfortschritt als Prozeß) und Produkt (Erkenntnisfortschritt als Resultat)[169] gesehen.

Die aus neuen Theorien und neuen empirischen Befunden resultierenden Erkenntnisleistungen lassen sich zwar ohne weiteres auf den durch den Begriff der semantischen Information gelieferten einheitlichen erkenntnistheoretischen Nenner bringen und – komparative semantische Vergleichbarkeit der aufeinanderfolgenden Erkenntnisstadien vorausgesetzt – auf relativen Erkenntnisfortschritt hin beurteilen. Aber gleichgültig, ob nun jedes Mehr an Information als Erkenntnisfortschritt anerkannt wird oder ob noch zusätzliche Qualifikationen verlangt werden: In jedem Falle verweist das Problem einer allgemeinen Explikation des Begriffs des wissenschaftlichen Erkenntnisfortschritts auf das (ungelöste; siehe Zweiter Teil, A II 3) Problem einer einheitlichen, umfassenden semantischen Informationstheorie zurück, die allen erkenntnistheoretisch relevanten Informationsleistungen wissenschaftlicher Theorien gerecht wird. Darüber hinaus gilt auch für die Theorie des Erkenntnisfortschritts, daß mit der bloßen *Definition* des erkenntnistheoretischen Fortschrittsbegriffs nicht unbedingt schon ein komparatives *Kriterium* für die Beurteilung aufeinanderfolgender Erkenntnisstadien (Theorien etc.) im Hinblick auf den erreichten Erkenntnisfortschritt verfügbar ist; daß ferner ein solches Kriterium noch kein quantitatives *Maß* (eine Metrik) für den Erkenntnisfortschritt liefert und dies alles – gesetzt, wir hätten es – zusammen noch kein praktikables *Entscheidungs- und Bewertungsverfahren* garantiert.

Das alles sind noch weitgehend ungelöste Probleme einer zukünftigen allgemeinen Theorie des Erkenntnisfortschritts, der damit schon vom derzeitigen Entwicklungsstand der Statik (insbesondere der Semantik und der Prüftheorie) her Grenzen gesetzt sind, die sie gegenwärtig nur auf Kosten von offenen *Problemlösungslücken* in der eigenen Konzeption des Erkenntnisfortschritts überschreiten kann.[170] So haben auch die bis jetzt vorliegenden Theorien des Erkenntnisfortschritts diese Problemlösungslücken nicht ausfüllen können und sich stattdessen im wesentlichen auf die Entwicklung von *Fortschrittsmustern* – insbesondere von angeblich typisch *wissenschaftlichen* Entwicklungsmustern – beschränkt, wobei es sich in der Regel einfach um unzulänglich, oft nur ganz oberflächlich »dynamisierte« Transformationen ursprünglich rein statischer Wissenschaftskonzeptionen handelt.

Im Hinblick auf das postulierte Entwicklungsmuster lassen sich die wichtigsten Grundpositionen der in jeweils variantenreicher Ausprägung vorliegenden Theorien des (wissenschaftlichen) Erkenntnisfortschritts wie folgt einteilen:[171]

(1) Als *Stagnationstheorien* sollen zusammenfassend alle Konzeptionen bezeichnet werden, die Erkenntnisfortschritt in dem spezi-

fischen, meines Erachtens zentralen Sinne der Zunahme des Informationsgehalts (und damit der Erklärungs- und Prognosekraft, Prüfbarkeit etc.)[172] für total oder partiell unmöglich erklären, indem sie die Möglichkeit informativer Erkenntnis global oder lokal – d. h. für bestimmte Bereiche oder Arten der Erkenntnis – bestreiten. Global macht das zwar, jedenfalls im und für den Bereich der Wissenschaft (einschließlich Metawissenschaft), kein ernstzunehmender Standpunkt, aber »lokale« Stagnationspostulate finden sich in weit mehr Wissenschaftskonzeptionen, als dies angesichts des erkenntnisfeindlichen Charakters der Stagnationstheorien zu erwarten wäre: für den engeren Bereich der eigentlichen Theorien (d. h. der hochtheoretischen Ebene im Stufenmodell der Erkenntnis) im Grunde alle einem konsequenten Eliminierungs- und Neutralisierungsprogramm verpflichteten Ansätze, die sich insofern – aber nur in dieser Hinsicht! – als partielle Stagnationstheorien erweisen. Dabei ist jedoch die bereits erwähnte (siehe Zweiter Teil, A III) Möglichkeit der Verlagerung der Interpretationslast, des Informationsgehalts und damit des eigentlichen informativen Erkenntnisfortschritts selbst auf andere Komponenten des Erkenntnissystems zu berücksichtigen.

Natürlich sind auch im Rahmen dieser Konzeptionen progressive Weiterentwicklungen der wissenschaftlichen Theorien durchaus möglich, und sie werden von diesen Wissenschaftsprogrammen auch bewußt angestrebt. Aber die Verbesserung der theoretischen Erkenntnis kann sich, soweit dem inhaltlichen Kernbestandteil der Theorien – ihren nomologischen Komponenten – jeglicher informative Eigenwert abgesprochen wird, eben nur auf *andere* erkenntnistheoretisch relevante Eigenschaften der Theorien (wie Allgemeinheit, Einfachheit, Kohärenz, mathematische Eleganz etc.) erstrecken, nicht auf die Zunahme des durch das gewählte Interpretationsprogramm von vornherein ausgeschlossenen Informationsgehalts der theoretisch-nomologischen Komponenten des Erkenntnissystems.

Diese ungewöhnliche Charakterisierung so respektabler metatheoretischer Standpunkte, wie des Konventionalismus und des Instrumentalismus, als (partielle) Stagnationstheorien scheint gerechtfertigt angesichts der bereits eingangs hervorgehobenen dominierenden Stellung und zentralen Erkenntnisfunktion der theoretischen Gesetzesaussagen im Rahmen der Theorien sowie dieser Theorien selbst im Rahmen der Gesamterkenntnis, verglichen mit ihrer damit kaum vereinbaren metatheoretischen Deutung durch diese Standpunkte als nichtinformative, rein »instrumentale« Teile des Erkenntnissystems.

Wenn man die hier vertretene Ausgangsthese über den wesentlich theoretischen Charakter der menschlichen Erkenntnis und den sogar potenziert theoretischen Charakter der wissenschaftlichen Erkenntnis (siehe Erster Teil), in Verbindung mit der Zusatzthese über den Informationscharakter aller Erkenntnis schlechthin (siehe Zweiter Teil, A II 3), akzeptiert, dann scheint es allerdings nur konsequent zu sein, in jedem Versuch, die eigentlich »theoretischen« – wie auch immer abgegrenzten – Komponenten der Erkenntnis zu eliminieren oder ihnen doch jeglichen eigenständigen Informationswert (und damit natürlich zugleich auch die Möglichkeit der Eigenproduktion informativen »Mehrwerts« im Verlauf der Erkenntnisentwicklung) abzusprechen, ein defizientes metatheoretisches Deutungsprogramm zu sehen, durch das die kognitive *Substanz* der »theoretischen«, letztlich zumindest aller wissenschaftlichen Erkenntnis tangiert wird. Konsequenterweise muß unter den genannten Voraussetzungen nicht nur das Eliminierungsprogramm, sondern grundsätzlich auch das Neutralisierungsprogramm im Hinblick auf den von beiden Ansätzen programmierten Erkenntnisfortschritt als (partielle) Stagnationstheorie qualifiziert werden.

Diese unübliche, anscheinend ungerechte Einordnung verdienstvoller wissenschaftstheoretischer Konzeptionen, denen »progressive« Absichten und Wirkungen für die Wissenschaft nicht abgesprochen werden können, unter die Kategorie der Stagnationstheorien mag plausibler erscheinen, wenn zusätzlich zu den genannten Voraussetzungen noch drei weitere Umstände in Betracht gezogen werden, die in diesem Zusammenhang eine Rolle spielen:

Erstens der bereits erwähnte Tatbestand, daß die hier zugrunde gelegte Idee des Erkenntnisfortschritts, damit natürlich auch deren Negierung durch Stagnationspostulate, nicht alle überhaupt möglichen und wissenschaftstheoretisch relevanten »Progressionslinien« erfaßt, d. h. nicht alle verbesserungsbedürftigen, fortschrittsfähigen Aspekte oder Qualitäten der Erkenntnis einbezieht, sondern nur auf den – meines Erachtens allerdings letztlich entscheidenden – informativen Eigenwert der Theorien abzielt.

Zweitens der noch wichtigere, meist jedoch völlig vernachlässigte

Umstand, daß – im vorliegenden metatheoretischen Problemkontext, bei dem es lediglich um die Charakterisierung verschiedener Theorien des Erkenntnisfortschritts geht, berechtigterweise; aber zu Unrecht, wenn diese gewichtige, nicht selten erkennbar kontrafaktische Einschätzung, wie in der Selbstinterpretation und Selbstpräsentation der Fortschrittstheorien leider üblich, bei der Gesamtbeurteilung vernachlässigt wird – es bei der hier vorgeschlagenen Charakterisierung der metatheoretischen Fortschrittstheorien als Stagnations-, Kumulations- und Revolutionstheorien um den »programmierten«, je nach Selbstinterpretation geforderten oder erlaubten Erkenntnisfortschritt geht, der sich ja mit dem *tatsächlich erzeugten* Erkenntnisfortschritt keineswegs decken muß. Stagnationstheorien programmieren keinen Erkenntnisfortschritt in dem angegebenen Sinne, bewirken ihn aber möglicherweise. Umgekehrt programmieren manche Revolutionstheorien großzügig »maximalen« Erkenntnisfortschritt, bewirken aber vielleicht das Gegenteil. So kann nach *Kuhn* jene Art von »Dogmatismus«, der vom Popperschen kritischen Rationalismus zum Haupthindernis für Erkenntnisfortschritt erklärt wird, in der Wissenschaftspraxis eine eminent progressive Rolle spielen und zur notwendigen praktischen Voraussetzung für wissenschaftlichen Erkenntnisfortschritt, ja sogar für die von den Revolutionstheorien programmierten wissenschaftlichen Revolutionen werden.[173] Diese Möglichkeit nichtprogrammierter Auswirkungen gilt es bei der Gesamtbeurteilung wissenschaftstheoretischer Konzeptionen zu berücksichtigen – zugunsten des Kuhn-Polanyischen »Dogmatismus« wie zuungunsten des Popperschen Kritizismus.

Drittens schließlich, was hier keiner weiteren Argumentation bedarf, daß mit der Charakterisierung der Stagnationstheorien und mit der Einordnung bestimmter Wissenschaftsprogramme unter diesen Typ der Fortschrittstheorien natürlich noch nichts über die Richtigkeit und Vernünftigkeit dieser Standpunkte selbst gesagt ist. Ob wissenschaftstheoretische Programme auf Stagnationstheorien hinauslaufen, ist eine Frage; ob Stagnationspostulate richtig oder vertretbar sind, eine andere.

Globale Stagnationstheorien sind, streng genommen, nur der totale Skeptizismus sowie der durch Inanspruchnahme von Infallibilität *und* Vollständigkeit sozusagen verdoppelte radikale Dogmatismus, die sich beide als Theorien des Erkenntnis*fortschritts* jedoch von vornherein selbst disqualifizieren. Dagegen sind *spezielle* Verdikte gegen weiteren Erkenntnisfortschritt, die *partielle* Stagnationspostulate implizieren, auch in qualifizierten wissenschaftstheoretischen Konzeptionen zu finden, zum Beispiel in der Heisenbergschen Idee abgeschlossener Theorien[174], in den verschiedenen Vollständigkeitspostulaten[175], ferner in den extremen Versionen des epistemologischen Certismus und Fundamentalismus sowie des methodologischen Exhaustionismus Dinglerscher Prägung.

(2) Die *Kumulationstheorien* programmieren den Erkenntnisfortschritt im wesentlichen rein additiv, als Akkumulation kognitiver Faktoren oder Qualitäten, wobei neue Erkenntnisse den bereits akkumulierten Erkenntnisschatz zwar durch Ergänzung und Erweiterung bereichern, ihn unter Umständen auch peripher korrigieren, in seinem harten Kern – gebildet aus dem bewährten Bestand angeblich gesicherter Erkenntnisse – aber grundsätzlich nicht antasten und ersetzen können. Kontinuierlicher Fortschritt durch sukzessive, permanente Akkumulation dessen, worin der eigentliche Erkenntniswert der Wissenschaft – Fakten oder Theorien, Beschreibungen oder Erklärungen, Begriffe oder Aussagen, oder was immer es auch sein mag – gesehen wird, ist die von den Kumulationstheorien postulierte Progressionslinie. Den Kumulationstheorien der Wissenschaftstheorie[176] entsprechen deshalb die *Kontinuitätstheorien* der Wissenschaftshistoriographie (Whewell, Duhem)[177]. Beide laufen im programmierten Ergebnis auf dasselbe hinaus, nämlich auf stetiges Wachstum der Erkenntnis ohne kontinuitätszerstörende Unterbrechungen der Progressionslinie durch (zum Beispiel, wenn es um Theorienfolgen geht) intertheoretische Inkompatibilitäten oder Inkommensurabilitäten, sowie auf graduellen, additiven Wandel der Wissenschaft ohne dramatische Umwälzungen im für gesichert gehaltenen kognitiven Besitzstand der Wissenschaft durch wissenschaftliche Revolutionen.

(2a) Die naive Version der Kumulationstheorie – der *Fakten-Induktivismus* – interpretiert und normiert den wissenschaftlichen Erkenntnisfortschritt primär als eine Akkumulation von Fakten (oder Beobachtungsaussagen über Fakten), wobei Theorien lediglich als eine Art ideologischer Überbau von derivativer, fakten-induzierter Bedeutung zu einem vorgelagerten, fundamentaleren Bereich autonomer Fakten-Erkenntnis angesehen werden. Dieser »Baconsche Mythos« (Popper[178]) ist von der klassischen Erkenntnislehre und von der modernen Wissenschaftstheorie oft genug überzeugend widerlegt worden.

(2b) Die aufgeklärte Version der Kumulationstheorie – der *Reduktionismus* – faßt den Erkenntnisfortschritt als eine quasi-induktive Akkumulation von Theorien auf, d. h. als einen kontinuierlichen Übergang zu immer allgemeineren, umfassenderen Theorien, die ihre Vorgänger-Theorien als Spezial- oder Grenzfälle logisch enthalten, wobei sich der kumulative Effekt hauptsächlich aus der Transitivität der intertheoretischen Reduktionsrelation ergibt. Grundsätzlich läßt sich gegen die induktivistischen wie reduktionistischen Kumulationstheorien des Erkenntnisfortschritts einwenden, daß sie weder der tatsächlichen Wissenschaftsentwicklung in der Vergangenheit noch dem idealerweise im Hinblick auf bestmöglichen Erkenntnisfortschritt erwünschten Fortschrittsmuster gerecht werden.[179] Insbesondere können sie Bedeutung und Ablauf wissenschaftlicher Revolutionen im Rahmen ihrer Konzeption nicht erklären.

(3) Zu den *Revolutionstheorien* sind im Rahmen der hier vorgeschlagenen Klassifikation der Theorien des Erkenntnisfortschritts jene Standpunkte zu zählen, die den wissenschaftlichen Erkenntnisfortschritt als einen Prozeß revolutionären Umbruchs auffassen, der im Idealfall zur totalen Verdrängung und restlosen Ersetzung der alten Theorien durch neue, mit den Vorgänger-Theorien unvereinbare Nachfolger-Theorien – durch strenge, globale Alternativtheorien im Sinne der Feyerabendschen Pluralismuskonzeption, durch neue Paradigmata im Kuhnschen Sinne – führt.

(3a) Die *monistische Revolutionstheorie* übernimmt dieses revolutionäre Entwicklungsmuster und kombiniert es mit der Kuhnschen monistischen Konzeption der »normalen Wissenschaft«, die unter der Herrschaft *eines* »Paradigmas« (Kuhn) steht. Diese Theorie des Erkenntnisfortschritts sieht in den wissenschaftlichen Revolutionen notwendige, aber vergleichsweise kurze und dramatische Episoden krisenhafter, temporär pluralistischer »außerordentlicher Forschung«, die zu einer neuen, wiederum monistischen Phase »normaler Wissenschaft« überleiten.[180]

(3b) Dagegen konzipiert die *pluralistische Revolutionstheorie* Feyerabends[181] pluralistische Theorienkonkurrenz als den Normal- und zugleich Idealzustand der Wissenschaft und den wissenschaftlichen Erkenntnisfortschritt als einen nichtkumulativen, *permanent* pluralistisch-revolutionären Entwicklungsprozeß, in dem das *Ausbleiben* wissenschaftlicher Revolutionen als ernstes Krisensymptom der Wissenschaft anzusehen ist, durch das ein Stagnieren des Erkenntnisfortschritts signalisiert wird.

Ein für den betont erkenntnis*logischen* Ansatz – für den das (ursprüngliche, nicht das spätere, als Theorie des Erkenntnisfortschritts, wie sie ja auch die Induktionslogik einmal sein wollte, bis zur völligen Irrelevanz für die Forschungspraxis degenerierte[182]) Carnapsche Wissenschaftsprogramm zum metatheoretischen Paradigma geworden ist –, der die Probleme und Ergebnisse von Wissenschaftsgeschichte und Wissenschaftssoziologie noch kaum zur Kenntnis genommen hat, charakteristische Konzeption des Erkenntnisfortschritts ist die ins Dynamische transformierte Version des Stufenmodells der Erkenntnis (siehe Zweiter Teil, A II 3). Dieses *»dynamisierte« Stufenmodell der Erkenntnis* verdient nicht nur als vorläufiger Endpunkt einer durch einseitige Verengung der Problemperspektive verursachten Fehlentwicklung der modernen Wissenschaftstheorie im Rahmen des erwähnten Carnapschen Programms einer »reinen Wissenschaftslogik« unser wissenschaftstheoretisches Interesse, sondern zugleich auch als instruktives Beispiel dafür, was herauskommt, wenn in der metatheoretischen Dynamik lediglich statische Verhältnisse sozusagen ins Dynamische übersetzt werden, indem sie mit Zeitindizes versehen werden – als ob statische und dynamische Ordnung der Erkenntnis sich entsprechen müßten.

Das in die dynamische Dimension der Erkenntnis transponierte Stufenmodell vereinigt als Theorie des wissenschaftlichen Erkenntnisfortschritts Momente aller drei genannten Grundpositionen, mit allerdings ungleicher Gewichtung, wobei die Kumulationsdoktrin eindeutig dominiert. Nach diesem dynamisierten Stufenmodell der Erkenntnis verläuft der wissenschaftliche Erkenntnisfortschritt auf der empirischen Ebene grundsätzlich kumulativ, aber der theoretischen Ebene im Normalfall reduktiv, im Ausnahmefall revolutionär. Das ergibt das Bild auf S. 191:

Die Grundkonzeption dieses zur Theorie des Erkenntnisfortschritts dynamisch erweiterten Stufen- oder Schichtenmodells der Erkenntnis findet sich bereits bei Duhem[183], der für den wissenschaftstheoretischen Konventionalismus (dessen ideengeschichtlicher und systematischer Problemzusammenhang mit dem modernen Positivismus, gerade auch im Hinblick auf beider Theorien des

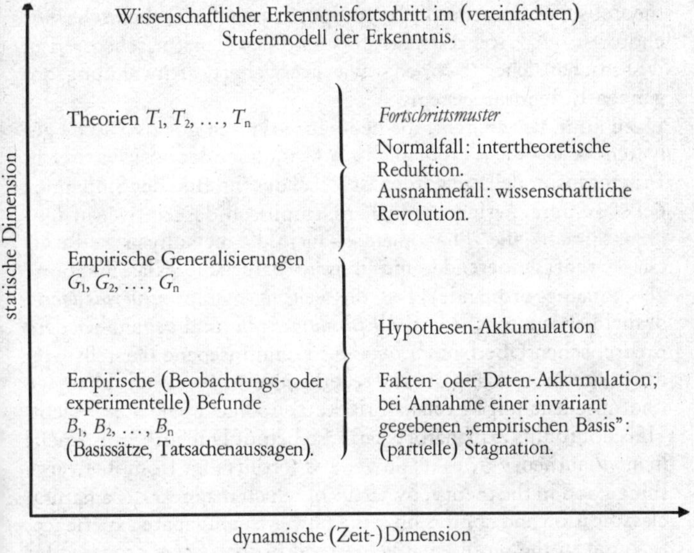

Erkenntnisfortschritts, hier besonders deutlich wird[184]) mit großer Klarheit die Grundgedanken dessen formuliert hat, was in nur wenig veränderter positivistischer Reinterpretation zur *Standardkonzeption des wissenschaftlichen Erkenntnisfortschritts* geworden ist.

Sind auch die metatheoretischen Ansätze (Ausgangs-Problemsituationen), die Abgrenzungskriterien und Deutungsprinzipien beider Wissenschaftskonzeptionen so verschieden, wie sich in dieser Hinsicht Konventionalismus und Positivismus eben unterscheiden, so sind die drei leitmotivischen Lösungsprinzipien der Duhemschen Theorie des Erkenntnisfortschritts auf der einen Seite und der Standardkonzeptionen der modernen (gemäßigt positivistischen) Wissenschaftstheorie – repräsentiert durch das Stufenmodell der Erkenntnis und dessen hier skizzierte dynamisierte Version – im Grunde *dieselben:*

Erstens das statische Konstruktionsprinzip der wissenschaftstheoretischen Standardkonzeption, das zur hierarchischen, letztlich dichotomischen Strukturierung der wissenschaftlichen Erkenntnis nach Art des Stufenmodells führt. So entspricht der positivistischen Carnapschen Dichotomie von Beobachtungssprache und

theoretischer Sprache die kryptopositivistische Duhemsche Dichotomie von »repräsentativem« und »explanatorischem« Teil wissenschaftlicher Theorien sowie, in erweiterter Anwendung, des ganzen Erkenntnissystems.
Dazu kommt, *zweitens*, die heute für »typisch positivistisch« gehaltene Idee – die ja tatsächlich zur Grundidee des positivistischen Erkenntnismodells geworden ist –, daß der (im Bild des Stufenmodells) »untere«, erfahrungsnähere, empirisch-deskriptive (in Duhems Sprache: die »Phänomene« – nicht die metaphysische Realität! – repräsentierende und durch »natürliche Klassifikation« gesetzmäßig ordnende) Teil die geltungsmäßig *zuverlässigere*, deshalb erkenntnistheoretisch *fundamentale* und gegenüber dem theoretischen Überbau *autonome* Erkenntnisebene darstellt, von der der geltungsmäßig dubiosere, erkenntnistheoretisch abhängige und unselbständige explanatorische Teil »like a parasite«[185] lebt. »It is not to this explanatory part«, so betont Duhem[186] ausdrücklich, »that theory owes its power and fertility; far from it. Everything good in the theory, by virtue of which it appears as a natural classification and confers on it the power to anticipate experience, is found in the representative part; all of that was discovered by the physicist while he forgot about the search for explanation. On the other hand, whatever is false in the theory and contradicted by the facts is found above all in the explanatory part...«
Wenn es nun gilt, die statischen Verhältnisse einer asymmetrischen, hierarchischen epistemologischen Ordnung ins Dynamische zu transponieren, um eine Theorie des Erkenntnisfortschritts zu gewinnen, dann ist es nur konsequent, wenn Duhem im dynamischen Teil seiner Wissenschaftskonzeption zu einer Fortschrittsdoktrin kommt, die auch in der positivistischen Standardkonzeption des Erkenntnisfortschritts zum dynamischen Leitprinzip geworden ist. Es handelt sich, *drittens*, um die für das Stufenmodell der Erkenntnis charakteristische Kombination von kontinuierlich-kumulativem und diskontinuierlich-revolutionärem Erkenntnisfortschritt[187], wobei diese Ausdifferenzierung verschiedener dynamischer Fortschrittsmuster *in völliger Abhängigkeit von der vorgängigen statischen Differenzierung der Erkenntnis* im Sinne des Stufenmodells erfolgt: kumulativer Erkenntnisfortschritt auf der empirisch-deskriptiven Ebene, weil diese Art von Erkenntnis nach den Annahmen dieses Erkenntnismodells (siehe Zweiter Teil, A II 3) fundamental, autonom und

geltungsmäßig so gesichert ist, daß sie gegen nachträglichen Geltungsverlust gefeit und somit revolutionärem Umbruch nicht unterworfen erscheint; revolutionären Erkenntnisfortschritt auf der theoretischen Ebene, wie es dem behaupteten erkenntnistheoretischen Qualitätsgefälle im Stufenmodell, mit zunehmender Irrtumsanfälligkeit und damit auch Korrekturbedürftigkeit »von unten nach oben«, entspricht.
Um zu einer Theorie des Erkenntnisfortschritts zu kommen, braucht nun Duhem nur noch die naheliegenden dynamischen Konsequenzen aus den bereits aufgeführten statischen Prinzipien zu ziehen. Dies tut er auch klar und folgerichtig: »When the progress of experimental physics goes counter to a theory and compels it to be modified or transformed, the purely representative part enters nearly whole in the new theory, bringing to it the inheritance of all the valuable possessions of the old theory, whereas the explanatory part falls out in order to give way to another explanation.«[188] Diese Stabilität und Kontinuität auf der fundamentalen Ebene der »repräsentativen« Erkenntnis »assures a perpetuity of life and progress for science« – eine Kontinuität der Tradition im Erkenntnisbereich, die allerdings oberflächlicher Betrachtung verborgen bleibt »due to the constant breaking-out of explanations which arise only to be quelled.«[189]

Abschließend ist zu dieser ganzen Problematik einer adäquaten Theorie des Erkenntnisfortschritts zu sagen, daß auch hier der Versuch, der *tatsächlichen*, durch die neuere Wissenschaftsgeschichte immer besser erforschten Wissenschaftsentwicklung metatheoretisch gerecht zu werden, tendenziell zu komplexeren Theorien des Erkenntnisfortschritts mit differenzierten, variabel auf typische Problemsituationen der Forschungspraxis abgestellten Entwicklungsmustern führt, die es erlauben, die tatsächlich vorliegenden, historisch nachweisbaren Zusammenhänge – die weder einfach noch ausschließlich logischer Natur sein müssen, und dies auch nicht zu sein pflegen – adäquat zu rekonstruieren und zu erklären, anstatt sich damit zu begnügen, die logischen Verhältnisse der statischen Erkenntnisordnung schematisch in die dynamische Dimension zu transponieren. Das üblicherweise auf diese allzu simple Weise – als ob es in der metatheoretischen Dynamik lediglich darum ginge, statische Wissenschaftskonzeptionen durch Einbau von Zeitindizes oberflächlich zu »dynamisieren«, um aus der statischen Ordnung die zeitlich-historische Ordnung der Erkenntnis zu gewinnen – zu einer Theorie des Erkenntnisfortschritts gemachte Stufenmodell zeigt die Grenzen dieses systematisch problemverfehlenden pseudodynamischen Ansatzes deutlich auf.

Bahnbrechend für eine komplexe, auch gegenüber externalistischen[190] Fortschrittsbedingungen und Erklärungsfaktoren offene Theorie des Erkenntnisfortschritts mit differenziertem Entwicklungsmuster wirkte Kuhns mittlerweile berühmtes Buch über »The Structure of Scientific Revolutions« (1962)[191], mit seinem äußerst fruchtbaren wissenschaftshistorischen Ideenstoß[192] für die damals noch vorherrschende, auf Wissenschaftslogik reduzierte und einem internalistischen Purismus[193] verpflichtete Wissenschaftstheorie. Ausgehend von einer meines Erachtens im Prinzip *richtig* angesetzten Differenzierung nach verschiedenen historischen Problemsituationen der Forschungspraxis und davon abhängigen Entwicklungsphasen der Forschung wird im Rahmen der *Kuhn*schen Wissenschaftskonzeption ein komplexes Fortschrittsmuster entwickelt, das für den Entwicklungsgang »reifer Wissenschaften« typisch sein soll.

Grundsätzlich richtig scheint mir dieser Kuhnsche Ansatz zu sein, weil er die unerläßliche, auch wissenschaftshistorisch nachweisbare Differenzierung des Fortschrittssyndroms gemäß verschiedenen Entwicklungsmustern nicht nach den Verhältnissen der statischen kognitiven Ordnung vornimmt, sondern auf die davon weitgehend unabhängigen *tatsächlichen*, wesentlich verschiedenartigen Problemsituationen der »normalen« und der »außerordentlichen« Forschung (Kuhn) abhebt, welche ja mit den im Stufenmodell unterschiedenen Erkenntnisebenen nicht zu korrelieren pflegen. So verbindet Kuhn das kumulative Entwicklungsmuster, das auch in seiner Wissenschaftskonzeption einen Platz findet, nicht mit einer bestimmten Erkenntnis*art* oder Erkenntnis*ebene*, sondern mit einer bestimmten Problemsituation und Forschungspraxis, wie sie für *jede* Erkenntnisstufe gegeben sein können. Im Gegensatz dazu – und das ist meines Erachtens ein grundsätzlich verfehlter Ansatz – korreliert das dynamisierte Stufenmodell seine verschiedenen Entwicklungsmuster mit den postulierten Erkenntnisstufen, so als ob für jede Erkenntnisebene oder Erkenntnisart von vornherein nur *ein* ganz spezielles Entwicklungsmuster aus dem komplexen Fortschrittssyndrom in Frage käme (zum Beispiel

das kumulative Entwicklungsschema für die – unterste – empirische Ebene der Daten-Erkenntnis).
Aber neuere wissenschaftstheoretische und wissenschaftshistorische Untersuchungen[194] haben sogar das stärkste und plausibelste Glied dieses *statisch-dynamischen Parallelismus* als problematisch erscheinen lassen, nämlich die Verbindung der empirischen Erkenntnisebene im Stufenmodell mit dem Kumulationspostulat zur Idee des kontinuierlichen, rein additiven Wachstums durch Fakten- oder Daten-Akkumulation: eine spezielle Fortschrittsidee, deren ungebrochene Common-sense-Plausibilität, verstärkt durch die empiristisch-positivistische Wissenschaftsideologie[195], teils Ursache dafür, teils Wirkung davon sein dürfte, daß sie praktisch in alle, einschließlich der radikalsten, vor-Kuhnschen und vor-Feyerabendschen Theorien des Erkenntnisfortschritts Eingang gefunden hat.[196]
Systematische und historische Problemanalysen sprechen jedoch einhellig dafür, daß wissenschaftliche Revolutionen nicht nur die theoretische, sondern auch die empirische Erkenntnisebene – die Möglichkeit und Vernünftigkeit dieser problematischen erkenntnistheoretischen Dichotomie hier einmal vorausgesetzt – erfassen und im empirischen ebenso wie im theoretischen Erkenntnisbereich tiefgehenden, revolutionären Umbruch bewirken können, durch den die kumulative Kontinuität auch der für »empirisch gesichert« gehaltenen Fakten-Erkenntnis und der sie repräsentierenden Erkenntnisdaten unterbrochen oder sogar völlig umgestoßen wird.[197] Weil selbst der Erfahrungs- und Wahrnehmungsbereich nicht theoriefrei ist und dies im Grunde auch gar nicht sein kann[198], ist er auch nicht gegen revolutionäre Veränderungen der theoretischen Erkenntnis abgesichert. Wer wissenschaftliche Revolutionen für den empirischen Bereich ausschließen und der empirischen Erkenntnis nur kontinuierlich-kumulatives Wachstum zubilligen will, *muß dem theoretischen Erkenntnisbereich dieselben Restriktionen im Hinblick auf seinen möglichen Erkenntnisfortschritt auferlegen.*
Kontinuität und Diskontinuität finden sich praktisch auf *allen* Ebenen der Erkenntnis, der vorgelagerte Protobereich sowie die übergelagerte Metaebene nicht ausgenommen.[199] Kumulative und revolutionäre Entwicklungen sind in *allen* Erkenntnisbereichen und für *alle* Erkenntnisarten möglich, in denen und für die es überhaupt Erkenntnisfortschritt geben kann.

Eine komplexe Theorie des Erkenntnisfortschritts, die am Stufenmodell der Erkenntnis ansetzt – was trotz dessen ungelöster Problematik selbstverständlich nach wie vor möglich und erlaubt ist, wenn auch weniger empfehlenswert erscheint –, müßte sinnvollerweise für *jede* Erkenntnisstufe differenzierte Entwicklungsmuster in Betracht ziehen. Daß im dynamisierten Stufenmodell überhaupt verschiedene Entwicklungsmuster aus der allgemeinen Fortschrittslinie ausdifferenziert werden, wäre durchaus als ein erster Schritt in Richtung auf die hier geforderte komplexe Theorie des Erkenntnisfortschritts zu werten, wenn es sich nicht um eine falsch angesetzte, schematisch verfahrende Differenzierung des Fortschrittssyndroms nach letztlich statischen Gesichtspunkten handelte. Deshalb läßt sich gegen die Standardkonzeption des Erkenntnisfortschritts auf der Grundlage des dynamisierten Stufenmodells der Erkenntnis nicht nur einwenden, was am Stufenmodell selbst problematisch ist, sondern darüber hinaus schlechthin alles, was sich gegen die einzelnen Fortschrittspostulate der Stagnations-, Kumulations- und Revolutionstheorien des Erkenntnisfortschritts vorbringen läßt, wenn diese – und sei es auch nur »lokal«, d. h. für eine bestimmte Erkenntnisebene – verabsolutiert werden.

Die nach Maßgabe der statischen Erkenntnisordnung schematisch vorgenommene Ausdifferenzierung spezieller Fortschrittsmuster im dynamisierten Stufenmodell *summiert* für diese Fortschrittskonzeption alle ungelösten Eigenprobleme der Stagnations-, Kumulations- und Revolutionstheorien, anstatt sie durch Problemdifferenzierung *innerhalb* der Problemsituation einer *jeden* Erkenntnisstufe und *so* angesetzte differenzierte Lösungsvorschläge für jede Erkenntnisebene zu unterlaufen.

Jenseits dieser Fehlkonzeption der metatheoretischen Dynamik im Rahmen von schematisch in die dynamische Dimension transponierten, im Grunde rein statischen Wissenschaftskonzeptionen, wie sie das dynamisierte Stufenmodell der Erkenntnis exemplarisch verkörpert, haben die *neue, wissenschaftshistorisch bewußte Wissenschaftstheorie* und die von ihr in diesem Zusammenhang fast ununterscheidbar gewordene *neue, wissenschaftstheoretisch bewußte Wissenschaftshistorie,* in jüngster Zeit auch die *neue, der kognitiven Aspekte der Wissenschaft bewußte Wissenschaftssoziologie* – die dem systematisch problemverfehlenden »black-box approach«[200] der traditionellen Wissenschaftssoziologie funktionalistischer und marxistischer Prägung ebensowenig verpflichtet ist wie dem gleichermaßen verfehlten Erklärungsansatz der Wissenssoziologie *Scheler-Mannheim*scher Provenienz, von denen zur Lösung der hier anstehenden metatheoretischen Problematik nichts von Belang beigetragen worden ist – die Entwicklung *komplexer Theorien des wissenschaftlichen Erkenntnisfortschritts* sowie der in einen *externalistisch wesentlich erweiterten Problemkontext* einzuordnenden Entwicklung von Erkenntnis und Wissenschaft im allgemeinen mit Recht zu ihrer gemeinsamen Hauptaufgabe gemacht.

Fallibilismus, Pluralismus, kritischer Rationalismus

»... it is not for nothing
that I am a fallibilist.«
Karl R. Popper[1]

I. Zur jüngsten Problemgeschichte und gegenwärtigen Situation der Popperschen Philosophie

Daß das in diesem Buch als Gesamt-Konzeption der menschlichen Erkenntnis vorgestellte Programm eines *fallibilistischen Pluralismus* – im Gegensatz etwa zu J. St. Mills[2] primär politisch-humanitär motiviertem Pluralismus der Meinungsfreiheit und des individualistischen Kults der Verschiedenheit, zum anarchistischen Pluralismus Feyerabends[3] und zum »possibilistischen« Pluralismus von Arne Naess – im wesentlichen auf Karl R. Poppers *Methodologie des Falsifikationismus*[4] sowie auf den fallibilistischen Kern seiner späteren *Philosophie des kritischen Rationalismus*[5] zurückgeht, dürfte jedem Leser klar sein. Ebenso klar ist wohl auch die Tatsache, daß die explizite Ausarbeitung der pluralistischen Komponente des Ganzen hauptsächlich Paul K. Feyerabends Werk ist. Unter diesen Umständen mag es den mit diversen Feinheiten der Popperschen Philosophie weniger vertrauten Leser überraschen, daß hier durchweg von Popper selbst, von Agassi, Albert, Lakatos und anderen »Popperianern«, aber vom »kritischen Rationalismus« kaum die Rede ist; präsentiert sich doch die Poppersche Philosophie – nach ihrem heutigen Selbstverständnis – als kritischer Rationalismus.
Daß in *Fallibilismus und Pluralismus* trotz aller intellektuellen Schulden bei Popper vom kritischen Rationalismus selbst nur noch am Rande – als Benennung dieses Standpunkts, als neutrale Referenz ohne Engagement –, in *Theorien und Metatheorien* überhaupt nicht mehr davon die Rede ist, muß also seinen triftigen Grund haben, der im folgenden anhand der jüngsten Problemgeschichte der Popperschen Philosophie in aller Kürze expliziert werden soll.
Die Entwicklung der Popperschen Philosophie ist auch nach ihrer Erweiterung vom methodologischen Falsifikationismus, wie er in

Poppers *Logik der Forschung* (1935) zu finden ist, zum epistemologischen Fallibilismus und kritischen Rationalismus[6] nicht stehengeblieben, obwohl Popper und die kreativen Denker unter seinen Anhängern (Agassi, Albert, Bartley, Lakatos, Watkins, u. a.) mit der vollen Ausarbeitung der Konzeption des kritischen Rationalismus einen Markstein, vorläufigen Endpunkt und, wenn ich recht habe, zugleich einen Stolperstein und Bremsklotz für die Poppersche Philosophie gesetzt haben. Ganz im Gegenteil – die Entwicklung dieser Philosophie ist wohl nie stürmischer verlaufen als im letzten Jahrzehnt, wobei die von den maßgebenden Autoren verfolgten Entwicklungslinien die Skala der Entfaltungsmöglichkeiten in ihrer ganzen Breite ausfüllen. Diese reicht von der vorwiegend perpetuierenden Tradierung und kontinuierlichen »Fortschreibung« der ursprünglichen Popperschen Position[7] bei Popper selbst über deren im wesentlichen »linientreues«, primär exhaurierendes und einzelne Aspekte schwerpunktartig akzentuierendes Weiterverfolgen (Watkins – mit originellen, grenzüberschreitenden Anwendungen) und die kritische Weiterentwicklung der Popperschen Konzeption eines rechtfertigungsfreien Kritizismus (Agassi, Albert, Bartley, Lakatos[8], Lenk und Spinner[9]) bis zur globalen Ablehnung und mit der Suche nach einer Alternativkonzeption verbundenen, insofern bewußt distanzierenden Kritik (neuerdings Feyerabend).

In diesem Spektrum mehr oder weniger kreativer, progressiver und rationaler Reaktionen auf das Poppersche Ausgangsprogramm werden die extremen Positionen neuerdings von Feyerabend und Popper selbst eingenommen: auf der »progressiven« Seite von Feyerabend mit seinem epistemologischen Anarchismus oder »Dadaismus«[10], der ihn zur kompromißlosen Verwerfung des kritischen Rationalismus führt; auf der »reaktionären« Seite von Popper mit seiner Altersphilosophie[11], deren idealistisch überzogener, starrer Hyperrealismus der »dritten Welt« zeigt, daß auch der fallibilistische Kritizismus (oder vielmehr, um genau zu sein und die Pointe meiner eigenen Kritik der Popperschen Philosophie zu treffen: der kritische Rationalismus) ohne weiteres dogmatisierungsfähig ist. Zwischen diesen beiden extremen Antworten auf eine gemeinsame Herausforderung nimmt unter den verbleibenden Popperianern Lakatos die ambivalenteste, Albert die ausgewogenste Stellung ein.

In seinen letzten, für die weitere Entwicklung der Wissenschafts-

theorie meines Erachtens äußerst wichtigen Arbeiten[12] kommt Lakatos' ambivalente Stellung zur Popperschen Philosophie verbal unterschwellig, aber in der Sache deutlich zum Ausdruck. Mit seiner neokonventionalistischen *Methodologie der wissenschaftlichen Forschungsprogramme*, in der einige der brisantesten Anathemata des Popperianismus (Induktion, Exhaustion, Konfirmation und sogar Verifikation; Enthypothetisierung von Gesetzesaussagen durch Tautologisierung, Verwendung unspezifizierter Ceteris-Paribus-Klauseln u. a.) wiederkehren, befindet er sich auf direktem Kollisionskurs mit der ganzen Popperschen Wissenschaftskonzeption. Auf der anderen Seite kommt er mit seinem wissenschaftstheoretischen Programm der rationalen Nachkonstruktion der wissenschaftlichen Erkenntnis im Rahmen der »internal history (of science)« dem spätpopperschen internalistischen Purismus der »dritten Welt« näher als jeder andere Popperianer mit irgendeiner der Varianten des Popperianismus.[13]
Hans Albert, der mit seinem einflußreichen *Traktat über kritische Vernunft* (1968) die thematisch umfassendste, inhaltlich ausgewogenste und insgesamt überzeugendste Selbstdarstellung des Popperschen kritischen Rationalismus geliefert hat, ist der einzige unter den Popperianern, der die auseinanderstrebenden Entwicklungstendenzen des nachpopperschen Denkens eines rechtfertigungsfreien rationalen Kritizismus zusammenzuhalten versucht. Er ist der einzige Popperianer (Popper ausgenommen), der die fallibilistische Komponente und die Rationalitätsdoktrin des kritischen Rationalismus gleichermaßen betont, ohne das eine Leitmotiv Popperschen Denkens vom anderen überlagern und mehr oder weniger ersticken zu lassen. Albert ist vor allem auch der einzige (Popper hier *nicht* ausgenommen), der den ernsthaften Versuch macht, den Feyerabendschen theoretischen Pluralismus in den Popperschen kritischen Rationalismus zu integrieren.[14]
Schon diese grobe Übersichtsskizze genügt, um anzudeuten, daß die Problemgeschichte der Popperschen Philosophie interessant und vielgestaltig ist, daß man ihr nur durch eine differenzierende Betrachtung und Beurteilung gerecht werden kann und daß von einer geschlossenen »Popper-Schule« keine Rede sein kann. Popper hat den Segen der von ihm so nachdrücklich propagierten kritischen Einstellung an seiner eigenen Philosophie reichlich erfahren. Als vorläufiges Ergebnis läßt sich in der jüngsten Problemgeschichte der Popperschen Philosophie eine fast pluralistisch zu

nennende Auseinanderentwicklung des nachpopperschen Denkens konstatieren. Daraus ergibt sich die ideengeschichtlich bereits gegebene, im folgenden als zugleich systematischer Tatbestand nachzuweisende Möglichkeit, von Popperscher Philosophie sprechen zu können, ohne zwangsläufig den kritischen Rationalismus meinen zu müssen. Konkret geht es also um die Möglichkeit – von der in diesem Buch durchgehend Gebrauch gemacht und die im hier angesprochenen Kontext des fallibilistischen Pluralismus zur Notwendigkeit wird –, sich im Rahmen eines bestimmten Erkenntnismodells und einer darauf aufgebauten Wissenschaftskonzeption auf den Popperschen Fallibilismus berufen zu können, ohne auf das spezielle Credo des kritischen Rationalismus schwören zu müssen.

Zwingende Argumente dafür, daß sich im Rahmen des Popperschen Erkenntnis- und Wissenschaftsprogramms epistemologischer Fallibilismus und kritischer Rationalismus (genauer: das, was den kritischen Rationalismus vom bloßen, aber konsequenten Fallibilismus abhebt, nämlich eine bestimmte *Rationalitätsdoktrin*, die im folgenden als »Popper-Gleichung« angesprochen wird) eben nicht wie der Teufel zu Beelzebub verhalten, ergeben sich aus der Analyse der ideengeschichtlichen und erkenntnislogischen Problemsituation der Popperschen Philosophie, die Popper zum kritischen Rationalismus und einige Popperianer schließlich auch darüber hinaus geführt hat. Und was in dieser Hinsicht vom Verhältnis des fallibilistischen Erkenntnismodells zur Rationalitätskonzeption des kritischen Rationalismus zu sagen ist, gilt erst recht bezüglich des noch distanzierteren Verhältnisses des (Popperschen) kritischen Rationalismus zum (Feyerabendschen) theoretischen Pluralismus.

Dieser meines Erachtens ganz zentrale Teil der neueren Problemgeschichte des kritischen Rationalismus ist bislang von der Popper-Apologetik verständlicherweise mit Stillschweigen übergangen, von der Popper-Kritik unverständlicherweise völlig ignoriert worden.

II. Die unvollendete Revolution: vom Popperschen methodologischen Falsifikationismus über den epistemologischen Fallibilismus zum kritischen Rationalismus

Der Unterschied zwischen Poppers Position in seiner längst zu *dem* Klassiker der wissenschaftstheoretischen Literatur des 20. Jahrhunderts avancierten *Logik der Forschung* (1935) und seiner Spätphilosophie der *Conjectures and Refutations* (1963) ist sicherlich weit geringer als zum Beispiel der zwischen der Wittgensteinschen Früh- und Spätphilosophie, selbst unter Berücksichtigung der neuesten, meines Erachtens eher regressiven Entwicklung in *Objective Knowledge* (1972). Trotzdem ist er gravierend; weil darin der Übergang vom (fallibilistischen) Kritizismus zum (kritischen) Rationalismus liegt, genauer: vom rein intraszientifischen, zunächst primär naturwissenschaftlich orientierten methodologischen Falsifikationismus – der über ein empirisches *Testmodell* für erfahrungswissenschaftliche Theorien kaum hinausgeht – zur (Erkenntnis-, Natur- *und* Sozial-)Philosophie des kritischen Rationalismus, die eine Gesamtkonzeption des menschlichen Erkennens und Handelns sein soll.

Die Poppersche Position der *Logik der Forschung* ist in formaler Hinsicht durch eine durchgängige *»Methodologisierung«* der gesamten Erkenntnisproblematik[15], in inhaltlicher Hinsicht durch eine ungleichgewichtige, zugunsten des ersteren verschobene Kombination von *Falsifikationismus* und *Konventionalismus* charakterisiert, um von diesem Ansatz her insbesondere das Hume-, Kant- und Poppersche Problem[16] einer der Art nach methodischen, dem speziellen Inhalt nach primär falsifikationistischen und sekundär konventionalistischen neuen Lösung zuzuführen. Dabei dominiert der Falsifikationismus insgesamt zwar eindeutig, wird aber an einer wichtigen Stelle – bei der Lösung des »Basisproblems« der Erfahrungserkenntnis, die man deshalb aus konsequent fallibilistischer Sicht als eine Scheinlösung qualifizieren muß – durch Poppers Rückgriff auf einen im Kern konventionalistischen Lösungsansatz durchbrochen und durch einen unreflektierten Konventionalismus ersetzt, so daß Lakatos heute die Poppersche Konzeption mit einiger Übertreibung, aber nicht ganz unberechtigt gleichzeitig als »naiven methodologischen Falsifikationismus«

und als »another brand of revolutionary conventionalism« bezeichnen kann.[17] Diese drei charakteristischen Eigenheiten der Ausgangsposition (formal Methodologismus, inhaltlich Falsifikationismus und Konventionalismus) sind in Poppers Spätphilosophie zwar ergänzt, vertieft und dabei auch teilweise modifiziert, aber nicht wesentlich korrigiert worden. Albert kann deshalb die für die Poppersche Konzeption zentrale Idee der kritischen Prüfung aus Popperscher Sicht mit vollem Recht weiterhin als eine *methodische* Idee charakterisieren.[18]

Die Entwicklung der falsifikationistisch-konventionalistischen Methodologie zur Philosophie des kritischen Rationalismus bedeutet zwar eine wesentliche Erweiterung und Vertiefung der ursprünglichen Konzeption[19], hat aber im Verlauf der Generalisierung des Popperschen falsifikationistischen Testmodells für erfahrungswissenschaftliche Theorien zum allgemeinen fallibilistischen Argumentationsmodell nur ein wirklich neues Element mit sich gebracht: die *Rationalitätsdoktrin*, die aus dem Kritizismus einen kritischen *Rationalismus*, einen betont *kritischen* Rationalismus machen soll. Dieser hebt sich durch seinen fallibilistischen Charakter von der klassischen, im Rechtfertigungsmodell verankerten certistisch-fundamentalistischen Rationalitätskonzeption Cartesisch-intellektualistischer und Baconscher-empiristischer Prägung deutlich ab.[20] In der Philosophie des kritischen Rationalismus ist einerseits der methodologische Falsifikationismus der *Logik der Forschung* zum (allerdings weiterhin primär methodologisch orientierten) epistemologischen Fallibilismus verallgemeinert und andererseits um die neue Rationalitätsdoktrin erweitert worden.

Ob diese Erweiterung allerdings eine gravierende *inhaltliche* Bereicherung mit sich gebracht hat, erscheint etwas zweifelhaft, wenn man in Betracht zieht, daß Popper selbst diese Entwicklung in einer Weise interpretiert, die mehr an eine bloß verbale Uminterpretation im begrifflichen Bezugsrahmen von Rationalität und Irrationalität, mehr an einen ideologischen Überbau als an eine echte inhaltliche Erweiterung der Konzeption des fallibilistischen Kritizismus denken läßt. Für Popper besteht nämlich »die Methode aller *rationalen Diskussion*« darin, »daß man sein Problem klar formuliert und die verschiedenen vorgeschlagenen Lösungsversuche *kritisch* untersucht«.[21] Und damit kein Zweifel über die damit postulierte völlige *Identifikation von Kritizismus (Fallibilismus) und (kritischem) Rationalismus* verbleibt, fügt er ausdrücklich hinzu: »Ich habe hier die Worte ›rationale Diskussion‹ und ›kritisch‹ hervorgehoben, um zu betonen, daß ich die rationale Einstellung und die kritische Einstellung gleichsetze«. Auch sonst spricht Popper bis heute immer nur von der kritischen *oder* rationalen Einstellung und Methode.[22]

Es ist also durchaus zweifelhaft, ob in der Philosophie des kritischen Rationalismus mit der Rationalitätsdoktrin dem Fallibilismus wirklich etwas inhaltlich Wesentliches hinzugefügt worden ist. Die (im Selbstbezug) großzügige und gleichzeitig (im Fremdbezug) kleinliche Art, in der die Etikette »rational« von manchen kritischen Rationalisten verwendet wird[23], kann diesen Verdacht nur verstärken. Daß die kritisch-fallibilistische Einstellung oder Methode weder substantiell bereichert noch als solche motiviert, begründet, irgendwie erklärt wird, wenn man sie – kraft *definitorischer* Gleichsetzung, die lediglich *analytische* Identität herstellt – auch noch »rational« nennt, steht außer Frage.

Der Einfachheit halber werde ich mich im folgenden auf diese Rationalitätsdoktrin Poppers als die *Popper-Gleichung* beziehen. Für sie lassen sich in der Popper-Literatur verschiedene Formulierungen, aber keine präzisere als die hier angegebene Fassung finden. Aus dem Angebot alternativer Formulierungen muß man unter Berücksichtigung des »Geistes« der Popperschen Konzeption des kritischen Rationalismus (zu deren Leitmotiv eine ausgeprägt »objektivistische«, vor allem entschieden antipsychologistische Tendenz gehört) die Fassung *»Kritizität (Kritisierbarkeit bzw. Kritik) = Rationalität«* als die allgemeine Grundversion, *»kritische Methode = rationale Methode«* als deren spezielle methodische Version und *»kritische Einstellung = rationale Einstellung«* als die abgeleitete, in den Motivations- und Verhaltenskontext transponierte kryptopsychologische[24] Version ansehen.

Bei Lakatos findet sich eine präzisere, aber eher noch engere und problematischere Version der *Popper-Gleichung*. Aus Lakatos' letzten programmatischen Publikationen zu seinem wissenschaftstheoretischen Programm der rationalen Nachkonstruktion wissenschaftlicher Erkenntnis im Bezugsrahmen der »internal history (of science)«[25] läßt sich unschwer folgende *Lakatos-Gleichung* herausdestillieren: *»internal (= logisch = normativ = ›objektiv‹) = rational«* versus *»external (= empirisch = deskriptiv = ›subjektiv‹) = irrational«*.

Dies ist die Grundgleichung der Popperschen Variante des metawissenschaftlichen Internalismus – die, in ontologisierter Reinterpretation, auch Poppers Theorie der »dritten Welt« zugrunde liegt –, durch die der »eigentliche« wissenschaftstheoretische Erkenntnisbereich abgegrenzt und für explanatorisch grundsätzlich autonom erklärt wird. Der *internal/external*-Dichotomie entsprechen grundsätzlich verschiedene Erklärungstypen: Erklärungen durch Rekurs auf Gründe und Regeln (»reasons and rules«) im internalistischen, Erklärungen durch Rekurs auf Ursachen und (erfahrungswissenschaftliche) Gesetze (»causes and laws«) im externalistischen Bereich. Im metawissenschaftlichen Erkenntnisbereich der Wissenschaftstheorie sind nach dieser Auffassung grundsätzlich nur internalistische Faktoren relevant, folglich auch grundsätzlich nur rein internalistische Erklärungen adäquat. Externalistische Faktoren bzw. Erklärungen sind nur hilfsweise relevant, um eventuelle *Störungen* im internalistischen Bereich – dem nach dieser Rationalitätskonzeption grundsätzlich autonomen, eigentlich kognitiven Bereich – zu erklären. Auf den metawissenschaftlichen Internalismus im allgemeinen und die *Lakatos-Gleichung* im besonderen soll hier jedoch nicht weiter eingegangen werden.[26]

Bei der Rekonstruktion und Beurteilung der neueren Problemgeschichte der Popperschen Philosophie geht es in dem hier angesprochenen Problemzusammenhang von epistemologischem Fallibilismus, kritischem Rationalismus und theoretischem Pluralismus hauptsächlich um folgende fünf Probleme:

(1) Die *Verallgemeinerungsproblematik* des kritischen Rationalismus umfaßt

(1a) das Problem der Verallgemeinerung des falsifikationistischen Prüfmodells zum fallibilistischen Erkenntnismodell, in der (von Popper unterlassenen) Verlängerung dieser Entwicklungslinie auch um das Problem der Erweiterung des epistemologischen Fallibilismus zum theoretischen Pluralismus (im folgenden kurz: das *Generalisierungsproblem*);

(1b) das an das Generalisierungsproblem angehängte Problem der Verallgemeinerung des fallibilistischen Erkenntnismodells zum allgemeinen Verhaltensmodell (»Lebensform«) und zum Gesellschaftsmodell (im folgenden kurz: das *Universalisierungsproblem*).

(2) Die *Rationalitätsproblematik* des kritischen Rationalismus be-

trifft dessen Rationalitätsdoktrin, die *Popper-Gleichung*, wobei es (2a) zunächst um die Frage der erkenntnislogischen *Unabhängigkeit* der *Popper-Gleichung* vom fallibilistischen Erkenntnismodell geht;
(2b) um die Frage nach der *kognitiven Substanz*, nach dem inhaltlichen Sach- oder Normgehalt der *Popper-Gleichung*, d. h. um die Frage nach dem substantiellen (sachlichen oder ideologischen) Beitrag, den die *Popper-Gleichung* »in der Sache« zum fallibilistischen Kritizismus leistet;
(2c) schließlich um die Frage nach den *Folgen*, insbesondere nach eventuellen *restriktiven* Konsequenzen, der *Popper-Gleichung* für die Anwendung und die weitere Entwicklung des fallibilistischen Kritizismus.
Die drei Teilprobleme der Rationalitätsproblematik sowie das Generalisierungsproblem des kritischen Rationalismus werde ich in diesem Abschnitt, das Universalisierungsproblem im folgenden Abschnitt kurz andiskutieren.
Der epistemologische Fallibilismus liefert den erkenntnistheoretischen Bezugsrahmen des kritischen Rationalismus. Das fallibilistische Erkenntnismodell bildet ohne Zweifel den erkenntnistheoretischen »harten Kern« (um es im treffenden Vokabular von Lakatos' Methodologie der wissenschaftlichen Forschungsprogramme auszudrücken) des kritischen Rationalismus. Es scheint nun, daß die Rationalitätsdoktrin des kritischen Rationalismus nichts weiter zum Ausdruck bringt, als im Eigenprogramm des fallibilistischen Kritizismus schon enthalten ist, vom fallibilistischen Erkenntnisprogramm also *nicht unabhängig* ist, weil sie damit in der Sache schlicht identisch oder wenigstens daraus ableitbar ist (Problem *2a*). Andererseits darf von der Stellung der *Popper-Gleichung* im kritischen Rationalismus sowie von der Art, wie sie in der Argumentation von den kritischen Rationalisten an zentraler Stelle ins Spiel gebracht zu werden pflegt, unter Berücksichtigung des Popperschen Anspruchsniveaus in Erkenntnisfragen erwartet werden, daß die Rationalitätsdoktrin des kritischen Rationalismus einen wesentlichen *substantiellen* Beitrag zum fallibilistischen Kritizismus leistet (Problem *2b*) und für dessen Anwendung und weitere Entwicklung keine restriktiven Konsequenzen hat (Problem *2c*). Sonst würde jedes vernünftige Motiv fehlen, die Poppersche Philosophie auf diese Rationalitätsdoktrin zu verpflichten.
Dagegen stelle ich meine dreifache These, derzufolge die Rationa-

litätsdoktrin des kritischen Rationalismus *erstens* vom fallibilistischen Erkenntnismodell unabhängig ist – mit der Konsequenz, daß man in konsistenter Weise ohne erkenntnistheoretische Schwierigkeiten den Fallibilismus akzeptieren und gleichzeitig diese Rationalitätsdoktrin verwerfen kann –; *zweitens*, daß sie keinen wesentlichen substantiellen Beitrag zum fallibilistischen Kritizismus leistet, so daß für einen Fallibilisten, dem es um einen konsequenten epistemologischen Fallibilismus *und sonst nichts* geht, kein Grund besteht, die *Popper-Gleichung* in seine Konzeption aufzunehmen; und schließlich *drittens*, daß sie tatsächlich restriktive Konsequenzen für die Anwendung und die weitere Entwicklung des fallibilistischen Kritizismus hat. Es ist zu beachten, daß mit der Gegenthese zum Problem *2b* jeder eventuelle Anspruch der Popperschen Rationalitätsdoktrin auf einen substantiellen Beitrag zum fallibilistischen Erkenntnismodell bestritten wird, also deren insofern *relative* Leerheit behauptet wird.

Ich beginne mit der Diskussion der Rationalitätsproblematik. Zum Problem *2a:* Die Philosophie des kritischen Rationalismus als einheitliche Konzeption gibt es nicht mehr und hat es im Grunde nie gegeben. Da sie in diesem Sinne nie existiert hat, wäre die Redeweise vom »Ende des kritischen Rationalismus« mehr Metapher als Beschreibung eines konkreten Ereignisses. Die »Einheit« dieser Philosophie, soweit sie überhaupt noch vorgespiegelt wird, ist von rein äußerlicher Art: eine Einheit des *Vokabulars* und der *Präsentation*, nicht des Inhalts. Nach meiner Diagnose handelt es sich beim kritischen Rationalismus Popperscher Provenienz in Wirklichkeit um eine durchaus heterogene, möglicherweise nicht einmal intern konsistente und in einzelnen Aspekten bis zur Konfundierung gesteigerte Kombination von drei Hauptkomponenten, zwei epistemologisch-methodologischen und einer »ideologischen«, nämlich in letzter Konsequenz verhaltenstheoretischen: *Falsifikationismus*, *Konventionalismus* und *Rationalismus* (»Rationalismus« im folgenden immer im Sinne einer bestimmten Rationalitätsdoktrin verstanden, d. h. einer Theorie des rationalen Erkennens mit mehr oder weniger explizit gemachtem Praxisbezug, die im Kern selbst Theorie des rationalen *Handelns* ist oder eine solche Verhaltenstheorie impliziert).

Für die Richtigkeit dieser Diagnose, aus der sich ja auch direkt die Unabhängigkeitsthese ergibt, sprechen zwei gewichtige Tatbestände: *erstens* die *historische*, ideengeschichtliche Tatsache, daß

die vorgebliche »Einheit« des kritischen Rationalismus sich inzwischen in Richtung auf genau jene drei diagnostizierten Komponenten aufgelöst hat; und *zweitens* die *systematische*, erkenntnislogische Tatsache, kraft der Fallibilismus und Rationalitätsdoktrin nachweislich logisch voneinander unabhängig sind. (Die Unabhängigkeit und Selbständigkeit der konventionalistischen Komponente dürfte unbestritten sein.) Die logische Unabhängigkeit der fallibilistischen und rationalistischen Komponente – woraus sich die Möglichkeit ihrer zumindest logischen, wenn nicht gar faktischen Trennung; umgekehrt die Unnötigkeit ihrer zwangsläufigen Verbindung sowie die Vermeidbarkeit ihrer Konfundierung ergibt – zeigt sich darin, *daß die Rationalitätsdoktrin inzwischen in ernste Schwierigkeiten gekommen ist, von denen der epistemologische Fallibilismus als Erkenntnismodell völlig unberührt bleibt*, ja daß beide Komponenten des kritischen Rationalismus, konsequent bis an die Grenzen ihrer Möglichkeiten durchgehalten (was bei Popper selbst noch nicht geschieht), an entscheidender Stelle in *Konflikt* zueinander geraten.
Nur am Rande sei in diesem Zusammenhang erwähnt, daß man zum Nachweis der erkenntnislogischen Unabhängigkeit des epistemologischen Fallibilismus von der Rationalitätsdoktrin des kritischen Rationalismus keineswegs auf altmodische, mit Recht als dubios angesehene »separatistische« Argumente zurückgreifen muß, die daraus Kapital zu schlagen suchen, daß der Fallibilismus als eine epistemologische Theorie, also eine Theorie über Theorien oder *Metatheorie der Theorie*, und der Rationalismus als eine – möglicherweise nichtempirische – Verhaltenstheorie, d. h. eine *Metatheorie der Praxis*, auf Grund ihrer Objektbereiche wesensverschieden, vielleicht sogar völlig unvergleichbar und infolgedessen in jedem Fall voneinander unabhängig seien.
Zum ersten, dem *historischen Tatbestand der Auseinanderentwicklung der Philosophie des kritischen Rationalismus:* Hier zeichnen sich in der weiterführenden Forschung drei Entwicklungslinien oder Zielrichtungen ab, in denen jeweils eine der drei diagnostizierten Komponenten des kritischen Rationalismus unter Ausschluß, Zurückstellung oder zumindest deutlicher Überlagerung der beiden anderen Komponenten dominiert.
1. Die Entwicklung zum *Rationalismus* – im Sinne eines Rationalitätsmodells, das eine Theorie des rationalen Erkennens, Handelns und Entscheidens (mit Albert zu sprechen: eine Theorie der kriti-

schen Vernunft, die zur allgemeinen »Lebensform« wird) verkörpert oder jedenfalls bei weiterer Konkretisierung zu liefern imstande ist – zeichnet sich klar bei Bartley und Watkins, mit Einschränkungen, die sich aus deren ungeminderter gleichzeitiger Akzentuierung der fallibilistischen Komponente ergeben, auch bei Popper selbst und Albert ab. In diesem Zusammenhang kann auch – mit besonderer Vorsicht, weil dessen Position aufgrund der bislang vorliegenden Veröffentlichungen für mich noch nicht völlig überschaubar ist – Lenk genannt werden, weil bei ihm an einer entscheidenden Stelle der Rationalismus den Fallibilismus transzendiert, der für Lenk an der Nichtverwerfbarkeit der sogenannten Minimallogik endet.[27]

Die *Bartley-Watkins-Kontroverse* um die Möglichkeit eines umfassenden, selbstgenügsamen (»self-sufficient«) Rationalismus, auf die ich noch zurückkommen werde, spricht eher dafür als dagegen, sowohl Bartley als auch Watkins unter die gleiche, zum Rationalismus tendierende Entwicklungsperspektive einzuordnen. *Beiden* geht es um die Entwicklung eines Rationalitätsmodells. Ihr Gegensatz entzündet sich erst an der Frage, *wie weit* eine logisch konsistente, erkenntnistheoretisch haltbare und möglichst auch praktisch anwendbare Rationalitätsdoktrin gehen kann: »*comprehensively* critical rationalism« bei Bartley[28], lediglich »*imperfect* rationality« bei Watkins.[29]

2. Den Weg zum *Konventionalismus* – genauer: zu einer »very radical version of conventionalism«, ergänzt durch »some hart Popperian elements« sowie »some extra-methodological inductive principle«[30] – hat neuerdings Lakatos mit seiner »Methodologie der wissenschaftlichen Forschungsprogramme« bewußt und konsequent eingeschlagen.[31]

3. Der konsequente *Fallibilismus*, der sich, Poppers wegweisendem Ansatz folgend, aus seiner Philosophie des kritischen Rationalismus ohne jeden Rückgriff auf deren Rationalitätsdoktrin gewinnen läßt, scheint mir persönlich die interessanteste und vielversprechendste Entwicklungslinie zu verkörpern, nicht zuletzt auch deswegen, weil bei der Entwicklung des fallibilistischen Erkenntnismodells, insbesondere im Zusammenhang mit der Suche nach einer konsequent fallibilistischen Lösung für dessen komplexe Grundlagenproblematik, die *epistemologische Dimension* wieder zu ihrem vollen Recht kommt. Es hat sich nämlich gezeigt, daß die methodologische Umdeutung und »Verfremdung« genuin epistemo-

logischer Probleme im Rahmen der systematischen Überlagerung der Epistemologie durch Methodologie zuweilen zwar wesentliche, sozusagen erkenntnis*strategische* Vorteile mit sich bringt – von deren Ausbeutung so entgegengesetzte methodologische Konzeptionen wie die Dinglers und Poppers leben können –, aber insgesamt doch zu einer auf die Dauer unerträglichen Verkürzung der Erkenntnisproblematik führt. Die Einsicht, daß es allzu naiv wäre anzunehmen, daß eine auf »Erkenntnis *ohne Fundament*« abgestellte Wissenschaftskonzeption mit keiner erkenntnistheoretischen *Grundlagenproblematik* belastet sei, hat in den jüngsten Auseinandersetzungen um den kritischen Rationalismus die epistemologische Dimension des fallibilistischen Erkenntnismodells wieder ans Licht gebracht.[32]

Auf dieser Entwicklungslinie zu einem reinen Fallibilismus, zu einem konsequent rechtfertigungsfreien Kritizismus[33], liegen jene Konzeptionen, die das fallibilistische Erkenntnismodell in die von Feyerabend vorgezeichnete – sozusagen an der Rationalitätsdoktrin des kritischen Rationalismus vorbeigezielte – pluralistische Richtung zu erweitern versuchen. Der *fallibilistische Pluralismus*, für den in diesem Buch plädiert wird, geht aus der konsequenten Weiterentwicklung des Popperschen fallibilistischen Erkenntnisprogramms hervor. Er stellt eine Radikalisierung des epistemologischen Fallibilismus dar, mit deren Durchführung die von Popper initiierte fallibilistische Revolution der Erkenntnis- und Wissenschaftslehre[34] erst vollendet wäre.

Den Weg zu dieser auf dem epistemologischen Fallibilismus aufgebauten Pluralismuskonzeption hat Feyerabend gebahnt, auch wenn er heute sowohl die ideengeschichtlichen als auch die systematischen Problemzusammenhänge etwas anders sieht und, grob gesprochen, als Ausgangspunkt J. St. Mill für Popper substituiert. Der Anspruch des theoretischen[35] Pluralismus, überhaupt in der von Popper geprägten fallibilistischen Tradition zu stehen und darüber hinaus sogar dieses Erkenntnisprogramm über die vom Popperschen kritischen Rationalismus gestellte Wegmarke hinauszuführen, beruht auf der *Hauptthese des fallibilistischen Kritizismus*, derzufolge sich das Poppersche Programm – größtmöglichen Erkenntnisfortschritt durch Maximierung der Kritik, kurz: das erkenntnistheoretische *Popper-Maximum* – überhaupt erst im Rahmen des pluralistisch erweiterten fallibilistischen Erkenntnismodells verwirklichen läßt.[36]

Auf dieser Entwicklungslinie zu einem konsequenten Fallibilismus und darüber hinaus zum Pluralismus liegen meines Erachtens auch Agassi (der die pluralistische Komponente des fallibilistischen Erkenntnisprogramms stark betont, seinen philosophischen Standpunkt allerdings nie systematisch entwickelt hat) und Albert mit seinem *Traktat*[37] – letzterer mit der Einschränkung, daß er gleichzeitig die Rationalitätskomponente nicht weniger scharf betont, weshalb ich ihn auch schon, mit entsprechendem Vorbehalt, bei der erstgenannten Tendenz zum Rationalismus aufgeführt habe.
Zum zweiten, dem *systematischen Tatbestand der erkenntnislogischen Unabhängigkeit von Fallibilismus und Rationalismus:*
In diesem Zusammenhang sind zwei neuere Entwicklungen innerhalb der Popperschen Philosophie von größtem Interesse: *Erstens* die von J. W. N. Watkins – in Reaktion auf Bartleys Programm eines umfassenden kritischen oder »pankritischen« Rationalismus (»comprehensively critical rationalism«)[38] – in Gang gesetzte Auseinandersetzung um die Kritisierbarkeit (d. h. Widerlegbarkeit und zugleich, nach der *Popper-Gleichung*, Rationalität) der Rationalitätsdoktrin des pankritischen Rationalismus. In dieser Auseinandersetzung wird die *Rationalität des kritischen Rationalismus selbst*, genauer: die Rationalität seiner von Bartley im Sinne der *Popper-Gleichung* verallgemeinerten und radikalisierten Rationalitätsdoktrin, problematisiert. *Zweitens* die von Hans Lenk gestartete Auseinandersetzung um die Frage eventueller *absoluter* Voraussetzungen des fallibilistischen Kritizismus – in Gestalt einer Minimal- oder Kernlogik, die nach Lenks Auffassung als *Instrument* der Kritik nicht mehr selbst zum *Gegenstand* der Kritik gemacht werden kann –, in der die *Fallibilität des Fallibilismus* infrage gestellt wird.
Hier ist nicht der Platz, um diese noch laufenden Kontroversen um den kritischen Rationalismus zu rekonstruieren. Ich begnüge mich mit einem Resümee dessen, was sich daraus für die hier aufgeworfene Problematik der systematischen Beziehungen zwischen epistemologischem Fallibilismus und kritischem Rationalismus vorläufig zu ergeben scheint.
Wie immer man sich auch zu Watkins' Kritik[39] des Bartleyschen pankritischen Rationalismus stellen mag, so kann ihr doch ein Erfolg kaum abgestritten werden: der Nachweis der Möglichkeit, daß die Rationalitätsdoktrin in ihrer konsequent zum »Panrationalismus« verschärften Fassung in ernste Schwierigkeiten und in einen

bis zur logischen Unvereinbarkeit gesteigerten Gegensatz zum Fallibilismus – von dem sie ja auszugehen vorgibt, auf den sie sich beruft, und den sie im Rahmen des kritischen Rationalismus im Sinne einer wahrhaft kritisch-rationalen Gesamtkonzeption für das menschliche Erkennen und Handeln zu vollenden glaubt – geraten kann. Lenks Kritik des kritischen Rationalismus[40] und seine in dieser Hinsicht anscheinend nicht nur rein verbal gemeinte Umdeutung des kritischen Rationalismus zum rationalen Kritizismus[41] läßt sich in derselben Richtung auswerten, obwohl Lenk selbst sie möglicherweise anders verstanden wissen will.

Am Rande kann hier auch Lakatos' Kritik des *Mythos der Moment-Rationalität* (»instant rationality«) – auf dem auch die Poppersche *Katastrophentheorie des Widerspruchs*[42] beruht – erwähnt werden.[43] Relevant ist hier auch Lakatos' Kritik der daraus implizit abgeleiteten, buchstäblich »kurzschlüssigen« identifizierenden Kopplung von Widerlegung und Verwerfung wissenschaftlicher Theorien im Popperschen Falsifikationskonzept. Dagegen stellt Lakatos mit überzeugenden Argumenten die logische Unabhängigkeit der Akzeptierungsproblematik von der Geltungsproblematik heraus[44] und schlägt im Anschluß an eine detaillierte Analyse der vielschichtigen Problemsituation[45] unabhängige, differenzierte Akzeptierbarkeitsbegriffe und -kriterien vor. In sehr wohlwollender Interpretation[46] kann man sagen, daß Lakatos damit die Unabhängigkeit der erkenntnistheoretischen Geltungsproblematik von der im Rationalitätsmodell des kritischen Rationalismus mit ihr konfundierten pragmatischen Akzeptierungsproblematik unserer Erkenntnis, damit letztlich auch die Unabhängigkeit von Fallibilismus und Rationalismus erkannt hat. Zumindest müßte er sie erkannt haben, wenn er sich über die damit verbundenen erkenntnistheoretischen Zusammenhänge Rechenschaft gegeben hätte.

Meines Erachtens läßt sich zeigen, daß sowohl Watkins' als auch Lenks Kritik, sofern sie, was von beiden jedenfalls nicht ausgeschlossen worden ist, *als Einwand gegen das fallibilistische Erkenntnismodell interpretiert wird*, nicht stichhaltig ist und einen konsequent durchgehaltenen Fallibilismus weder als erkenntnistheoretische Konzeption widerlegen noch seine prinzipielle Anwendbarkeit auf allen Ebenen und in allen Bereichen der Erkenntnis (den proto- und metawissenschaftlichen Problembereich keineswegs ausgenommen) einschränken kann[47]. Daher ist der in der Philosophie des kritischen Rationalismus zumindest latent vorhandene Konflikt – der ja gleichzeitig die logische Unabhängigkeit beider Komponenten aufdeckt oder vielmehr als Bedingung seiner eigenen Existenz voraussetzt – zwischen Fallibilismus und Rationalismus *der Rationalitätsdoktrin anzulasten.*

Wenn es Fälle gibt, in denen die Rationalitätsdoktrin in unlösbare Schwierigkeiten kommt, von denen der epistemologische Fallibilismus nicht tangiert wird, dann kann das nur heißen, daß der kritische Rationalismus mit dem fallibilistischen Erkenntnismodell weder kongruent noch daraus ableitbar ist.

Die Fallibilität unserer Erkenntnis (und erst recht auch unseres Handelns, sofern darauf der Begriff der Fallibilität überhaupt sinnvoll anwendbar ist) *scheint also weiter zu reichen als die Rationalität,* d. h. die Möglichkeit ihrer rationalen Akzeptierbarkeit. Selbst gegenüber dem Bartleyschen pankritischen Rationalismus verkörpert also der epistemologische Fallibilismus in seiner konsequenten, insbesondere auch pluralistisch erweiterten Ausprägung die umfassendere Konzeption.

Um so mehr gilt dies im Vergleich zur Watkinsschen, von vornherein eingeschränkten »imperfect-rationality«-Position mit ihrem zum Erklärungsschema für das menschliche Handeln verselbständigten Rationalitätsprinzip[48], das übrigens als allgemeine Rationalitätsdoktrin mit nicht geringeren Schwierigkeiten – insbesondere im Hinblick auf einen Konflikt mit dem sie angeblich tragenden Fallibilismus[49] – konfrontiert ist als Bartleys Panrationalismus.

Wenn die Rationalitätsdoktrin des kritischen Rationalismus mit Hilfe der analytisch gedeuteten *Popper-Gleichung definitorisch* an den epistemologischen Fallibilismus »angehängt« wird, ist sie – jedenfalls *relativ,* im Verhältnis zum Fallibilismus – *trivial.* Sobald sie im Zuge einer wechselseitig unabhängigen Charakterisierung von Fallibilität (Kritisierbarkeit, Kritik) und Rationalität verselbständigt und die *Popper-Gleichung* damit zur *Hypothese* gemacht wird, ist sie schlicht *falsch.*

Diese Problematik der Rationalitätsdoktrin hat erst die neueste Entwicklung des kritischen Rationalismus zutage gefördert, und zwar genau an der Stelle, wo die Rationalitätsdoktrin explizit gemacht sowie durch Verallgemeinerung und Präzisierung weiterentwickelt worden ist: zuerst und am konsequentesten bei Bartley in dessen Bemühungen, den Popperschen, bei Popper selbst immer noch mit »fideistischen« und »dezisionistischen« Relikten belasteten kritischen Rationalismus zu einem pankritischen Rationalismus zu verschärfen. Die Unabhängigkeit der Rationalitätsdoktrin des kritischen Rationalismus von dessen erkenntnistheoretischem Kern, dem fallibilistischen Erkenntnismodell, geht im Verlauf der weiteren Entwicklung des kritischen Rationalismus zum pankritischen Rationalismus in einen klaren *Konflikt* zwischen Fallibilismus und Rationalismus über.

Zum Problem *2b:* Was die *Substanz* (den Sach- oder Normgehalt) der Rationalitätsdoktrin angeht, so läßt sich jetzt schon eines mit aller Bestimmtheit sagen: die *Popper-Gleichung* – und zwar völlig gleichgültig, ob sie analytisch (als Definition) oder synthetisch (als Hypothese) gedeutet wird – *bereichert* weder den epistemologischen Fallibilismus, indem sie die Fallibilität (Kritisierbarkeit oder Kritik) unserer Erkenntnis erhöht, noch *erklärt* sie ihn. Denn angesichts der behaupteten Kongruenz der Kritisierbarkeit (plus Kritik) unserer Erkenntnis, kritischen Methode oder Einstellung einerseits sowie der Rationalität, rationalen Methode oder Einstellung andererseits wäre jede Erklärung der letzteren durch die erstere (desgleichen umgekehrt) *zirkelhaft.*

Da die *Popper-Gleichung* die kritische Methode (oder Einstellung) mit der rationalen Methode (oder Einstellung) von vornherein gleichsetzt, ist die Rationalitätsdoktrin des kritischen Rationalismus für die einzige Aufgabe, die in diesem Zusammenhang von Interesse wäre, völlig untauglich: die Aufgabe nämlich, die kritische Methode (oder Einstellung oder was immer zur Debatte steht) durch Subsumption unter allgemeinere, natürlich gehaltvolle Prinzipien (Gesetze explikativer oder normativer Art) zu *erklären* und damit zum Spezialfall einer allgemeinen, umfassenderen Rationalitätsdoktrin zu machen. *Die Popper-Gleichung kann nicht erklären, warum es rational ist, kritisch zu sein.*

Das wäre, nach den selbstgesetzten Anforderungen der Popperschen Wissenschaftstheorie an rational akzeptable Theorien (oder Metatheorien), der wichtigste Anwendungsfall einer brauchbaren Rationalitätsdoktrin.[50] Aber ein solches Rationalitätsmodell, eine allgemeine *Theorie* der Rationalität mit den zur Lösung dieser Aufgabe erforderlichen Qualitäten, gibt es nicht und ist auch vom kritischen Rationalismus bislang nicht geliefert worden. Diese dringend gesuchte Rationalitätskonzeption mag durchaus eine mehr oder weniger direkte Konsequenz des fallibilistischen Erkenntnisprogramms und auf diese oder eine andere Weise mit dem Popperschen Kritizismus aufs engste verbunden sein. Aber daß sie mit dem epistemologischen Fallibilismus im Sinne der *Popper-Gleichung* gleichsam gratis mitgeliefert würde, dürfte angesichts der komplexen Problemsituation – mit ihren vielfältigen, sich teils überschneidenden, teils voneinander unabhängigen Einzelproblemen, die sich deswegen auch nicht auf einen gemeinsamen Nenner bringen und »alle auf einen Streich« lösen lassen – und der inhaltlichen Dürftigkeit der Popperschen Rationalitätsdoktrin ausgeschlossen sein.

Das fallibilistische Erkenntnismodell ist, entgegen der Popperschen Gleichsetzungsthese, nicht von sich aus schon ein Rationalitätsmodell für menschliches Erkennen und Handeln in dem angegebenen, nichttrivialen Sinne, das zu erklären imstande wäre, warum es rational sein soll, kritisch zu sein. Den Fallibilismus nun einfach nach Art der *Popper-Gleichung* zum (nicht weiter erklärten oder angeblich sich selbst erklärenden) Rationalismus *per se* zu postulieren, wäre *Pseudorationalismus*, der nichts erklärt und keine Probleme löst. Die in der *Popper-Gleichung* fixierte Rationalitätsdoktrin des kritischen Rationalismus erweist sich somit als ein dem fallibilistischen Kritizismus *ad hoc* angehängter Epizykel ohne eigenständigen Erklärungswert. Kann also der kritische Rationalismus auf diese Weise weder sein eingebautes Erkenntnisprinzip – den epistemologischen Fallibilismus, wie er durch die kritische Einstellung und Methode in praktisches Handeln umzusetzen ist – noch seine eigene Rationalitätsdoktrin erklären, um dadurch die Praxis der Kritik als *rationale Praxis* auszuweisen, so bleibt die *Popper-Gleichung* doch nicht ohne Einfluß auf den kritischen Rationalismus. Bei der im Rahmen des kritischen Rationalismus vorherrschenden Art ihrer Verwendung hat sie, wie noch zu zeigen sein wird, restriktive Rückwirkungen auf das kritizistische Ausgangsprogramm, die in letzter Konsequenz sogar die volle Verwirklichung des kritizistischen Erkenntniszieles – im Sinne des bereits erwähnten *Popper-Maximums* rechtfertigungsfreier Kritik – in Frage stellen können.

Zur explanatorischen Funktion einer dem Popperschen Erkenntnisprogramm adäquaten *Theorie* der Rationalität, die die Praxis der Kritik als rationale Praxis ausweist, indem sie erklärt, warum es rational ist, kritisch zu sein, hat die *Popper-Gleichung* nichts beizutragen. Für einen konsequent durchgehaltenen fallibilistischen Kritizismus ist sie also bestenfalls funktionslos. Im ungünstigeren, praktisch vorherrschenden Fall hat sie die ideologische Funktion, Abstriche vom *Popper-Maximum* zu rechtfertigen. Bei diesem Gebrauch der Popper-Gleichung wird der kritische Rationalismus zum Pseudorationalismus, der sein eigenes Erkenntnisprogramm konterkariert.[50a]

Wie eng auch immer die möglichen Beziehungen zwischen Fallibilismus und kritischem Rationalismus sein mögen, so scheint mir doch der systematische Zusammenhang zwischen Fallibilismus und Pluralismus entschieden direkter, strenger und unproblematischer zu sein als die spezielle, aber kaum spezifische Verbindung zwischen dem fallibilistischen Erkenntnisprogramm und der Rationalitätsdoktrin des kritischen Rationalismus.

Zum Problem *2c:* In den vorangehenden Ausführungen habe ich die *Unabhängigkeit* und *Substanzlosigkeit* der Rationalitätsdoktrin des kritischen Rationalismus aufzuzeigen versucht. Bis jetzt ergibt sich für einen Fallibilisten zwar nicht der geringste Grund, die *Popper-Gleichung* zu akzeptieren, aber eigentlich auch kein besonderer Grund, sie unbedingt zu verwerfen. Sie scheint für den fallibilistischen Kritizismus zwar völlig unnütz, aber im allgemeinen auch unschädlich zu sein. Jetzt werde ich meine Kritik der Rationalitätsdoktrin verschärfen, indem ich ihre direkte *Schädlichkeit* für das fallibilistische Erkenntnisprogramm behaupte.

Es geht hier um die *Folgen* der Rationalitätsdoktrin für den fallibilistischen Pluralismus, und zwar im Hinblick auf zweierlei restriktive Konsequenzen: *erstens* um die *Restriktionen* für den auch im Rahmen des kritischen Rationalismus vom fallibilistischen Kritizismus im Prinzip bereits erreichten Entwicklungsstand; *zweitens* um die *Behinderung* der weiteren Entwicklung des epistemologischen Fallibilismus über diesen Stand hinaus zum theoretischen Pluralismus.

Der vom kritischen Rationalismus bereits erreichte wissenschaftstheoretische Erkenntnisstand ist ein rechtfertigungsfreier Kritizismus, der ein *Maximum an Kritik* unserer Erkenntnis (insbesondere: der wissenschaftlichen Theorien) immerhin *fordert* und auch soweit wie möglich zu realisieren versucht. So weit, so gut! Ein Maximum an Kritik ist aber nur dann möglich, wenn *alle* überhaupt relevante Kritik zugelassen ist. Grundsätzliche erkenntnistheoretische Relevanz für die (positive oder negative) Entscheidung der Geltungsfrage wäre demnach die *einzige* Bedingung für

die Zulässigkeit von Kritik im Rahmen des fallibilistischen Erkenntnismodells, geltungsmäßige Irrelevanz also die einzige Begrenzung des geforderten Kritikmaximums.
Wie steht es aber tatsächlich mit dieser Forderung? Ich möchte mit meiner folgenden Kritik keineswegs darauf hinaus, daß wegen des unvermeidlichen Realisierungsdefizits idealer Forderungen die »Praxis« hinter der »Theorie« herzuhinken pflegt. Noch weniger geht es hier um die pikante, aber verständliche Tatsache, daß kritische Rationalisten »auch nur Menschen sind«, die sich zuweilen mehr freuen über einen, der sie zustimmend lobt, als über 99 Kritiker. Bei meiner Kritik geht es vielmehr ausschließlich darum, daß das für zulässig erklärte, ja geforderte Kritikmaximum über das genannte, kraft erkenntnistheoretischer Relevanzbedingungen gesetzte Limit hinaus *durch die Rationalitätsdoktrin des kritischen Rationalismus unzulässigerweise weiter eingeschränkt wird*, und zwar in einer Weise, die einen *ideologischen Bias* verrät.
Es handelt sich um eine bestimmte *Art* von Kritik, die von vornherein *pauschal* als außerhalb des zulässigen Kritikmaximums stehend wegen angeblicher Irrationalität ausgeschlossen wird. Mit einem Schuß Ironie werde ich diese Art sozusagen transmaximaler Kritik im folgenden als *übermaximale Kritik* bezeichnen.
»Übermaximal« ist nach Auffassung einiger kritischer Rationalisten vor allem sogenannte »totale Kritik«. Da es diese Art angeblich völlig irrationaler Kritik nur im Bereich der Sozialphilosophie zu geben scheint, werde ich in Abschnitt III auf das Phänomen der übermaximalen Kritik zurückkommen.
Die zweite restriktive Konsequenz, die sich aus der Rationalitätsdoktrin des kritischen Rationalismus nach den bisherigen Erfahrungen mit der Popperschen Philosophie zu ergeben scheint, betrifft die Weiterentwicklung des epistemologischen Fallibilismus zum theoretischen Pluralismus. Diese Entwicklungsrichtung scheint durch die *Popper-Gleichung* mehr oder weniger blockiert zu sein. Immerhin läßt sich empirisch eindeutig feststellen, daß bis jetzt jedenfalls die Entwicklung des fallibilistischen *Pluralismus* durch die Poppersche Rationalitätsdoktrin eher behindert als gefördert worden ist und daß der im epistemologischen Fallibilismus angelegte potentielle Pluralismus[51] im Rahmen der Popperschen Philosophie um so weniger aktualisiert zu werden pflegt, je mehr die Rationalitätsdoktrin in den Vordergrund rückt. Dieses mit zunehmender Akzentuierung des Rationalitätsaspekts wachsende

pluralistische Defizit macht sich natürlich vor allem auf der ersten der oben aufgezeigten drei Entwicklungslinien des nachpopperschen Denkens bemerkbar, also insbesondere bei Bartley und Watkins, aber auch schon in Poppers eigener Spätphilosophie. Bezeichnenderweise – aber zweifellos korrekt – hat Watkins in seiner zusammenfassenden, sehr instruktiven Darstellung der *Unity of Popper's Thought* für den neuerdings von Popper selbst für sich (zu Unrecht, wie mir scheint) reklamierten Pluralismus in der Popperschen Philosophie keinen Platz gefunden.[52]
Ich schildere dieses pluralistische Defizit des kritischen Rationalismus zunächst nur als einen bloß faktischen Tatbestand, der sich möglicherweise reparieren läßt. Aber bis jetzt ist, wie schon erwähnt, Albert der einzige, der einen ernsthaften Versuch gemacht hat, den Feyerabendschen Pluralismus in den Popperschen kritischen Rationalismus zu integrieren. Popper selbst ist ihm darin weder vorausgegangen noch gefolgt, obwohl er sich neuerdings einige pluralistische Slogans zugelegt hat, zum Beispiel die Feyerabendsche Parole (die Popper aber Marx zuschreibt) »Revolution in Permanenz«[53].
Alles in allem kann man sagen, daß die von Popper mit seinem neuen Erkenntnisprogramm initiierte fallibilistische Revolution der Erkenntnis- und Wissenschaftslehre[54] im Rahmen des Popperschen kritischen Rationalismus eine *unvollendete* Revolution geblieben ist. Hauptverantwortlich dafür ist nach meiner Diagnose die Rationalitätskonzeption des kritischen Rationalismus, die der konsequenten Weiterentwicklung des im Ansatz durchaus revolutionären Popperschen Programms eines rechtfertigungsfreien Kritizismus zum fallibilistischen Pluralismus Popperscher Provenienz und Feyerabendscher Prägung im Wege zu stehen scheint.
Zum Schluß dieses Abschnitts noch kurz zum Problem *1a*, zur Generalisierungsproblematik des kritischen Rationalismus. Die Poppersche Philosophie eines neuen Kritizismus war zunächst für einen begrenzten Anwendungsbereich konzipiert: als ein neues *Testmodell für erfahrungswissenschaftliche Theorien*, speziell für deren nomologische Hypothesen, das auf die Falsifikation von empirisch gehaltvollen Gesetzesaussagen aufgrund von zwei Prüfinstanzen – (deduktive) *Logik* und *Erfahrung* (d. h. empirische Befunde) – abgestellt ist.
Im ersten Prozeß der Verallgemeinerung des Popperschen Ansatzes ist aus dem empirischen Testmodell für erfahrungswissen-

schaftliche Theorien ein allgemein anwendbares fallibilistisches Erkenntnismodell, aus dem methodologischen Falsifikationismus der Poppersche fallibilistische Kritizismus geworden. Diese Generalisierungsstrategie ist zweifellos eine erwünschte Weiterentwicklung des Popperschen Ansatzes, die, mit Lakatos zu sprechen, eine potentielle »progressive Problemverschiebung« innerhalb eines Forschungsprogramms darstellt.

Aber hier wie sonst ist die Verallgemeinerung zunächst begrenzt anwendbarer Ideen nicht problemlos. Die Verallgemeinerung einer »lokalen« zu einer »globalen« Problemlösung kann nämlich mit der Beibehaltung oder gar Verschärfung, aber auch mit der Verwässerung der ursprünglichen Problemlösungsprinzipien einhergehen. Lakatos, der in seinem brillanten Meisterstück *Proofs and Refutations* diese beiden Verallgemeinerungsmöglichkeiten analysiert hat, spricht in diesem Zusammenhang von »naiven« und »theoretischen« (d. h. den explanatorischen theoretischen Bezugsrahmen erweiternden) *begriffsstreckenden* (»concept-stretching«) *Forschungsstrategien*[55], später ganz allgemein von *degenerativen* (»content-decreasing«) und *progressiven* (»content-increasing«) Problemverschiebungen.[56]

Bei der Analyse der Generalisierungsproblematik des kritischen Rationalismus müssen wir auf den Ausgangspunkt, die Konzeption des methodologischen Falsifikationismus in Poppers *Logik der Forschung* von 1935, zurückgreifen, um das Leitprinzip des Popperschen Kritizismus nicht aus dem Auge zu verlieren. Der »harte Kern« dieses Erkenntnisprogramms ist die Konzeption eines neuen Kritizismus, der mit seiner *Idee der Kritik* auf die *Idee der Widerlegbarkeit* rekurriert, um Kritisierbarkeit als objektive Widerlegbarkeit aufgrund von *im voraus spezifizierten, relevanten kritischen Instanzen* (Widerlegungsmöglichkeiten) zu interpretieren. Die Pointe dieser falsifikationistischen Methodologie liegt darin, daß in Poppers ursprünglichem Prüfmodell fallibilistische Kritik strenge Widerlegung (Falsifikation) mittels der explizit angegebenen Widerlegungsmöglichkeiten bedeutet.

Die Anwendbarkeit dieser wirklich strengen Idee der Kritik ist also an zwei Bedingungen geknüpft: Erstens müssen die zu kritisierenden Theorien objektiv *widerlegbar* sein (was im Rahmen des Popperschen Falsifikationsmodells eine bestimmte logische Form sowie eine bestimmte empirische Interpretation der Theorien unter Ausschluß sogenannter konventionalistischer Strategien verlangt).

Zweitens müssen für den Zweck der Widerlegung relevante, *hinreichend starke kritische Instanzen* im voraus angegeben sein. Eine *Generalisierung* dieses strengen Kritizismus entspricht also nur dann voll dem Leitmotiv des ursprünglichen Popperschen Erkenntnisprogramms, wenn mit der begriffsstreckenden Erweiterung des Anwendungsbereichs der Idee der Kritik auch zusätzliche, für die Widerlegung hinreichend starke kritische Instanzen angegeben werden. Wenn mit der Ausdehnung der Idee der Kritik die Erweiterung des »kritischen Bezugsrahmens« nicht mehr Schritt hält, geht die Entwicklung in eine degenerative Problemverschiebung über, die jede weitere Ausdehnung des Anwendungsbereichs der Idee der fallibilistischen Kritik mit deren Verwässerung oder gar Auflösung erkauft. Kritik hätte dann, was immer sie sonst auch sein mag, mit Widerlegung nichts mehr zu tun.

Hier liegt der wunde Punkt in der Generalisierungsproblematik des kritischen Rationalismus. Angesichts der unbestreitbaren Existenz und der von Popper auch zunehmend konzedierten wissenschaftlichen Relevanz von sinnvollen[57], widerspruchsfreien, vermutlich falschen (deswegen auch besonders kritikbedürftigen) metaphysischen Theorien, die im Rahmen des Popperschen empirischen Prüfmodells *unwiderlegbar* sind, hat er sich bald genötigt gesehen, die Idee der Kritik über den Bereich der Widerlegbarkeit (im *relativen*, auf die von Popper ursprünglich allein für wissenschaftlich relevant gehaltenen kritischen Instanzen »Logik und Empirie« – also noch *nicht:* alternative Theorien – eingegrenzten Sinne) hinaus auszudehnen[58]. Statt die strikten Widerlegungsmöglichkeiten entsprechend zu steigern, hat Popper damit die Idee der Kritik zum Allerweltsprinzip der »kritischen Diskussion« verwässert, in der es kaum noch verbindliche Regeln für den Entscheidungsprozeß gibt.

Popper selbst hat die Generalisierung seines Erkenntnisprogramms vom falsifikationistischen Prüfmodell zum allgemeinen fallibilistischen Erkenntnismodell in einem späteren Zusatz zum Urtext der *Logik der Forschung* wie folgt beschrieben: »Ich habe in der Zwischenzeit diese Formulierung verallgemeinert; denn die intersubjektive *Nachprüfung* ist nur ein sehr wichtiger Aspekt des allgemeineren Gedankens der intersubjektiven *Kritik*, mit anderen Worten ein Aspekt der gegenseitigen rationalen Kontrolle durch kritische Diskussion.«[59] Dieser begriffsstreckenden Generalisierung der Idee fallibilistischer Kritik steht keine entsprechende Er-

weiterung der Widerlegungsmöglichkeiten durch Angabe zusätzlicher, hinreichend starker kritischer Instanzen gegenüber.
So besteht für den kritischen Rationalismus die ernste Gefahr, daß im Zuge der fast schrankenlosen Generalisierung seines Erkenntnisprogramms der Begriff der Kritisierbarkeit zu dem trivialen Begriff der bloßen Bezweifelbarkeit verwässert und die von seiner eigenen Argumentationsethik geforderte Offenheit für Kritik zur selbstverständlichen, aber nichtssagenden Konzession degeneriert, daß man über jeden behaupteten Tatbestand auch anderer Meinung sein könne und im übrigen »über alles mit sich reden« lasse. Ganz eklatant ist diese Diskrepanz zwischen in Anspruch genommener Kritisierbarkeit und zurückgebliebenem kritischem Bezugsrahmen in der Frage der *Kritisierbarkeit der Logik*, die neuerdings vom kritischen Rationalismus behauptet wird, ohne dafür irgendwelche Widerlegungsmöglichkeiten aufzuzeigen.[60] Andererseits hat Albert für den Fall der *Normen* und *Werte* mit seiner Theorie der *Brückenprinzipien* gezeigt, wie man dieser Entwicklungstendenz vom »starken« zum »schwachen« Kritizismus im Zuge seiner Generalisierung durch Schaffung neuer Widerlegungsmöglichkeiten entgegenwirken kann.[61]
Es ist eine der Hauptthesen dieses Buches, daß *nur im Rahmen eines pluralistisch erweiterten fallibilistischen Kritizismus* die Erweiterung des kritischen Bezugsrahmens mit der Expansion der Idee der Kritik im Generalisierungsprozeß des fallibilistischen Erkenntnismodells Schritt halten kann. Die überlegene kritische Potenz des Pluralismus gegenüber dem epistemologischen Fallibilismus liegt in der unbegrenzten Möglichkeit von theoretischen Alternativen, die als kritische Instanzen für »unwiderlegbare« Theorien herangezogen werden können. Poppers nichtfalsifizierbare metaphysische Theorien werden so im pluralistischen Kontext wieder widerlegbar. Metaphysische Theorien können nämlich durch alternative metaphysische Theorien widerlegt werden. Die Möglichkeit von theoretischen Alternativen besteht selbst dann noch, wenn die effektiven Widerlegungsmöglichkeiten tatsächlich irgendwo aufhören sollten – möglicherweise am Kernbereich der Logik. Für den konsequent durchgehaltenen fallibilistischen Pluralismus gibt es jedenfalls keinen Grund, die strenge Idee fallibilistischer Kritik schon *vor* Erreichen des Kernbereichs der minimalen Argumentationslogik durch Ablösung von der Idee der Widerlegung unnötigerweise zu schwächen.

III. Die falsche Revolution: vom Erkenntnismodell zum Verhaltensmodell

Die doppelte Verallgemeinerung des Popperschen Ausgangsprogramms im Rahmen des kritischen Rationalismus führt auf dem Wege der Generalisierung zum fallibilistischen Erkenntnismodell, auf dem Wege der Universalisierung zum rationalen Verhaltensmodell im Sinne einer allgemeinen »Lebensform«. In letzter Konsequenz geht es auf der ersten Verallgemeinerungsstufe um ein allgemeines, fallibilistisch-pluralistisches *Argumentationsmodell*, allerdings weniger um ein Modell des tatsächlichen oder idealen Argumentations*prozesses* wie in den echten Dialogmodellen (Apels Theorie der idealen Kommunikationsgemeinschaft, Habermas' Theorie des idealen Diskurses, das dialogische Argumentationsmodell der »Erlanger Schule« um Lorenzen, Kamlah, Lorenz, Schwemmer u. a.), sondern, streng genommen, um ein allgemeines *Prüf*modell für kritisch-rationale Argumente »an sich«. Trotz (nach Habermas' Kommunikationstheorie) der *»Virtualisierung der Handlungszwänge«* im Diskurs[62] handelt es sich bei den echten Dialogmodellen im Gegensatz zum noch so sehr verallgemeinerten Popperschen Erkenntnismodell letztlich doch um versteckte, von den realen Umständen des *wirklichen* Handelns allerdings weitgehend entlastete Modelle des rationalen (argumentativen) *Verhaltens.* Der zweite Verallgemeinerungsprozeß des kritischen Rationalismus führt über die Zwischenstufe eines (soziologischen) Wissenschaftsmodells in letzter Konsequenz zu einem *Gesellschaftsmodell.*

Ich komme damit zum Problem *1b*, der *Universalisierungsproblematik des kritischen Rationalismus.* Da ich meines Wissens als erster den unüberlegten Versuch gemacht habe, den kritischen Rationalismus – großzügigerweise übrigens auch die in unpopperschem Alternativradikalismus zu dessen überlebensgroßem Kontrastbild gemachten Gegenposition, den »Dogmatismus« – zur allgemeinen »Lebensform« hochzustilisieren[63], ist die folgende Kritik dieser Ausuferungstendenz also auch Selbstkritik.

Die Ausuferung wissenschaftstheoretischer Erkenntnismodelle zu allgemeinen Verhaltensmodellen oder »Lebensformen« durch schrankenlose Universalisierung der Problemlösungsprinzipien entspricht einem aktuellen Trend in der Wissenschaftsphilosophie,

dem inzwischen alle führenden Standpunkte im deutschen Sprachgebiet mehr oder weniger weitgehend gefolgt sind: nach dem kritischen Rationalismus auch die Frankfurter Kritische Theorie[64] und neuerdings sogar die Erlanger Schule um Lorenzen.
Ich beschränke mich hier auf den Fall des kritischen Rationalismus, für dessen Universalisierung zur allgemeinen Lebensform Albert – im Gegensatz zu meiner eigenen Ad-Hoc-Behauptung – ein bestechendes Argument geliefert hat. »Das Rationalitätsmodell des (Popperschen, H. S.) Kritizismus ist der Entwurf einer Lebensweise, einer sozialen Praxis...«[65], weil es »die Struktur eines adäquaten Problemlösungsverhaltens überhaupt betrifft.«[66] Da es selbstverständlich in allen Lebensbereichen *Probleme* gibt, ist es natürlich immer sinnvoll, »das menschliche Leben und Handeln unter dem Gesichtspunkt der Stellung und Lösung von Problemen«[67] zu betrachten, so daß ein Rationalitätsmodell, das »die Struktur eines adäquaten Problemlösungsverhaltens überhaupt betrifft«[68], schlechthin universalrelevant wäre.
Dieses Argument ist, ich wiederhole es ohne Vorbehalt, bestechend. Es wäre sogar restlos überzeugend, wenn die Probleme des Lebens ausnahmslos oder wenigstens vorwiegend von jener Art wären, für die im fallibilistischen Erkenntnis- oder Rationalitätsmodell Lösungen entwickelt worden sind. In diesem Zusammenhang stellt sich eine Doppelfrage: Liefert das Erkenntnismodell (oder, nach der *Popper-Gleichung:* das Rationalitätsmodell) des kritischen Rationalismus *überhaupt* den »Entwurf einer Lebensweise«, gar den einer *allgemeinen* Lebensform?
Rekapitulieren wir in aller Kürze, was sich aus dem Erkenntnis- oder Rationalitätsmodell des kritischen Rationalismus im Hinblick auf die Lösung von (Erkenntnis-!)Problemen ergibt. Es geht um eine *Methode,* die zwecks Förderung des Erkenntnisfortschritts – letztlich in Richtung auf Wahrheitserkenntnis – alle Problemlösungsvorschläge unter ein *Maximum von Kritik* stellt, wobei für irgendeine Art von Rechtfertigungsdenken kein Raum bleibt. Daraus ergibt sich nun der Entwurf einer rationalen Lebensform, die das menschliche Verhalten im Hinblick auf die Realisierung des in der gegebenen Problemsituation möglichen Kritikmaximums normiert. Ergo: *koche, liebe, singe, putze nach den methodischen Prinzipien des kritischen Rationalismus!*
Da ich die Universalisierungsproblematik des kritischen Rationalismus oder anderer, gleichermaßen ausgeuferter Erkenntnismo-

delle hier nicht in allen Einzelheiten theoretisch ausdiskutieren kann, begnüge ich mich mit dem Einwand, daß es kaum rational sein dürfte, soziale Beziehungen, aus denen ja Lebensformen zu einem wesentlichen Teil bestehen, allgemein unter die Maxime der Kritikmaximierung zu stellen. Wer das bezweifelt, möge im Falle der Ehefrau (oder Geliebten), Erbtante, eines Diktators oder auch eines kritischen Rationalisten die Probe aufs Exempel machen, sofern er sich nicht scheut, mit diesem Experiment seine Aussichten auf eine glückliche Ehe (oder Liebschaft), eine reiche Erbschaft, Freiheit und Leben oder die weitere Freundschaft des kritischen Rationalisten aufs Spiel zu setzen. Als Entwurf einer Lebensform scheint das Programm des kritischen Rationalismus also weniger empfehlenswert zu sein. Eine am Rechtfertigungsdenken orientierte Lebensweise könnte sich, wenigstens im Einzelfall, als rationaler (und humaner!) herausstellen.

Hier kommt natürlich sofort der Einwand, daß meine Gegenargumentation auf einem furchtbaren Mißverständnis beruhe. Nach den Regeln des kritischen Rationalismus gelte es selbstverständlich nicht, die »Objekte« des menschlichen Verhaltens einem Maximum von Kritik auszusetzen, sondern die *Theorien* über die vermuteten Eigenschaften und das angenommene Verhalten der »Objekte«. Ganz abgesehen davon, daß es keineswegs sonnenklar ist, daß *nur* dies gemeint sein kann; ferner auch davon, daß bei dieser Einschränkung bestenfalls das *Erkenntnis*verhalten erfaßt wird, so daß von einer *allgemeinen* Lebensform kaum gesprochen werden könnte – abgesehen also von all dem bleibt zu prüfen, ob unter diesen Umständen noch ein wesentlicher Teil des menschlichen Lebensinhalts außerhalb des engeren Wissenschaftsbereichs mit professioneller Forschungstätigkeit berührt wird, wie es bei einer mehr oder weniger allgemeinen Lebensform doch wohl der Fall sein müßte. Die postulierte allgemeine Lebensform würde zu einer *speziellen* Lebensform für Wissenschaftler zusammenschrumpfen, die nur unter den bestimmten sozialen Bedingungen *privilegierter* Erkenntnistätigkeit rational wäre. Wo diese sozialen Privilegierungen (insbesondere: ökonomische Alimentierung durch die Gesellschaft; relative Machtlosigkeit des Einzelnen, so daß bloße Chancengleichheit grundsätzlich *hinreichende* Bedingung für eine symmetrische Kommunikationsstruktur ist[69]; vor allem aber institutionalisierter Schutz des Kritikers vor Sanktionen!) nicht gewährleistet sind, ist die auf Kritikmaximierung ausgerichtete Lebensform weder ideal noch rational noch überhaupt realisierbar. Unter den »normalen« sozialen Bedingungen ist es also möglicherweise auch keine empfehlenswerte Lebensweise, die *Theorien* über die Beziehungen zu und das Verhalten von Ehefrauen, Erbtanten, Diktatoren oder kritischen Rationalisten öffentlich einem Maximum an Kritik zu unterwerfen, sofern man nicht Ehe, Erbschaft, Freiheit und Freundschaft gefährden will. Denn Kritik ist in jedem Falle, wie Gehlen grundsätzlich richtig sieht, »die unterste Eskalationsstufe der Aggression«.[70] Für den kritischen Rationalismus gilt hier analog, was Böhler gegen Habermas' Entwurf »einer ›offenen Gesellschaft‹ als repressionsfreier *Kommunikationsgesellschaft aller Bürger«* einwendet: »Wir gelangen hier nicht weiter als bis zur Kommunikationsgemeinschaft, wie sie zwischen Forschern besteht.«[71]

Wenn es also richtig heißen muß: *koche, liebe, singe, putze gemäß Theorien, die den methodischen Prinzipien des kritischen Rationalismus entsprechen!*, dann läuft die Sache mit der Lebensform im Ergebnis auf den wenig aufregenden Vorschlag hinaus, die *Theoriebildung* in allen Bereichen menschlichen Problemlösungsverhaltens in und außerhalb der Wissenschaft den methodologischen Empfehlungen des kritischen Rationalismus zu unterstellen. Im Klartext heißt das, daß der kritische Rationalismus den Anspruch erhebt, ein *allgemeines*, überall anwendbares Testmodell für Theorien, eine *allgemeine* Methodologie der Theoriebildung, letztlich ein allgemeines Erkenntnismodell zu verkörpern oder doch liefern zu können. Damit wären wir nicht bei (allgemeinen oder speziellen) Lebensformen, sondern lediglich bei der alten These des kritischen Rationalismus über die immer schon von ihm behauptete *Einheit der (kritischen) Methode*.[72]

Man kann es drehen und wenden wie man will: Ein Erkenntnis- oder Rationalitätsmodell, das auf die Lösung des Geltungsproblems wissenschaftlicher Theorien hin programmiert ist, von allen Handlungsmotiven (außer dem Motiv des »reinen« Wahrheitsstrebens) absieht und kontrafaktische soziale Bedingungen unterstellt, liefert keinen Entwurf einer allgemeinen, unter Rationalitätsgesichtspunkten verbindlichen Lebensform – meines Erachtens nicht einmal *spezieller* Lebensformen, es sei denn, der kritische Rationalismus wolle zum Beispiel den Unternehmern empfehlen, ihr Verhalten statt auf Gewinnmaximierung auf Erkenntnismaximierung auszurichten.

Aber gesetzt den Fall, daß die Prinzipien des kritischen Rationalismus dennoch eine rationale, sinnvolle und realisierbare (allgemeine oder spezielle) Lebensform »definieren«. Sollen wir deswegen diese Lebensform sowie die ihr zugrunde liegende kritische Methode *institutionalisieren*, wie es im kritischen Rationalismus gefordert wird? Wenn *das* mit der Forderung nach »einer Institutionalisierung der Kritik im sozialen beziehungsweise politischen Bereich«[73] gemeint sein sollte, so wäre das meines Erachtens ein schlimmes, undemokratisches Mißverständnis, selbst wenn man daraus nicht böswilligerweise die groteske, in der Tendenz tatsächlich totalitäre Forderung nach Institutionalisierung des kritischen Rationalismus selbst herausliest.[74]

Was es in diesem Zusammenhang in einer wirklich offenen, demokratischen Gesellschaft tatsächlich zu institutionalisieren gilt, ist nicht irgendeine »kritische Methode« Popperscher oder auch anderer Spielart, ist keine noch so rationale Lebensform, sondern einzig und allein die *Freiheit* des Individuums, dieser »kritischen Methode« zu folgen *oder einer anderen*, diese »rationale Lebensform« zu wählen *oder eine andere*. Die Institutionalisierung *einer* Methode oder Lebensform läuft praktisch auf deren Dogmatisierung hinaus, auch wenn es sich um eine wirklich kritische Methode und eine wirklich rationale Lebensform handeln sollte. Das darf in einer offenen, demokratischen Gesellschaft nicht einmal mit der kritischsten Methode, mit der rationalsten, besten oder schönsten Lebensform gemacht werden. Was es im Zusammenhang mit *irgendwelchen* kritischen Methoden zu institutionalisieren gilt, ist einzig und allein ein ausreichender *Schutz des Kritikers gegen Sanktionen.*[75]

Zur Frage verbindlicher Lebensformen hat J. St. Mill in seinem unsterblichen Dokument der Philosophie der Freiheit unmißverständlich gesagt, was es hier zu sagen gilt: »Es gibt keinen Grund dafür, daß alle menschlichen Existenzen nach einem einzigen Muster oder einer kleinen Zahl von Mustern konstruiert sein sollten.«[76]

Für den hier auch gegen den kritischen Rationalismus verteidigten fallibilistischen Pluralismus stellt sich das Problem der Institutionalisierung seiner Lehre, Methode oder Lebensform ganz anders, im Grunde überhaupt nicht. Da eine »pluralistische Lebensform« an sich ebenso ein Unding ist wie »pluralistische Theorien«, gibt es in dieser Hinsicht nichts zu institutionalisieren. Der Pluralismus

empfiehlt oder fordert nicht eine »pluralistische Lebensform« (oder Methode oder Theorie oder ...), sondern eine *Pluralität von Lebensformen* (oder Methoden oder Theorien oder ...). Nicht bestimmte Lebensformen (Methoden, Theorien, ...) sind zu institutionalisieren, sondern die *Möglichkeit von* und die *Freiheit zu* einer Pluralität von Lebensformen (Methoden, Theorien, ...).
Das gilt auch für den Pluralismus selbst. Fallibilismus, Kritizismus, kritischer Rationalismus und Pluralismus erzeugen nicht – etwa durch ihre Institutionalisierung – Freiheit, sondern *beruhen* auf Freiheit, setzen Freiheit voraus. *Kritik setzt Freiheit voraus, nicht umgekehrt.* Freiheit ist der wichtigere, umfassendere, fundamentalere Wert. Wenn es uns um die humane, demokratische Art der friedlichen Konfliktregulierung geht, die Theorien statt Menschen sterben läßt[77], dann muß auch Gegnern des kritizistischen Standpunktes konzediert werden, daß *jede* Art der Argumentation – keineswegs nur die »kritische« à la Popper –, die sich selbst »beim Wort nimmt«, einen *Gewaltverzicht* macht. Diesen Gewaltverzicht gilt es zu institutionalisieren, nicht die kritische Methode.
Die Belehrbaren belehren, die Unbelehrbaren bekämpfen (oder ignorieren – je nachdem, ob sie effektive *Macht* haben, um Freiheit, Frieden und Fortschritt unterdrücken oder wenigstens ernsthaft bedrohen zu können), die Dogmatiker verunsichern, die Verunsicherten stützen: das ist *eine* mögliche Lebensform, die eines kritischen Menschen würdig wäre. Die Methode der Wissenschaft ist, wie die Wissenschaft selbst, unvollständig, unzuverlässig und irrational, »except for certain purposes«.[78] Sie als allgemeine Lebensform zu institutionalisieren, ist nicht einmal für bestimmte, nicht allzu eng begrenzte Zwecke sinnvoll.
Im Bereich der Universalisierungsproblematik hat der kritische Rationalismus die *falsche* Revolution gemacht.

IV. Die ausgebliebene Revolution: vom Erkenntnismodell zum Gesellschaftsmodell

Nach der unvollendeten und der falschen Revolution komme ich nun im Zusammenhang mit der Universalisierungsproblematik zu einer unterlassenen Revolution des kritischen Rationalismus, nämlich in der *Popperschen Sozialphilosophie*. Wie schon in den beiden vorausgegangenen Fällen habe ich auch hier selbstverständlich keine »wirkliche«, keine politisch-soziale Revolution im Auge, sondern ausschließlich Revolutionen in der »Denkart« (um es mit Kant zu sagen), also wissenschaftliche oder metawissenschaftliche Revolutionen.

Gegen den oberflächlichen Kurzschluß vom Erkenntnisbereich auf den Gesellschaftsbereich wendet Popper mit vollem Recht ein, daß die Bejahung wissenschaftlicher Revolutionen in keiner Weise zum Bejahen politisch-sozialer Revolutionen verpflichtet.[79] Nicht die Unterlassung einer politisch-sozialen Revolution, auch nicht das Fehlen einer selbst »revolutionären«, d. h. für Revolutionen plädierenden Sozialphilosophie soll dem kritischen Rationalismus vorgehalten werden, sondern das Ausbleiben einer jener kleinen, bescheidenen Revolutionen *in* der Popperschen Sozialphilosophie, die dringend notwendig wäre, damit Poppers Theorie der »offenen Gesellschaft« wieder Anschluß an die vitalen Probleme und die aktuelle Diskussion – insbesondere in der Theorie der Gesellschaftspolitik sowie hinsichtlich der ganzen Demokratisierungsproblematik unter den sozioökonomischen Bedingungen moderner Industriegesellschaften – gewinnen könnte.

Die Zurückgebliebenheit der Popperschen Sozialphilosophie besteht unter anderem darin, daß die Kluft zwischen dem Himmel der hohen liberalen Ideale und den Niederungen der praktischen Politik bei Popper immer noch, wie zur Zeit der Entstehung dieser Philosophie in den frühen 40er Jahren, besteht, um deren Schließung sich heutzutage die modernen Gesellschafts- und Demokratietheorien sowie die »Policy Sciences« bemühen. Was in der Popperschen Sozialphilosophie fehlt, ist eine intermediäre Ebene gesellschaftspolitischer Programmatik, auf der die Transformation der liberalen Ideale in Realisierungsprogramme und -strategien erfolgen könnte und müßte, wenn die Ideale nicht zur Ideologie degenerieren sollen. Die gradualistische Sozialtechnologie (»piecemeal social engineering«), die sich als bloße *Methode* versteht und der sich auch ohne weiteres zum Beispiel Anarchisten zur Erreichung *ihrer* Ziele bedienen können[80], ist ja kein gesellschaftspolitisches Programm. In dieser Hinsicht ist die Poppersche Sozialphilosophie der »Stückwerk-Technologie« bis heute selbst Stückwerk geblieben.[81] So kann bei radikalen Kritikern der Eindruck entstehen, als sei die Poppersche Wissenschaftstheorie scheinheilig unpolitisch, die Poppersche Sozialphilosophie hingegen scheinheilig politisch.

Hier ist nicht der Ort, um die Poppersche Sozialphilosophie zu analysieren (wobei es außerordentlich reizvoll wäre, dies aus der Eigenperspektive der Popperschen *allgemeinen* Wissenschaftstheorie zu tun), deren reichlich eingebaute Epizykel es überaus fraglich erscheinen lassen, ob es sich dabei noch um eine wenigstens halbwegs konsequente »extrapolation of his metascience«[82] handelt. Aber drei Probleme in der Sozialphilosophie des kritischen Rationalismus, die mit dem Pluralismusthema direkt zusammenhängen, sollen kurz kommentiert werden: das bereits erwähnte Phänomen der »übermaximalen Kritik«, die Rolle von theoretischen Alternativen sowie die Beziehungen zwischen dem fallibilistischen Erkenntnismodell und dem pluralistischen Gesellschaftsmodell. Alle drei Probleme hängen eng miteinander zusammen.

Die Sozialphilosophie des kritischen Rationalismus »kann ... nicht politisch neutral sein«[83], sieht es aber trotzdem nicht als ihre Aufgabe an, »irgendwelche soziale Ordnungen, Institutionen oder Maßnahmen zu rechtfertigen«.[84] Das ist konsequenter Popperscher Kritizismus, der auch im Bereich der Sozialphilosophie der kritischen Methode folgt, die er keineswegs nur auf Sozial*theorien*, sondern auch auf die politisch-sozialen *Zustände* selbst angesetzt wissen will. Ein Maximum an Kritik – das *Popper-Maximum*, wie ich diese methodische Zielsetzung nannte – wird also hier vom kritischen Rationalismus gefordert. Diesem lobenswerten Programm kann sich der fallibilistische Pluralismus vorbehaltlos anschließen, der in dieser Hinsicht keinerlei Differenzen zum kritischen Rationalismus hat.

Eine bestimmte Art von Kritik scheint nun aber nach Auffassung Alberts ihrer Natur nach unfähig zu sein, einen Beitrag zum *Popper-Maximum* zu leisten, nämlich »radikale«, »totale« Kritik, die

aus einem »irrationalen Verfahren« hervorgeht, einem *»Alternativ-Radikalismus«* verhaftet ist, auf »totale Negation« hinausläuft und insgesamt *»unkritisch* ist gegenüber dem Realisierbarkeitsproblem«.[85] Albert läßt keinen Zweifel daran, daß es ihm bei seiner Kritik der »totalen Kritik« nicht um die Berechtigung dieser Art von Kritik *im Detail* geht, ja eigentlich nicht einmal um den *Inhalt* dieser Kritik, sondern um *»die Weise«*, um die »Konzeption«, den »Denkstil«, die »Methode«[86], die alle »dem Verdikt der Irrationalität«[87] verfallen. Das also scheint *übermaximale Kritik* zu sein.
Akzeptieren wir um der weiteren Argumentation willen Alberts Charakterisierung der totalen Kritik, und konzedieren wir ihm seine konkreten Fälle (Marcuse ohne weiteres, Habermas mit erheblichen Vorbehalten). Widerstehen wir hier auch der gerade im Falle der Popperschen Sozialphilosophie keineswegs abwegigen Versuchung, einfach Retourkutschen zu machen und zunächst einmal den kritischen Rationalismus mit den Albertschen Argumenten gegen übermaximale Kritik zu konfrontieren (Alternativ-Radikalismus; totale Negation alternativer Konzeptionen »globalen« Charakters; unkritische Einstellung zur Realisierbarkeitsproblematik, wenn Popper zum Beispiel für die »offene Gesellschaft« politische Kontrolle der ökonomischen Macht fordert, ohne sich im geringsten um taugliche Mittel und tatsächliche Chancen solcher Kontrollen zu kümmern; etc.?). Kein Zweifel, daß Albert im konkreten Fall weitgehend Recht hat, insbesondere hinsichtlich des sträflich vernachlässigten Realisierbarkeitsproblems. (Den *Irrationalitätsvorwurf* können wir dagegen vergessen, da wir gesehen haben, wie es mit der Rationalitätsdoktrin des kritischen Rationalismus bestellt ist, aus der er abgeleitet ist.)
Die entscheidende Frage, die sich bei einer *konsequenten* Übertragung des fallibilistischen Kritizismus auf den sozialwissenschaftlichen Erkenntnisbereich im Zusammenhang mit den *Popper-Maximen* und dem Phänomen angeblich *übermaximaler Kritik* meines Erachtens stellt, ist nun: *Wird durch das Fehlen einer realisierbaren theoretischen Alternative oder einer ausgearbeiteten Alternativtheorie überhaupt,* die »hinter« der Kritik steht, *Kritik sozialer Gegebenheiten* (einschließlich *Theorien* über diese Tatbestände) – von denen übrigens der kritische Rationalismus selbst mit Recht hervorhebt, daß sie grundsätzlich »als mit Fehlern behaftete Problemlösungen zu betrachten« und »auf jeden Fall verbesserungs- und revisionsbedürftig«[88] sind – *von vornherein so sehr entwertet,*

daß sie als Kritik überhaupt nicht mehr zählt und außerhalb des *Popper-Maximums* fällt? Die grundsätzliche erkenntnistheoretische *Relevanz* dieser Art von Kritik kann ja ebenso wenig bestritten werden – jedenfalls nicht *a priori* und pauschal –, wie die *Möglichkeit*, daß sie zuweilen sogar zutreffen könnte, und sei es auch nur punktuell, sowie last not least die »kritische Einstellung«, die dahinter steht. (*Selbst*kritisch ist diese Einstellung in der Regel zwar nicht, aber das wird ja von Popper gemäß seiner Theorie der wissenschaftlichen Objektivität mit Recht auch von kritischen Rationalisten nicht verlangt.)

Diese Frage kann meines Erachtens nur bejahen, wer grundsätzlich bereit ist, *jeglicher* Art von Kritik gegenüber *zusätzlich zur Relevanzschranke noch die Realisierbarkeitsschranke aufzurichten.* Dies würde meines Erachtens eine unerträgliche Restriktion der Kritik bedeuten, gerade auch im sozialwissenschaftlichen Bereich.[89]

Keine Frage, daß die ganze Realisierbarkeitsproblematik ein äußerst ernstes, *immer* beachtenswertes Problem im sozialwissenschaftlichen Erkenntnisbereich ist, dessen Ignorierung in *jedem* Falle ein Fehler ist, in der Regel sogar für *alle* vorgeschlagenen Problemlösungen einen schwerwiegenden Mangel darstellt. Keine Frage auch, daß Kritik *ohne* Alternativen im Vergleich zur Kritik *durch* Alternativen grundsätzlich die schwächere, weniger wertvolle Art von Kritik verkörpert, die hinter dem möglichen Kritikmaximum *immer* zurückbleibt. Das wird ja gerade vom Pluralismus energisch betont, der in diesem Tatbestand die Pointe seines eigenen Erkenntnisprogramms sieht. Aber andererseits insistiert der fallibilistische Pluralismus auch darauf, daß alternativenlose Kritik kein Nullum ist, das einfach aus dem *Popper-Maximum* herausdefiniert werden darf.[90]

Mit dieser Einstellung des kritischen Rationalismus zum Phänomen der »übermaximalen« – im Klartext: vorzugsweise marxistischen – Kritik scheinen zwei neuerdings aufgekommene Unklarheiten in der Stellung des kritischen Rationalismus zusammenzuhängen, die den Pluralisten unter den Popperianern einiges Unbehagen bereiten.

Die erste »Unklarheit« ist mehr ideologischer Natur. Ich meine die erstaunlichen, befremdlichen Sympathien, die dem kritischen Rationalismus neuerdings vom überall aufkommenden *Neokonservativismus* entgegengebracht werden – dessen radikalste Vertreter ihre Kritik vordergründig gegen den Linksradikalismus, in Wirklichkeit aber bereits auch gegen den konsequenten *politischen Liberalismus* stellen und Aufklärung zur »konservativen Aufgabe« machen wollen[91] –, so daß Außenstehende sich bereits veranlaßt sehen, die kritischen Rationalisten vor den neuen »falschen Freunden« zu warnen[92], die im fallibilistischen Kritizismus weniger eine Methode zur Kritik *aller* Positionen als eine Abwehrideologie keineswegs nur gegen Marxismus, sondern gegen weitergehende Demokratisierungsbestrebungen überhaupt sehen. Die Situation ist zuweilen von grotesker Unwirklichkeit: Poppers Plädoyer für eine »offene Gesellschaft« gegen Willi Brandts »Mehr Demokratie wagen!« in die Waagschale geworfen zu sehen. (In Verteidigung des kritischen Rationalismus muß gesagt werden, daß es sich bei diesen Vertretern der neuen, konservativ gewordenen »Aufklärung« ausnahmslos um fernerstehende »Freunde« des kritischen Rationalismus handelt, die zu dessen Entwicklung oder auch nur Verbreitung nichts beigetragen haben. Aber ein klärendes Wort von seiten des kritischen Rationalismus scheint mir trotzdem nicht unangebracht zu sein. Wenn die 70er Jahre hierzulande tatsächlich »das Jahrzehnt des konservativen Denkens«[93] werden sollten, dann ist es höchste Zeit für den kritischen Rationalismus, sich auf sein Ausgangsprogramm zu besinnen und in Opposition zu gehen. Was hier für den kritischen Rationalismus auf dem Spiele steht, ist nichts weniger als seine Glaubwürdigkeit als *rechtfertigungsfreier Kritizismus* und konsequenter *politischer Liberalismus*. Der kritische Rationalismus hat einen guten Ruf als unbestechlicher Kritiker und kompromißloser Verteidiger radikaler, liberaler Reformpolitik zu verlieren.)

Die zweite »Unklarheit« ist systematischer Natur und von erkenntnistheoretischem Interesse, tangiert sie doch unmittelbar das Selbstverständnis des fallibilistischen Pluralismus. Sie betrifft die *Funktion von Alternativen als Mittel der Kritik*. Im Falle der »übermaximalen« Kritik ging es um den Vorwurf, daß hinter der Kritik *keine* (ausgearbeitete, jedenfalls keine realisierbare) Alternative steckt. Anscheinend kann man vom Standpunkt des kritischen Rationalismus radikaler Kritik auch den Vorwurf der Irrationalität machen, gerade *weil* sie den Anspruch erhebt, eine Alternative zu verkörpern oder hinter sich zu haben, um aus *diesem* Grunde die Kritik abzuweisen. So knüpft zum Beispiel Becker seinen Vorwurf der methodischen Irrationalität des Marxismus unter anderem an den Einwand, »daß die ›dialektische‹ Gegensatzbestimmtheit der Warenform eine *radikale* Kritik des kapitalistischen Warentauschs impliziert, die derart beschaffen ist, daß sie unmittelbar in ein gesellschaftliches Alternativmodell hinüberleitet, ein Alternativmodell, welches mit der ökonomischen Verfassung der aus einem Prinzip erklärten und kritisierten Wirtschaftsform nichts Wesentliches mehr gemeinsam hat. Darin besteht zugleich das ebenfalls auf den Gegensatzbegriff zurückgehende *utopische* Element der Marxschen Theorie.«[94]

Daß Alternativen mit dem kritisierten Standpunkt »nichts Wesentliches mehr gemeinsam« haben, gehört nun allerdings zum »Wesen« strenger Alternativen im Sinne der Feyerabendschen Pluralismuskonzeption. Alles, was vom Standpunkt des Pluralismus zu diesem Gebrauch von Alternativen zu sagen bleibt, ist, daß er so ziemlich auf das Gegenteil dessen hinausläuft – nämlich auf *Verminderung* von Kritik durch Denken *gegen* Alternativen –, wozu nach pluralistischer Auffassung Alternativen gut sind: zur *Maximierung* von Kritik durch Denken *in* Alternativen. Nur dies ist gut pluralistisch!

Zum jetzt noch verbleibenden dritten der oben genannten Probleme der Sozialphilosophie des kritischen Rationalismus kann ich an dieser Stelle nicht viel sagen. Da ich die Frage der Beziehungen zwischen dem *fallibilistisch-pluralistischen Erkenntnismodell* und dem *pluralistischen Gesellschaftsmodell* im Rahmen eines anderen Projekts (das, als Ergänzung zu den Abhandlungen in diesem Band über *Pluralismus als Erkenntnismodell*, zur Zeit in Arbeit ist) eingehend diskutieren werde, begnüge ich mich hier mit einer These, einem Argument und einem Vorschlag.

Nach meiner *These* ist der gängige Schluß vom wissenschaftstheoretischen (Theorien-)Pluralismus auf den politisch-sozialen (Institutionen-, Interessen- oder auch Gruppeninteressen-)Pluralismus nicht streng, bei näherer Analyse nicht einmal plausibel, sondern schlicht *falsch*. Es ist ein Kurzschluß. Eventuelle Verbindungen zwischen dem pluralistischen Erkenntnismodell und dem pluralistischen Gesellschaftsmodell können also im wesentlichen nur *ad hoc* sein.

Das hier aus der Reihe relevanter, meines Erachtens sehr stichhaltiger Einwände etwas willkürlich herausgegriffene *Argument* besagt, verkürzt und vergröbert, in etwa: Pluralistische Theorienkonkurrenz spielt sich – Poppers neoplatonische, angeblich

autonome »dritte Welt« mit ihren Problemen, Argumenten und Theorien »an sich« hin oder her – praktisch als *Meinungs*konkurrenz ab, in der es Meinungskonflikte unter den im fallibilistisch-pluralistischen Erkenntnismodell spezifizierten Bedingungen »friedlich« auszutragen gilt. Aber unter »normalen«, d. h. nicht-privilegierten Umständen können (aus faktischen und nomologischen Gründen) und dürfen (aus ethisch-normativen Gründen) Interessenkonflikte nicht als bloße Meinungskonkurrenz behandelt werden – jedenfalls dann nicht, wenn es dabei um vitale, nicht vorab befriedigte Bedürfnisse geht. Die Problemlösung des pluralistischen Erkenntnismodells taugt, unbeschadet partieller und punktueller positiver Analogien, grundsätzlich nicht für die Lösung der Probleme im Gesellschaftsmodell. (Vitale Bedürfnisse gilt es nicht zu »falsifizieren«, sondern zu befriedigen.)
Und mein bescheidener *Vorschlag* lautet: Wenn man sich schon genötigt sieht, *Ad-hoc*-Verbindungen zwischen wissenschaftstheoretischem und politisch-sozialem Pluralismus herzustellen, dann sollte man sich doch tunlichst bemühen, das pluralistische Erkenntnismodell nicht einfach mit dem etablierten, konservativen, innovationsfeindlichen *Status-quo-Pluralismus* zu verknüpfen, sondern die Verbindung zu einem pluralistischen Gesellschaftsmodell zu suchen, das dem »Geist« und der konkreten Programmatik des fallibilistischen Pluralismus – der immerhin unter einem betont kritisch-progressiven Leitmotiv steht – wenigstens ansatzweise gerecht zu werden vermag. Wenn es ein solches pluralistisches Gesellschaftsmodell noch nicht geben sollte, muß man es eben erfinden.[95]

V. Fallibilistischer Pluralismus versus Monopolpluralismus

Nach diesen hoffentlich etwas klärenden Ausführungen zum *Pluralismus als Erkenntnismodell und Wissenschaftsprogramm* dürfte eigentlich kein Zweifel mehr darüber bestehen, daß die Pluralismuskonzeption des fallibilistischen Pluralismus, wie ich sie in diesem Buch und früheren Veröffentlichungen vorgestellt und verteidigt habe, weder mit dem *Status-quo-Pluralismus,* der »aus dem Zustand der Pluralität« mehr oder weniger pluralistischer Gesellschaften »die Norm des Pluralismus« macht[96], etwas zu tun hat noch mit jenem *»Monopolpluralismus«* (Margherita von Brentano[97]), der sich in der Maske der Neutralität als »negativer Dogmatismus« zum Richter in eigener Sache macht, indem er »nur ›pluralistische‹ Theorien« zuläßt, damit für sich »Alleinherrschaft« beansprucht und in der (Hochschul-)Politik, »vorzugsweise zur Ausschaltung von Sozialisten angewandt, politischen Eingriffen den Schein wissenschaftlicher Legitimation verleiht«[98].
Ich könnte es hier mit diesem einzigen, etwas langen Satz bewenden lassen, denn was hat der fallibilistische Pluralismus mit diesem seltsamen, diffusen, mißratenen »Wissenschaftspluralismus«, was das hier explizierte pluralistische Erkenntnismodell mit der von Frau von Brentano kritisierten hochschul- und gesellschafts*politischen* Pluralismuskonzeption zu tun? *Nichts!,* könnte ich ohne Einschränkung sagen, wenn nicht Frau von Brentano, unter ausdrücklichem, in philosophisch-wissenschaftstheoretischer Hinsicht sogar ausschließlichem Bezug auf meine frühere, äußerst komprimierte Pluralismusdarstellung[99] – die ich heute bestenfalls noch als »Pluralismus für Anfänger« ansehen kann – das Gegenteil behauptet hätte.
Nach Frau von Brentanos Hauptthese fungiert das pluralistische Erkenntnismodell des fallibilistischen Kritizismus nicht mehr und nicht weniger denn als philosophische Rechtfertigungsideologie des wissenschaftlichen »Monopolpluralismus«. Ihre Kritik richtet sich sowohl gegen das pluralistische Erkenntnismodell an sich als auch gegen dessen zwischen (monopol-)pluralistischem Erkenntnismodell, Wissenschaftsmodell und Gesellschaftsmodell sozusagen vermittelnde ideologische Funktion.

Auf Frau von Brentanos Kritik des pluralistischen Erkenntnismodells selbst näher einzugehen, lohnt sich meines Erachtens nicht, da sie leider *ausschließlich* auf meist ziemlich elementaren Mißverständnissen beruht. Schon eine etwas sorgfältigere Lektüre ihrer einzigen Informationsquelle über den fallibilistischen Kritizismus – eine etwas dürftige Art, sich über den philosophischen Gegenstand seiner Kritik zu informieren, meine ich – hätte es ihr ohne Schwierigkeiten ermöglicht, ihre unaufgeklärte Kritik selbst als verfehlt zu erkennen und durch ernster zu nehmende, *treffendere* Gegenargumente zu ersetzen. Der klugen, philosophisch gebildeten Kritikerin (die zwar gut schreiben, aber anscheinend weniger gut lesen kann) darf man ohne weiteres zutrauen, auch ohne authentische Interpretationshilfe die Haltlosigkeit ihrer Behauptung zu durchschauen, daß der von ihr und mir übereinstimmend gemeinte Pluralismus »keine Theorie, also auch die eigene nicht, für wahr«[100] hält, praktisch sogar ein »*Verbot* des Wahrheitsanspruchs«[101] für alle Standpunkte aufstellt, da ihm »mit dem Begriff des Wahren auch der des Falschen entfällt«[102], ansonsten aber jede Theorie oder Meinung, »die sich für wahr hält«[103] und ihren inhaltlichen Wahrheitsanspruch zu rechtfertigen versucht – kurz: alle nichtpluralistischen, nichtrelativistischen Standpunkte, darunter insbesondere den Marxismus – »im Namen der neutralen und unparteiischen Wissenschaftlichkeit«[104] ausschließt.

Es scheint mir eigentlich unnötig, mag aber angesichts dieser grotesken Fehlinterpretation des fallibilistisch-pluralistischen Erkenntnismodells und Wissenschaftsprogramms doch nicht unangebracht sein, zum Schluß in aller Kürze auf folgende Punkte hinzuweisen, um den Unterschied zwischen fallibilistischem Pluralismus und »Monopolpluralismus« nochmals mit aller Deutlichkeit herauszustellen:

(1) Theorienpluralismus ist gegeben dann und nur dann, wenn es eine Pluralität von Theorien gibt, die zueinander im Verhältnis gegenseitiger Kritik stehen. Also kann *kein* Standpunkt sinnvollerweise den Anspruch erheben, selbst »*der* Pluralismus« zu sein, die geforderte Pluralität der Standpunkte zu *verkörpern* oder zu *repräsentieren* und alternative Standpunkte mit dieser Behauptung als angeblich »nichtpluralistisch« ausschließen zu dürfen. Es gibt Theorienpluralismus oder das Gegenteil davon (also *Monismus*), aber es gibt keine »pluralistischen« oder »nichtpluralistischen« Theorien. Deshalb kann auch keine Theorie, keine potentielle oder

existierende theoretische Alternative aus der pluralistischen Ideenkonkurrenz *legitimerweise* mit der Begründung ausgeschlossen werden, daß sie »nichtpluralistisch« sei.
(2) Dies gilt sogar und uneingeschränkt *für den theoretischen Pluralismus selbst,* d. h. für das pluralistische Erkenntnismodell, für die Pluralismuskonzeption, die als *Metatheorie* Theorienpluralismus *fordern,* sein Funktionieren erklären, seine Vorzüge und Mängel herausstellen, aber ihn selbst ebenfalls nicht verkörpern oder repräsentieren kann.
(3) Als metatheoretische Konzeption ist »der Pluralismus«, d. h. die Pluralismus*theorie,* selbst *ein* Standpunkt unter vielen möglichen (metatheoretischen) Alternativkonzeptionen. Auf dieser metatheoretischen (philosophischen, erkenntnis- und wissenschaftstheoretischen) Ebene – wo die Metatheorien, Erkenntnismodelle, Wissenschaftskonzeptionen etc. sozusagen »unter sich« sind – ist der Pluralismus »Partei« wie alle anderen Standpunkte auch: also weder neutral noch Schiedsrichter in eigener Sache. Er kann »Kläger« oder »Beklagter«, aber nicht unparteiischer Richter sein! Damit entzieht die Pluralismustheorie dem »Monopolpluralismus« restlos die erkenntnis- und wissenschaftstheoretische Legitimation. »Monopolpluralismus« wäre nichts weiter als *Scheinpluralismus,* der in Wirklichkeit verschleierter *Monismus* ist.
(4) Es gibt also, streng genommen, auch keine »pluralistischen« oder »nichtpluralistischen« Metatheorien. Insofern ist die Bezeichnung jenes Erkenntnismodells, für das der fallibilistische Kritizismus plädiert, als »pluralistisch« mißverständlich. Was die übliche Redeweise von »pluralistischen« oder »nichtpluralistischen« (monistischen) Erkenntnismodellen, Methodologien, Wissenschaftskonzeptionen, Forschungsprogrammen etc. besagt, ist: *Metatheorien* können Pluralismus bejahen, programmieren, empfehlen, nach Kräften auch fördern (wie der fallibilistische Kritizismus), oder auch nicht (wie anscheinend der Marxismus als Meta- oder Wissenschaftstheorie).
Die *wissenschaftlichen Theorien selbst* können sich in die pluralistische Ideenkonkurrenz einordnen (wie in der Regel die sogenannten »bürgerlichen« Standpunkte) oder sich ihr zu entziehen versuchen (wie vielfach der Marxismus als »substantielle« Theorie, als »inhaltlicher« Standpunkt auf der Ebene wissenschaftlicher Theorien »über die Welt«[105]). Ob sie das eine oder andere versuchen, ist – erkenntnistheoretisch gesehen – *unter den Bedingungen*

eines institutionell gesicherten freien Ideenwettbewerbs, der das Aufkommen von *Monopolen* wirksam verhindern kann, für den Pluralismus nicht entscheidend, ja gleichgültig und irrelevant. Denn einerseits wird im Pluralismus keinem Standpunkt ein »Bekenntnis zum Pluralismus« abverlangt, um an der Ideenkonkurrenz teilnehmen zu dürfen. Andererseits wird aber auch kein Standpunkt um die »Erlaubnis« gefragt, in den pluralistischen Prozeß einbezogen und der Kritik unterworfen zu werden.

Unter den Bedingungen freier, funktionsfähiger Theorienkonkurrenz *kann* sich kein Standpunkt auf die Dauer der Kritik entziehen. Wer sich Kritik »zu verbitten« versucht, sei's Kritik überhaupt oder (wie anscheinend Holzkamp für *seinen* Marxismus) Kritik von »bürgerlicher« Seite, macht sich lächerlich – es sei denn, er hätte die *effektive Macht* (die böse Absicht allein genügt in einer Demokratie nicht; solange institutionell gesicherte Denk- und Meinungsfreiheit besteht, kann sie als Narretei oder Spinnerei angesehen und einfach ignoriert werden), seiner »Bitte« Nachdruck zu verleihen. Dann und erst dann wird *Antipluralismus* gefährlich. Dann darf und *muß* er in einer demokratischen, »pluralistischen« Gesellschaft ebenso effektiv bekämpft werden.

Als wissenschaftliche Theorie (oder Metatheorie) *ist in dieser Hinsicht der Marxismus ebenso die Nagelprobe für den Pluralismus wie es der Pluralismus für den Marxismus ist.*

(5) Der fallibilistische Pluralismus in der hier explizierten Gestalt versteht sich als ein *rechtfertigungsfreier Kritizismus* im Sinne des Popperschen epistemologischen Fallibilismus. Er *verbietet* deswegen nicht die Begründung (Rechtfertigung) von Geltungsansprüchen, schon gar nicht diese Wahrheitsansprüche selbst. Er *kritisiert* lediglich alle Rechtfertigungsbemühungen und hält sie aus grundsätzlichen philosophischen Erwägungen *in jedem Falle* für erkenntnistheoretisch nutzlos und wertlos, weil sie nach seiner Auffassung etwas *Unmögliches* zu erreichen versuchen. Auch wenn der fallibilistische Kritizismus das Streben nach wahrheitssichernder Rechtfertigung von Theorien dem wissenschaftlichen Erkenntnisfortschritt für abträglich hält, »verbietet« er es nicht. Unter den Bedingungen der Freiheit ist Kritik kein Verbot!

(6) Wenn der fallibilistische Pluralismus der Wissenschaft Kriterien für »gute« Theorien vorschlägt, entsprechende Normen setzt und Regeln einführt, kurz: *Wissenschaftskritik* praktiziert, versteht er diese metatheoretischen Forderungen an das wissenschaft-

liche Theoretisieren *ausnahmslos* nicht als »konstitutiv« interpretierte *Aufnahmebedingungen* für neue Ideen, die in der Wissenschaft als »positivistische *Verbotsnormen*« (Habermas[106]) fungieren, sondern als *regulative Prinzipien* für die Verbesserung der Theorien, im Endergebnis für die Förderung des Erkenntnisfortschritts in Richtung auf das postulierte Erkenntnisziel der Wissenschaft. Der Pluralismus verlangt neuen Ideen, die sich als Alternativen zu profilieren gedenken, keine »Eintrittskarten« ab, die es vorab zu lösen gilt.

Weder die Grenzen des politisch-sozialen Pluralismus – die Grenzen des pluralistischen Gesellschaftsmodells also –, noch die des wissenschaftspolitischen »Monopolpluralismus«, auf die heute in apologetischer oder kritischer Absicht von konservativer[107] und radikaler Seite so gerne verwiesen wird, sind die Grenzen des fallibilistischen Pluralismus, *obwohl auch dieser, wie jeder Problemlösungsvorschlag, seine Grenzen hat.* Diese aufzuzeigen, ist die Aufgabe kompetenter, schonungsloser *Pluralismuskritik*, die weiß, wovon sie redet und um die hiermit gebeten wird.

Bis es der Pluralismuskritik gelungen ist, die Grenzen des fallibilistischen Pluralismus aufzuzeigen, kann der Pluralismus nur empfehlen, sich an die pluralistische »Moral« zu halten: *Wer für Pluralismus ist, sollte es konsequent sein!*

Und wer gegen Pluralismus ist, sollte wissen, wovon er spricht, und prüfen, ob er wirklich auf all das verzichten will, was er als Antipluralist ablehnen zu müssen glaubt.

Anmerkungen zu *Theorien und Metatheorien*

1 Vgl. dazu die instruktiven vergleichenden Studien Robin Hortons, insbesondere Horton 1967; ferner auch Finnegan-Horton 1973, Gellner 1973 und Horton 1973a. – Auf die Konsequenzen dieser m. E. auch wissenschaftstheoretisch relevanten anthropologischen Forschungsergebnisse für die Poppersche Bewertung und Lösung des sogenannten Abgrenzungsproblems (siehe Popper 1969, S. 8 ff. et passim; kritisch dazu Bartley 1968) kann hier nicht eingegangen werden.

2 Vgl. Agassi 1973.

3 Vgl. Popper 1963, S. 387 f. et passim; Quine 1970; Kordig 1971, Kap. I.

4 Vgl. Kuhn 1962 bzw. 1967.

5 Vgl. Ajdukiewicz 1934 und 1935; Wittgenstein 1953; Toulmin 1961, Kap. 3 und 4; Kuhn 1962.

6 Das schließt Platonsche Formenlehre und Hegelsche Dialektik ebenso ein wie Newtonsche Physik und Marxsche Geschichtsphilosophie, nicht dagegen Lehrbuch-»Theorien« wie »Alle Raben sind schwarz«.

7 Zur Kritik des empiristisch-positivistischen Standpunktes vgl. Feyerabend 1965a und 1970d sowie Bohnen 1969.

8 Vgl. Popper, Back to the Presocratics, in Popper 1963, Kap. 5; Feyerabend 1961; Szabo 1969.

9 Zu diesem Erkenntnisprogramm und der darauf abgestellten Wissenschaftskonzeption vgl. Popper 1935, 1963 und 1972; Feyerabend 1961; Albert 1964 und 1968; Spinner 1970, 1971a und 1974.

10 Wenn man das Induktionsproblem, Kants Anregung folgend, als *Humesches Problem*, und das Abgrenzungsproblem mit Popper als *Kantsches Problem* bezeichnet, dann scheint es mir gerechtfertigt, das Problem des Erkenntnisfortschritts zum *Popperschen Problem* zu erklären; vgl. Spinner 1971a, Kap. I, § 12.

11 Vgl. Popper 1963; Lakatos 1963/64; Albert 1968 (S. 47 ff. et passim) und 1972. Die Poppersche Formel »Conjectures and Refutations«, die Lakatossche Formel »Proofs and Refutations« und die Albertsche Formel »Konstruktion und Kritik« besagen im wesentlichen dasselbe, wenn sie auch teilweise andere Aspekte des Problemlösungsprozesses in den Vordergrund rücken.

12 Vgl. Niiniluoto 1972.

13 Wie sie insbesondere von Neurath – gegen Carnaps induktivistischen

und Poppers deduktivistischen »Pyramidismus« (Neurath) – propagiert worden ist; vgl. Neurath 1937/38 und 1938, im weiteren Zusammenhang auch May 1950/54. Neuraths eigenwilliger Standpunkt, der Rigorosität in philosophischen Grundsatzfragen mit betonter Flexibilität, ja Laxheit in Fragen der Erkenntnis*ordnung* kombiniert, findet neuerdings wieder mehr Beachtung und Sympathie, insbesondere im epistemologischen Anarchismus Feyerabends und im epistemologischen Possibilismus von Arne Naess (vgl. Feyerabend 1970c und Naess 1972, S. 134ff.).

14 Zur Anwendungsproblematik insgesamt sowie zu den verschiedenen Anwendungsmöglichkeiten (erfahrungs-)wissenschaftlicher Theorien vgl. Albert 1964, S. 47ff.

15 Vgl. Spinner 1968, 1971 und 1971a.

16 Vgl. Feyerabend 1970c, S. 70ff. et passim, Feyerabend 1970, S. 316ff. et passim; Lakatos 1970, S. 115, 129 et passim.

17 »Eigentliche«, »unmittelbare« oder »direkte« Komponenten im Gegensatz zu den »uneigentlichen«, »mittelbaren« oder »indirekten« Bestandteilen wissenschaftlicher Theorien, zu denen insbesondere deren *Voraussetzungen* sowie das jeweils relevante *Hintergrundwissen* (Poppers »background knowledge«; vgl. Popper 1963, S. 238ff. et passim), unter Umständen auch *proto-* und *metatheoretische Prinzipien* zu rechnen sind.

18 Vgl. Strauss 1972, S. 106.

19 Zu Unrecht wird die Unterscheidung von Form und Inhalt vielfach für eine »typisch positivistische« oder jedenfalls positivistisch infizierte Problemaufspaltung gehalten, weil sie mit der (wirklich positivistischen) Empirie/Theorie-Dichotomie des positivistischen Zwei-Sprachen-Modells konfundiert zu werden pflegt. In Wirklichkeit handelt es sich bei der richtig, d. h. rein analytisch verstandenen Form/Inhalt-Dichotomie um eine konventionelle, oft fruchtbare, zuweilen vielleicht auch unzweckmäßige erkenntnistheoretische Problemdifferenzierung ohne positivistische Konsequenzen.

20 Vgl. Bunge 1967 I, S. 413ff.

21 Vgl. Carnap 1927 sowie die sehr instruktive Erläuterung impliziter Definitionen in Schlick 1925, S. 29ff. – Dieser Deutung widerspricht Strauss, der »the whole *doctrine* of ›implicit definitions‹ ›meaning relative to the system‹ etc.« für unhaltbar hält (Strauss 1972, S. 106; Hervorhebung im Original).

22 Zur Deutung der Mathematik als (formale) Strukturwissenschaft vgl. Weizsäcker 1971, S. 22f.; im weiteren Zusammenhang auch Ackermann 1957 und Bernays 1970. Sie entspricht dem modernen Bourbaki-Programm (vgl. die instruktive problemgeschichtliche Darstellung in Bourbaki 1971, Kap. 1).

Es scheint mir nur konsequent zu sein, zusammen mit Mathematik und Mengenlehre auch die Logik als eine formale Strukturwissenschaft aufzufassen, wie es von Weizsäcker an anderer Stelle auch angedeutet, aber nicht explizit gesagt wird (wobei aus seinen kurzen Erläuterungen nicht ganz klar hervorgeht, ob einer vorbehaltlosen Deutung der Logik als formale Strukturwissenschaft mangelnder Strukturcharakter oder mangelnder formaler Charakter entgegensteht – in Weizsäckers Sicht vermutlich das letztere): »Logik ist eine Wissenschaft über Wahrheit. Mathematik ist eine Wissenschaft über Strukturen. Logik ist die mathematisch vorgehende Wissenschaft über Wahrheit. Mathematik ist die logisch vorgehende Wissenschaft über Strukturen. Noch stenographischer: Logik ist die Mathematik der Wahrheit, Mathematik ist die Logik der Strukturen. – Logik studiert *die mit dem Begriff der Wahrheit gesetzten Strukturen.* Sie muß von sich verlangen, ihre Erkenntnis dieser *Strukturen,* also ihre eigene Wahrheit, gemäß den aus dieser Erkenntnis folgenden Gesetzen *strukturell* durchsichtig zu machen« (Weizsäcker 1973, S. 226; Hervorhebungen nicht im Original). Und abschließend, was die Problematik auch nicht durchsichtiger macht: »Wahrheit und Struktur sind in diesen Erklärungen undefiniert geblieben.«

23 Vgl. Popper 1947; Bunge 1967 I, S. 400 ff.

24 Vgl. Sneed 1971, Kap. I.

25 Wie etwa in Kutschera-Breitkopf 1971, S. 56, mit großzügiger Berufung auf Aristoteles, behauptet wird. Kritisch zu dieser gängigen Auffassung Kreisel 1955.

26 Vgl. Bunge 1967 I, S. 400 ff.; Hempel 1970, S. 148 ff., insbesondere S. 152.

27 Für diesen metatheoretischen Begriff der *formalen Einheit* (oder *Kompaktheit*) gibt es meines Wissens noch keine befriedigende Explikation. Nichtsdestoweniger kann man *grobe* Kriterien (wie im vorliegenden Haupttext) sowie einige notwendige Bedingungen für formale Einheit von Theorien angeben. Dazu gehört insbesondere die Bedingung, daß zumindest einige der nichtlogischen Symbole über mehrere Postulate des deduktiven Systems verteilt sind, so daß aus der axiomatischen Basis *mehr* deduzierbar ist als aus den isolierten Postulaten. – Durch semantische Interpretation wird aus der formalen Einheit *begriffliche Einheit.* Vgl. zu dieser ganzen Problematik Bunge 1967 I, Kap. 7, bes. S. 391 ff.

28 Zur Explikation und Kritik der Katastrophentheorie des Widerspruchs vgl. Spinner 1970, S. 179 ff.

29 Ob man die genannten oder andere »Komponenten« als echte Bestandteile wissenschaftlicher Theorien oder lediglich als mit ihnen kohärent (d. h. stärker als durch logische Konjunktion) verbundene Ergänzungsteile ansieht, ist eine Abgrenzungsfrage mit entsprechendem Ermessensspielraum für restriktivere oder extensivere Definitionen des Theoriebegriffs. Wichtig ist im vorliegenden Zusammenhang allein, daß ohne diese Teile die (wie auch immer abgegrenzte) Theorie nicht voll funktionsfähig ist.

30 Diese strukturellen Randbedingungen sind von den *konkreten* (singulären oder partikulären) *Anfangs-* oder *Antezedenzbedingungen* zu unterscheiden, die angeben, ob ein konkreter Einzelfall ein Anwendungsfall der

Theorie ist, und die keine Bestandteile der Theorie sind.

31 Zu den genannten Komponenten, insbesondere zur Bedeutung der Hilfshypothesen und der Ceteris-paribus-Klausel vgl. Lakatos 1970, S. 101 ff., 110 ff., 133 ff. et passim.

32 Das ist Lakatos' Ansatz der metatheoretischen Inhaltsanalyse; vgl. Lakatos 1970, S. 133 ff. – Analoge Ansätze finden sich bei Dingler, Kuhn und Feyerabend.

33 Vgl. Bunge 1967 I, S. 391 ff.

34 Vgl. Duhem 1969; Mittelstrass 1962.

35 Vgl. Popper 1935 bzw. 1969, Kap. IV.

36 Vgl. Carnap 1956 und 1959; für eine kurze Zusammenfassung Carnap 1966, Teil V.

37 Diese Annahmen lassen sich meines Erachtens aus den Veröffentlichungen der führenden Vertreter dieses Standpunktes herausdestillieren; vgl. zum Beispiel die in Anm. 36 genannte Literatur und Nagel 1961, insbes. Kap. 4-6; ferner die zusammenfassende, abgewogene Darstellung in Scheffler 1967. Was sich nach Auffassung führender Vertreter dieses dem Anspruch nach betont kritischen Empirismus und aufgeklärten Positivismus heute noch halten läßt, geht aus Feigl 1970 und Hempel 1970 sowie aus der umfassendsten kritischen Darstellung in Stegmüller 1970 hervor.

38 Es gibt auch andere, nichtpositivistische Versionen des Stufenmodells, zum Beispiel in Toulmin 1953, S. 77 ff. Auch die Poppersche Wissenschaftskonzeption enthält wesentliche Elemente eines nichtpositivistischen Stufenmodells.

39 Zur Kritik des Stufenmodells der Erkenntnis im allgemeinen und des positivistischen Zwei-Sprachen-Modells im besonderen vgl. Putnam 1962; Körner 1966, Kap. VI, insbes. S. 88 ff. (zur Körnerschen These über eine angebliche »logische Lücke« zwischen Theorie und Erfahrungsdaten, die eine direkte Beziehung zwischen beiden Instanzen ausschließt, siehe S. 90 f.); Hempel 1970; Stegmüller 1970. – Eine radikale Kritik des Stufenmodells schlechthin, einschließlich seiner »liberalisierten« gemäßigt empiristischen Versionen, findet sich in den einschlägigen Veröffentlichungen Feyerabends; vgl. in diesem Zusammenhang insbesondere Feyerabend 1965a, 1970, 1970c und 1970d.

40 Vgl. zu diesem im Rahmen der vorherrschenden betont erkenntnis*logischen* Tradition der Wissenschaftstheorie vernachlässigten Problemkomplex die neueren Arbeiten von Feyerabend, Hanson, Kuhn, Toulmin u. a.; für den Wittgenstein-orientierten Ansatz Hanson 1969 und Toulmin 1972, für den Kuhn-Feyerabendschen Ansatz zusammenfassend Bohnen 1969. Im weiteren Problemzusammenhang sehr relevant ist auch Lorenz 1973.

41 Zur Analyse der erkenntnistheoretischen Anfangs- und Voraussetzungsproblematik sowie ihrer fundamentalistischen, dialektischen (Hegel) und fallibilistischen (Popper) Lösungen vgl. Spinner 1970, S. 216 ff.

42 Zur Kritik des epistemologischen Fundamentalismus und seiner

Behandlung der Voraussetzungsproblematik sowie zur Entwicklung der fallibilistischen Alternative vgl. Albert 1968 und 1971a sowie Spinner 1970.

43 Bahnbrechend für die Ausdifferenzierung der Akzeptierbarkeitsproblematik aus der allgemeinen Geltungsproblematik: Lakatos 1968, insbes. Kap. 3; vgl. ferner Lakatos 1970, S. 109 ff. und 116 ff. sowie Spinner, in diesem Band, S. 204 ff., insbes. S. 214.

44 Wie nun auch von Vertretern der Konsenstheorie der Wahrheit anscheinend, wenn auch noch nicht völlig vorbehaltlos, konzediert wird; vgl. Habermas 1973, S. 239.

45 Zur Analyse und Kritik des Rechtfertigungsmodells der Erkenntnis vgl. Albert 1968, Kap. I; noch ausführlicher in Spinner 1970.

46 Vgl. Spinner 1970, Kap. II.

47 Zur fallibilistischen Revolution der Erkenntnis- und Wissenschaftslehre vgl. Spinner 1974.

48 Vgl. Dingler 1951, S. 5 ff.

49 Die statistischen Informationsbegriffe der mathematischen Informationstheorie sind zur Erfassung der semantischen Information ungeeignet und deshalb im vorliegenden Zusammenhang irrelevant. Zur mathematisch-statistischen Informationstheorie (richtiger: Signalübermittlungs- oder Kommunikationstheorie) und ihrer Abgrenzung von der semantischen Informationstheorie vgl. Bar-Hillel 1964, Kap. 16; zum Stand der semantischen Informationstheorie selbst Kap. 15 und 17.

50 Vgl. Carnap 1968, S. 38 und 128 ff.

51 Vgl. Popper 1969, Kap. VI, insbes. § 35. Mit »Wahrscheinlichkeit«, auf die der semantische Informationsbegriff hier invers bezogen wird, ist die sogenannte Hypothesenwahrscheinlichkeit im Sinne der »initial-probability« gemeint. Zum kontroversen Begriff der »Anfangswahrscheinlichkeit« vgl. Carnap 1962, S. 308 f.; zum Begriff der Hypothesenwahrscheinlichkeit Popper 1969, S. 201 ff. – Zur Selbsteinschätzung der metatheoretischen Bedeutung des von ihm vorgeschlagenen Gehaltsbegriffs vgl. Popper 1969, S. 347. Diese Bedeutung ergibt sich für Popper daraus, »daß der *Gehalt* einer Theorie – was dasselbe ist wie ihre *Unwahrscheinlichkeit* – ihre *Prüfbarkeit* und ihre *Bewährbarkeit* bestimmt« (Hervorhebungen im Original).

52 Vgl. Popper 1963, S. 217 ff. und 385 ff.; Salmon 1969, S. 55 ff. – Der Carnapsche Begriff des logischen und der Poppersche Begriff des empirischen Informationsgehalts harmonieren unter anderem in ihrer inversen Beziehung zur Wahrscheinlichkeit der Aussagen (in dem angedeuteten Sinne).

53 Vgl. Carnap 1962, Kap. I.

54 Zur Problematik der Explikation eines zur quantitativen Bestimmung des *Betrags* der semantischen Information geeigneten Informationsmaßes sowie zur (sehr begrenzten) Anwendbarkeit der bislang vorgeschlagenen quantitativen absoluten und relativen Gehaltsbegriffe vgl. Bar-Hillel 1964,

Kap. 15; Carnap 1966a; Popper 1966a; Hintikka 1968.

55 Vgl. Bunge 1967 I, S. 499 (Hervorhebung im Original): »Theories – with the possible exception of psychological theories on observation – have no *observational content:* they deal with an ideal model ...«; so sinngemäß auch in Bunge 1967a, S. 72 f. Obwohl Bunge hier ausdrücklich von »empirical content« (S. 73) spricht, scheint er damit primär die empirische *Bedeutung* bzw. *Interpretation,* nicht direkt den (empirischen) Informationsgehalt von Theorien im Auge zu haben. Beides hängt zwar miteinander zusammen, deckt sich aber nicht, da Realitätsbezug natürlich noch keinen (empirischen oder nichtempirischen) Informationsgehalt garantiert (vgl. dazu Albert 1964, S. 22 und 30).

Im Gegensatz zu der insofern nicht ganz klaren Argumentation Bunges kann es keinen Zweifel darüber geben, daß es um jene ganz spezielle kognitive Qualität von Theorien geht, auf die Popper mit seinem empirischen Gehaltsbegriff und seinem damit zusammenhängenden berühmten Abgrenzungskriterium abstellt, wenn Lakatos schreibt: »... *exactly the most admired scientific theories simply fail to forbid any observable state of affairs«* (Lakatos 1970, S. 100; Hervorhebung im Original), d. h. sie widersprechen allein nie einem Popperschen »Basissatz« (a. a. O., S. 101). – Wenn das richtig ist, dann hat das erhebliche Konsequenzen für einige tragende Pfeiler der Popperschen Wissenschaftskonzeption, vom Abgrenzungskriterium bis zum Prüfmodell.

56 Neue Ansätze und Perspektiven für die semantische Informationstheorie hat vor allem Hintikka aufgezeigt; vgl. z. B. Hintikka 1968, 1970, 1970a und 1970b.

57 Vgl. Popper 1969, Kap. II und Neuer Anhang X.

58 Vgl. zu dieser Problematik Popper 1969, vor allem den Neuen Anhang X; Nagel 1961, Kap. 4.

59 Vgl. Goodman 1954. Eine detaillierte kritische Darstellung dieses ganzen Problemkomplexes auf der Höhe des aktuellen Standes der Diskussion findet sich in Stegmüller 1969a, Kap. V.

60 Zur Kohärenztheorie der Wahrheit vgl. die monographische Darstellung in Rescher 1973.

61 Instruktive monographische Expositionen der logischen Modelltheorie sind Robinson 1963 und Kleene 1967. Ihre Relevanz für die metatheoretische Analyse geht zum Beispiel aus Sneed 1971 hervor.

62 Zu Begriff und Funktion eines interpretativen Systems vgl. Hempel 1965, S. 130 ff. und 208 ff.

63 Vgl. Carnap 1952 und 1966, Teil V.

64 Vgl. dazu Schaffner 1969 sowie die Diskussion über Korrespondenzregeln in Hanson et al. 1970; zur späteren Auffassung Carnaps Carnap 1966, S. 232 ff.

65 Zu diesen drei Deutungsmöglichkeiten vgl. Nagel 1961, Kap. 5.

66 Vgl. Spinner 1969b, Sp. 1003 ff.

67 Vgl. Carnap 1939, S. 56ff.
68 Zur Kritik des Carnapschen Ansatzes vgl. Feyerabend 1955, im weiteren Zusammenhang auch Feyerabend 1972 und Przelecki 1969. Die umfassendste kritische Diskussion des Carnapschen Wissenschaftsprogramms liefert Stegmüller 1970, wobei im vorliegenden Zusammenhang insbesondere Kap. IV und V relevant sind.
69 Die radikalste Destruktion des empiristischen Wissenschaftsprogramms findet sich in den einschlägigen Veröffentlichungen Feyerabends; vgl. insbes. Feyerabend 1965a, 1970c, 1970d und 1974.
70 Zur derzeitigen, hinsichtlich seiner Leistungsfähigkeit merklich reduzierten Einschätzung dieses Interpretationsprogramms durch zwei seiner Hauptvertreter vgl. Feigl 1970 und Hempel 1970, im weiteren Zusammenhang auch Stegmüller 1970.
71 Vgl. die in Anm. 69 angegebene Literatur sowie Bohnen 1969.
72 Vgl. in diesem Zusammenhang auch die weiterführende Diskussion in Bunge 1969.
73 Zum »statement view« erfahrungswissenschaftlicher Theorien und seinen Alternativen vgl. die ausführliche, gegenüber dem »statement view« betont kritische Diskussion in Sneed 1971, insbes. die Ausführungen in Kap. I und II.
Nachtrag: Erst nach Abschluß des Manuskripts erschien Stegmüller 1973. Darin findet sich die eine ausführliche, stark Sneed-orientierte Diskussion der *Aussagenkonzeption* (»statement view«) wissenschaftlicher Theorien. Dieses sehr instruktive Buch ist auch für viele andere in der vorliegenden Arbeit angesprochene Probleme relevant, insbesondere die hier – zugegebenermaßen: ohne angemessene Detailanalyse – abgelehnten »nonstatement-views«.
74 Katalogartige Übersichten über die vielfältigen Deutungsmöglichkeiten (erfahrungs-)wissenschaftlicher Theorien finden sich in Feigl 1950 und Hanson 1961, Kap. V, insbes. S. 99ff.; vgl. ferner Wisdom 1971.
Zum vollen Verständnis von Hansons These der *Multifunktionalität und -interpretierbarkeit der nomologischen Komponenten wissenschaftlicher Theorien* sind zwei Hansonsche Ergänzungsthesen zu berücksichtigen: *Erstens* weist Hanson die übliche Einstellung gegenüber diesem prima facie verwirrenden Tatbestand als verfehlt zurück, nämlich »the belief that a law sentence can at a given time have but one type of use«. Nach Hanson schließen sich diese verschiedenen Möglichkeiten nicht aus, sondern ergänzen sich vielmehr aufgrund der »variety of uses to which law sentences can be put at any one time, indeed even in one experimental report«. Was üblicherweise als »Gesetz« oder »Gesetzesaussage« angesehen wird, ist also in Wirklichkeit »a family of statements, definitions and rules, all expressible via different uses« der Gesetzessätze (alle Zitate a.a.O., S. 98). Dazu kommt, *zweitens*, das bekannte Wittgensteinsche Postulat über den Zusammenhang von Gebrauch, Bedeutung und »Logik« von Sätzen – hier

also: von Gesetzesaussagen in wissenschaftlichen Theorien (vgl. a. a. O., S. 110) –, womit zugleich die Verbindung zwischen Multifunktionalität und Multiinterpretierbarkeit von Gesetzessätzen hergestellt ist.

75 Vgl. im folgenden Hanson 1961, Kap. V, Abschnitt B; ferner auch Stegmüller 1970, Kap. II, insbes. S. 114.

76 Schlick 1938, S. 57; ebenso S. 66.

In diesem Zusammenhang ist auch der unbeachtet gebliebene Vorschlag von Arne Naess erwähnenswert, die generalisierenden Sätze einer Wissenschaft – genauer: einmal die sogenannten »sprungweisen« (im Gegensatz zu den »schrittweisen«) Verallgemeinerungen von »Versuchsberichten«, zum anderen bestimmte Aussagen oder vielmehr Quasiaussagen, die »in antizipierendem Stil als Theorien formuliert sind« (S. 202) und im Rahmen des modernen Stufenmodells der Erkenntnis (siehe Haupttext, Zweiter Teil, A II 2) auf dem »theoretischen« Abstraktions- und Generalisierungsniveau anzusiedeln wären – weder als nomologische Hypothesen (wie im Popperschen Fallibilismus) noch als induktive Generalisierungen (wie im traditionellen Induktivismus und im damals vorherrschenden Carnap-Neurathschen Physikalismus), sondern als *Forschungsprogramme* anzusehen (Naess 1937/38). Der begrenzte Geltungsanspruch dieser Deutungshypothese für die betont »theoretischen« nomologischen Komponenten wissenschaftlicher Theorien (denn darauf läuft Naess' interessanter Vorschlag hinaus) wird von Naess selbst herausgestellt, wenn er neuerdings in Erinnerung an seinen zu Unrecht vergessenen »programmatischen« Deutungsansatz schreibt: »After all, there are *possibilities* of understanding wider than what can be stated as research programmes!« (Naess 1972, S. 137; Hervorhebung im Original).

77 Ryle 1963, S. 117.

78 Zur Reduktion der genannten Deutungsmöglichkeiten auf die radikale Deutungsalternative »Festsetzungen-versus-Feststellungen (Tatsachenbehauptungen)« vgl. Stegmüller 1970, Kap. II, insbes. S. 114 und 118. Stegmüller betont, daß diese Alternativfrage *»überhaupt nicht eindeutig entscheidbar«* (a. a. O., S. 118; Hervorhebung im Original) sei. Das entspricht natürlich voll der bereits (in Anm. 74) erwähnten Auffassung von N. R. Hanson (der in Stegmüllers Buch nicht erwähnt wird, obwohl dessen Katalog der Deutungsmöglichkeiten der Newtonschen Axiome auf S. 114 wie eine freie Übersetzung des sehr analogen Katalogs in Hanson 1961, S. 99 f. anmutet und auch manches andere in diesem Kapitel an Hansons Standpunkt erinnert).

79 Zum Deskriptivismus des 19. Jahrhunderts vgl. zum Beispiel die sehr klaren, programmatischen Ausführungen in der Vorrede des Autors zu Kirchhoff 1874 I. Aber der klassische Deskriptivismus ist auch heute noch nicht tot, wie Skinners berühmte Abhandlung »Are Theories of Learning Necessary?« (1950; abgedruckt in Skinner 1961, S. 39 ff.) zeigt. Zur neuesten Entwicklung der erwähnten modernen Enttheoretisierungspro-

gramme vgl. Hempel 1965, S. 173 ff., Sneed 1971 sowie Stegmüller 1970 (Nachtrag: und Stegmüllers neuestes, in Anm. 73 genanntes Buch).

80 Zur Renaissance des Konventionalismus in der modernen Wissenschaftstheorie, speziell im Gefolge Poppers, vgl. Lakatos 1970 und Agassi 1974.

81 Zum instrumentalistischen Ansatz und speziell zur modernen Instrumentalismus-versus-Realismus-Debatte vgl. Alexander 1958; Feyerabend 1964; Morgenbesser 1969; Nagel 1961, Kap. 4; Popper 1963, Kap. 3 und 6.

82 Zur allgemeinen Problematik des *translucid-box* versus *blackbox approach* im Falle transempirischer Theoriekomponenten oder Theorien vgl. Bunge 1964a.

Die traditionelle Wissenschaftssoziologie hat unter dem Einfluß des *Merton*schen Funktionalismus gleich das *ganze* kognitive System der Wissenschaft zu einer »black box« – innerhalb der »translucid box« des sozialen Systems der Wissenschaft – gemacht (zur Kritik vgl. Whitley 1972 und Klima 1974), während es die Wissenschaftstheorie im Rahmen ihres internalistischen Erklärungsprogramms üblicherweise genau umgekehrt macht. Aber das ist ein anderes Kapitel der Metawissenschaft, auf das hier nicht weiter eingegangen werden kann (vgl. Spinner 1974a).

83 Die Tautologisierung der »reinen Gesetze« durch schrankenlose Exhaustion ist im Dinglerschen Exhaustionismus kein unerwünschter erkenntnistheoretischer Nebeneffekt, sondern das erklärte Ziel der von ihm geförderten »certistischen Tendenz«. Nach Dingler führt diese »Tendenz der Wissenschaft von rein empirischen Beobachtungen zu absolut gültigen Aussagen, die logisch tautologischer Natur« (Dingler 1955, S. 115) und »in ihrer Geltung völlig und restlos unabhängig von jeder Empirie, von jeder Beobachtung oder Messung« (a. a. O., S. 91) sind. Damit wären diese Aussagen gegenüber der Wirklichkeit, auf die sie sich beziehen (denn Tautologisierung schließt Realitätsbezug nicht aus; siehe Albert 1964, S. 22), jedenfalls geltungsmäßig entproblematisiert und neutralisiert. Zur Kritik dieser Dinglerschen Wissenschaftskonzeption vgl. auch Albert 1968, S. 31 ff.

84 Man kann sinnvollerweise zwar *entweder* die Gesetzesaussagen (wie der klassische Konventionalismus Duhem-Poincaréscher Prägung) *oder* die Prüfsätze (wie in Popper 1969, S. 71, meines Erachtens aufgrund einer Fehlinterpretation der eigenen Position behauptet, aber keineswegs konsequent durchgehalten wird) als Konventionen interpretieren, aber nicht beide Instanzen gleichzeitig, ohne den Erkenntnischarakter der Wissenschaft zu zerstören (obwohl Neurath mit seiner zuweilen bis zur Absurdität getriebenen Konsequenz dieser Selbstmordstrategie der Wissenschaft manchmal recht nahe gekommen ist). Dasselbe gilt grundsätzlich auch für die anderen Varianten des Neutralisierungsprogramms. Man kann *Teile* des Erkenntnissystems geltungsmäßig neutralisieren, aber nicht das Ganze! Was für das Eliminierungsprogramm offensichtlich ist, gilt auch für das Neutralisierungsprogramm: beide sind *nicht universalierungsfähig*, d. h.

nicht gleichzeitig auf das Ganze der Erkenntnis anwendbar.

85 Zu Poppers hyperrealistischer Theorie der »dritten Welt«, vgl. Popper 1972, Kap. 3, 4 und 8. Die Poppersche Konzeption der »dritten Welt« ist ein auf die Spitze getriebener, ontologisch verschanzter metawissenschaftlicher Internalismus, der mit seinem eigenen (fallibilistischen) Erkenntnisprogramm meines Erachtens nicht vereinbar ist; zur Kritik vgl. Spinner 1974a.

86 Darauf wird für den Instrumentalismus mit Recht hingewiesen in Suppes 1967, S. 64ff.

87 Das Hempel-Oppenheimsche oder kurz *D*(eduktiv)-*N*(omologische)-Erklärungsmodell ist in Popper 1935 (Kap. III, Abschnitt 12) dem Grundgedanken nach antizipiert und von Hempel und Oppenheim im Detail ausgearbeitet worden (vgl. Hempel 1965, Teil IV sowie die umfassendste Exposition in Stegmüller 1969a). – Zur Kritik speziell der Popperschen Theorie der Erklärung vgl. Agassi 1974a, Abschn. V und VI.

88 Ein (meines Erachtens allerdings untaugliches) Prüfmodell für metatheoretische Festsetzungen wird in Lakatos 1971 vorgeschlagen. – Die beiden interessantesten Neuansätze zur Lösung dieses Problems sind meiner Meinung nach Alberts Theorie der *Brückenprinzipien* (vgl. Albert 1968, S. 76ff.; 1971, S. 116ff.) und Feyerabends Theorie der *kosmologischen Kritik* methodologischer Regeln (vgl. Feyerabend 1972a, S. 153ff. und 1974a).

89 Zur expliziten Auffassung der Mathematik als »Experiment des reinen Denkens« vgl. Wittenberg 1957. Noch klarer wird der quasiexperimentelle Prüfcharakter zu Lasten des üblicherweise betonten Beweischarakters mathematischer Argumente in Lakatos 1963/64 herausgearbeitet.

90 Aus der reichhaltigen Literatur über Gedankenexperimente vgl. zum Beispiel Mach 1926, S. 183ff., und Kuhn 1964.

91 Vgl. Spinner 1969b, Sp. 1007f.

92 Eine detaillierte Analyse solcher Vorentscheidungen hat Lakatos für den speziellen Fall des Popperschen Falsifikationismus geliefert; vgl. Lakatos 1970, S. 106ff.

93 Vgl. Frey 1969, S. 112ff.

94 Dingler 1955, S. 118. Vgl. dazu auch das in Anm. 83 bereits Gesagte. Es ist meines Erachtens jedoch nicht richtig, im Exhaustionismus lediglich eine Dogmatisierungsstrategie zu sehen. Auch Exhaustion *kann* unter bestimmten Umständen Prüfungscharakter haben, wenn auch nicht – und das ist der entscheidende Punkt – im Hinblick auf die zur bedingungslosen Exhaustion bestimmten Teile des Erkenntnissystems. Der Exhaustionsfall wird zum Prüffall, wo der Exhaustionsversuch an seine Schranken stößt. Exhaustion ist eine Methode zur Prüfung von Theorien, sofern sie als ein Anwendungs*versuch* verstanden wird, für den die Möglichkeit des Scheiterns einkalkuliert ist und dessen eventuelles Scheitern der Theorie geltungsmäßig irgendwie angelastet wird. Das ist bei Dingler selbst allerdings nicht der Fall (siehe unten Anm. 95).

95 Siehe oben Anm. 83.
Dingler selbst versteht den Exhaustionismus als eine Methode, die angesichts der Aufgabe, »zur vollen Tautologie zu gelangen«, einfach »niemals versagen kann«, jedenfalls nicht »im Prinzipiellen« (Dingler 1955, S. 117). Bei diesem schrankenlosen Gebrauch der Exhaustionsmethode wird allerdings nicht das Gesetz, sondern bestenfalls *»die Genauigkeit der Realisierung«* a.a.O., S. 92; Hervorhebung im Original) empirisch geprüft.
96 Zum Nachweis des hier behaupteten Zusammenhangs zwischen dem Rechtfertigungsmodell der Erkenntnis und dem theoretischen Monismus einerseits und dem fallibilistischen Erkenntnismodell und dem theoretischen Pluralismus andererseits vgl. Spinner 1971 und 1971a.
97 Zur Kritik des Begründungsprogramms im allgemeinen sowie des epistemologischen Fundamentalismus vgl. die ausführlichen, Popper-orientierten Darstellungen in Albert 1968 (insbes. Kap. I) und Spinner 1970; zur Kritik des Induktivismus vgl. Poppers neueste, seine frühere Kritik zusammenfassende Darstellung in Popper 1972, Kap. I.
98 Vgl. Carnap 1962, S. 572 ff. – Zu dieser von Lakatos mit Recht als »degenerative Problemverschiebung« kritisierten neueren Entwicklung des Konfirmationsprogramms der induktiven Logik sei auf die ausgezeichnete Rekonstruktion der Problemgeschichte durch diesen Autor in Lakatos 1968 verwiesen.
99 Vgl. dazu Lakatos 1968, S. 330 ff. et passim. Eine kritische, im Ergebnis negative Prüfung der angeblichen Beweise für die Poppersche Nullwahrscheinlichkeitsthese findet sich in Howson 1973. Abschließend (S. 163) betont Howson mit Recht, daß Lakatos' Charakterisierung der neuesten Entwicklung des Carnapschen Programms als ein Fall eindeutiger Problemdegeneration von keinem der problematischen, angeblich logisch stringenten Popperschen Argumente abhängt.
100 Zum Dinglerschen Exhaustionismus vgl. aus dem Füllhorn der eigenen Schriften Dinglers (die grundsätzlich alle gleichermaßen relevant sind, da in allen grundsätzlich dasselbe gesagt wird) zum Beispiel Dingler 1923 (S. 37 ff. und 322 ff.) sowie 1955, passim; ferner May 1949, und Holzkamp 1968, S. 137 ff., 163 ff. et passim. Trotz unermüdlicher, fast monomanischer Wiederholung seiner Ideen, auch bezüglich der Exhaustion, ist es Dingler nie gelungen, die Logik seines Exhaustionismus auch nur im entferntesten so auszuarbeiten, wie es zum Beispiel Popper für seinen Falsifikationismus getan hat. In dieser Hinsicht haben auch die Arbeiten seiner Anhänger (aus dem Erlanger Kreis um Lorenzen) nicht nennenswert weitergeführt. Der einzige ernsthafte Versuch zur Weiterentwicklung des Dinglerschen Exhaustionismus findet sich in dem bereits genannten Buch Holzkamps, dessen im Ansatz interessantestes, aber in der Ausführung vorzeitig abgebrochenes Wissenschaftsprogramm auf einer originellen Kombination Dinglerscher und Popperscher Prinzipien beruht.
Auf die implizite (d. h. von diesen Autoren nicht erkannte oder verschwie-

gene) Wiederbelebung des Dinglerschen Exhaustionismus in der Kuhnschen Konzeption der »Normalwissenschaft« sowie in Lakatos' »Methodologie wissenschaftlicher Forschungsprogramme« habe ich bereits an anderer Stelle kurz hingewiesen; vgl. Spinner 1973, S. 82, speziell zu Kuhn auch Albert 1968, S. 33.

101 Wie sie etwa, als Ergebnis einer etwas diffusen Mischung Dinglerscher und Popperscher Ideen, in Holzkamp 1968 propagiert wird (siehe dazu auch die vorangehende Anmerkung).

102 Zum Dinglerschen »Herstellungsstandpunkt« mit seiner strategischen Kombination der Methoden von Exhaustion und Realisation vgl. zusätzlich zur bereits genannten Literatur Dingler 1949, S. 45 ff.

103 Vgl. Spinner 1971, Teil IV, insbes. S. 34.

104 Das ist ein wichtiger Punkt, der von Kritikern der Dinglerschen Konzeption meist übersehen wird. In dieser Hinsicht scheint mir auch die ansonsten stichhaltige Dingler-Kritik durch Vertreter des Popperschen kritischen Rationalismus (vgl. Albert 1968, S. 31 ff., vor allem aber Münch-Schmid 1973) die methodische Problemsituation nicht genügend zu differenzieren.

105 Das Symmetrie/Asymmetrie-Problem der *Entscheidbarkeit* ist vom Symmetrie/Asymmetrie-Problem der *Prüfung* selbst, mit dem es häufig konfundiert wird, streng zu unterscheiden. Ersteres bezieht sich auf die Möglichkeit eines symmetrischen (d. h. sowohl positiven als auch negativen) oder asymmetrischen (d. h. nur einseitigen, entweder positiven oder negativen) Entscheids des erkenntnistheoretischen Wahrheitsproblems, letzteres auf die Frage, ob das Prüfungsverhältnis (zum Beispiel zwischen »Theorie« und »Erfahrung«) symmetrische (wechselseitige) oder asymmetrische (einseitige) Geltungsabhängigkeiten einschließt. Der Einfachheit halber möchte ich im ersten Fall von der *epistemologischen*, im zweiten Fall von der *methodologischen* Symmetrie/Asymmetrie-Problematik und dementsprechend von epistemologischen und methodologischen Symmetrie- oder Asymmetriethesen sprechen.

So ist zum Beispiel das Poppersche Falsifikationsmodell in beider Hinsicht asymmetrisch. Es ist asymmetrisch in der grundsätzlichen erkenntnistheoretischen Entscheidungsfrage, weil es – bestenfalls – nur einen negativen Entscheid der Wahrheitsfrage (durch Falsifikation) vorsieht. Es ist darüber hinaus auch asymmetrisch bezüglich der Prüfung selbst, weil es (jedenfalls ursprünglich, in Popper 1935) von einem einseitigen Prüfverhältnis zwischen »Theorie« und »Erfahrung« ausgeht, das auf die empirische Prüfung der Theorie, nicht aber auf die theoretische Prüfung der Empirie angelegt ist. Wie in allen empirischen Prüfmodellen wird auch im Popperschen Falsifikationsmodell Theorie durch Erfahrung, nicht aber Erfahrung durch Theorie korrigiert. Dagegen ist das Feyerabendsche fallibilistisch-pluralistische Prüfmodell zwar auch epistemologisch asymmetrisch, aber methodologisch symmetrisch, weil es im Gegensatz zum ursprünglichen Popperschen Falsifikationsmodell das Prüfverhältnis zwischen Theorie und Erfahrung als Beziehung *wechselseitiger* Kritik und Korrektur auffaßt (vgl. zum Beispiel Feyerabend 1970c, S. 71 über die »symmetry between observation and theory« sowie S. 26ff. über die Theorie der »counterinduction«).

Später hat Popper selbst die Unhaltbarkeit der methodologischen Asymmetriethese hervorgehoben, ohne daß er sich allerdings genötigt gesehen hat, daraus die Konsequenzen für sein Prüfmodell sowie seine Theorie der Erklärung zu ziehen. Das war dann Feyerabends Werk – bahnbrechend in Feyerabend 1962 –, der Poppers monotheoretisches Falsifikationsmodell zu einem pluralistischen Prüfmodell erweiterte und sein Erklärungsmodell in einem wesentlichen Punkte korrigierte. In einer »bibliographical note« in Popper 1972, S. 204f., werden die Verdienste an dieser Entwicklung recht eigenwillig verteilt; vgl. dazu die meines Erachtens berechtigte Kritik in Agassi 1974a, Abschnitt IV.

106 Das Poppersche (epistemologische; siehe oben Anm. 105) Asymmetrieprinzip der Entscheidbarkeit wird sowohl von seinen Kritikern (zum Beispiel Juhos 1966 und 1970) als auch von seinen Verteidigern (zum Beispiel Schmid 1972) meist mißverstanden, nämlich *zu extensiv* (so von Juhos: als ob es sich um eine voraussetzungslos und schlechthin unbedingt geltende, überdies certistisch zu verstehende Asymmetrie der Entscheidbarkeit handelte, während es für Popper in Wirklichkeit um die »relative«, d. h. bedingte Asymmetrie von Verifikation und Falsifikation in bezug auf akzeptierte Basissätze, eine bestimmte Interpretation der Gesetzesaussagen als streng allgemeine Propositionen sowie den Kanon der deduktiven Logik geht) oder *zu restriktiv* interpretiert wird (wie von Schmid: als ob »alleine über die Asymmetrie von *Verifizierbarkeit* und *Falsifizierbarkeit*« etwas gesagt sein sollte, »während sich *Falsifikation* und *Verifikation* als Überprüfungsverfahren in der Tat in dem von Juhos angeführten Sinne als ›symmetrisch‹ zueinander verhalten mögen« – a. a. O., S. 87; Hervorhebungen im Original –, womit die Pointe der Popperschen Asymmetriethese für die Theorie des Erkenntnisfortschritts zerstört und genau das verfehlt wird, worauf es Popper im Endergebnis ankommt).

107 Zu Begriff und Funktion des »background knowledge« vgl. Popper 1963, S. 238ff.

108 Diese meines Erachtens entscheidende Differenz zwischen monotheoretischen und echt pluralistischen Prüfmodellen wird ausführlich diskutiert sowie die Entwicklung dazu rekonstruiert in Spinner 1974b, Teil A, Kap. II.

109 Zur Charakterisierung des Popperschen Prüfmodells als monotheoretisch vgl. Lakatos 1970, S. 129.

Der ideengeschichtliche Zusammenhang zwischen dem *Popperschen Kritizismus* – wobei zusätzlich zwischen dessen Ausgangsversion, dem methodologischen Falsifikationismus (in Popper 1935), dessen erweiterter, zur

vollen Reife entwickelten Form, dem fallibilistischen Erkenntnismodell (hauptsächlich in Popper 1963), sowie dessen zum fallibilistischen Dogmatismus erstarrter Regressionsform (in Popper 1972) zu unterscheiden wäre – und dem *Feyerabendschen Pluralismus* wird meines Erachtens in der Literatur nirgends richtig dargestellt. Dies gilt in ganz besonderem Maße für die beiden Hauptbeteiligten, die in dieser Hinsicht eine erstaunliche Verdrängungsleistung vollbracht haben und die wirklichen Zusammenhänge entweder völlig verschweigen oder, schlimmer noch, verschleiern (wobei zugunsten von Feyerabend gesagt werden muß, daß es für ihn immerhin eine Zeit gegeben hat, wo er dies noch nicht getan hat, zum Beispiel in Feyerabend 1962, S. 31f., sowie 1965a, S. 153).
In dem angesichts der neuesten Entwicklung *beider* Standpunkte nicht unverständlichen, aber nichtsdestoweniger überzogenen Versuch, den kritischen Rationalismus aus seiner Pluralismuskonzeption zu eliminieren (vgl. zum Beispiel Feyerabend 1970c, insbesondere Abschnitt 12 und 13), amputiert Feyerabend seinem Erkenntnisprogramm, wenn nicht die erkenntnistheoretische Grundlage, so doch zumindest den historischen *und* systematischen Ausgangspunkt zugunsten des von ihm neuerdings propagierten epistemologischen Anarchismus weg. Umgekehrt »übersieht« Popper in seinem grotesken Versuch, im nachhinein auch noch den theoretischen Pluralismus für sich zu vereinnahmen (und möglichst schon in Popper 1935 zurückzuverlegen, damit der Originalitätsvorsprung auch ja den Popper allein angemessenen Generationenabstand erreicht), hartnäckig die historische Tatsache, daß er den entscheidenden Übergangsschritt vom Fallibilismus zum Pluralismus eben nicht selbst gemacht und im Grunde auch *bis heute nicht* nachvollzogen hat, wobei in diesem Zusammenhang gleichgültig ist, ob dieser Schritt wirklich erstmals von Feyerabend (wie ich meine) oder von einem anderen gemacht worden ist. »Grotesk« nenne ich Poppers Reklamation auf den theoretischen Pluralismus Feyerabendscher Prägung unter anderem angesichts der Tatsache, daß er *heute noch* dem pluralistischen Wissenschaftsprogramm nicht mehr abzugewinnen vermag, als sein – Poppers! – pluralistisches Allerweltsprinzip in Popper 1972, S. 294, zum Ausdruck bringt: »We must beware of solving, or dissolving, factual problems linguistically; that is, by the all too simple method of refusing to talk about them. On the contrary, we must be pluralists, at least to start with: we should emphasize the difficulties, even if they look insoluble ...«.
Bezeichnenderweise wird der Pluralismus von Popper weniger mit seinem erkenntnistheoretischen Fallibilismus als mit seinem *metaphysischen Realismus* in engste Verbindung gebracht – als ob der Pluralismus primär eine *ontologische* Doktrin wäre (vgl. zum Beispiel Popper 1972, S. 295, wo Idealismus, Phenomenalismus und Positivismus als Formen des »Anti-Pluralismus« bezeichnet werden; ferner S. 301, wo Popper von der »plurality of what there is in this world« spricht). So gelingt es Popper, von »theoretischem Pluralismus« zu sprechen, ohne in diesem Zusammenhang auch

nur ein einziges Mal Feyerabend zu erwähnen (siehe Stichwort »pluralism, theoretical« in Popper 1972, S. 376 und die dazu gehörenden Stellen im Haupttext, wo von »Pluralismus« expressis verbis oder wenigstens der Sache nach meist gar nichts steht).

Der Zusammenhang zwischen Popperschem Fallibilismus und Feyerabendschem Pluralismus läßt sich anhand der Problemgeschichte »vom monotheoretischen Falsifikationsmodell zum pluralistischen Prüfmodell« rekonstruieren. Ich nenne hier in aller Kürze nur die wichtigsten Punkte (ausführlicher in Spinner 1974b, Teil A, Kap. II):

(1) Gemeinsam ist – oder *war* jedenfalls einmal – der Ausgangspunkt: das *fallibilistische Syndrom* (wie ich zusammenfassend, ohne weitere Erläuterung, die ganze Problemsituation nennen möchte, zu der die Kritik des Rechtfertigungsmodells der Erkenntnis, die Entwicklung der fallibilistischen Alternative, die »negative« Theorie des Lernens sowie des wissenschaftlichen Erkenntnisfortschritts und einige andere Lehrstücke aus dem Katechismus des kritischen Rationalismus gehören).

(2) Aus (1) ergibt sich fast zwangsläufig auch die Übereinstimmung in der methodologischen Zielsetzung, ausgedrückt durch die Forderung nach *Maximierung der Kritik* (vgl. Bartley 1962, S. 140: »maximum criticism«; Feyerabend 1965, S. 223, mit ausdrücklicher Berufung auf Popper 1963: »maximum testability of our knowledge«, ferner S. 245: »the strongest possible criticism«).

Der Schluß von (1) auf (2) ist, nebenbei bemerkt, keineswegs so selbstverständlich und unproblematisch, wie er von Popperianern angesehen zu werden pflegt. Daß unter der Voraussetzung, Kritik sei gut, ein Maximum an Kritik unter allen Umständen besser sein und den anzustrebenden Optimalzustand repräsentieren müsse, ist ein unstrenger Plausibilitätsschluß, dessen Richtigkeit im konkreten Fall erst nachzuweisen wäre, zumal er in vielen Vergleichsfällen – keineswegs nur im Falle von Bier, Plumpudding, Bismarckheringen und Frauen (für weibliche Leser, die es hoffentlich auch geben wird: Männer) – offensichtlich falsch ist.

(3) Gemeinsam *war* beiden Konzeptionen zunächst auch noch die eindeutige, durchaus einseitige Abhebung auf die *Empirie* als *der* letztlich entscheidenden (nichtformalen) Prüfinstanz. Man könnte das *die fallibilistische Version des empiristischen Vorurteils* nennen. Für Popper wie für Feyerabend kam es vor allem auf den *empirischen* Gehalt der Theorien, auf deren *empirische* Prüfbarkeit und Prüfung (»Scheitern an den Tatsachen«!) und folglich auch auf die Maximierung der *empirischen* Kritik an.

So wird Neurath in Popper 1935, Abschnitt 26 (Popper 1969, S. 63) beschuldigt, »ohne es zu wollen, den Empirismus über Bord« zu werfen, weil er an der empirischen Auszeichnung der Wissenschaft Popper untragbar erscheinende Abstriche vornimmt. Und so pflegte auch Feyerabend bis vor kurzem seine Pluralismuskonzeption als *»an essential part of the empirical method«* (Feyerabend 1965a, S. 176; Hervorhebung im Original), d. h. als *verbesserten Empirismus* zu präsentieren, die nicht gegen den Empirismus schlechthin, sondern nur gegen dessen unhaltbare traditionelle Versionen gerichtet ist (vgl. Feyerabends Kritik des »radical empiricism«, a. a. O., S. 148 f. et passim). Dieses empiristische Vorurteil ist inzwischen von beiden Autoren auf die für sie mittlerweile typisch gewordene Art korrigiert worden: von Popper auf seine mindestens bis Popper 1935 rückwirkende Art, von Feyerabend auf seine radikale Art, die ihn dazu zu führen pflegt, einen Irrtum durch dessen Verkehrung ins Gegenteil zu »korrigieren«.

(4) Der Übergang vom monotheoretischen Falsifikationsmodell zu einem echt pluralistischen Prüfmodell wird durch die Einsicht markiert, daß sich das geforderte Kritikmaximum nur mit Hilfe von *Alternativtheorien* verwirklichen läßt – wobei Feyerabends originellste Pointe in seiner These liegt, daß dies sogar für die *empirische* Kritik uneingeschränkt gilt, weil es *erstens* (erfahrungs-)wissenschaftliche *Theorien* gibt, die sich grundsätzlich nur durch (Alternativ-)Theorien widerlegen lassen; und weil es zweitens auch *Tatsachen* gibt, die relevante kritische Instanzen, ja unter Umständen sogar die einzigen Falsifikationsmöglichkeiten für bestimmte Theorien sind, sich aber ebenso grundsätzlich nur mit Hilfe von (Alternativ-)Theorien entdecken lassen. Daraus ergibt sich für Feyerabend der Schluß, daß *»the best criticism is provided by those theories which can replace the rivals they have removed«* (Feyerabend 1965, S. 227; Hervorhebung im Original) – also gerade *nicht* durch Poppers »falsifizierende Hypothesen«, die ja »von niedriger«, ja sogar »sehr niedriger Allgemeinheitsstufe« sein können und keineswegs, wie echte Theorien, streng allgemein sein müssen (Popper 1969, S. 54), also eindeutig keine Alternativtheorien sind.

Es ist nun meine Behauptung über den Problemzusammenhang zwischen Fallibilismus und Pluralismus, daß Popper den entscheidenden vierten Schritt zum Pluralismus für sein Prüfmodell, und erst recht für seine Wissenschaftskonzeption als Ganzes, *nie vollzogen hat* – streng genommen nicht einmal verbal, obwohl er sich in dieser Hinsicht *ad hoc* inzwischen etwas adaptiert hat.

Wenn diese Rekonstruktion der historischen und systematischen Problemsituation richtig ist, dann muß man den Popperschen Fallibilismus als einen *potentiellen* Pluralismus ansehen, d. h. als ein Erkenntnismodell, das – im Gegensatz zum traditionellen Rechtfertigungsmodell insbesondere fundamentalistischer Ausprägung (vgl. Spinner 1968, 1970, 1971 und 1971a) – Pluralismus *ermöglicht*, aber *selbst noch nicht verwirklicht*. Der Fallibilismus läßt den Pluralismus als erkenntnistheoretisch möglich, aber noch nicht als *notwendig* (zur Erreichung seines Erkenntnisziels) erscheinen. Die Wünschbarkeit und Notwendigkeit des Pluralismus ergibt sich erst aus dem vierten, dem Feyerabendschen Schritt, dessen Bedeutung von Popper und den meisten seiner Schüler bis heute nicht angemessen gewürdigt worden ist.

Daß der potentielle Pluralismus des Popperschen Fallibilismus von einer verwirklichten, konsequent durchgehaltenen Pluralismuskonzeption für Erkenntnis und Wissenschaft noch weit entfernt ist; daß deren volle Verwirklichung *zusätzlicher* Einsichten, Argumente und Problemlösungen bedarf – die wiederum Konsequenzen für den fallibilistischen Ausgangspunkt haben können –, wird in den Expositionen des kritischen Rationalismus meist übersehen oder doch zumindest verwischt (so auch noch in meinen eigenen oben genannten Veröffentlichungen bis einschließlich Spinner 1971).

110 Popper 1969, S. 76, Hervorhebung im Original. Es handelt sich um eine der unzähligen, pedantisch datierten (hier: 1968) nachträglichen Textergänzungen Poppers. Konsequenzen aus dem »Schwanken« der empirischen Basis werden nicht gezogen; im Gegenteil: es wird der Eindruck erweckt, als ob diese Konsequenzen von Anfang an schon in Popper 1935 berücksichtigt worden seien. Das erscheint allerdings fraglich angesichts der Tatsache, daß in diesem Buch – bis heute unrevidiert! – Falsifikationen »im allgemeinen ... als endgültig« bezeichnet werden, was »in eigentümlicher Weise zum Annäherungscharakter der Wissenschaftsentwicklung« beitrage (Popper 1969, S. 214, und in Schmid 1968 übersehen: siehe oben Anm. 106; vgl. dazu auch Popper 1969, S. 16, wo der Einwand der Nichtendgültigkeit von Falsifikationen zwar ausdrücklich als »logisch zulässig« anerkannt, aber trotzdem durch einen antikonventionalistischen Beschluß zurückgewiesen wird).

111 Vgl. Popper 1963, S. 238 ff., insbes. S. 243. – Daß hier ein offenes Problem des Falsifikationismus liegt, das von Popper jedenfalls in der »Logik der Forschung« noch nicht befriedigend gelöst worden ist, ist von Neurath mit Recht und ausgezeichneten Argumenten in seinem bemerkenswerten, von Popper hartnäckig ignorierten Rezensionsaufsatz zu Popper 1935 herausgestellt worden (vgl. Neurath 1935). Von einigen bagatellisierenden Randbemerkungen Lakatos' abgesehen, ist der Neurathsche Vorwurf des »Pseudorationalismus« vom kritischen Rationalismus bis heute nicht zur Kenntnis genommen und unter diesen Umständen natürlich auch nicht überzeugend zurückgewiesen worden.

112 Zum Begriff des entscheidenden Experiments und seiner Funktion im Falsifikationsmodell vgl. Popper 1969, S. 47, 54, 185 ff. et passim; kritisch dazu sowie zur neuen Einschätzung der Entscheidungswirkung dieser sogenannten entscheidenden Experimente im Rahmen pluralistischer Prüfmodelle Feyerabend 1965a, S. 216 f. und 1970a, S. 226; vor allem aber Lakatos 1970, S. 154 ff. und 1973/74, der mit dem Ende der »instant rationality« auch das Ende des berühmten *experimentum crucis* traditionellen Stils – mit sofortigem Totschlageffekt für die unterlegene Theorie – gekommen sieht.

113 Vgl. insbes. Feyerabend 1965a, 1970, 1970c, 1970d und 1974.

114 Zu Neuraths diesbezüglicher Popper-Kritik siehe oben Anm. 111.

115 Zur neueren Diskussion der *Duhem-Quine-These* vgl. Popper 1963,

S. 238 ff.; Grünbaum 1969; Hesse 1970; Lakatos 1970, S. 184 ff.; Agassi 1973 (Nachtrag: sowie Stegmüllers in Anm. 73 genanntes neues Buch, S. 266 ff.), ferner auch Neurath 1935 und Spinner 1970, S. 153 ff.

116 Die beiden »klassischen« Quellen zur Inkommensurabilitätsthese sind Feyerabend 1962 und Kuhn 1962. Während Feyerabend in seinen späteren Beiträgen die Inkommensurabilitätsthese eher noch verschärft hat, tendiert Kuhn mehr zu einer abschwächenden Deutung; vgl. Feyerabend 1970c, insbes. Abschnitt 13; Feyerabend 1970a, S. 219 ff.; Kuhn 1970a, S. 267 ff. Inzwischen gibt es eine bereits recht umfangreiche kritische Literatur zur Inkommensurabilitätsthese; vgl. zum Beispiel Giedymin 1971 (Nachtrag: oder Stegmüllers in Anm. 73 genanntes Buch, S. 300 ff.).

Meines Erachtens läßt sich die ganze Pluralismuskonzeption auch ohne Rückgriff auf die Feyerabend-Kuhnsche Inkommensurabilitätsdoktrin entwickeln, ohne daß ihr etwas Wesentliches – mit Ausnahme dieser These selbst, sofern man sie in diesem Zusammenhang für wesentlich hält – fehlt. So wird es zum Beispiel ansatzweise in Spinner 1971a versucht. Eine überzogene Inkommensurabilitätsthese, die aus den verschiedenen Theorien fensterlose Monaden macht, wäre sogar geeignet, den angestrebten Pluralismus aufzuheben (vgl. Spinner 1971a, Teil V, Abschnitt 34). Bemerkenswert ist in diesem Zusammenhang, daß Feyerabend selbst in Feyerabend 1972a eine Darstellung seiner neuesten Position gegeben hat, die von der Inkommensurabilitätsthese keinen wesentlichen Gebrauch mehr macht.

Die Radikalisierung der Inkommensurabilitätsthese bei Feyerabend scheint für diesen Autor eine doppelte Funktion zu haben: eine positive Funktion zugunsten des von ihm neuerdings propagierten epistemologischen Anarchismus, und eine negative Funktion zu Lasten des bekämpften Popperschen kritischen Rationalismus, gegen dessen Rationalitätskonzeption sie von Feyerabend frontal eingesetzt wird (zum Beispiel in Feyerabend 1970c). Aber ein konsequenter fallibilistischer Pluralist braucht auch in diesem Zusammenhang nicht auf die Inkommensurabilitätsthese zurückzugreifen, jedenfalls nicht auf deren radikale, extrem überzogene Versionen. Die Rationalitätsdoktrin des kritischen Rationalismus scheint auch mir völlig unhaltbar zu sein, aber der Nachweis ihrer Untauglichkeit läßt sich meines Erachtens auch ohne Berufung auf Inkommensurabilitätsthesen führen (vgl. meine Kritik hier S. 204 ff.). Und für die Grundlegung des epistemologischen Anarchismus braucht der konsequente Pluralist die Inkommensurabilitätsdoktrin auch nicht, weil ihm dieser Anarchismus für seinen Pluralismus schlicht entbehrlich erscheint. Der epistemologische Fallibilismus ist zwar nicht die einzig mögliche, aber meines Erachtens die *stärkstmögliche* erkenntnistheoretische Grundlage für den theoretischen Pluralismus. Gerade in dieser Funktion als erkenntnistheoretische Grundlage – als Erkenntnismodell, aus dem eine Wissenschaftskonzeption zu entwickeln ist – erweist sich der Poppersche epistemologische Fallibilismus sowohl dem Feyerabendschen epistemologischen Anarchismus als auch

Naess' epistemologischem Possibilismus als überlegen. Man *kann* den theoretischen Pluralismus (wie neuerdings Feyerabend) aus dem Anarchismus oder (wie Naess) aus dem Possibilismus entwickeln, aber warum sollte man diese erkenntnistheoretisch vergleichsweise *schwachen* Grundlagen wählen, wenn man den Fallibilismus zur Verfügung hat? Die Weiterentwicklung des fallibilistischen Erkenntnismodells zu einer konsequenten pluralistischen Wissenschaftskonzeption käme dem Pluralismus *und* dem Fallibilismus zugute, weil sie vom fallibilistischen Ansatz einen weit besseren Gebrauch macht als der kritische Rationalismus, der ihm lediglich eine unhaltbare Rationalitätsideologie überstülpt. *Der theoretische Pluralismus ist der bessere Fallibilismus als der kritische Rationalismus.*

117 Zum Feyerabendschen Begriff der »strengen Alternative« vgl. Feyerabend 1965, S. 226f.

118 Vgl. Lakatos 1970, passim, insbes. S. 129f.

119 Vgl. Naess 1972, insbes. Kap. II.

120 Vgl. Quine 1970.

121 Vgl. Lakatos 1970, S. 129 et passim.

122 Vgl. Feyerabend 1970c, S. 92ff., sowie Feyerabend 1974.

123 Vgl. Strauss 1969 und 1972, Kap. XII, XV und XXII.

124 Zum Beispiel Tisza 1963.

125 Zum Beispiel Bunge 1970; relevant auch Schaffner 1970, Sneed 1971, Siemens 1971 und Koertge 1973.

126 Zur Rekonstruktion der Entwicklung »vom Fundamentalismus zum Fallibilismus« vgl. Spinner 1969a bzw. 1974.

127 Zum Zusammenhang zwischen Fallibilismus und Pluralismus siehe oben Anm. 109, ausführlicher in Spinner 1971 und 1971a.

128 Vgl. Feyerabend 1970 und 1974.

129 Den Unterschied zwischen monistischen und monotheoretischen Konzeptionen habe ich am Beispiel der Prüfmodelle kurz erläutert (siehe Zweiter Teil, A IV).

130 Vgl. außer den in Anm. 127 und 128 genannten Arbeiten die mehr oder weniger eigenständigen Pluralismuskonzeptionen in Agassi 1969, Naess 1972 und Radnitzky 1971.

131 Der meines Erachtens interessanteste, pluralistisch orientierte Neuansatz zu einer Theorie der intertheoretischen Bewertung findet sich in Lakatos 1970; im weiteren Zusammenhang relevant ist auch Schaffner 1970.

132 Dies geschieht eindrucksvoll zum Beispiel in Sneed 1971.

133 Zum Stand der Diskussion vgl. zum Beispiel Salmon 1969.

134 Siehe dazu oben Anm. 116.

135 Ein beispielhaftes Zeugnis diesbezüglicher Naivität und dementsprechender Problemverharmlosung liefert Popper 1970.

136 Wie es zum Beispiel auch die Poppersche *Approximationstheorie der Wahrheit* macht; zur Kritik vgl. Spinner 1971a, Teil V, Abschnitt 39, ausführlicher in Spinner 1974b.

137 Vgl. zum Beispiel Feyerabend 1970c, S. 90f., und 1970a, S. 228; ausführlicher in Feyerabend 1974 und 1974a. Zur Rolle ästhetischer Argumente in Paradigmadebatten vgl. Kuhn 1967, S. 205 ff.

138 Vgl. in diesem Zusammenhang auch die Körnersche These über die angebliche logische Kluft zwischen Theorie und Erfahrung. Nach Körner 1970, S. 89, ist es infolgedessen »unmöglich, mit Hilfe der klassischen Logik irgendeine empirische Aussage aus einer theoretischen Aussage abzuleiten. Kurz: es gibt zwischen empirischem und theoretischem Diskurs keinen logischen Zusammenhang«. Das tangiert natürlich auch den Popperschen Falsifikationismus, den Körner unter diesem Gesichtspunkt kritisiert (a. a. O., S. 230 ff.). Zur Überbrückung dieser logischen Kluft schlägt Körner eine interessante Modifikation der zweiwertigen klassischen Logik in Richtung auf eine Logik der inexakten Prädikate vor.
Die Relevanz dieser Untersuchung – meines Erachtens allerdings mehr der Körnerschen These als seines Lösungsvorschlags – für die hier anstehende Problematik der intertheoretischen Relationen wird offensichtlich, wenn man bedenkt, daß im Rahmen pluralistischer Wissenschaftskonzeptionen das Verhältnis von »Theorie« und »Erfahrung« im Kern bereits *intertheoretischen* Charakter hat.

139 In dieser Hinsicht scheint mir Kuhns Standpunkt konsequenter, jedenfalls unproblematischer zu sein, weil er den Paradigmawandel – die Ablösung eines bislang herrschenden Paradigmas durch ein neues Paradigma im Rahmen wissenschaftlicher Revolutionen – als Ergebnis eines Verdrängungswettbewerbs unvergleichbarer Konzeptionen auffaßt, in dem intertheoretische (d. h. hier: interparadigmatische) Kritik im Sinne pluralistischer Prüfmodelle keine wesentliche Rolle spielt (vgl. Kuhn 1962, insbes. Kap. XII; merklich abgeschwächt in Kuhn 1970a, S. 259 ff., sowie 1970b, S. 198 ff.). Da es nach Kuhn in Paradigmadebatten »nicht wirklich um relative Problemlösungsfähigkeit« der konkurrierenden Paradigma geht (Kuhn 1967, S. 207), erweist sich die Inkommensurabilitätsthese in diesem metatheoretischen Kontext als weit weniger brisant als im Rahmen pluralistischer Wissenschaftskonzeptionen, die auf der Idee intertheoretischer Kritik aufgebaut sind.

140 Feyerabend ist sich dieser Problematik durchaus bewußt, hat auch verschiedene Lösungsvorschläge gemacht, ohne allerdings grundsätzliche, *allgemein* befriedigende Lösungen anbieten zu können; vgl. in diesem Zusammenhang insbes. Feyerabend 1965.

141 In besonders eindrucksvoller Weise in Sneed 1971, ansatzweise auch in Siemens 1971 (Nachtrag: sowie in dem in Anm. 73 genannten neuen Buch Stegmüllers).

142 Eine kritische Rekonstruktion der Internalismus/Externalismus-Kontroverse in der Metawissenschaft sowie der drei wichtigsten modernen Paradigma des metawissenschaftlichen Internalismus (das Wittgenstein-Winchsche Modell der »Sprachspiele«, das Carnapsche Programm einer

»reinen Wissenschaftslogik« und die Poppersche Theorie der »dritten Welt« einschließlich ihres historiographischen Ablegers bei Lakatos) wird in Spinner 1974a geliefert.

143 Zu den externalistischen Erklärungsprogrammen in der Metawissenschaft vgl. Spinner 1974a.

144 Die Unterscheidung von *Entdeckungszusammenhang* (»context of discovery«) und *Begründungszusammenhang* (»context of justification«; für Popperianer: »context of criticism«) mit all seinen einschneidenden Konsequenzen ist durch Reichenbach 1938 (S. 6f. und 382; desgleichen in Reichenbach o. J., S. 260) explizit in die Wissenschaftstheorie eingeführt worden, liegt aber der Sache nach implizit praktisch der ganzen modernen Wissenschaftstheorie – insbesondere jener Ausrichtung, die sich als Wissenschafts*logik* versteht – zugrunde. Sie wird zum Beispiel auch in Popper 1935 bei der Bestimmung der Aufgabe der »Forschungslogik oder Erkenntnislogik« (a. a. O., S. 3ff.) klarerweise vorausgesetzt. – Zur Kritik dieser Dichotomie vgl. Feyerabend 1970c, S. 70ff., im weiteren Zusammenhang auch Radnitzky 1972 und 1972a.

Die Entdeckungszusammenhang/Begründungszusammenhang-Dichotomie ist ein Teil der umfassenderen Internalismus/Externalismus-Dichotomie, wie sie in Spinner 1974a rekonstruiert und kritisiert wird.

145 In dieser Hinsicht deckt sich das internalistische Verdikt des damaligen (1935) aufgeklärten Positivisten – der nicht weniger metaphysikfeindlich war als die Erzpositivisten des »Wiener Kreises« (auch wenn er sich heute *rückwirkend* als Antipositivist sieht), aber erheblich klüger als diese in der Wahl der geeigneten Mittel zur Ausschaltung der Metaphysik – und heutigen Metaphysikers Popper inhaltlich völlig mit dem Verdikt des dogmatischen Positivisten Reichenbach.

Wissenschaftliche Forschung umfaßt nach Popper die Aufstellung und Überprüfung wissenschaftlicher Theorien. »Die erste Hälfte dieser Tätigkeit, das Aufstellen der Theorien, scheint uns einer logischen Analyse weder fähig noch bedürftig zu sein...« (Popper 1935, Kap. I, Abschnitt 2; Popper 1969, S. 6). So sinngemäß auch in Reichenbach o. J., S. 206: »Der Entdeckungszusammenhang selbst ist logischer Analyse unzugänglich... Logik, mit anderen Worten, ist nur am Rechtfertigungszusammenhang interessiert.«

Das ist ein äußerst restriktives Verdikt gegen die Möglichkeit einer rationalen Heuristik – und einer heuristischen Metatheorie –, die über die berechtigte Ablehnung einer sogenannten »Logik der Entdeckung« weit hinausgeht. Diese Wissenschaftstheoretiker »have thrown out the baby heuristics with the bathwater of naive inductivism«, stellt Post (1971, S. 215) mit Recht fest. Popper hat übrigens seine restriktive Bestimmung der Aufgabe der Erkenntnistheorie bis heute beibehalten, ja in manchen Aspekten – seinem neuerlichen rigiden internalistischen Purismus entsprechend – sogar noch verschärft. Das kommt allgemein in seiner Theorie der »dritten Welt«

zum Ausdruck und konkret zum Beispiel in seiner Argumentation, »why we must beware lest our theory of knowledge proves too much. More precisely, *no theory of knowledge should attempt to explain why we are successful in our attempt to explain things«* (Popper 1972, S. 23; Hervorhebung im Original). So unglaublich es klingt – hier scheint Popper Erklärung und Beweis zu konfundieren.

146 Vgl. Popper 1969, S. 6f. (dazu auch oben Anm. 145); Koestler 1964. – Was es wissenschaftstheoretisch bedeutet, wenn Popper bezüglich des Entdeckungszusammenhangs der Theorien ebenso pauschal wie apodiktisch konstatiert, »daß diese Vorgänge nur empirisch-psychologisch untersucht werden können und mit Logik wenig zu tun haben« (Popper 1969, S. 7), läßt sich erst angesichts der negativen, vorurteilsgeladenen Einstellung dieses Autors zur Psychologie im allgemeinen und zu jeder Art von empirischer Metawissenschaft (Wissenschaftspsychologie, Wissenschaftssoziologie, etc.) im besonderen voll ermessen, die alle in den »externalistischen«, wissenschaftstheoretisch irrelevanten Bereich verwiesen werden. Zuweilen geht Popper so weit, alle diese externalistischen metawissenschaftlichen Erklärungsansätze pauschal mit dem Vorwurf des Subjektivismus, Relativismus und Irrationalismus zu bedenken (vgl. Popper 1972, insbes. Kap. 3, 4 und 8). Dementsprechend wird Kuhns Frage »Logic of Discovery or Psychology of Research?« kurz und bündig abgeschmettert: »... while the Logic of Discovery has little to learn from the Psychology of Research, the latter has much to learn from the former« (Popper 1970, S. 58).

Diese Antwort wäre nicht einmal dann überzeugend, wenn wissenschaftliche Theorien tatsächlich *»free* creations of our own minds, the results of an almost poetic intuition« (Popper 1963, S. 192; Hervorhebung im Original) sind. Obwohl das Programm einer psychologischen Heuristik der Wissenschaft – im Sinne einer Psychologie des wissenschaftlichen Problemlösens – meines Wissens noch in den Anfängen steckt, sind immerhin schon einige interessante Neuansätze zu verzeichnen, um die sich vor allem Herbert A. Simon verdient gemacht hat; vgl. zum Beispiel Simon 1966, im weiteren Zusammenhang auch die umfangreiche Darstellung der Psychologie des menschlichen Problemlösens in Newell-Simon 1972. Was hier noch weitgehend fehlt, ist der Bezug auf das spezifisch *wissenschaftliche* Problemlösungsverhalten. Aber selbst diese vergleichsweise bescheidenen Untersuchungsergebnisse reichen meines Erachtens völlig aus, um Poppers vorschnelles problemabschneidendes Verdikt als unfruchtbares Vorurteil zu desavouieren.

147 Um die Entwicklung einer der tatsächlichen Forschungspraxis adäquaten »Logik der Entdeckung« hat sich vor allem N. R. Hanson bemüht. Von seinen vielen Veröffentlichungen zu dieser Thematik seien hier nur Hanson 1961 (S. 85 ff.), 1961a und 1967 genannt; zur Kritik dieses Ansatzes zu einer Logik der Entdeckung, in der es um »the rationale behind the pro-

posal of hypotheses as possible *explicantia*« (Hanson 1961, S. 200) geht, vgl. Achinstein 1970.
Zu nennenswerten positiven Ergebnissen für das Programm einer metatheoretischen Heuristik hat die insgesamt wenig fruchtbare Auseinandersetzung um eine Logik der Entdeckung nicht geführt. (Das geht zum Beispiel auch aus Blackwell 1969 klar hervor.) Das wichtigste negative Ergebnis ist schon in F. C. S. Schillers klassischer Studie zu finden: »... that the logical theory of ›proof‹ has no bearing on the scientific process of discovery ..., and can only have a paralysing influence on any scientific activities which try to model themselves upon it« (Schiller 1917, S. 237). Seitdem ist klar und allgemein akzeptiert, daß die Logik der Entdeckung jedenfalls keine *vollständige* Logik des gültigen (deduktiven) Schließens sein kann. Damit scheint für das Programm einer Logik der Entdeckung nur noch die Alternative »induktive Logik oder *unvollständige* Logik des gültigen (deduktiven) Schließens« übrigzubleiben, die sich nach dem völligen Rückzug des Induktivismus aus der Heuristik – als Folge der Carnapschen Umprogrammierung der induktiven Logik auf Konfirmationstheorie – auf die zweite Möglichkeit reduziert.
Aber auch dieser Ansatz scheint mir eine Sackgasse für die Heuristik zu sein. Soweit metatheoretische Heuristik überhaupt *Logik* der Entdeckung ist, kann sie meines Erachtens für eine jede Wissenschaft, die nicht »am Anfang anfängt«, sondern in einer langen wissenschaftlichen Tradition steht, vernünftigerweise nur eine *Logik der progressiven (Theorien-)Transformation* sein. Aber auch sie wäre immer nur ein *Teil* (oder Aspekt) der ganzen Heuristik, denn die Metatheorie der Theorientransformation dürfte in keinem Falle reine (formale, deduktive oder induktive) Logik sein.

148 Vgl. zum Beispiel Schiller 1917 und Mach 1926; zu Descartes: Buchdahl 1963.

149 Vgl. Polanyi 1964, S. 124 ff., 142 ff. et passim.

150 Zur Kritik des Millschen Induktivismus vgl. Hanson 1969, S. 345 ff.; zum traditionellen Induktivismus im allgemeinen Kraft 1925 und (besonders kritisch) 1970. Vgl. in diesem Zusammenhang auch die interessante Verteidigung des Baconschen Induktivismus in Horton 1973.

151 Vgl. Polya 1954 und 1962/65; zu Polanyis Ansatz vgl. auch Durban 1966.

152 Vgl. die in Anm. 147 genannten Veröffentlichungen Hansons.

153 Vgl. Hesse 1966 und 1970a; dazu auch kurz Spinner 1969b, Sp. 1004.

154 Vgl. Lakatos 1963/64.

155 Grundlegend: Lakatos 1968/69 und 1970; vgl. ferner auch Lakatos 1971 und 1971a; kritisch dazu Feyerabend 1970c und 1974a; kritisch zu Lakatos und Feyerabend Quinn 1972.
Auf Arne Naess' unbeachtet gebliebene Antizipation des Leitmotivs, der Kern der Forschungsaktivität in *Forschungsprogrammen* zu sehen und die Methodologie darauf einzustellen, habe ich bereits hingewiesen (siehe oben

Anm. 76). Diese Antizipation hat natürlich ihre Grenzen. Tatsächlich setzt Lakatos – meines Erachtens richtig – mit seiner Konzeption der Forschungsprogramme eine Stufe höher an: während Naess (eine bestimmte Art von) Theorien als Forschungsprogramme ansieht und damit im Grunde den (klassisch-propositionalen) Theoriebegriff destruiert, konzipiert Lakatos Forschungsprogramme als *Serien* miteinander verbundener »intakter« Theorien.

156 Zur Törnebohm-Radnitzkyschen Konzeption vgl. Törnebohm 1970, 1970a und 1971; Törnebohm-Radnitzky 1971 sowie Radnitzky 1972 und 1972a.
Kritisch ist zu diesem Wissenschaftsprogramm im Hinblick auf seine Eignung als metatheoretische Heuristik anzumerken, *erstens*, daß die Grundidee, wissenschaftliche Forschung *»als Transformation von Komplexen, die aus Wissen-Problemen-Instrumenten* (kurz ›WPI-Komplexen‹) *bestehen«* (Törnebohm-Radnitzky 1971, S. 239; Hervorhebung im Original), aufzufassen, zu heterogene Elemente unter einen Hut zu bringen versucht; und *zweitens*, daß jedenfalls bislang kaum *Gesetze* der Transformation ganzer WPI-Komplexe angegeben werden, daß wir es bislang mit einem ziemlich *leeren* Transformationsschema zu tun haben. Es ist meines Erachtens auch kaum zu erwarten, daß sich so verschiedenartige Elemente heterogener »WPI-Komplexe«, wie Probleme und Instrumente, nach *denselben* Gesetzmäßigkeiten, die überdies mit den Transformationsprinzipien für die Theorien selbst übereinstimmen, praktisch verändern. So überrascht es nicht, daß meines Wissens im Rahmen dieses Ansatzes bislang im Grunde lediglich einige Erzeugungs- und Transformationsprinzipien für *Theorien* (Hypothesen), nicht aber für Probleme und Instrumente diskutiert werden (zum Beispiel in Törnebohm 1970 und 1970a).

157 Diese neue Problemstellung kommt im Rahmen von Lakatos' metatheoretische Programm einer »Methodologie der wissenschaftlichen Forschungsprogramme« (Lakatos 1968/69 und 1970) besonders deutlich zum Ausdruck, aber auch in anderen Ansätzen, zum Beispiel Post 1971. Dagegen kommt sie gerade *nicht* zum Tragen, ja überhaupt nicht ins Blickfeld, wenn die Heuristik an die Hermeneutik angehängt wird, wie zum Beispiel in Kiesiel 1971. Auch in der Törnebohm-Radnitzkyschen Wissenschaftskonzeption (siehe oben Anm. 156) scheint mir die von Radnitzky hineingebrachte hermeneutische Hintergrundkomponente für das Programm einer metatheoretischen Heuristik eher störend als hilfreich, zumindest aber überflüssig zu sein.

158 Solche Prinzipien werden zum Beispiel in Krymski-Artjuch 1969, Siemens 1971, Koertge 1973, besonders instruktiv aber in Post 1971 diskutiert.

159 Die, das steht leider fest, vom Autor selbst nicht mehr weiter ausgearbeitet werden kann. Während ich die letzten Anmerkungen schreibe, erreicht mich die Nachricht von Imre Lakatos' plötzlichem Tod (am 2. Februar 1974). Aus dieser Arbeit, die ich ihm noch gerne vorgelegt hätte,

dürfte hervorgehen, wie sehr ich ihm wissenschaftlich verpflichtet bin. (Die persönliche Verpflichtung, die nicht geringer ist, steht auf einem anderen Blatt. Aber das ist Privatsache.) Die wissenschaftliche Verpflichtung geht auf einen jahrelangen Gedankenaustausch – von dem ich einseitig profitierte –, die persönliche Verpflichtung vor allem auf mein Studienjahr 1970/71 in London (als European Research Fellow am Department of Philosophy der London School of Economics and Political Science, an dem früher Popper selbst lehrte) zurück, das ich Imre Lakatos' und J. W. N. Watkins' freundlicher Initiative verdanke.

160 Diese Entwicklung wird in Spinner 1974 ausführlich rekonstruiert.

161 Die wichtigste grundsätzliche Kritik der Popperschen Methodologie, verbunden mit dem Vorschlag jeweils verschiedener Alternativkonzeptionen, spielt sich gegenwärtig im Dreieck von Feyerabend, Kuhn und Lakatos ab. Auf die relevanten Publikationen dieser drei Autoren ist hier bereits zur Genüge hingewiesen worden. Naess als Kritiker, Albert als Verteidiger, Agassi als beides verdienen in diesem Zusammenhang – neben vielen anderen natürlich – auch Erwähnung.

162 So kombiniert, keineswegs willkürfrei, Lakatos methodologisch Falsifikationismus, Konventionalismus und Exhaustionismus, neuerdings sogar Induktivismus (vgl. speziell dazu Lakatos 1971) zu einem nicht immer harmonischen Ganzen. Feyerabend propagiert offen epistemologischen Anarchismus (oder »Dadaismus«; vgl. Feyerabend 1970c, S. 104) und methodologischen »Opportunismus«, während die methodologischen Ingredienzen der Kuhnschen Wissenschaftskonzeption so vielfältig (und verborgen!) sind, daß sie noch gar nicht im einzelnen identifiziert werden konnten. – Eklektizismus ist selbstverständlich auch im methodologischen Bereich erlaubt. Schließlich muß eine methodologische Konzeption genau so wenig »aus einem Guß« sein wie irgendeine andere theoretische oder metatheoretische Konzeption. Nur fruchtbar sollte Eklektizismus sein, auch im methodologischen Bereich.

163 Ausführliches Material zum vergleichenden Studium aller drei Standpunkte findet sich in Lakatos-Musgrave 1970.

164 Darauf ist hier en passant bereits hingewiesen worden (siehe oben Zweiter Teil, A II 2 und Anm. 43). Vgl. zu dieser Entwicklung auch Whitrow 1970, S. 276 ff., im weiteren Zusammenhang Stegmüller 1971.

165 Daß praktisch alle Theorien als falsifiziert zu gelten hätten, wenn wir das Poppersche Falsifikationsprinzip ernst nehmen und konsequent anwenden würden, ist nach Feyerabend der *Normalfall* in der Wissenschaftspraxis. Er meint, »daß eine Wissenschaft, die dem Falsifikationsprinzip gehorcht, in unserer Welt auf unüberwindliche Hindernisse stößt: jedes Gesetz, das wir entdecken, ist von Störungen umgeben, die groß genug sind, es zu widerlegen. *In dieser Welt* vernichtet auch die Methode der Falsifikation die Wissenschaft, ohne etwas Vergleichbares an ihre Stelle zu setzen« (Feyerabend 1972a, S. 147; Hervorhebung im Original).

166 Wie Popper pauschal anzunehmen scheint, um dieser Art von Wissenschaftstheorie daraus einen Strick zu drehen. »Kuhn's logic«, heißt es apodiktisch in Popper 1970 (S. 55; Hervorhebung im Original), »is the logic of *historical relativism*«. – Die in Spinner 1971 aufgestellte Forderung nach *»Relativierung der methodologischen Begriffe und Theorien bezüglich des Erkenntnisfortschritts«* (S. 31; Hervorhebung im Original) mag voreilig und unüberlegt sein, hat aber mit erkenntnistheoretischem Relativismus in dem von Popper militant angegriffenen Sinne nichts zu tun (wenn ich mich recht verstehe).

167 Vgl. Feyerabend 1972a.

168 Vgl. Popper 1963, Kap. 10. »I assert«, schreibt hier Popper, »that continued growth is essential to the rational and empirical character of scientific knowledge; that if science ceases to grow it must lose that character. It is the way of its growth which makes science rational and empirical...« (S. 215).

Lakatos hat der von Popper in den Mittelpunkt seiner Wissenschaftskonzeption gestellten Idee des Erkenntnisfortschritts und der Rolle des Wachstumsfaktors im Erkenntnisprozeß dadurch Rechnung zu tragen versucht, indem er die methodologischen Überlegungen konsequent auf die *Veränderungswerte* der relevanten Faktoren ausrichtet, also auf den relativen *Überschußgehalt* (»excess content«) einer Theorie gegenüber Vergleichstheorien, auf die »excess corroboration«, »excess falsifiability«, etc. (vgl. Lakatos 1968, S. 375 ff.). Dieser Neuansatz wird meines Erachtens weit mehr als Poppers eigene Methodologie dem Popperschen Leitmotiv gerecht, »that it is the progressing problematic frontiers of knowledge, and not its relatively solid core, which give science its scientific character...« (Lakatos 1968, S. 381).

Die von Lakatos wenig später entwickelte »Methodologie der wissenschaftlichen Forschungsprogramme« (vgl. insbes. Lakatos 1970) ist die natürliche Konsequenz dieser Umorientierung der Popperschen Methodologie auf die intertheoretischen Veränderungswerte: man braucht dazu nur noch die vergleichend zu beurteilenden Theorien sozusagen *in Serie zu schalten* (was in Lakatos 1968 noch nicht geschehen ist) und diese Theorienserien (d. h. Forschungsprogramme; vgl. Lakatos 1970, S. 132 et passim) zur neuen methodologischen Einheit zu machen. Insofern ist Lakatos' Methodologie der wissenschaftlichen Forschungsprogramme eine konsequente Weiterentwicklung des Popperschen Wissenschaftsprogramms. Aber in Wirklichkeit unterscheidet sich Lakatos' neue methodologische Konzeption der Forschungsprogramme weit mehr vom Popperschen Ausgangsmodell, und zwar durch – aus Popperscher Sicht beurteilt – einige grundsätzlich *»stilwidrige« methodologische Elemente*, zum Beispiel durch die Aufhebung des Falsifikationsprinzips zugunsten einer Art von Exhaustionsprinzip für den »harten Kern« der Forschungsprogramme. Eine detaillierte Analyse der Entstehungsgeschichte und Systematik von Lakatos'

Wissenschaftstheorie unter diesen Gesichtspunkten wäre meines Erachtens außerordentlich interessant, kann aber hier nicht weiter verfolgt werden.

169 Mit seiner hyperrealistischen, in ihren problemabschneidenden und -verkürzenden Konsequenzen befremdlich rigiden Theorie der »dritten Welt«, die wissenschaftliche Erkenntnis ausschließlich unter der Perspektive von »Produkten-an-sich« analysiert, vernachlässigt Popper (mit Absicht!) die erste (Produktions-)Dimension – d. h. Erkenntnis als *Forschungsprozeß* – und verfehlt damit (wider seine erklärte Absicht) einen wesentlichen Aspekt einer adäquaten Theorie des Erkenntnisfortschritts. Zu Poppers Theorie der »dritten Welt« vgl. Popper 1972, Kap. 3, 4 und 8; zur Kritik Spinner 1974a.

170 Im Hinblick auf die genannten Probleme scheint auch Stegmüller seine selbstgestellte Frage »Was ist wissenschaftlicher Fortschritt?« trotz seiner Absage an *»unverbindlichen Jargon«* im wesentlichen als eine bloß rhetorische Frage zu verstehen. Jedenfalls bleibt er die von ihm selbst geforderte *»informative* Antwort« schuldig (vgl. das »Nachwort: Was ist wissenschaftlicher Fortschritt?« in Stegmüller 1970, S. 463 ff.; Hervorhebungen im Original). – Wenig ergiebig sind in dieser Hinsicht auch die Ausführungen in Mittelstrass 1970, S. 341 ff.

171 Etwas ausführlicher sind diese Theorien des Erkenntnisfortschritts dargestellt in Spinner 1971a, Teil IV.

172 Zu diesen metatheoretischen Begriffen und ihrem Zusammenhang vgl. Popper 1963, Kap. 10 et passim.

173 Vgl. Kuhn 1963. Die positive, ja unentbehrliche Funktion der »dogmatic attitude of sticking to a theory as long as possible« ist auch von Popper – meiner Erinnerung nach allerdings nur dieses eine Mal, in Popper 1963, S. 312 – hervorgehoben worden. Irgendwelche wissenschaftstheoretischen Konsequenzen (etwa im Rahmen des Prüfmodells hinsichtlich der Entscheidungs- und Akzeptierbarkeitsproblematik, um durch geeignete methodologische Regeln vorzeitige Falsifikation und Elimination von Theorien zu verhindern) sind daraus von Popper nicht gezogen worden.

174 Zur Heisenbergschen Idee »abgeschlossener Theorien« vgl. Heisenberg 1971, S. 87 ff., und 1973 sowie Weizsäcker 1971, S. 193 ff.

175 Vgl. Schlegel 1967.

176 Eine etwas unsystematische Übersicht über Kumulationstheorien findet sich in Lejkin 1972.

177 Zu den Kontinuitätstheorien der Wissenschaftshistoriographie vgl. die instruktive kritische Analyse in Agassi 1963.

178 Vgl. dazu die Bacon-Kritik in Popper 1963, S. 12 ff., sowie die interessante Kritik der Kritik in Horton 1973, aus der hervorgeht, daß Bacon selbst dem *»Baconschen Mythos«*, wie Popper ihn sieht (und in *seiner* Interpretation mit vollem Recht kritisiert), weit weniger verhaftet ist als Popper annimmt. Ein ganz anderes, unkonventionelles Bild des »Radikalisten« (d. h. Anti-Kontinuitätstheoretikers) Bacon, das von der gängigen

Vorstellung des »naiven Induktivisten« Bacon beträchtlich abweicht, ist in Agassi 1973a zu finden.

179 Zur Kritik der reduktionistischen Kumulationstheorien vgl. Spinner 1973, passim.

180 Vgl. Kuhn 1962.

181 Vgl. dazu die bereits reichlich angegebene Feyerabend-Literatur; zur direkten Auseinandersetzung mit Kuhn insbesondere Feyerabend 1970a.

182 Vgl. die ausgezeichnete Rekonstruktion und Kritik dieser »degenerativen Problemverschiebung« der induktiven Logik in Lakatos 1968.

183 Vgl. Duhem 1962, im folgenden insbes. Teil I, Kap. III.

184 Beide Strömungen – Konventionalismus und Positivismus – fließen in der Wissenschaftstheorie Neurath-Quinescher Tradition zusammen.

185 Duhem 1962, S. 32

186 Duhem 1962, S. 32

187 Der intertheoretische Reduktionsfall, der im dynamisierten Stufenmodell der Erkenntnis zum Normalfall des Erkenntnisfortschritts auf der theoretischen Ebene gemacht wird, spielt in Duhems »revolutionärem Konventionalismus« – zu dem Lakatos auch Poppers Falsifikationismus zählt (vgl. Lakatos 1970, S. 105 ff.) – keine wesentliche Rolle. Ganz im Gegenteil: es war Duhem, der das klassische Renommierbeispiel angeblich strenger intertheoretischer Reduktion – die Ableitung der Keplerschen aus den Newtonschen Gesetzen – als einen Fall intertheoretischer Inkonsistenz nachwies; vgl. dazu Duhem 1962, Teil II, Kap. VI; Popper 1972, Kap. 5; Feyerabend 1962 und 1965, sowie die zusammenfassende, kritische Analyse in Scheibe 1973.

188 Duhem 1962, S. 32.

189 Duhem 1962, S. 33.

190 Vgl. Spinner 1974a.

191 Vgl. Kuhn 1962 bzw. 1970b.

192 Für die Entwicklung der modernen Wissenschaftstheorie (des 20. Jahrhunderts) sind (bislang) drei »Ideenstöße« maßgebend gewesen: erstens der logische Ideenstoß (aus der formalen oder mathematischen Logik), zweitens der wissenschaftshistorische Ideenstoß (aus der »neuen Wissenschaftshistoriographie«, vorbereitet insbesondere durch Koyrés Werk und voll zum Tragen gekommen erstmals mit Kuhn 1962), drittens der wissenschaftssoziologische Ideenstoß (aus Wissenschaftssoziologie und anderen Sozialwissenschaften mit »externalistischen« metawissenschaftlichen Erklärungsprogrammen). Zur Rekonstruktion der Problemgeschichte der modernen Wissenschaftstheorie in Abhängigkeit von diesen Ideenstößen vgl. Spinner 1974 und 1974a.

193 Zur Kritik des metawissenschaftlichen Internalismus vgl. Spinner 1974a.

194 Vgl. Kuhn 1962, insbes. Kap. X; Feyerabend 1965a, 1970d und 1974.

195 Zur Kritik der empiristischen Wissenschaftsideologie vgl. Feyerabend 1970.
196 Vgl. Agassi 1973a, S. 610: »There are, by and large, three such ineluctable elements of continuity ..., even in the most radicalist philosophy of science and its history: first, the steady accumulation of data; second, the development of stage-by-stage theories; third (and this is a latecomer to the radicalist philosophy), the idea of the spread of scientific method throughout the world«.
197 Vgl. die in Anm. 194 genannte Literatur.
198 Vgl. Bohnen 1969.
199 Zur Kritik der weitverbreiteten, bis zu einem gewissen Grade auch von Popper geteilten Meinung, daß Erkenntnis auf der Meta-Ebene der (metatheoretischen) Kriterien, Standards, Regeln etc., wenn nicht vollkommen, so doch vergleichsweise sicherer (und weniger pluralistisch) sei, vgl. die Ausführungen zur »vertikalen« Grundlagenproblematik des epistemologischen Fallibilismus in Spinner 1970, Kap. III.
200 Siehe oben Anm. 82.

Anmerkungen zu *Fallibilismus*, *Pluralismus*, *kritischer Rationalismus*

1 Popper 1962 II, S. 396.
2 Vgl. Mill 1969; dazu auch die kritische Analyse in Wolff 1969.
3 Vgl. Feyerabend 1970c, 1974 und 1974a, insbesondere auch die in Feyerabends Selbstinterpretation »anarchistische«, in der Sache eher radikalpluralistische Philippika gegen den Popperschen *Law-and-order*-Rationalismus in Feyerabend 1973 und 1974b.
4 Vgl. Popper 1935.
5 Vgl. insbesondere Popper 1963; dazu auch Albert 1968.
6 Zur Entwicklung der Popperschen Philosophie vgl. insbesondere Popper 1935, 1962, 1963, 1965 und 1972.
7 Diese Position ist von Popper erstmals 1944/45 in *The Poverty of Historicism* und *The Open Societies and Its Enemies* (vgl. die späteren Auflagen Popper 1962 und 1965) als umfassend gedachte Gesamtkonzeption für das menschliche Erkennen *und* Handeln vorgestellt worden. Im Gegensatz zur *Logik der Forschung* umfaßt sie auch den politisch-sozialen Bereich.
8 Vgl. Lakatos 1962 und 1963/64, wo die fallibilistische Position von Lakatos noch konsequent vertreten und in brillanter, höchst origineller Weise auf den mathematischen Erkenntnisbereich – die stärkste Festung des epistemologischen Certismus und Fundamentalismus – übertragen wird.

9 Vgl. Spinner 1970 sowie die Beiträge zum vorliegenden Buch.
10 Vgl. Feyerabend 1970c, S. 104.
11 Vgl. Popper 1972.
12 Lakatos 1970, 1971 und 1971a.
13 Eine sehr lesenswerte Würdigung – allerdings aus etwas anderer Perspektive gesehen – der hier angesprochenen letzten Arbeiten Lakatos', in der diese ambivalente Einstellung zum Popperschen metawissenschaftlichen Paradigma klar zum Ausdruck kommt, findet sich in Feyerabend 1973.
14 Erstmals in Albert 1968; vgl. insbesondere S. 47ff.; neuerdings auch in Lenk 1971, S. 22 et passim. – Ich selbst bin von solchen Versuchen (vgl. Spinner 1966, 1968, 1970 und 1971) wieder etwas abgekommen, aus Gründen, die im folgenden in der vorliegenden Abhandlung zur Sprache kommen werden.
15 Popper folgt darin lediglich einem von Dingler vorgezeichneten Weg. Vgl. Dingler 1936 sowie die Rekonstruktion dieser folgenreichen Problemverschiebung von der Epistemologie zur Methodologie, »von der Axiomatik zur Methodik« in Spinner 1969a und 1974, Kap. III.
16 Vgl. Spinner 1971a, Teil I, § 12 (in diesem Buch, S. 21 f.).
17 Vgl. Lakatos 1970, S. 103ff.; ferner auch Lakatos 1971 und 1971a.
18 Vgl. Albert 1971, S. 15 et passim; ferner die weiterführende Diskussion in Albert 1968, Kap. II, Spinner 1970 und 1974.
19 Dabei hat sich jedoch an der Dominanz des Methodologischen über das Epistemologische trotz einiger erkenntnistheoretischer Exkurse zur Absicherung seiner Position (die vor allem mit Poppers immer stärkerer Hinwendung zu einem metaphysischen Realismus zusammenhängen) nichts geändert. Der ganze Ansatz ist weiterhin primär Falsifikationismus und sekundär Konventionalismus geblieben.
20 Vgl. Albert 1968, 1971 und 1971a sowie Lenk 1971.
21 Popper 1969, S. XVII; Hervorhebungen im Original.
22 Vgl. zum Beispiel Popper 1966, passim (als Kap. 6 in Popper 1972 aufgenommen).
23 Zum Beispiel neuerdings von Lakatos, der alles, was ihm akzeptabel erscheint, als »rational« auszeichnet, und alles, was nicht in seine Konzeption paßt (wie etwa die ganze Wissenschaftssoziologie), von vornherein und ganz pauschal als »irrational« denunziert, wobei er mit keinem Wort präzisiert, *was* er auf der einen Seite mit dem Rationalitätsargument zuspricht und auf der anderen Seite mit dem Irrationalitätsargument abspricht. Vgl. insbesondere Lakatos 1971 und 1971a.
24 Zuweilen formuliert Popper die *Popper-Gleichung* auch etwas »übers Kreuz«; zum Beispiel in Popper 1963, S. 248: »Equating rationality with the critical attitude...«
Popperianern, die Poppers metawissenschaftliches Erklärungsprogramm eines lupenreinen internalistischen Purismus (vgl. Popper 1972, insbeson-

dere Kap. 3, 4 und 8) kompromißlos durchzuhalten versuchen, bereitet die »kritische Einstellung« einige Einordnungsschwierigkeiten. Einerseits macht Popper viel zu viel Wesens darum, als daß man sie einfach aus seiner Wissenschaftskonzeption hinauskomplimentieren könnte. Aber andererseits ist in der »dritten Welt« der Probleme, Argumente, Theorien (und kritischen Rationalisten? – vgl. Jarvie 1972, S. 153!) »an sich« natürlich kein Platz für etwas, dem so sehr der Geruch des Subjektiven und Psychologischen anhaftet, wie das bei einer »Einstellung« eben der Fall ist. Also gilt es, die kritische Einstellung zu entpsychologisieren, damit die Poppersche Welt der reinen Wissenschaft wieder in Ordnung ist. Zu diesem etwas grotesk anmutenden Versuch, ein voll und ganz selbstverschuldetes Problem wieder loszuwerden – wobei der angerichtete Schaden den erwarteten Nutzen weit übersteigt –, vgl. Musgrave 1974, S. 576 ff.; zur Kritik Spinner 1974a.
Das kommt davon, wenn man auf einen puristischen metawissenschaftlichen Internalismus schwört, die Psychologie mit J. St. Mill immer noch für die »Seelenwissenschaft« der »states of mind« hält, mit psychologischen *Dispositionen* deshalb nichts anzufangen weiß, dabei auf die »kritische Einstellung« aber nicht verzichten kann, weil sonst die ganze Wissenschaftskonzeption ohne Motor ist und buchstäblich in der Luft der »dritten Welt« hängt.
25 Vgl. Lakatos 1971a.
26 Zur Analyse und Kritik des metawissenschaftlichen Internalismus vgl. Spinner 1974a.
27 Vgl. Lenk 1970, im weiteren Problemzusammenhang auch Lenk 1968.
28 Vgl. Bartley 1962, 1964 und 1964a.
29 Vgl. Watkins 1970.
30 Vgl. Lakatos 1971. Der im Text zitierte Ausdruck ist der englischen Originalfassung entnommen.
31 Vgl. Lakatos 1968/69 und 1970.
32 Zur Grundlagenproblematik des fallibilistischen Kritizismus vgl. Spinner 1970, S. 212 ff.
33 Vgl. Spinner 1970.
34 Vgl. Spinner 1974.
35 Sachlich richtiger wäre zwar »Theorienpluralismus« (wie in Radnitzky 1971), aber dank Feyerabends unermüdlicher Propagierung ist diese Pluralismuskonzeption inzwischen schon – auch ihrem Inhalt nach – so bekannt geworden, daß die etwas mißverständliche Benennung *»theoretischer* Pluralismus« kaum noch Schaden anrichten kann. Lassen wir es also bei diesem eingebürgerten Markenetikett.
36 Vgl. Spinner, *Theorien und Metatheorien*, Anm. 109 (in diesem Buch, S. 254 ff.).
37 Vgl. Agassi 1967 und 1969; Albert 1968. Dagegen kann meines Erachtens der Versuch Jarvies, den Feyerabendschen Pluralismus in die Popper-

sche »Situationslogik« hineinzudefinieren – »It is only a special case of situational logic...« (Jarvie 1972, S. 21) – und dadurch in den kritischen Rationalismus zu integrieren, kaum ernst genommen werden.

38 Vgl. Bartley 1962, 1964 und 1964a.

39 Vgl. Watkins 1969 und 1971 sowie die Fortsetzung dieser Kontroverse in Spinner 1970 (S. 314 ff.), Agassi-Jarvie-Settle 1971, Kekes 1971 und 1972, Richmond 1971 und Post 1971a.

40 Vgl. Lenk 1970; dazu auch Klowski 1973.

41 Vgl. Lenk 1971, S. 32 et passim.

42 Zur Analyse und Kritik der Popperschen *Katastrophentheorie des Widerspruchs*, vgl. Spinner 1970, S. 179 ff.

43 Vgl. Lakatos 1970, 1971 und 1971a.

44 Bahnbrechend in Lakatos 1968; dazu auch Spinner, *Theorien und Metatheorien*, in diesem Buch S. 136 f.

45 Vgl. Spinner, *Theorien und Metatheorien*, Zweiter Teil, A II 3 (in diesem Buch, S. 135 f.).

46 Das Wohlwollen besteht dabei darin, nachsichtig zu übersehen, daß Lakatos die dahinter stehenden erkenntnistheoretischen Zusammenhänge ignoriert, die ganze Problemsituation sowie die von ihm selbst initiierte und ansatzweise auch durchgeführte »progressive Problemverschiebung« fehlinterpretiert, infolgedessen die *falschen* Konsequenzen zieht und *den Fallibilismus statt der Rationalitätsdoktrin verwirft*, die er wie kein anderer zugleich entleert und mißbraucht. Vgl. Lakatos 1970, 1971 und 1971a.

47 Vgl. Spinner 1970: zu *Lenk* S. 303 ff.; zu *Watkins* S. 314 ff.

48 Vgl. Watkins 1970.

49 In diesem speziellen Zusammenhang sei auch am Rande erinnert an Poppers Charakterisierung des *Rationalprinzips* als einem »almost empty«, *falschen* und trotzdem zur Erklärung menschlichen Handelns unentbehrlichen, deshalb auch von Falsifikationen nie betroffenen Erklärungsprinzip (in Popper 1967).

50 Lediglich Giedymin hat einen Versuch unternommen, »to derive the Refutability Postulate from some general conditions of rational behaviour« (Giedymin 1960, S. 97). Aber kein anderer Popperianer hat diesen Ansatz aufgegriffen. Meines Wissens hat ihn auch Giedymin selbst nicht weiter verfolgt.

Agassi hat immerhin gesehen, daß hier etwas problematisch ist und einer neuen Lösung – oder vielmehr überhaupt erst einmal einer Lösung – bedarf. Er greift verschiedentlich die Popper-Gleichung in etwas diffuser Weise an (vgl. Agassi 1969a, 1971 und 1972) und fordert »standards of rational thought and of rational action more general than either of the older standards« (Agassi 1969a, S. 147), darunter die Poppers. Entsprechende Vorschläge finden sich jedoch nicht in seinen Veröffentlichungen.

50a In diesem Zusammenhang verdient auch Neuraths älterer, allerdings anders motivierter und verstandener Vorwurf des »Pseudorationalismus«

Erwähnung, den er bereits 1935 in einer von Popper zu Unrecht ignorierten Rezension der *Logik der Forschung* erhoben hat (vgl. Neurath 1935). Eine Antwort von seiten des kritischen Rationalismus auf die von diesem verrufenen, vielfach verkannten »Erzpositivisten« mit teils ausgezeichneten *antipositivistischen* Argumenten – die heute im Streit um die Poppersche Wissenschaftskonzeption langsam wiederentdeckt und von Feyerabend, Habermas und anderen Popper-Kritikern ahnungslos oder mit unterdrückter Ahnung präsentiert werden – vorgetragene Kritik des Popperschen »Rationalismus der Falsifikation« steht immer noch aus. Neurath war damit seiner Zeit weit voraus, blieb aber wirkungslos, weil seine Kritik trotz einiger besserer Einzelargumente mit ihrer unstrengen »enzyklopädischen« Wissenschaftskonzeption die eindeutig schlechtere Alternative repräsentierte.
Nachtrag bei der Korrektur: In Popper-Schilpp 1974 II (S. 971 bzw. 1183, Anm. 31) wird Neurath 1935 von Popper – meines Wissens erstmals in seinen Publikationen – erwähnt, ohne daß jedoch Popper auf Neuraths Argumente eingeht. Die Antwort auf Neuraths Vorwurf des »Pseudorationalismus« steht also weiterhin aus.
51 Vgl. Spinner 1971a, Teil V, insbesondere § 34 (in diesem Buch, S. 74 ff.).
52 Vgl. Watkins 1972. Auch in Agassi 1968 wird Pluralismus nicht zu den Neuheiten der Popperschen Philosophie gezählt.
Nachtrag bei der Korrektur: Auch in der neuesten, voluminösen Darstellung der Popperschen Philosophie auf insgesamt 1323 Seiten (darunter über 400 Seiten Selbstdarstellung) in Popper-Schilpp 1974 spielt das Pluralismusthema keine nennenswerte Rolle. Es wird von Popper nur ein einziges Mal in der bereits aus Popper 1972 bekannten *vagen, unverbindlichen und unanalysierten Weise* angesprochen: »I have often stressed the need for working with more than one hypothesis in connection with both falsification (›falsifying hypotheses‹) and the growth of science in general« (Popper-Schilpp 1974 II, S. 1009; vgl. dazu auch die zugehörige Anm. 80 auf S. 1187, in der wie überall bei Popper Feyerabends Beitrag zur Entwicklung der Pluralismuskonzeption verschwiegen wird).
53 Popper in Marcuse-Popper 1971, S. 36.
54 Vgl. Spinner 1974.
55 Vgl. Lakatos 1963/64, Teil IV.
56 Vgl. Lakatos 1968 und 1970.
57 Von der im Neopositivismus des »Wiener Kreises« propagierten Carnap-Neurathschen Strategie der »Überwindung der Metaphysik« durch diverse positivistische Sinnkriterien hat sich Popper nie anstecken lassen. In dieser Hinsicht war er von Anfang an kompromißloser Antipositivist, der sein mittlerweile berühmt gewordenes »Popper-Kriterium« der prinzipiellen Falsifizierbarkeit immer als *Abgrenzungskriterium* verstanden hat, aus dem sich kein Sinnlosigkeitsverdikt gegen die Metaphysik ergibt. Ob sich das *Popper-Kriterium* deswegen praktisch weniger antimetaphysisch

auswirkt, ist eine andere Frage. Eine gewisse antimetaphysische Tendenz ist in Popper 1935 zweifellos vorhanden.

58 Vgl. Popper 1963, Kap. 8, insbesondere S. 193 ff.

59 Popper 1969, S. 18; Hervorhebungen im Original.

60 Vgl. dazu die Ausführungen zur »vertikalen« Grundlagenproblematik des fallibilistischen Kritizismus in Spinner 1970, S. 292 ff.; sowie Albert 1971a, Anm. 19, S. 127 f.

61 Vgl. Albert 1968, S. 76 ff., sowie Albert 1971a, S. 119 f. – Ein anderer Fall ist Alberts Vorschlag (in Albert 1972a), auch *Institutionen* als *Hypothesen* aufzufassen. Hier steht der in Anspruch genommenen erweiterten Kritisierbarkeit noch kein entsprechend erweiterter kritischer Bezugsrahmen in Form von Kriterien, Regeln und kritischen Instanzen für die »Falsifikation« von Institutionen gegenüber.

62 Vgl. Habermas 1971, S. 117 et passim (Hervorhebung im Original).

63 Vgl. Spinner 1966, Abschnitt V. Dieser Abschnitt ist inhaltlich praktisch unverändert in Spinner 1968 und 1971 und sogar noch in 1971a (in diesem Buch, S. 104 ff., wo ich ihn absichtlich nicht gestrichen habe, um durch Kritik eigener Irrtümer den Eindruck eines fortschreitenden Lernprozesses erwecken zu können) eingegangen.

Weit ausführlicher und überzeugender wird der kritische Rationalismus in Albert 1968 als Modell einer sozialen Praxis und allgemeinen »Lebensform« interpretiert. Ich komme darauf zurück.

64 Nach Habermas erweisen sich die »kontrafaktischen Bedingungen der idealen Sprechsituation ... als Bedingungen einer idealen Lebensform«; sie »definieren zusammengenommen eine Lebensform« (Habermas 1971, S. 139), von der »die kritische Theorie der Gesellschaft ihren Ausgang« nimmt (a. a. O., S. 141).

65 Albert 1968, S. 41. – Vgl. dazu auch die unbestimmtere, interpretationsbedürftige Argumentation auf S. 54 und 61, aus der meines Erachtens nicht klar hervorgeht, ob nach Alberts Auffassung die Erkenntnistheorie eine *Theorie der Praxis* oder eine Theorie der Theorie der (d. h. über die) Praxis, also eine *Metatheorie der Praxis* ist.

66 Albert 1971, S. 67.

67 Albert 1972, S. 11.

68 Albert 1971, S. 67.

69 Zu dieser und anderen allgemeinen Symmetrieannahmen vgl. Habermas 1971, S. 137 et passim.

70 Gehlen 1969, S. 71.

71 Böhler 1970, S. 34; Hervorhebung im Original.

72 Vgl. Popper 1965, S. 102 ff.

73 Acham 1972, S. 70. – Vgl. auch die unverfänglichere Formulierung dieser Forderung in Albert 1968, S. 174. Ich möchte vermuten, daß in der Institutionalisierungsfrage zwischen der Millschen, Albertschen und der hier »im Geiste« Mills vorgetragenen Auffassung *praktisch* keine wesentli-

chen Differenzen bestehen.
74 Vgl. Vollrath 1969, S. 68 und 79.
75 Die in der sozialen Realität in der Regel leider nur für sogenannte *kompetente* Kritik besteht, d. h. für »Kritik von einem Angehörigen der Profession im Rahmen der Profession« (Lepsius 1964, S. 83 – eine instruktive soziologische Analyse des Phänomens der Kritik sowie der Rolle und sozialen Stellung des professionellen Kritikers, die als Korrektiv für überzogene philosophische Hymnen auf Kritik relevant ist).
76 Mill 1969, S. 82.
77 Wie Popper es gerne ausdrückt; vgl. zum Beispiel seine Ausführungen in Marcuse-Popper 1971, S. 37.
78 Young 1960, S. 106.
79 Vgl. Popper in Marcuse-Popper 1971, S. 36f.
80 Ich denke hier an den 1881 gemachten programmatischen Vorschlag französischer Anarchisten, »das Ideal ... aufzubrechen in Ziele, die sich schrittweise verwirklichen lassen« (zitiert nach Landauer 1973, S. 15).
81 Vgl. in diesem Zusammenhang auch Jochen Steffens Popper-Kritik in dem Kapitel *»Philosophie und Politik oder Die Spinnerei (!) mit praktischer Bedeutung«* seines soeben erschienenen Buches 1974, S. 131ff.
82 Radnitzky 1970 II, S. 145ff.
83 Albert 1968, S. 174.
84 Albert 1968, S. 181.
85 Vgl. Albert 1968, Kap. VIII. Die zitierten Stellen finden sich auf S. 176 bis 182 (Hervorhebungen im Original); vgl. auch Albert 1971, S. 47ff., 61ff. et passim.
86 Albert 1971, S. 48; Hervorhebung im Original.
87 Albert 1971, S. 68.
88 Albert 1968, S. 181.
89 Wie man durch Berufung auf Realisierbarkeitspostulate Kritik pauschal abweisen kann, demonstriert Steinbuch in seinem wissenschaftstheoretisch etwas schlicht ausgefallenen, in der positiven »Aussage« aber doch recht handfest geratenen »Plädoyer für positives Wissen und Können«, in dem diese kritikabwürgende Waffe ironischerweise auch gegen den kritischen Rationalismus und den theoretischen Pluralismus gerichtet wird (siehe Steinbuch 1971).
90 Das gilt selbst für einen so problematischen Fall wie Herbert Marcuse, über dessen vielfach überzogene, in der konstruktiven politischen Programmatik völlig alternativenlose, auf eine konfuse »Logik des Protests« gestützte Kritik ich *in der Sache* mit Alberts Gegenkritik grundsätzlich einig gehe (vgl. dazu auch Lenk 1971b). Aber andererseits müßte dem kritischen Rationalismus doch die Verwandtschaft, ja Übereinstimmung wenigstens in der Tendenz zwischen seiner eigenen Kritik des *monistischen Rechtfertigungsdenkens* und Marcuses Kritik des *eindimensionalen Denkens,* in dessen Rahmen für den Entwurf von »geschichtlichen Alternati-

ven« (Marcuse 1967, S. 14 et passim) kein Platz mehr ist, aufgefallen sein! Gemeinsam ist dem monistischen und dem eindimensionalen Denken auf jeden Fall die *antipluralistische Tendenz*.
Angesichts der verschiedenen, sich ergänzenden Problemstellung (bei den Popperianern primär die Frage nach den erkenntnistheoretischen, bei Marcuse primär die nach den politökonomischen Ursachen) dieser beiden verwandten Denkarten müßte doch wenigstens die *Möglichkeit* in Betracht gezogen werden, daß Vertreter der Kritischen Theorie und des kritischen Rationalismus zuweilen auch *voneinander lernen* können – durch *Austausch* statt steriler Abwehr von Kritik. Überhaupt scheint der kritische Rationalismus einige Schwierigkeiten zu haben, von seinen Gegnern zu lernen, und sei es auch nur hinsichtlich einer immer möglichen und fast immer angebrachten Verfeinerung des Problembewußtseins. Das ist sein eigener Schaden. Man kann dem Gegner ja wenigstens zugestehen, daß er, sofern er auch *ausschließlich* falsche oder gar keine Antworten geben sollte, doch zuweilen die richtigen Fragen stellt. Die Kritische Theorie hat es schließlich nicht durchweg mit Scheinproblemen zu tun.
Andere Autoren außerhalb des kritischen Rationalismus scheinen weniger Schwierigkeiten zu haben, die Leistungen von Kritik auch bei anderen anzuerkennen, *ohne* deswegen die kritische Einstellung zum Kritiker aufzugeben. So spricht zum Beispiel Kurt von Fritz mit Anerkennung und zugleich scharfer Kritik über die »Kombination von zum Teil zutreffender und scharfsinniger Kritik mit völliger Orientierungslosigkeit hinsichtlich dessen, was an die Stelle des Kritisierten gesetzt werden könnte« (Fritz 1971, S. XIX), im Werk Marcuses.
Mit diesen Schwierigkeiten, vom Gegner wenigstens im Problembewußtsein zu lernen, hängt meines Erachtens eine gewisse *thematische Erschöpfung von Poppers eigener Sozialphilosophie* zusammen, wobei nicht ohne weiteres zu entscheiden ist, was Ursache und was Wirkung dafür ist, daß sich die Poppersche Sozialphilosophie in jüngster Zeit etwas festgefahren hat und nicht mehr imstande zu sein scheint, Kritik zu rezipieren, um sie *für sich selbst auszubeuten!* (Vgl. in diesem Zusammenhang den in Grossner 1971, S. 278 ff., abgedruckten Brief Poppers, von dem ich zu Poppers Gunsten vermuten möchte, daß er an eine Veröffentlichung nicht dachte, als er ihn schrieb. Wenn ich als kritischer Rationalist an meinem Department im Verlauf vieler Jahre »nur einen einzigen revolutionären Studenten« – wobei Popper vermutlich Robin Blackburn im Auge haben dürfte, den späteren Gründer der New Left Press, die demnächst Feyerabend 1974a herausbringen wird –, zustande gebracht oder angezogen hätte, dann würde ich dieses Ergebnis verschweigen. Auch sonst klingen Poppers Stellungnahmen zur Kritik seiner Sozialphilosophie für einen, der immer nur hypothetische Vermutungen zu äußern vorgibt, etwas selbstgewiß. Popper scheint der Ansicht zu sein, daß er eben immer *richtig* und andere meist falsch vermuten.)

91 Vgl. Topitsch 1973 sowie die vorangegangene Kontroverse zwischen Topitsch und Habermas (Topitsch 1970 und Habermas 1970). Wenn der einstmals radikale, unbestechliche Ideologiekritiker Topitsch die neue, konservativ gewordene »Aufklärung« auf die Aufgabe der »Selbstbehauptung geistiger und damit wenigstens indirekt auch politischer Unabhängigkeit gegen die Idole, die intellektuellen Götzen der Zeit« (Topitsch 1973) verpflichtet wissen will – und damit die »Idole« und »intellektuellen (!) Götzen der Zeit« (Habermas vielleicht?) als die größere Bedrohung für Freiheit, Humanität und Aufklärung anzusehen scheint als die auch in funktionierenden Demokratien nur schwer unter völliger demokratischer Kontrolle zu haltende Akkumulation politischer und ökonomischer *Macht* (wie es immerhin der konsequentere Liberale und Aufklärer Popper schon immer gesehen hat) –, so ist das ein »Aufklärungsprogramm«, das zur Not auch die katholische Kirche unterschreiben kann, gegen die Topitsch im Namen der aufklärerischen Ideologiekritik, unter Ignorierung der größten Ideologieproduzenten in längst säkularisierten, modernen Industriegesellschaften, immer so militant zu Felde gezogen ist. Junge Pfarrer scheinen heutzutage kritischer zu sein als alte kritische Rationalisten.
Die Fronten haben sich völlig verkehrt. Es war in dieser Kontroverse der »Marxist« Habermas, der die Werte eines konsequenten *politischen Liberalismus* gegen die neue, neokonservative Aufklärung, gegen den ressentimentgeladenen Angriff »der umgefallenen, in Militanz und Verschwörungstheorien flüchtenden Liberalen« (Habermas 1970; auch abgedruckt in Habermas 1973a, S. 372) verteidigt hat. Wenn es bei dieser verkehrten Frontstellung bleibt, wird Albert seine an sich sehr begrüßenswerte und überzeugende Kritik jener, die »dem anti-liberalen Pathos, der Diffamierung liberaler Einstellungen, Denkweisen und Institutionen Vorschub« leisten (Albert 1971, S. 62), möglicherweise umadressieren müssen.
Übrigens hat sich Topitsch auch in der auf den mehrfachen Umfang erweiterten neuen Fassung von Topitsch 1970 in Topitsch 1973a nicht genötigt gesehen, auf Habermas' Kritik einzugehen. Anderen aber wirft er Diskussionsverweigerung vor...
Aufklärung ist sicherlich zu keiner Zeit und unter keinen politischen Bedingungen eine leichte Aufgabe gewesen. Heute ist sie sogar eine besonders schwierige Aufgabe geworden (vgl. dazu Hentig 1974). Sie ist sicherlich *auch* eine Aufgabe *für* den Konservativismus, der dazu einen wertvollen Beitrag leisten könnte. Aber Aufklärung darf *nicht selbst* konservativ werden, wenn sie nicht die ihr von Kant auferlegte klassische Verpflichtung, den »Ausgang des Menschen aus seiner selbstverschuldeten Unmündigkeit« nach Kräften zu fördern, verraten will.
92 Vgl. Beyme 1972, S. 49 ff.
93 Vgl. Reinisch 1972.
94 Becker 1972, S. 149; Hervorhebungen im Original. Beckers Marxismus-Kritik gipfelt in dem Vorwurf der »methodischen Irrationalität«, ver-

säumt es aber, *Kriterien für methodische Rationalität* anzugeben, so daß nicht klar ist, *was* damit *präzise* der einen Position zugestanden und der anderen abgesprochen wird. Das berührt natürlich nicht Beckers *Detail*kritik – die allerdings in ökonomischer Hinsicht etwas dürftig ausgefallen ist –, wohl aber seine etwas pauschale Schlußfolgerung.

95 Dazu gibt es immerhin schon einige interessante Ansätze. Ich denke hier insbesondere an Galtung 1971.

96 Hentig 1972, S. 195.

97 Vgl. Brentano 1971. Frau von Brentanos Diagnose und Kritik des »Monopolpluralismus« wird unter anderem aufgegriffen und weitergeführt in Hentig 1972 (S. 194f.) und in Preuss 1973 (S. 121ff.).

98 Brentano 1971, S. 478.

99 Gemeint ist Spinner 1971.

100 Brentano 1971, S. 484.

101 Brentano 1971, S. 491; Hervorhebung im Original.

102 Brentano 1971, S. 484.

103 Brentano 1971, S. 492.

104 Brentano 1971, S. 485.

105 Vgl. Holzkamp 1972, S. 123 (Hervorhebung im Original), wo der Autor behauptet, »daß kritisch-emanzipatorische Psychologie ihrem Anspruch nach gegenüber der herkömmlichen Psychologie den umfassenderen Ansatz darstellt, der die bisherigen Ansätze der Psychologie kritisch in sich begreift: *Sofern dieser Anspruch nicht in rationaler Argumentation zurückgewiesen werden kann, sollte man damit aufhören, Ansätze, die im Verhältnis des Umfassenderen zum weniger Umfassenderen stehen, im Dienste der Ungestörtheit des eigenen ›wissenschaftlichen‹ Weiterbastelns pluralistisch als ›gleichberechtigt‹ oder ›konkurrierend‹ hinzustellen.*« – Umfassender oder nicht, warum sollte es zwischen Konzeptionen oder Programmen unterschiedlicher Allgemeinheit keine pluralistische Theorienkonkurrenz geben können oder dürfen?

106 Zur Kritik dieser Habermasschen Fehlinterpretation vgl. Spinner 1969, S. 333.

107 Vgl. Dettling 1971.

Bibliographie

Acham 1972: Acham, Karl, *Vernunft und Engagement*, Wien 1972.

Achinstein 1970: Achinstein, Peter, *Inference to Scientific Laws*, in: Roger H. Stuewer, Hrsg., *Minnesota Studies in the Philosophy of Science*, Vol. V, Minneapolis 1970, S. 87-104.

Ackermann 1957: Ackermann, Wilhelm, *Philosophische Bemerkungen zur mathematischen Logik und zur mathematischen Grundlagenforschung*, in: *Ratio*, Bd. I, 1957, S. 1-20.

Adorno-Albert-Habermas-Popper-Pilot 1969: Adorno, Theodor W., Hans Albert, Ralf Dahrendorf, Jürgen Habermas und Harald Pilot, *Der Positivismusstreit in der deutschen Soziologie*, Neuwied und Berlin 1969.

Agassi 1961: Agassi, Joseph, *The Role of Corroboration in Popper's Methodology*, in: *The Australasian Journal of Philosophy*, Vol. 39, 1961, S. 82 bis 91.

Agassi 1963: *Towards an Historiography of Science*, 'S-Gravenhage 1963 *(History and Theory*, Beiheft 2).

Agassi 1964: *The Nature of Scientific Problems and Their Roots in Metaphysics*, in: Bunge 1964, S. 189-211.

Agassi 1966: *Sensationalism*, in: *Mind*, Vol. LXXV, 1966, S. 1-24.

Agassi 1966a: *Revolutions in Science, Occasional or Permanent?*, in: *Organon*, Vol. 3, 1966, S. 47-61.

Agassi 1967: *Science in Flux – Footnotes to Popper*, in: Robert S. Cohen und Marx W. Wartofsky, Hrsg., *Boston Studies in the Philosophy of Science*, Vol. III, Dordrecht-Holland 1967, S. 293-323.

Agassi 1968: *The Novelty of Popper's Philosophy of Science*, in: *International Philosophical Quarterly*, Vol. VIII, 1968, S. 442-463.

Agassi 1969: *Unity and Diversity in Science*, in: Robert S. Cohen und Marx W. Wartofsky, Hrsg., *Boston Studies in the Philosophy of Science*, Vol. IV, Dordrecht-Holland 1969, S. 463-522.

Agassi 1969a: *Can Religion Go Beyond Reason*, in: *Zygon*, Vol. 4, 1969, S. 128-168.

Agassi 1971: *Positive Evidence as a Social Institution*, in: *Philosophia*, Vol. I, 1971, S. 143-157

Agassi 1972: *Imperfect Knowledge*, in: *Philosophy and Phenomenological Research*, Vol. 32, 1972, S. 465-477

Agassi 1973: *Testing as a Bootstrap Operation in Physics*, in: *Zeitschrift für allgemeine Wissenschaftstheorie*, Bd. IV, 1973, S. 1-24.

Agassi 1973a: *Continuity and Discontinuity in the History of Science*, in: *Journal of the History of Ideas*, Vol. XXXIV, 1973, S. 609-626.

Agassi 1974: *Modified Conventionalism is More Comprehensive than Modified Essentialism*, in: Popper-Schilpp 1974 II, S. 693-696.

Agassi 1974a: *Postscript: On the Futility of Fighting Philistines* (Rezensionsaufsatz zu Popper 1972 – noch nicht veröffentlicht).
Agassi-Jarvie-Settle 1971: Agassi, Joseph; Jarvie, I. C.; Settle, Tom, The Grounds of Reason, Philosophy, Vol. 46, 1971, S. 43-49
Ajdukiewicz 1934: Ajdukiewicz, Kasimir, *Das Weltbild und die Begriffsapparatur*, in: *Erkenntnis*, Bd. 4, 1934, S. 259-287.
Ajdukiewicz 1935: *Die wissenschaftliche Weltperspektive*, in: *Erkenntnis*, Bd. 5, 1935, S. 23-30.
Albert 1961: Albert, Hans, *Ethik und Meta-Ethik*, in: *Archiv für Philosophie*, Bd. 11, 1961, S. 28-63.
Albert 1964: *Probleme der Theoriebildung*, in: Hans Albert, Hrsg., *Theorie und Realität*, Tübingen 1964, S. 3-70.
Albert 1968: *Traktat über kritische Vernunft*, Tübingen 1968.
Albert 1971: *Plädoyer für kritischen Rationalismus*, München 1971.
Albert 1971a: *Kritizismus und Naturalismus – Die Überwindung des klassischen Rationalitätsmodells und das Überbrückungsproblem*, in: Lenk 1971a, S. 111-128.
Albert 1972: *Konstruktion und Kritik*, Hamburg 1972.
Albert 1972a: *Aufklärung und Steuerung – Gesellschaft, Wissenschaft und Politik in der Perspektive des kritischen Rationalismus*, in: *Hamburger Jahrbuch für Wirtschafts- und Gesellschaftspolitik*, Bd. 13, 1968, S. 32 bis 44.
Alexander 1958: Alexander, H. Gavin, *General Statements as Rules of Inference?* in: Herbert Feigl, Michael Scriven und Grover Maxwell, Hrsg., *Minnesota Studies in the Philosophy of Science*, Vol. II, Minneapolis 1958, S. 309-329.
Bar-Hillel 1964: Bar-Hillel, Yehoshua, *Language and Information*, Reading, Mass. – London 1964.
Bartley 1962: Bartley III, William Warren, *The Retreat to Commitment*, New York 1962.
Bartley 1964: *Rationality versus the Theory of Rationality*, in: Bunge 1964, S. 3-31.
Bartley 1964a: *Flucht ins Engagement*, München 1964 (erweiterte, aber mangelhaft übersetzte deutsche Ausgabe von Bartley 1962).
Bartley 1968: *Theories of Demarcation Between Science and Metaphysics*, in: Imre Lakatos und Alan Musgrave, Hrsg., *Problems in the Philosophy of Science*, Amsterdam 1968, S. 40-64.
Bavink 1947: Bavink, Bernhard, *Die Bedeutung des Konvergenzprinzips für die Erkenntnistheorie der Naturwissenschaften*, in: *Zeitschrift für philosophische Forschung*, Bd. 2, 1947, S. 111-130.
Becker 1972: Becker, Werner, *Kritik der Marxschen Wertlehre*, Hamburg 1972.
Bernays 1970: Bernays, Paul, *Die schematische Korrespondenz und die idealisierten Strukturen*, in: *Dialectica*, Vol. 24, 1970, S. 53-66.

Beyme 1972: Beyme, Klaus von, *Die politischen Theorien der Gegenwart*, München 1972.
Blackwell 1969: Blackwell, Richard J., *Discovery in the Physical Sciences*, Notre Dame und London 1969.
Blumenberg 1965: Blumenberg, Hans, *Das Fernrohr und die Ohnmacht der Wahrheit*, in: Galileo Galilei, *Sidereus Nuncius*, hrsg. von Hans Blumenberg, Frankfurt 1965, S. 5-73.
Böhler 1970: Böhler, Dietrich, *Zum Problem des ›Emanzipatorischen Interesses‹ und seiner gesellschaftlichen Wahrnehmung*, in: *Man and World*, Vol. 3, 1970, S. 26-53.
Bohm 1961: Bohm, David, *Causality and Chance in Modern Physics*, New York 1961.
Bohnen 1969: Bohnen, Alfred, *Zur Kritik des modernen Empirismus*, in: *Ratio*, Bd. 11, 1969, S. 33-49
Bohr 1970: Bohr, Niels, *Einheit des Wissens*, in Krüger 1970, S. 389-402.
Boltzmann 1905: Boltzmann, Ludwig, *Populäre Schriften*, Leipzig 1905.
Born 1964: Born, Max, *Die Relativitätstheorie Einsteins*, 4. Auflage, Berlin-Göttingen-Heidelberg 1964.
Bourbaki 1971: Bourbaki, Nicolas, *Elemente der Mathematikgeschichte*, Göttingen 1971.
Brentano 1971: Brentano, Margherita von, *Wissenschaftspluralismus*, in: *Das Argument*, Bd. 13, 1971, S. 476-493.
Buchdahl 1963: Buchdahl, Gerd, *Descartes' Anticipation of a ›Logic of Scientific Discovery‹*, in: A. C. Crombie, Hrsg., *Scientific Change*, London 1963, S. 399-417.
Bunge 1964: Bunge, Mario, Hrsg., *The Critical Approach to Science and Philosophy – In Honor of Karl R. Popper*, Glencoe und London 1964.
Bunge 1964a: *Phenomenological Theories*, in: Bunge 1964, S. 234-254.
Bunge 1967 I bzw. 1967 II: *Scientific Research*, Bd. I und II, Berlin-Heidelberg-New York 1967.
Bunge 1967a: *Foundations of Physics*, Berlin-Heidelberg-New York 1967.
Bunge 1969: *What are Physical Theories About?*, in: *American Philosophical Quarterly – Monograph Series, Monograph* No. 3, Oxford 1969, S. 61-99.
Bunge 1970: *Problems Concerning Intertheory Relations*, in: Paul Weingartner und Gerhard Zecha, Hrsg., *Induction, Physics, and Ethics*, Dordrecht-Holland 1970, S. 285-315.
Carnap 1927: Carnap, Rudolf, *Eigentliche und uneigentliche Begriffe*, *Symposion*, Bd. I, 1927, S. 355-374.
Carnap 1928: *Scheinprobleme der Philosophie*, Berlin 1928; Neuausgabe mit einem Nachwort von Günther Patzig, Frankfurt 1966.
Carnap 1939: *Foundations of Logic and Mathematics*, in: *International Encyclopedia of Unified Science*, Vol. I, No. 3, Chicago 1939 (auch als selbständige Publikation erschienen).

Carnap 1950: *Empiricism, Semantics, and Ontology*, in: *Revue Internationale de Philosophie*, Vol. 4, 1950, S. 20-40; abgedruckt im Anhang von Carnaps Buch: *Meaning and Necessity*, 2. erweiterte Auflage, Chicago 1956, S. 205-221.
Carnap 1952: *Meaning Postulates*, in: *Philosophical Studies*, Vol 3. 1952, S. 65-73 (auch in: Carnap, *Meaning and Necessity*, 2. erw. Aufl., Chicago 1956, S. 222-229).
Carnap 1956: *The Methodological Character of Theoretical Concepts*, in: Herbert Feigl und Michael Scriven, Hrsg., *Minnesota Studies in the Philosophy of Science*, Vol. I, Minneapolis 1956, S. 38-76.
Carnap 1959: *Beobachtungssprache und theoretische Sprache*, in: *Logica – Studia Paul Bernays Dedicata*, Neuchatel 1959, S. 32-44.
Carnap 1962: *Logical Foundations of Probability*, 2. Aufl., Chicago 1962.
Carnap 1966: *Philosophical Foundations of Physics*, New York-London 1966 (deutsch: *Einführung in die Philosophie der Naturwissenschaft*, München 1969).
Carnap 1966a; *Probability and Content Measure*, in: Paul K. Feyerabend und Grover Maxwell, Hrsg., *Mind, Matter, and Method – Essays in Philosophy and Science in Honor of Herbert Feigl*, Minneapolis 1966, S. 248-260.
Carnap 1968: *Logische Syntax der Sprache*, 2. Aufl., Wien-New York 1968.
Cassirer 1964: Cassirer, Ernst, *Zur modernen Physik*, Darmstadt 1964.
Crombie 1952: Crombie, A. C., *The Invention of Scientific Explanation*, in: *Discovery*, Vol. 13, 1952, S. 345-351.
Dettling 1971: Dettling, Warnfried, *Grenzen des Pluralismus*, in: Gerd Langguth, Hrsg., *Aspekte der Reformpolitik*, Mainz 1971, S. 49-65.
Dijksterhuis 1956: Dijksterhuis, E. J., *Die Mechanisierung des Weltbildes*, Berlin-Göttingen-Heidelberg 1956.
Dingler 1923: Dingler, Hugo, *Die Grundlagen der Physik*, 2. Aufl., Berlin und Leipzig 1923.
Dingler 1926: *Der Zusammenbruch der Wissenschaft und der Primat der Philosophie*, München 1926.
Dingler 1931: *Philosophie der Logik und Arithmetik*, München 1931.
Dingler 1936: *Methodik statt Erkenntnistheorie und Wissenschaftslehre*, in: *Kant-Studien*, Bd. 41, 1936, S. 346-379.
Dingler 1949: *Grundriß der methodischen Philosophie*, Füssen 1949.
Dingler 1951: *Das physikalische Weltbild*, Meisenheim am Glan 1951.
Dingler 1955: *Die Ergreifung des Wirklichen*, München 1955.
Dingler 1964: *Aufbau der exakten Fundamentalwissenschaft*, hrsg. von Paul Lorenzen, München 1964.
Duhem 1962: Duhem, Pierre, *The Aim and Structure of Physical Theories*, hrsg. von Philip P. Wiener, New York 1962.
Duhem 1969: *To Save the Phenomena*, Chicago und London 1969.
Durban 1966: Durban, Paul R., *A Logic of Scientific Discovery*, in: *Procee-*

dings of the American Catholic Philosophical Association, Vol. 40, 1966, S. 191-202.

Einstein 1955: Einstein, Albert, *Autobiographisches*, in: *Albert Einstein als Philosoph und Naturforscher*, hrsg. von Paul A. Schilpp, Stuttgart 1955, S. 1-35.

Einstein 1960: *Mein Weltbild*, Frankfurt 1960.

Feigl 1950: Feigl, Herbert, *Existential Hypotheses*, in: Philosophy of Science, Vol. 17, 1950, S. 35-62.

Feigl 1970: *The »Orthodox« View of Theories: Remarks in Defense as well as Critique*, in: Radner-Winokur 1970, S. 3-16.

Feyerabend 1955: Feyerabend, Paul K., *Carnaps Theorie der Interpretation formaler Systeme*, in: Theoria, Vol. 21, 1955, S. 55-62.

Feyerabend 1960: *Das Problem der Existenz theoretischer Entitäten*, in: Ernst Topitsch, Hrsg., *Probleme der Wissenschaftstheorie – Festschrift für Victor Kraft*, Wien 1960, S. 35-72.

Feyerabend 1961: *Knowledge Without Foundations*, Oberlin, Ohio, 1961.

Feyerabend 1962: *Explanation, Reduction, and Empiricism*, in: Herbert Feigl und Grover Maxwell, Hrsg., *Minnesota Studies in the Philosophy of Science*, Vol. III, Minneapolis 1962, S. 28-97.

Feyerabend 1963: *Über konservative Züge in den Wissenschaften und insbesondere in der Quantentheorie, und ihre Beseitigung*, in: Gerhard Szczesny, Hrsg., *Club Voltaire – Jahrbuch für kritische Aufklärung*, Bd. I, München 1963, S. 280-293.

Feyerabend 1964: *Realism and Instrumentalism: Comments on the Logic of Factual Support*, in: Bunge 1964, S. 280-308.

Feyerabend 1965: *Reply to Criticism*, in: Robert S. Cohen und Marx W. Wartofsky, Hrsg., *Boston Studies in the Philosophy of Science*, Vol. II, New York 1965, S. 223-261.

Feyerabend 1965a: *Problems of Empiricism*, in: Robert G. Colodny, Hrsg., *Beyond the Edge of Certainty – University of Pittsburgh Series in the Philosophy of Science*, Vol. 2, Englewood Cliffs 1965, S. 145-260.

Feyerabend 1967: *Bemerkungen zur Geschichte und Systematik des Empirismus*, in: Weingartner 1967, S. 136-180.

Feyerabend 1970: *Wie wird man ein braver Empirist? – Ein Aufruf zur Toleranz in der Erkenntnistheorie*, in: Krüger 1970, S. 302-335.

Feyerabend 1970a: *Consolations for the Specialist*, in: Lakatos-Musgrave 1970, S. 197-230.

Feyerabend 1970b: *Classical Empiricism*, in: Robert E. Butts und John W. Davis, Hrsg., *The Methodological Heritage of Newton*, Oxford 1970, S. 150-170.

Feyerabend 1970c: *Against Method: Outline of an Anarchistic Theory of Knowledge*, in: Radner-Winokur 1970, S. 17-130.

Feyerabend 1970d: *Problems of Empiricism*, Pt. II, in: Robert G. Colodny, Hrsg., *The Nature and Function of Scientific Theories – University of*

Pittsburgh Studies in the Philosophy of Science, Vol. 4, Pittsburgh 1970, S. 275-353.

Feyerabend 1972: *Über die Interpretation wissenschaftlicher Theorien*, in: Hans Albert, Hrsg., *Theorie und Realität*, 2. Aufl., Tübingen 1972, S. 59-66.

Feyerabend 1972a: *Von der beschränkten Gültigkeit methodologischer Regeln*, in: Neue Hefte für Philosophie, Heft 2/3, 1972, S. 124-171.

Feyerabend 1973: *Die Wissenschaftstheorie – eine bisher unbekannte Form des Irrsinns?*, in: Kurt Hübner und Albert Menne, Hrsg., *Natur und Geschichte – X. Deutscher Kongreß für Philosophie* (Kiel 8.-12. Oktober 1972), Hamburg 1973, S. 88-124.

Feyerabend 1974: *Ausgewählte Schriften*, hrsg. von Helmut F. Spinner, Bd. I, Braunschweig 1974.

Feyerabend 1974a: *Against Method* (wesentlich erweiterte Buchversion von Feyerabend 1970c).

Feyerabend 1974b: *Thesen zum Anarchismus*, in: Hans Peter Duerr, Hrsg., *Unter den Steinen liegt der Strand*, Berlin 1974, S. 127-133.

Finnegan-Horton 1973: Finnegan, Ruth und Horton, Robin, *Introduction*, in: Horton-Finnegan 1973, S. 13-62.

Frey 1969: Frey, Gerhard, *Über die Gültigkeit genereller Sätze*, in: *Synthese*, Vol. 20, 1969, S. 104-120.

Fritz 1971: Fritz, Kurt von, *Grundprobleme der Geschichte der antiken Wissenschaft*, Berlin-New York 1971.

Galtung 1971: Galtung, Johan, *Pluralismus und die Zukunft der menschlichen Gesellschaft*, in: Dieter Senghaas, Hrsg., Kritische Friedensforschung, Frankfurt am Main 1971, S. 164-231.

Gehlen 1969: Gehlen, Arnold, *Moral und Hypermoral*, Frankfurt am Main 1969.

Gellner 1973: Gellner, Ernest, *The Savage and the Modern Mind*, in: Horton-Finnegan 1973, S. 162-181.

Giedymin 1960: Giedymin, Jerzy, *A Generalization of the Refutability Postulate*, in: Studia Logica, Vol. X, 1960, S. 97-108.

Giedymin 1971: *Consolations for the Irrationalist*, in: *The British Journal for the Philosophy of Science*, Vol. 22, 1971, S. 39-48.

Gombrich 1961: Gombrich, E. H., *Art and Illusion*, 2. Auflage, New York 1961.

Gombrich 1966: *The Story of Art*, 11. Aufl., London und New York 1966.

Goodman 1954: Goodman, Nelson, *Fact, Fiction, & Forecast*, London 1954.

Grossner 1971: Grossner, Claus, *Verfall der Philosophie*, Reinbek bei Hamburg 1971.

Grünbaum 1969: Grünbaum, Adolf, *Can We Ascertain the Falsity of a Scientific Hypothesis?*, in: *Studium Generale*, Vol. 22, 1969, S. 1061 bis 1093.

Habermas 1970: Habermas, Jürgen, *Machtkampf und Humanität* (Erwiderung auf Topitsch 1970), in: *Frankfurter Allgemeine Zeitung*, Nummer 288 vom 12. Dezember 1970 (auch in Habermas 1973a, S. 371-377).

Habermas 1971: *Vorbereitende Bemerkungen zu einer Theorie der kommunikativen Kompetenz*, in: Jürgen Habermas und Niklas Luhmann, *Theorie der Gesellschaft oder Sozialtechnologie – Was leistet die Systemforschung?*, Frankfurt am Main 1971, S. 101-141.

Habermas 1973: *Wahrheitstheorien*, in: Helmut Fahrenbach, Hrsg., *Wirklichkeit und Reflexion – Walter Schulz zum 60. Geburtstag*, Pfullingen 1973, S. 211-265.

Habermas 1973a: *Kultur und Kritik*, Frankfurt am Main 1973.

Hanson 1961: Hanson, Norwood R., *Patterns of Discovery*, Cambridge 1961.

Hanson 1961a: *Is There a Logic of Scientific Discovery?*, in: Herbert Feigl und Grover Maxwell, Hrsg., *Current Issues in the Philosophy of Science*, New York 1961, S. 20-35.

Hanson 1967: *An Anatomy of Discovery*, in: *The Journal of Philosophy*, Vol. 64, 1967, S. 321-352.

Hanson 1969: *Perception and Discovery*, San Francisco 1969.

Hanson et al. 1970: Hanson, Norwood R. und andere, *Discussion at the Conference on Correspondence Rules*, in: Radner-Winokur 1970, S. 220-259.

Heisenberg 1969: Heisenberg, Werner, *Der Teil und das Ganze*, München 1969.

Heisenberg 1971: *Schritte über Grenzen*, München 1971.

Heisenberg 1973: *Die Richtigkeitskriterien der abgeschlossenen Theorien in der Physik*, in: Erhard Scheibe und Georg Süßmann, Hrsg., *Einheit und Vielheit – Festschrift für Carl Friedrich v. Weizsäcker zum 60. Geburtstag*, Göttingen 1973, S. 140-144.

Hempel 1965: Hempel Carl G., *Aspects of Scientific Explanation*, New York und London 1965

Hempel 1970: *On the »Standard Conception« of Scientific Theories*, in: Radner-Winokur 1970, S. 142-163.

Hentig 1972: Hentig, Hartmut von, *Magier oder Magister?*, Stuttgart 1972.

Hentig 1974: *Über die Schwierigkeit, eine Gesellschaft aufzuklären, die sich für aufgeklärt hält*, in: *Vorgänge – Zeitschrift für Gesellschaftspolitik*, Bd. 12, 1974, S. 35-70.

Hesse 1966, Hesse, Mary, *Models and Analogies in Science*, Notre Dame 1966.

Hesse 1970: *Duhem, Quine and a New Empiricism*, in: *Royal Institute of Philosophy Lectures*, Vol. III (1968/69), London 1970, S. 191-209.

Hesse 1970a: *An Inductive Logic of Theories*, in: Radner-Winokur 1970, S. 164-180.

Hilbert 1964: Hilbert, David, *Hilbertiana – Fünf Aufsätze von David Hil-*

bert, Darmstadt 1964.

Hintikka 1968: Hintikka, Jaakko, *The Varieties of Information and Scientific Explanation*, in: B. van Rootselaar und J. F. Staal, Hrsg., *Logic, Methodology and Philosophy of Science III*, Amsterdam 1968, S. 311 bis 331.

Hintikka 1970: *Information, Deduction, and the A Priori*, *Noûs*, Vol. 4, 1970, S. 135-152.

Hintikka 1970a: *On Semantic Information*, in: Jaakko Hintikka und Patrick Suppes, Hrsg., *Information and Inference*, Dordrecht-Holland 1970, S. 3-27.

Hintikka 1970b: *Surface Information and Depth Information*, in: Jaakko Hintikka und Patrick Suppes, Hrsg., *Information and Inference*, Dordrecht-Holland 1970, S. 263-297.

Holzkamp 1968: Holzkamp, Klaus, *Wissenschaft als Handlung*, Berlin 1968.

Holzkamp 1972: Kritische Psychologie, Frankfurt am Main 1972.

Horton 1973: Horton, Mary, *In Defence of Francis Bacon*, in: *Studies in History and Philosophy of Science*, Vol. 4, 1973, S. 241-278.

Horton 1967: Horton, Robin, *African Traditional Thought and Western Science*, in: *Africa*, Vol. 37, 1967, S. 50-71 und 155-187.

Horton 1973a: *Lévy-Bruhl, Durkheim and the Scientific Revolution*, in: Horton-Finnegan 1973, S. 249-305.

Horton-Finnegan 1973: Horton, Robin und Finnegan, Ruth, Hrsg., *Modes of Thought*, London 1973.

Howson 1973: Howson, Colin, *Must the Logical Probability of Laws be Zero?* in: *The British Journal for the Philosophy of Science*, Vol. 24, 1973, S. 153–163.

Hübner 1969: Hübner, Kurt, *Was zeigt Keplers »Astronomia Nova« der modernen Wissenschaftstheorie?*, in: *Philosophia Naturalis*, Bd. 11, 1969, S. 257-278.

Jarvie 1972: Jarvie, I. C., *Concepts and Society*, London und Boston 1972.

Juhos 1966: Juhos, Béla, *Über die empirische Induktion*, in: *Studium Generale*, Vol. 19, 1966, S. 259-272.

Juhos 1970: *Die methodologische Symmetrie von Verifikation und Falsifikation*, in: *Zeitschrift für allgemeine Wissenschaftstheorie*, Bd. I, 1970, S. 41-70.

Kekes 1971: Kekes, John, *Watkins on Rationalism*, in: *Philosophy*, Vol. 46, 1971, S. 51-53.

Kekes 1972: *Fallibilism and Rationality*, in: *American Philosophical Quarterly*, Vol. 9, 1972, S. 301-309.

Kirchhoff 1874 I: Kirchhoff, Gustav, *Vorlesungen über mathematische Physik*, Bd. I: *Mechanik*, Leipzig 1874.

Kisiel 1971: Kisiel, Theodore, *Zu einer Hermeneutik naturwissenschaftlicher Entdeckung*, in: *Zeitschrift für allgemeine Wissenschaftstheorie*,

Bd. II, 1971, S. 195-221.
Kleene 1967: Kleene, Stephen C., *Mathematical Logic*, New York-London-Sydney 1967.
Klima 1974: Klima, Rolf, *Scientific Knowledge and Social Control in Science*, in: Richard Whitley, Hrsg., *Social Processes of Scientific Development*, London und Boston 1974, S. 96-122.
Klowski 1973: Klowski, Joachim, *Läßt sich eine Kernlogik konstituieren?*, in: *Zeitschrift für allgemeine Wissenschaftstheorie*, Bd. 4, 1973, S. 303 bis 312.
Koertge 1973: Koertge, Noretta, *Theory Change in Science*, in: Glenn Pearce und Patrick Maynard, Hrsg., *Conceptual Change*, Dordrecht und Boston 1973, S. 167-198.
Koestler 1964: Koestler, Arthur, *The Act of Creation*, New York 1964 (deutsch: *Der göttliche Funke*, Bern-München-Wien 1966).
Koestler 1965: *Evolution or Revolution in the History of Science*, in: *Encounter*, Vol. XXV, No. 6, Dezember 1965, S. 32-38 (gekürzt auch in: Koestler, *Drinkers of Infinity, Essays 1955-1967*, London 1968, S. 248-260)
Kordig 1971: Kordig, Carl R., *The Justification of Scientific Change*, Dordrecht-Holland 1971.
Koyré 1956: Koyré, Alexandre, *Les Origines de la Science Moderne: Une Interprétation Nouvelle*, in: *Diogène*, No. 16, 1956, S. 14-42 (gekürzt auch in: Koyré, *Études d'Histoire de la Pensée Scientifique*, Paris 1966, S. 48-72).
Körner 1966 bzw. 1970: Körner, Stephan, *Experience and Theory*, London und New York 1966; deutsch: *Erfahrung und Theorie*, Frankfurt am Main 1970.
Kraft 1925: Kraft, Victor, *Die Grundformen der wissenschaftlichen Methoden*, Wien und Leipzig 1925.
Kraft 1960: *Erkenntnislehre*, Wien 1960.
Kraft 1970: *Das Problem der Induktion*, in: *Zeitschrift für allgemeine Wissenschaftstheorie*, Bd. I, 1970, S. 71-82.
Kreisel 1955: Kreisel, G., *Models, Translations and Interpretations*, in: Th. Skolem et al., *Mathematical Interpretation of Formal Systems*, Amsterdam 1955, S. 26-50.
Kröner 1929: Kröner, Franz, *Die Anarchie philosophischer Systeme*, Leipzig 1929.
Krüger 1970: Krüger, Lorenz, Hrsg., *Erkenntnisprobleme der Naturwissenschaften*, Köln und Berlin 1970.
Krymski-Artjuch 1969: Krymski, S. B., und Artjuch, A. T., *Die logischen Prinzipien des Übergangs von einer Theorie zur anderen*, in: P. W. Kopnin und M. W. Popowitsch, Hrsg., *Logik der wissenschaftlichen Forschung*, Berlin 1969, S. 313-369.
Kuhn 1959: Kuhn, Thomas S., *The Copernican Revolution*, New York

1959.
Kuhn 1962 bzw. 1967 bzw. 1970b: *The Structure of Scientific Revolutions*, in: *International Encyclopedia of Unified Science*, Vol. II, No. 2, Chicago 1962; deutsch: *Die Struktur wissenschaftlicher Revolutionen*, Frankfurt am Main 1967; 2., um ein »Postscript-1969« erweiterte englische Aufl., Chicago 1970.
Kuhn 1963: *The Function of Dogma in Scientific Research*, in: A. C. Crombie, Hrsg., *Scientific Change*, London 1963, S. 347-369.
Kuhn 1963a: *The Essential Tension: Tradition and Innovation in Scientific Research*, in: Calvin W. Taylor und Frank Barron, Hrsg., *Scientific Creativity: Its Recognition and Development*, New York und London 1963, S. 341-354.
Kuhn 1964: *A Function for Thought Experiments*, in: *Mélanges Alexandre Koyré*, Bd. II: *L'aventure de l'esprit*, Paris 1964, S. 307-334.
Kuhn 1969: *Comment (on the Relations of Science and Art)*, in: *Comparative Studies in Society and History*, Vol. 11, 1969, S. 403-412.
Kuhn 1970: *Logic of Discovery or Psychology of Research?*, in: Lakatos-Musgrave 1970, S. 1-23.
Kuhn 1970a: *Reflections on my Critics*, in: *Lakatos-Musgrave 1970*, S. 231-278.
Kuhn 1971: *Notes on Lakatos* (zu Lakatos 1971a), in: Roger C. Buck und Robert S. Cohen, Hrsg., *Boston Studies in the Philosophy of Science*, Vol. VIII, Dordrecht-Holland 1971, S. 137-146.
Kutschera-Breitkopf: Kutschera, Franz von und Breitkopf, Alfred, *Einführung in die moderne Logik*, Freiburg-München 1971.
Lakatos 1962: Lakatos, Imre, *Infinite Regress and the Foundations of Mathematics*, in: *The Aristotelian Society – Supplementary Volume* XXXVI, 1962, S. 155-184.
Lakatos 1963/64: *Proofs and Refutations*, in: *The British Journal for the Philosophy of Science*, Vol. XIV, 1963/64, S. 1-25, 120-139, 221-245 und 296-342.
Lakatos 1968: *Changes in the Problem of Inductive Logic*, in: Imre Lakatos, Hrsg., *The Problem of Inductive Logic*, Amsterdam 1968, S. 315 bis 417.
Lakatos 1968/69: *Criticism and the Methodology of Scientific Research Programmes*, in: *Proceedings of the Aristotelian Society – New Series*, Vol. LXIX, 1968/69, S. 149-186.
Lakatos 1970: *Falsification and the Methodology of Scientific Research Programmes*, in: Lakatos-Musgrave 1970, S. 91-195.
Lakatos 1971: *Popper zum Abgrenzungs- und Induktionsproblem*, in: Lenk 1971a, S. 75-110.
Lakatos 1971a: *History of Science and Its Rational Reconstructions*, in: Roger C. Buck und Robert S. Cohen, Hrsg., *Boston Studies in the Philosophy of Science*, Vol. VIII, Dordrecht-Holland 1971, S. 91-136.

Lakatos 1973/74: *The Role of Crucial Experiments in Science*, in: *Studies in History and Philosophy of Science*, Vol. 4, 1973/74, S. 309-325.

Lakatos-Musgrave 1970: Lakatos, Imre und Alan Musgrave, Hrsg., *Criticism and the Growth of Knowledge*, Cambridge 1970.

Landauer 1973: Landauer, Carl, *Anarchismus und Sozialismus*, in: *Hamburger Jahrbuch für Wirtschafts- und Gesellschaftspolitik*, Bd. 18, 1973, S. 11-24.

Lauth 1966: Lauth, Reinhard, *Die absolute Ungeschichtlichkeit der Wahrheit*, Stuttgart 1966.

Lenk 1968: Lenk, Hans, *Kritik der logischen Konstanten*, Berlin 1968.

Lenk 1970: *Philosophische Logikbegründung und rationaler Kritizismus*, in: *Zeitschrift für philosophische Forschung*, Bd. 24, 1970, S. 183-205.

Lenk 1971: *Philosophie im technologischen Zeitalter*, Stuttgart 1971.

Lenk 1971a: Hrsg., *Neue Aspekte der Wissenschaftstheorie*, Braunschweig 1971.

Lenk 1971b: *Herbert Marcuses befriedete Welt*, in: *Zeitwende*, September 1971, S. 307-320.

Lejkin 1972: Lejkin, E. G., *Zur Kritik der kumulativen Konzeptionen der Wissenschaftsentwicklung*, in: Günter Kröber und Helmut Steiner, Hrsg., *Wissenschaft – Studien zu ihrer Geschichte, Theorie und Organisation*, Berlin 1972, S. 152-212.

Lepsius 1964: Lepsius, M. Rainer, *Kritik als Beruf*, in: *Kölner Zeitschrift für Soziologie und Sozialpsychologie*, Bd. 16, 1964, S. 75-91

Lorenz 1973: Lorenz, Konrad, *Die Rückseite des Spiegels*, München-Zürich 1973.

Lorenzen 1967: Lorenzen, Paul, *Das menschliche Fundament der Mathematik*, in: *Weingartner 1967*, S. 27-36.

Lorenzen 1968: *Methodisches Denken*, Frankfurt 1968.

Mach 1910: Mach, Ernst, *Populär-wissenschaftliche Vorlesungen*, 4. Auflage, Leipzig 1910.

Mach 1926: *Erkenntnis und Irrtum*, 5. Aufl., Leipzig 1926.

Marcuse 1967: Marcuse, Herbert, *Der eindimensionale Mensch*, 2. Aufl., Neuwied und Berlin 1967.

Marcuse-Popper 1971: Marcuse, Herbert und Karl R. Popper, *Revolution oder Reform?*, hrsg. von Franz Stark, München 1971.

May 1942: May, Eduard, *Am Abgrund des Relativismus*, 2. Auflage, Berlin 1942.

May 1949: *Induktion und Exhaustion*, in: *Methodos*, Vol. I, 1949, S. 137 bis 149.

May 1950/54: *Wissenschaft als Aggregat und System*, in: *Philosophia Naturalis*, Bd. I, 1950/52, S. 348-360 und 465-479, Bd. II, 1952/54, S. 19-34 und 332-349.

Merton 1965: Merton, Robert K., *On the Shoulders of Giants*, New York und London 1965.

Mill 1969: Mill, John Stuart, *On Liberty*, 1859; deutsch (von Achim v. Borries): *Über Freiheit*, Frankfurt am Main und Wien 1969.

Mittelstrass 1962: Mittelstrass, Jürgen, *Die Rettung der Phänomene*, Berlin 1962.

Mittelstrass 1962/66: *Die Entdeckung der Möglichkeit von Wissenschaft*, in: *Archive for History of Exact Sciences*, Vol. 2, 1962/66, S. 410-435.

Mittelstrass 1970: *Neuzeit und Aufklärung*, Berlin 1970.

Morgenbesser 1969: Morgenbesser, Sidney, *The Realist-Instrumentalist Controversy*, in: Sidney Morgenbesser, Patrick Suppes und Morton White, Hrsg., *Philosophy, Science, and Method – Essays in Honor of Ernest Nagel*, New York 1969, S. 200-218.

Münch-Schmid 1973: Münch, Richard und Schmid, Michael, *Konventionalismus und empirische Forschungspraxis*, in: Hans Albert und Herbert Keuth, Hrsg., *Kritik der kritischen Psychologie*, Hamburg 1973, S. 113 bis 130.

Musgrave 1974: Musgrave, Alan E., *The Objectivism of Popper's Epistemology*, in: Popper-Schilpp 1974 I, S. 560-596.

Naess 1937/38: Ness (=Naess), Arne, *Über die Funktion der Verallgemeinerung*, in: *Erkenntnis*, Bd. 7, 1937/38, S. 198-210.

Naess 1960: *Can Knowledge Be Reached?* in: *Inquiry*, Vol. 4, 1960, S. 219ff.

Naess 1964: *Pluralistic Theorizing in Physics and Philosophy*, in: *Danish Yearbook of Philosophy*, Vol. I, 1964, S. 101-111.

Naess 1967: *Physics and the Variety of World Pictures*, in: *Weingartner 1967*, S. 181-189.

Naess 1971: *The Pluralist and Possibilist Aspect of the Scientific Enterprise*, Oslo und London 1972.

Naess 1972: *The Pluralist and Possibilist Aspect of the Scientific Enterprise*, Oslo und London 1972.

Nagel 1961: Nagel, Ernest, *The Structure of Science*, London 1961.

Neurath 1932/33: Neurath, Otto, *Protokollsätze*, in: *Erkenntnis*, Bd. 3, 1932/33, S. 204-214.

Neurath 1934: *Radikaler Physikalismus und »Wirkliche Welt«*, in: *Erkenntnis*, Bd. 4, 1934, S. 346-362.

Neurath 1935: *Pseudorationalismus der Falsifikation* (zu Popper 1935) in: *Erkenntnis*, Bd. 5, 1935, S. 353-365.

Neurath 1937/38: *The Departmentalization of Unified Science*, in: *Erkenntnis*, Vol. 7, 1937/38, S. 240-246.

Neurath 1938: *Unified Science as Encyclopedic Integration*, in: *International Encyclopedia of Unified Science*, Vol. I, No. 1, Chicago 1938.

Newell-Simon 1972: Newell, Allen und Simon, Herbert A., *Human Problem Solving*, Englewood Cliffs, N. J., 1972.

Nietzsche I-III: Nietzsche, Friedrich, *Werke in drei Bänden*, hrsg. von Karl Schlechta, München 1954/56.

Niiniluoto 1972: Niiniluoto, Ilkka, *Inductive Systematization: Definition and a Critical Survey*, in: *Synthese*, Vol. 25, 1972, S. 25-81.
Oppenheim-Putnam 1970: Oppenheim, Paul und Hilary Putnam, *Einheit der Wissenschaft als Arbeitshypothese*, in: *Krüger 1970*, S. 339-371.
Peirce I und II: Peirce, Charles Sanders, *Schriften I und II*, hrsg. von Karl-Otto Apel, Frankfurt 1967 und 1970.
Planck 1949: Planck, Max, *Vorträge und Erinnerungen*, Stuttgart 1949.
Polanyi 1964: Polanyi, Michael, *Personal Knowledge*, New York und Evanston 1964.
Pólya 1954: Pólya, Georg, *Mathematics and Plausible Reasoning*, 2 Bände, Princeton, N. J., 1954 (deutsch: *Mathematik und plausibles Schließen*, 2 Bände, Basel und Stuttgart 1962).
Pólya 1962/65: *Mathematical Discovery*, New York und London, Bd. I, 1962; Bd. II, 1965 (deutsch: *Vom Lösen mathematischer Aufgaben*, Basel und Stuttgart, Bd. I, 1966; Bd. II, 1967).
Popper 1935 bzw. 1969: Popper, Karl R., *Logik der Forschung*, Wien 1935; 3. erweiterte Auflage, Tübingen 1969.
Popper 1947: *New Foundations for Logic*, in: *Mind.*, Vol. 56, 1947, S. 193-235 (sowie »Corrections and Additions«, Vol. 57, 1948, S. 69-70).
Popper 1957: *Über die Zielsetzung der Erfahrungswissenschaft*, in: *Ratio*, Bd. I, 1957, S. 21-31 (auch in: Hans Albert, Hrsg., *Theorie und Realität*, Tübingen 1964, S. 73-86).
Popper 1962 I und II: *The Open Society and Its Enemies*, 2 Bände, 4. Auflage London 1962.
Popper 1963: *Conjectures and Refutations*, London 1963.
Popper 1965: *Das Elend des Historizismus*, Tübingen 1965.
Popper 1966: *Of Clouds and Clocks*, St. Louis 1966.
Popper 1966a: *A Theorem on Truth-Content*, in: Paul K. Feyerabend und Grover Maxwell, Hrsg., *Mind, Matter, and Method – Essays in Philosophy and Science in Honor of Herbert Feigl*, Minneapolis 1966, S. 343 bis 353.
Popper 1967: *La Rationalité et le Statut du Principle de Rationalité*, in: Emil M. Claassen, Hrsg., *Les Fondements Philosophiques des Systèmes Economiques – Textes de Jacques Rueff et Essais rédigés en son Honneur*, Paris 1967, S. 142-150.
Popper 1970: *Normal Science and its Dangers*, in: Lakatos-Musgrave 1970, S. 51-58.
Popper 1972: *Objective Knowledge*, Oxford 1972 (deutsch: *Objektive Erkenntnis*, Hamburg 1973).
Popper-Schilpp 1974 I und II: Paul Arthur Schilpp, Hrsg., The Philosophy of Karl Popper, 2 Bände, La Salle, Illinois, 1974.
Post 1971: Post, H. R., *Correspondence, Invariance and Heuristics*, in: *Studies in History and Philosophy of Science*, Vol. 2, 1971, S. 213-255.
Post 1971a: Post, John, F., *Paradox in Critical Rationalism and Related*

Theories, in: *The Philosophical Forum*, Vol. 3, 1971, S. 27-61.
Preuss 1973: Preuß, Ulrich K., *Legalität und Pluralismus*, Frankfurt am Main 1973.
Przelecki 1969: Przelecki, Marian, *The Logic of Empirical Theories*, London und New York 1969.
Putnam 1962: Putnam, Hilary, *What Theories Are Not*, in: Ernest Nagel, Patrick Suppes und Alfred Tarski, Hrsg., *Logic, Methodology and Philosophy of Science*, Stanford 1962, S. 240-251.
Quine 1961: Quine, Willard Van Orman, *From a Logical Point of View*, 2. Auflage, New York und Evanston 1961.
Quine 1970: *Grades of Theoreticity*, in: Lawrence Foster und J. W. Swanson, Hrsg., *Experience & Theory*, Massachusetts 1970, S. 1-17.
Quinn 1972: Quinn, Philip, *Methodological Appraisal and Heuristic Advice*, in: *Studies in History and Philosophy of Science*, Vol. 3, 1972, S. 135-149.
Radner-Winokur 1970: Radner, Michael und Winokur, Stephen, Hrsg., *Minnesota Studies in the Philosophy of Science*, Vol. IV, Minneapolis 1970.
Radnitzky 1970 I und II: Radnitzky, Gerard, *Contemporary Schools of Metascience*, 2 Bände, 2. Auflage, New York und Göteborg 1970.
Radnitzky 1971: *Theorienpluralismus – Theorienmonismus: einer der Faktoren, die den Forschungsprozeß beeinflussen und die selbst von Weltbildannahmen abhängig sind*, in: A. Diemer, Hrsg., *Der Methoden- und Theorienpluralismus in den Wissenschaften*, Meisenheim am Glan 1971, S. 135-184.
Radnitzky 1972: *Toward a Theory of Research which is neither Logical Reconstruction nor Psychology or Sociology of Science*, in: *Quality & Quantity*, Vol. 6, 1972, S. 193-238.
Radnitzky 1972a: *Towards a ›Praxiological‹ Theory of Research*, in: *Systematics*, Vol. 10, 1972, S. 128-185.
Reichenbach 1938: Reichenbach, Hans, *Experience and Prediction*, Chicago 1938.
Reichenbach o. J.: *Der Aufstieg der wissenschaftlichen Philosophie*, Berlin-Grunewald o. J. (1953).
Reinisch 1972: Reinisch, Leonhard, *Wiederkehr des konservativen Denkens?*, in: *Merkur*, Bd. 26, 1972, S. 1161-1163
Rescher 1973: Rescher, Nicholas, *The Coherence Theory of Truth*, Oxford 1973.
Richmond 1971: Richmond, Sheldon, *Can a Rationalist Be Rational About His Rationalism?*, in: *Philosophy*, Vol. 46, 1971, S. 54-55
Robinson 1963: Robinson, Abraham, *Introduction to Model Theory and to the Metamathematics of Algebra*, Amsterdam 1963.
Russell 1926: Russell, Bertrand, *Our Knowledge of the External World*, revidierte Ausgabe, London 1926.

Ryle 1963: Ryle, Gilbert, *The Concept of Mind*, Harmondsworth 1963 (Penguin Books).
Salmon 1969: Salmon, Wesley C., *Partial Entailment as a Basis for Inductive Logic*, in: Nicholas Rescher, Hrsg., *Essays in Honor of Carl G. Hempel*, Dordrecht-Holland 1969, S. 47-82.
Schaffner 1969: Schaffner, Kenneth F., *Correspondence Rules*, in: *Philosophy of Science*, Vol. 36, 1969, S. 280-290.
Schaffner 1970: *Outlines of a Logic of Comparative Theory Evaluation with Special Attention to Pre- and Post-Relativistic Electrodynamics*, in: Roger H. Stuewer, Hrsg., *Minnesota Studies in the Philosophy of Science*, Vol. V, Minneapolis 1970, S. 311-354.
Scheffler 1967: Scheffler, Israel, *Science and Subjectivity*, Indianapolis-New York-Kansas City 1967.
Scheibe 1973: Scheibe, Erhard, *Die Erklärung der Keplerschen Gesetze durch Newtons Gravitationsgesetz*, in: Erhard Scheibe und Georg Süßmann, Hrsg., *Einheit und Vielheit – Festschrift für Carl Friedrich v. Weizsäcker zum 60. Geburtstag*, Göttingen 1973, S. 98-118.
Schiller 1917: Schiller, F. C. S., *Scientific Discovery and Logical Proof*, in: Charles Singer, Hrsg., *Studies in the History and Method of Science*, Vol. I, Oxford 1917, S. 235-289.
Schlegel 1967: Schlegel, Richard, *Completeness in Science*, New York 1967.
Schlick 1925: Schlick, Moritz, *Allgemeine Erkenntnislehre*, 2. Aufl., Berlin 1925.
Schlick 1938: *Gesammelte Aufsätze 1926-1936*, Wien 1938; unveränderter Nachdruck Hildesheim 1969.
Schmid 1972: Schmid, Michael, *Falsifizierbarkeit oder Falsifikation?*, in: *Zeitschrift für allgemeine Wissenschaftstheorie*, Bd. III, 1972, S. 85-87.
Siemens 1971: Siemens, Warren D., *A Logical Empiricist Theory of Scientific Change?*, in: Roger C. Buck und Robert S. Cohen, Hrsg., *Boston Studies in the Philosophy of Science*, Vol. VIII, Dordrecht-Holland 1971, S. 524-535.
Simon 1966: Simon, Herbert A., *Scientific Discovery and the Psychology of Problem Solving*, in: Robert G. Colodny, Hrsg., *Mind and Cosmos – University of Pittsburgh Series in the Philosophy of Science*, Vol. 3, Pittsburgh 1966, S. 22-40.
Simon 1973: *Does Scientific Discovery Have a Logic?*, in: *Philosophy of Science*, Vol. 40, 1973, S. 471-480.
Skinner 1961: Skinner, B. F., *Cumulative Record*, erw. Aufl., New York 1961.
Sneed 1971: Sneed, Joseph D., *The Logical Structure of Mathematical Physics*, Dordrecht-Holland 1971.
Spinner 1966: Spinner, Helmut F., *Theoretischer Pluralismus – Philosophie ohne Dogma*, in: *Die Ampel* (Studentenzeitschrift der Wirtschaftshochschule Mannheim), Juli 1966, S. 13-20.

Spinner 1968: *Theoretical Pluralism*, in: *Kommunikation*, Vol. 4, 1968, S. 181-202.
Spinner 1969: *Wege und Irrwege der Wissenschaft – Die Soziologie zwischen Hegel und Comte*, in: *Soziale Welt*, Bd. 20, 1969, S. 329-358.
Spinner 1969a: *Vom Fundamentalismus zum Fallibilismus – von der Axiomatik zur Methodik* (vervielfältigtes Manuskript Mannheim 1969; erscheint 1974 bei Rombach, Freiburg, unter dem Titel: *Die fallibilistische Revolution der Erkenntnis- und Wissenschaftslehre*).
Spinner 1969b: Artikel *Modelle und Experimente*, in: Erwin Grochla, Hrsg., *Handwörterbuch der Organisation*, Stuttgart 1969, 2. Aufl. 1973, Sp. 1000-1010.
Spinner 1970: *Vom Rechtfertigungsmodell der Erkenntnis zum fallibilistischen Kritizismus*, Dissertation Mannheim 1970 (erscheint 1974 bei Vieweg, Braunschweig, unter dem Titel: *Vom Rechtfertigungsmodell der Erkenntnis zum fallibilistischen Kritizismus und theoretischen Pluralismus*).
Spinner 1971: *Theoretischer Pluralismus – Prolegomena zu einer kritizistischen Methodologie und Theorie des Erkenntnisfortschritts*, in: Hans Albert, Hrsg., *Sozialtheorie und soziale Praxis – Eduard Baumgarten zum 70. Geburtstag*, Meisenheim am Glan 1971, S. 17-41 (erweiterte deutsche Version von Spinner 1968).
Spinner 1971a: *Fallibilismus und Pluralismus* (vervielfältigtes Manuskript, London 1971; abgedruckt im vorliegenden Band als erster Beitrag, S. 9 bis 107).
Spinner 1973: *Science without Reduction*, in: *Inquiry*, Vol. 16, 1973, S. 16-94.
Spinner 1974: *Die fallibilistische Revolution der Erkenntnis- und Wissenschaftslehre* (erscheint 1974 bei Rombach, Freiburg).
Spinner 1974a: *Die Internalismus/Externalismus-Kontroverse in der Metawissenschaft* (erscheint 1974).
Spinner 1974b: *Pluralismus als Gesellschaftsmodell* (Folgeband zu *Pluralismus als Erkenntnismodell;* in Vorbereitung).
Steffen 1974: Steffen, Joachim, *Strukturelle Revolution*, Reinbek bei Hamburg 1974.
Stegmüller 1969: Stegmüller, Wolfgang, *Metaphysik, Skepsis, Wissenschaft*, 2. Auflage, Berlin-Heidelberg-New York 1969.
Stegmüller 1969a: *Probleme und Resultate der Wissenschaftstheorie und Analytischen Philosophie*, Bd. I: *Wissenschaftliche Erklärung und Begründung*, Berlin-Heidelberg-New York 1969.
Stegmüller 1970: *Probleme und Resultate der Wissenschaftstheorie und Analytischen Philosophie*, Bd. II: *Theorie und Erfahrung* (1. Halbband), Berlin-Heidelberg-New York 1970.
Stegmüller 1971: *Das Problem der Induktion: Humes Herausforderung und moderne Antworten*, in: Lenk 1971a, S. 13-74.

Stegmüller 1973: *Probleme und Resultate der Wissenschaftstheorie und Analytischen Philosophie*, Bd. II: *Theorie und Erfahrung*, 2. Halbband: *Theorienstrukturen und Theoriendynamik*, Berlin-Heidelberg-New York 1973.

Steinbuch 1971: Steinbuch, Karl, *Plädoyer für positives Wissen und Können*, in: *Studium Generale*, Bd. 24, 1971: S. 552-566.

Stoker 1954: Stoker, Bram, *Dracula* (1897), London 1954 (Arrow Books, Bd. 370).

Strauss 1969: Strauss, Martin, *Intertheoretische Relationen – Einführung in einen neuen Zweig der Wissenschaftslogik*, in: *Deutsche Zeitschrift für Philosophie*, Bd. 17, 1969, S. 67-80.

Strauss 1972: *Modern Physics and its Philosophy*, Dordrecht-Holland 1972.

Suppes 1967: Suppes, Patrick, *What is a Scientific Theory?* in: Sidney Morgenbesser, Hrsg., *Philosophy of Science Today*, New York und London 1967, S. 55-67.

Szabó 1969: Szabó, Árpád, *Anfänge der griechischen Mathematik*, München-Wien 1969.

Tisza 1963: Tisza, L., *The Conceptual Structure of Physics*, in: *Reviews of Modern Physics*, Vol. 35, 1963, S. 151-185.

Törnebohm 1970: Törnebohm, Håkan, *The Growth of a Theoretical Model: A Simple Case Study*, in: Wolfgang Yourgrau und Allen D. Breck, Hrsg., *Physics, Logic, and History*, New York und London 1970, S. 79-86.

Törnebohm 1970a: *A Metascientific Model of Research Procedure*, in: Paul Lindblom, Hrsg., *Theory and Methods in Behavioral Sciences*, Stockholm 1970, S. 11-17.

Törnebohm 1971: *Reflexions on Scientific Research*, in: *Scientia*, Vol. 65, 1971, S. 225-243.

Törnebohm-Radnitzky 1971: Törnebohm, Håkan und Radnitzky, Gerard, *Forschung als innovatives System*, in: *Zeitschrift für allgemeine Wissenschaftstheorie*, Bd. II, 1971, S. 239-290.

Topitsch 1970: Topitsch, Ernst, *Machtkampf und Humanität*, in: *Frankfurter Allgemeine Zeitung* vom 28. November 1970 (stark erweiterte Fassung in Topitsch 1973a, Kap. 4).

Topitsch 1973: *Aufklärung als konservative Aufgabe*, in: *Frankfurter Allgemeine Zeitung*, Nummer 167, vom 21. Juli 1973.

Topitsch 1973a: *Gottwerdung und Revolution*, Pullach bei München 1973.

Toulmin 1953: Toulmin, Stephen, *The Philosophy of Science*, London 1953 (deutsch: *Einführung in die Philosophie der Wissenschaft*, Göttingen o. J.).

Toulmin 1961: *Foresight and Understanding*, London 1961.

Toulmin 1967: *The Evolutionary Development of Natural Science*, in: *American Scientist*, Vol. 55, 1967, S. 456-471.

Toulmin 1972: *Human Understanding*, Vol. I: *The Collective Use and*

Evolution of Concepts, Princeton, N. J., 1972.
Vollrath 1969: Vollrath, Ernst, *Zur Kritik der faulen Vernunft* (Rezensionsaufsatz zu Albert 1968), in: *Vierteljahreszeitschrift für wissenschaftliche Pädagogik*, Bd. 45, 1969, S. 66-79.
Watkins 1958: Watkins, J. W. N., *Confirmable and Influential Metaphysics*, in: *Mind*, Vol. 67, 1958, S. 344-365.
Watkins 1969: *Comprehensively Critical Rationalism*, in: *Philosophy*, Vol. 44, 1969, S. 57-62.
Watkins 1970: *Imperfect Rationality*, in: Robert Borger und Frank Cioffi, Hrsg., *Explanation in the Behavioural Sciences*, Cambridge 1970, S. 167-217.
Watkins 1970a: *Against »Normal Science«*, in: Lakatos-Musgrave 1970, S. 25-37.
Watkins 1971: *CCR: A Refutation*, in: *Philosophy*, Vol. 46, 1971, S. 56-61.
Watkins 1972: *Karl Raimund Popper – Die Einheit seines Denkens*, in: Josef Speck, Hrsg., *Grundprobleme der großen Philosophen – Philosopie der Gegenwart I*, Göttingen 1972, S. 151-214.
Weingartner 1967: Weingartner, Paul, Hrsg., *Grundfragen der Wissenschaften und ihre Wurzeln in der Metaphysik*, Salzburg-München 1967.
Weizsäcker 1965: Weizsäcker, Carl Friedrich von, *Die Einheit der Physik als konstruktive Aufgabe*, in: *Philosophia Naturalis*, Bd. IX, 1965, S. 247-265 (auch in: Krüger 1970, S. 372-388).
Weizsäcker 1966: *Die Tragweite der Wissenschaft*, 2. Auflage, Stuttgart 1966.
Weizsäcker 1971: *Die Einheit der Natur*, München 1971.
Weizsäcker 1973: *Die Aktualität der Tradition: Platons Logik*, in: *Philosophisches Jahrbuch*, Bd. 80, München 1973, S. 221-241.
Weyl 1966: Weyl, Hermann, *Philosophie der Mathematik und Naturwissenschaft*, 3. Auflage, Darmstadt 1966.
Whitley 1972: Withley, Richard D., *Black Boxism and the Sociology of Science*, in: Paul Halmos, Hrsg., *The Sociology of Science* (The Sociological Review Monograph 18), Keele 1972, S. 61-92.
Whitrow 1970: Whitrow, G. J., *An Analysis of the Evolution of Scientific Method*, in: *L'age de la science*, Vol. III, 1970, S. 255-280.
Wisdom 1971: Wisdom, J. O., *Four Contemporary Interpretations of the Nature of Science*, in: *Foundations of Physics*, Vol. 1, 1971, S. 269-284.
Wittenberg 1957: Wittenberg, Alexander Israel, *Vom Denken in Begriffen – Mathematik als Experiment des reinen Denkens*, Basel und Stuttgart 1957.
Wittgenstein 1921: Wittgenstein, Ludwig, Tractatus Logico-Philosophicus, 1921 (in: Wittgenstein, *Schriften*, Bd. I, Frankfurt am Main 1960).
Wittgenstein 1953: *Philosophical Investigations*, Oxford 1953 (deutsch: *Philosophische Untersuchungen*, in: Wittgenstein, *Schriften*, Bd. I, Frankfurt 1960).

Wolff 1969: Wolff, Robert Paul, *Das Elend des Liberalismus*, Frankfurt am Main 1969.

Young 1960: Young, J. Z., *Doubt and Certainty in Science*, New York 1960.

Zilsel 1957: Zilsel, Edgar, *The Genesis of the Concept of Scientific Progress*, in: Philip P. Wiener und Aaron Noland, Hrsg., *Roots of Scientific Thought*, New York 1957, S. 251–275.

Illich, Ivan

Ivan Illich. Genus (Gender,dt.)
Zu einer historischen Kritik der Gleichheit. Deutsch von Ruth Kriss-Rettenbeck,
(Hamburg:) Rowohlt (1983). 254 S.

Soz
34 Illich, Ivan
I 533 Ivan Illich. <u>Genus</u> (Gender,dt.)
Zu einer historischen Kritik der
Gleichheit. Deutsch von Ruth
Kriss-Rettenbeck.
(Hamburg:) Rowohlt (1983). 254 S.

84/430

Pädagogische Hochschule Kiel 23 Kiel, Olshausenstraße 75 GW
Bibliothek

Buchhandlung: Brunswik Datum: 27. 5. 83.

Bitte liefern Sie fest/~~zur Ansicht:~~

Otto Friedrich Bollnow

Titel: Studien zur Hermeneutik
Band 1 u. 2 Bd I = 68,– Bd II = 64,–

Verlag: Karl Alber, 1/1983
ISBN: 3495475133 Bd 2

Besteller: Prof. Hirsch
Bd 1 3-495-47482-X

Rechnung bitte in doppelter Ausfertigung. geliefert: 7. 10.

Nachwort

Der vorliegende Band enthält drei Abhandlungen über Probleme der Erkenntnis- und Wissenschaftstheorie sowie (am Rande, im letzten Beitrag) Sozialphilosophie, die als unabhängige, inhaltlich selbständige, lediglich durch das Pluralismusthema miteinander verbundene Arbeiten ursprünglich nicht für eine gemeinsame Publikation in einem Band gedacht waren. Das erklärt diverse kleinere Überschneidungen sowie eine größere (in der Darstellung der Theorien des Erkenntnisfortschritts) zwischen dem ersten und dem zweiten Beitrag.

Fallibilismus und Pluralismus habe ich 1971 während meines Londoner Forschungsjahres als European Research Fellow am Department of Philosophy der London School of Economics and Political Science (dem »Popper-Department«, an dem früher Karl R. Popper, 1970/71 der vor kurzem gestorbene Imre Lakatos sowie J. W. N. Watkins lehrten) für einen dann doch nicht zustande gekommenen Sammelband »Kritischer Rationalismus« geschrieben. Er war als eine thesenartige kritische Exposition des Popperschen Fallibilismus und Feyerabendschen Pluralismus gedacht. Aus den Thesen sind dann im Verlauf mehrerer Überarbeitungen pedantisch durchnummerierte »Paragraphen« geworden, aber die ursprüngliche Konzeption ist erhalten geblieben. Deshalb fehlt bei dieser Abhandlung auch der übliche Anmerkungsapparat.

Theorien und Metatheorien fällt etwas aus dem Rahmen der Pluralismusthematik dieses Bandes. Diese Abhandlung ist eine stark erweiterte Fassung meines Artikels THEORIE für das »Handbuch philosophischer Grundbegriffe« (herausgegeben von Hermann Krings, Hans Michael Baumgartner und Christoph Wild, Bd. III der gebundenen bzw. Bd. 5 der Studienausgabe, München: Kösel-Verlag, 1974), die einen *Problembericht* über den in *allgemeinen* Fragen erreichten Forschungsstand der Wissenschaftstheorie bezüglich »Theorien über Theorien« (also Metatheorien) liefern soll. Es ging mir hier vor allem darum, die Problemsituation der allgemeinen Wissenschaftstheorie in den Grundzügen zu rekonstruieren und dabei gelöste Probleme als gelöst, offene Probleme als ungelöst vorzustellen. Deshalb habe ich in dieser lehrbuchartigen Übersicht auch immer reichlich die zur Vertiefung des Verständnisses, Ergänzung der gegebenen Information sowie zum Weiterstudium meines Erachtens relevante Literatur angegeben. Das erklärt den großen Anmerkungsapparat. – Das Pluralismusthema steht in dieser Abhandlung nicht im Vordergrund, wird aber doch auch hier mehrmals angesprochen. Aus diesem und dem anderen Grunde, daß auch diese Arbeit im Ergebnis auf ein Plädoyer für »pluralistische« Problemlösungen hinausläuft, dürfte es gerechtfertigt sein, sie in einen Band über »Pluralismus als Erkenntnismodell« aufzunehmen.

Fallibilismus, Pluralismus, kritischer Rationalismus ist der letzte und jüngste Beitrag (geschrieben im April 1974). Er befaßt sich mit aktuellen Problemen: mit der jüngsten, in mancher Hinsicht etwas unbefriedigend verlaufenen Entwicklung der Popperschen Philosophie. Diese Arbeit ist nicht nur als ein Vorgeschmack auf eine noch zu schreibende *Kritik des kritischen Rationalismus* gedacht, sondern zugleich als eine Kritik der derzeitigen Überschätzung der Wissenschaftstheorie im Zuge der Ausuferung wissenschaftstheoretischer Konzeptionen in Richtung auf Allerweltsprinzipien, Lebensformen, Verhaltens- und Gesellschaftsmodelle. Von niemandem habe ich dabei mehr profitiert, als von denen, die hier kritisiert werden: Karl R. Popper, Hans Albert, Paul K. Feyerabend und Imre Lakatos, dessen Andenken dieses Buch gewidmet sein soll.

Meine Frau Ilse Spinner-Offterdinger hat bei der Produktion dieses Buches sehr aktiv mitgewirkt. Ihre Kritik hat dafür gesorgt, daß meine Sprache nicht *noch mehr* zu einem unlesbaren Wissenschaftsjargon degeneriert ist.

Alphabetisches Verzeichnis der suhrkamp taschenbücher wissenschaft

Adorno, Ästhetische Theorie 2
– Kierkegaard 74
– Philosophische Terminologie 1 23
– Philosophische Terminologie 2 50
Arnaszus, Spieltheorie und Nutzenbegriff 51
Barth, Wahrheit und Ideologie 68
Benjamin, Charles Baudelaire 47
– Der Begriff der Kunstkritik 4
Bernfeld, Sisyphos 37
Bilz, Studien über Angst und Schmerz 44
– Wie frei ist der Mensch? 17
Bloch, Das Prinzip Hoffnung 3
– Geist der Utopie 35
Blumenberg, Der Prozeß der theoretischen Neugierde 24
– Säkularisierung und Selbstbehauptung 79
Bourdieu, Zur Soziologie der symbolischen Formen 107
Bucharin/Deborin, Kontroversen 64
Chomsky, Aspekte der Syntax-Theorie 42
– Sprache und Geist 19
Cicourel, Methode und Messung in der Soziologie 99
Einführung in den Strukturalismus 10
Erikson, Identität und Lebenszyklus 16
Erlich, Russischer Formalismus 21
Foucault, Wahnsinn und Gesellschaft 39
Griewank, Der neuzeitliche Revolutionsbegriff 52
Habermas, Erkenntnis und Interesse 1
Materialien zu Habermas' ›Erkenntnis und Interesse‹ 49
Hegel, Phänomenologie des Geistes 8
Materialien zu Hegels ›Phänomenologie des Geistes‹ 9
Kant, Kritik der praktischen Vernunft 56
– Kritik der reinen Vernunft 55
– Kritik der Urteilskraft 57
Kant zu ehren 61
Materialien zur ›Kritik der Urteilskraft‹ 60
Kenny, Wittgenstein 69
Koselleck, Kritik und Krise 36
Kracauer, Geschichte – Vor den letzten Dingen 11
Kuhn, Die Struktur wissenschaftlicher Revolutionen 25
Lange, Geschichte des Materialismus 70
Laplanche – Pontalis, Das Vokabular der Psychoanalyse 7
Lévi-Strauss, Das wilde Denken 14
Lorenzen, Methodisches Denken 73
Lorenzer, Sprachzerstörung und Rekonstruktion 31
Luhmann, Zweckbegriff und Systemrationalität 12
Lukács, Der junge Hegel 33
Macpherson, Politische Theorie des Besitzindividualismus 41
Marxismus und Ethik 75
Mead, Geist, Identität und Gesellschaft 28
Minder, Glaube, Skepsis und Rationalismus 43
Mittelstraß, Die Möglichkeit von Wissenschaft 62
Mommsen, Max Weber 53
Moore, Soziale Ursprünge 54
O'Connor, Die Finanzkrise des Staates 83
Piaget, Das moralische Urteil beim Kinde 27

– Einführung in die genetische Erkenntnistheorie 6
Plessner, Die verspätete Nation 66
Pontalis, Nach Freud 108
Quine, Grundzüge der Logik 65
Ricœur, Die Interpretation 76
Scholem, Zur Kabbala und ihrer Symbolik 13
Schütz, Der sinnhafte Aufbau der sozialen Welt 92
Seminar: Die Entstehung von Klassengesellschaften 30
Seminar: Politische Ökonomie 22
Seminar: Religion und gesellschaftliche Entwicklung 38
Spinner, Pluralismus als Erkenntnismodell 32
Solla-Price, Little Science – Big Science 48
Szondi, Die Theorie des bürgerlichen Trauerspiels 15
– Poetik u. Geschichtsphilosophie I 40
– Poetik u. Geschichtsphilosophie II 72
Uexküll, Theoretische Biologie 20
Weizsäcker, Der Gestaltkreis 18
Winch, Die Idee der Sozialwissenschaft und ihr Verhältnis zur Philosophie 9
Wittgenstein, Philosophische Grammatik 5
Zimmer, Philosophie und Religion Indiens 26